उर्दू ग़ज़ल एवं भारतीय मानस व संस्कृति

(आलोचना)

AF755227

प्रकाशक / लेखक की अनुमति के बिना इस पुस्तक को या इसके किसी अंश को संक्षिप्त, परिवर्धित कर प्रकाशित करना या फ़िल्म आदि बनाना कानूनी अपराध है।

उर्दू ग़ज़ल एवं भारतीय मानस व संस्कृति

गोपी चन्द नारंग

अनुवाद

अम्बर बहराइची

भारतीय ज्ञानपीठ

लोकोदय ग्रन्थमाला : ग्रन्थांक 1274

ISBN 978-93-263-5448-6

उर्दू ग़ज़ल एवं भारतीय मानस व संस्कृति

(अध्ययन)

गोपी चन्द नारंग

अनुवाद : अम्बर बहराइची

पहला संस्करण : 2016

मूल्य : 550 रुपये

प्रकाशक : **भारतीय ज्ञानपीठ**

18, इन्स्टीट्यूशनल एरिया, लोदी रोड, नयी दिल्ली-110 003

मुद्रक : विकास कम्प्यूटर्स ऐंड प्रिंटर्स, दिल्ली-32

आवरण : महेश्वर

© गोपी चन्द नारंग

URDU GHAZAL EVAM BHARATIYA MANAS V SANSKRITI
(Criticism)
by Gopi Chand Narang

Published by
Bharatiya Jnanpith
18, Institutional Area, Lodi Road, New Delhi-110 003
Ph. : 011-24698417, 24626467; 23241619 (Daryaganj)
Mob. : 9350536020; e-mail : bjnanpith@gmail.com
sales@jnanpith.net; website : www.jnanpith.net

First Edition : 2016
Price : Rs. 550

समर्पण

उन शाइरों, लेखकों और बुद्धिजीवियों के नाम जिन्होंने वर्तमान प्रतिकूल स्थितियों में भी इस उम्मीद का दामन नहीं छोड़ा कि उपमहाद्वीप का मुक़द्दर आज भी श्रेष्ठ साझे सांस्कृतिक मूल्यों से सम्बद्ध है जिसने सदियों के मानवीय सम्पर्क से सुदृढ़ता प्राप्त की है, और जिनको अपनाए बिना उपमहाद्वीप के भविष्य का कोई रौशन तसव्वुर सम्भव नहीं।

भूमिका

काव्य और साहित्य में सार्वभौमिकता और स्थानीयता में संघर्ष बहुत पुराना है। साहित्य को रुपायित करने में कतिपय सार्वभौमिक सिद्धान्त अवश्य ही कारगर रहते हैं, परन्तु साहित्य की विशिष्टता स्थानीय सिद्धान्तों से ही निर्धारित होती है। प्रत्येक भाषा के साहित्य का प्राण उसका काव्यशास्त्र है जो निर्धारित होता है देशों और राष्ट्रों के अपने-अपने मानस और स्वभाव और उनके इतिहास तथा संस्कृति से, जिनके साँचे में साहित्य ढलता है। उदारहणस्वरूप जर्मन साहित्य वह नहीं जो रुसी साहित्य है और रुसी साहित्य वह नहीं जो फ्रान्सीसी या ब्रिटिश साहित्य है। इसी तरह अरबी साहित्य भी वह नहीं जो ईरानी साहित्य है। तात्पर्य यह कि संस्कृत, चीनी, जापानी या वियतनामी साहित्य हो अथवा हिस्पानवी या लातीनी अमेरिकी, प्रत्येक साहित्य की अपनी पहचान और विशिष्टता है। कतिपय सार्वभौमिक रवैये और रुझान अवश्य कारगर होते हैं तथापि हर साहित्य पहचाना जाता है अपनी सांस्कृतिक रंगारंगी और विशेषत: अपनी भाषाई और काव्यशास्त्रीय संरचना से। तात्पर्य यह कि जिस प्रकार फ्रान्सीसी साहित्य की प्रशन्सा एवं समझ के लिये मूलभूत पैमाना फ्रान्सीसी संस्कृति और काव्यशास्त्र ही हो सकता है। उसी प्रकार भारतीय साहित्य की प्रशन्सा एवं समझ के लिये भी हमारा अपने काव्यशास्त्र का पैमाना वान्छनीय है। तथापि यह बात भी सही है कि भारत एक विशाल और रंगारंग देश है। पूरे यूरोप की तरह, जिस में विभिन्न भाषाएँ और विभिन्न भाषाई और साहित्यिक संस्कृतियाँ और काव्यशास्त्रीय सिलसिले हैं जो परस्पर आबद्ध भी हैं और पृथक भी। द्राविड़ी भाषाओं की परम्पराएँ बिल्कुल वह नहीं है जो भारतीय आर्याई भाषाओं की हैं। और तो और भारतीय आर्यायी भाषाओं में भी बंगाली, गुजराती, मराठी, हिन्दी इत्यादि, यद्यपि भारतीयता पर आधारित हैं, अपनी अपनी विशिष्टता भी रखती हैं। सांस्कृतिक सम्बंध प्रत्यक्ष और निष्कलुष नहीं होते। महत्ता की दृष्टि से सांस्कृतिक सम्बन्ध अत्यधिक पेचीदा और उलझाव भरे होते हैं और मानस तथा स्वभाव और इतिहास एवं नृतात्विक दृष्टि में आबद्ध होते हैं। यह वह विरोधाभास सदृश हैं कि बेटा अपना बाप भी है। इसको इस प्रकार समझा जा सकता है कि फ़िरदौसी तथा सादी एवं हाफ़िज़ यद्यपि अपनी संस्कृति के अन्तर्गत उत्पन्न हुए परन्तु ये उसी संस्कृति के

निर्माणकर्त्ता और उसमें रंग भरने वाले भी हैं। बिल्कुल उसी प्रकार वाल्मिकि हों, व्यास या कालिदास ये भारतीय मानस एवं स्वभाव या संस्कृति व काव्यशास्त्र से उत्पन्न ही नहीं हैं अपितु उसके निमार्णकर्ता भी हैं और उसके संरचनाकर्त्ता भी हैं।

यही बात आधुनिक भारतीय साहित्यिक परम्पराओं और संस्कृति की भी है। उर्दू मिलीजुली साहित्यिक और सांस्कृतिक परम्पराओं के भीतर से उभरी है और स्वयं भी अपना चित्रांकन करती है। उस सन्दर्भ में यह नहीं भूलना चाहिये कि उर्दू एक भारतीय आर्याई भाषा है। हिन्दी व बंगाली और मराठी से उसका सम्बन्ध मूलभूत एवं आधारभूत है। उसका मानस एवं स्वभाव मिलाजुला हिन्दुस्तानी है। परन्तु उसमें अरबी और फ़ारसी प्रभावों का रंग चोखा है। उसका काव्यशास्त्र शेष तमाम भारतीय भाषाओं से इस दृष्टि से पृथक है कि उसने अरबी फ़ारसी तत्त्वों को इंडिक से आबद्ध करके एक नवीन संस्कृति निर्मित की है जिसके कारण यह न अरबी फ़ारसी की कार्बन कॉपी है न संस्कृत की। उर्दू न अरबी की तरह सामी परिवार से है न फ़ारसी की तरह ईरानी परिवार से, उर्दू भाषाई संरचना एवं आधार की दृष्टि से 'हिन्द आर्याई' है, परन्तु दो महान संस्कृतियों के मेल मिलाप ने उसे ऐसा विशिष्ट रूप प्रदान किया है जो उपमहाद्वीप की भाषाओं में किसी अन्य भाषा को प्राप्त नहीं है। उर्दू मानो भाषाओं के संसार का ताजमहल है जो अपने सांस्कृतिक एवं सौन्दर्यात्मक समन्वयकारी रूप एवं आकर्षण से अपनी पृथक विशिष्टता और विशेष पहचान रखता है।

उर्दू की सांस्कृतिक श्रेष्ठता एवं विशिष्टता के भेद भरे संगीत को मैं बचपन से सुनता रहा हूँ बल्कि यह मेरी साइकी का अंग है यद्यपि उर्दू मेरी मातृभाषा नहीं है और मेरा प्रारम्भिक लालन पालन बलूचिस्तान में उर्दू से इतर वातावरण में हुआ। सम्भवत: मनोवैज्ञानिक और मानसिक आकर्षण का यह भी एक कारण रहा हो। बहरहाल जब मैंने 1952 में ऐतिहासिक दिल्ली कॉलेज में एम.ए. उर्दू में प्रवेश लिया तो उसका भी कोई आन्तरिक कारण रहा होगा क्योंकि विशिष्ट शैक्षिक कैरियर के कारण से मेरा विज्ञान में जाना तय था परन्तु मेरे पिता जो बलूचिस्तान में थे और दिल्ली में अकेले आ जाने के बाद मैं अपनी पसन्द एवं नापसन्द में स्वतंत्र था। यह वह ज़माना था जब उर्दू बँटवारे की राजनीति की भेंट चढ़ाई जा रही थी और उर्दू में दूर-दूर तक कोई विद्यार्थी दिखाई नहीं देता था। दो बरस बाद जब मैंने डॉक्ट्रेट में प्रवेश लिया तो मेरा विषय यही था। और यही उत्सुकता प्रमुख थी कि उर्दू की सांस्कृतिक, नृतत्वात्मक और सौन्दर्यात्मक ख्याती, विकास और तहदारी की महत्ता और संरचना क्या है और भारतीय मानस एवं स्वभाव से उसका सम्बन्ध क्या है। और यदि यह सम्बन्ध गहरा है तो भाषा हर प्रकार की चुनौतियों और कठिनाइयों को झेल जायेगी।

भारतवर्ष नया-नया स्वतन्त्र हुआ था। कतिपय लोगों की आँखों में आदर्श और स्वप्न अभी शेष थे। दिल्ली विश्वविद्यालय का उर्दू विभाग मेरे प्रार्थना पत्र (जिस पर 83 सांसदों के हस्ताक्षर थे) पंडित जवाहरलाल नेहरू के विशेष आदेश से स्थापित हुआ। जिसमें बाद में वह स्वयं पधारे थे। मौलाना अबुल कलाम आज़ाद जीवित थे। डॉक्टर ज़ाकिर हुसैन की सेवा में मुझे बराबर उपस्थित होने का अवसर मिलता रहा। भारतीय राष्ट्रपति होने के बाद भी वह मेरे कृपालु रहे। डॉक्टर ताराचन्द, डॉक्टर सैयद आबिद हुसैन, प्रोफ़ेसर मुहम्मद मुजीब, ख़्वाजा गुलामुस्सैयदैन, कर्नल बशीर हुसैन ज़ैदी, डॉक्टर ख़्वाजा अहमद फ़ारुक़ी, रशीद अहमद सिद्दीक़ी, आले अहमद सुरुर, सैयद एहतिशाम हुसैन, मौलाना इम्तियाज़ अली अर्शी, मालिक राम, मसऊद हसन रिज़वी अदीब, नजीब अशरफ़ नदवी, डॉक्टर सैयद मुहीउद्दीन क़ादरी ज़ोर ये सब मेरे ख़ास कृपालु रहे। ये लोग साझा भारतीय संस्कृति के श्रेष्ठ उन्नायक और उच्चतम मूल्यों के संवाहक थे। आज भी उनका स्मरण करता हूँ तो मुझे अपने सौभाग्य पर ख़ुशी होती है। मेरे मानसिक प्रशिक्षण में यदि मूल्यों की कुछ आभा है तो वह इन हस्तियों की कृपा की परछाईं के रूप में है।

1952 से 2002 तक मेरी साहित्यिक यात्रा यदि कुछ नहीं तो आधी सदी पर आच्छादित है। इसे दीवानगी ही कहा जायेगा कि मेरे काम में चाहे वह भाषा एवं शैली से सम्बन्धित हो या देवमाला से, कथा कहानी, फिक्शन, अफ़साना या ग़ज़ल, मसनवी से या साहित्यिक थ्योरी से, मीर, ग़ालिब, अनीस, इक़बाल व नज़ीर से या प्रेमचन्द, मंटो, बेदी, कृष्ण चन्दर, फ़ैज़, फ़िराक़ से, जड़ों की खोज या सांस्कृतिक सम्बन्धों का पुनः अवलोकन कहीं स्पष्ट कही निहित मेरे साथ रहा है। और मेरे मानसिक उद्वेग के लिये दिशासूचक का काम करता रहा है। इसमें मैं कितना सफल हुआ कितना असफल सम्भवतः जहाँ मामला इश्क़ का हो, सफलता एवं असफलता पैमाना नहीं हुआ करती।

मेरा डॉक्टरेट का विषय 'उर्दू काव्य का सांस्कृतिक अध्ययन' था। उसका मसनवी वाला अध्याय जो साठ सत्तर पृष्ठों पर आधारित था दो तीन बरस के और परिश्रम के पश्चात् लगभग चार सौ पृष्ठों वाली अलग पुस्तक के रूप में 1959 और 1961 में प्रकाशित हुआ। उसके पश्चात् मैं शीघ्र ही विस्कॉंसिन विश्वविद्यालय चला गया और भाषा विज्ञान एवं शैली विज्ञान के अध्ययन में व्यस्त हो गया। तथापि सांस्कृतिक मुद्दों पर चिन्तन और मनन का क्रम भी चलता रहा। सांस्कृतिक अध्ययन का विषय इतना विस्तृत और कई दिशाओं वाला था कि समेटने का साहस नहीं होता था। यह साहस अब भी नहीं तथापि नोट्स में बराबर वृद्धि होती रही और चिन्तन मनन का सिलसिला जारी रहा। संयोग से जब मैं राष्ट्रीय उर्दू कौंसिल से जुड़ा तो कौंसिल ने इस प्रोजेक्ट की पैरवी मुझ पर अनिवार्य कर दी। मैं कौंसिल का

अनुग्रहित हूँ। इधर इस बात से भी शक्ति प्राप्त हुई कि नयी थ्योरी और उत्तर आधुनिकता की अभिवृद्धि के बाद सांस्कृतिक जड़ों के संचरण, स्थानीयता और सांस्कृतिक अध्ययन को साहित्य की परख में केन्द्रीयता प्राप्त हो गयी, और जो काम मैंने पचास बरस पहले प्रारम्भ किया था उसकी महत्ता और अर्थव्यवस्था पूरी तरह निर्णायक हो गयी। इस प्रकार यह शोधकार्य तीन पुस्तकों के रूप में प्रकाशित हुआ।

1. भारतीय लोक कथाओं पर आधारित उर्दू मसनवियाँ
2. उर्दू ग़ज़ल और भारतीय/हिन्दुस्तानी मानस व संस्कृति
3. स्वतंत्रता संग्राम और उर्दू शाइरी

देखा जाये तो पहली पुस्तक मसनवी के बारे में है। दूसरी ग़ज़ल से सम्बन्धित है और तीसरी का केन्द्रीय सन्दर्भ नज़्म है। उसके अतिरिक्त कुछ अन्य लक्ष्यबिन्दु भी हैं। कुछ काम दूसरों ने भी किया है जिन सबको मैं सलाम करता हूँ यद्यपि मेरी सन्तुष्टि किसी से नहीं हुई–

अज़ाँ कि पैरविए ख़ल्क़ गुमरही आरद
नमी रवेम बराहे कि कारवाँ रफ़्तस्त

(जनसाधारण का अनुगमन पथभ्रष्ट कर देता है, मैं उधर नहीं जाता
जिधर कारवाँ गया है)

यह पुस्तक पाँच अध्यायों पर आधारित है। प्रथम अध्याय भारतीय संस्कृति के विकास विशेषकर समन्वयवादी भारतीय संस्कृति और उसके तमाम लक्ष्य बिन्दुओं पर आधारित है। इसको दृष्टि में रखना इसलिए आवश्यक है कि यही वह स्रोत है जिससे उर्दू पैदा हुई। संक्षेप के अन्तर्गत केवल उन बिन्दुओं को उभारा गया है जो आने वाले अध्यायों के चिन्तन-मनन की आधारशिला हैं। ये तमाम अध्याय एक गम्भीर मनन की कड़ियाँ हैं। इनको एक इकाई के रूप में अलग-अलग न देखा जाये। यद्यपि ग़ज़ल में केन्द्रीयता इश्क़ की कल्पना को प्राप्त है तथापि इश्क़ इस काल की आध्यात्मिक विचारधारा, सोच और शास्त्रीय संरचना का अभिन्न अंग है, या दूसरे शब्दों में यह उस सांस्कृतिक चिन्तन के मन्थन द्वारा निर्मित है जो भक्ति और तसव्वुफ़ के आधार पर सामने आया था। तात्पर्य यह कि उर्दू ग़ज़ल में इश्क़ के सिद्धान्त की कोई बहस उस कालखंड के अस्तित्व के सिद्धान्त और अस्तित्व के विवेक की संरचना को समझे बिना सम्भव ही नहीं। इसी प्रकार सौन्दर्य के सिद्धांत को भी इश्क़ से हट कर देखना सम्भव ही नहीं। उर्दू ग़ज़ल में ये सब एक ही सृजनात्मक विवेक और दृष्टि के अंग हैं। प्रत्यक्षत: अध्यायों में विभाजन केवल विश्लेषण या प्रबंध के लिये है। प्रार्थना है कि इनको सुदृढ़ तर्क-वितर्क के रूप में देखा जाये ताकि उर्दू ग़ज़ल के जीनियस या प्रतिभा से न्याय हो सके जो भारतीय

मानस और आत्मा में रची बसी हुई है। मैंने सामान्यतः ग़ज़ल के श्रेष्ठतम स्तरों, अर्थवत्ती भव्यता और सौन्दर्यात्मक प्रतिभा से सम्बन्ध रखा है और दृढ़ता से वस्तुनिष्ठ ढंग की पाबन्दी की है। तथापि आज हम एक ऐसे कालखंड से गुज़र रहे हैं जहाँ लोग स्वयं अपने मूल को पहचानना नहीं चाहते और अपनी ही जड़ों पर वार करना सामान्य सी बात है। इसलिये मेरे निवेदन या परिणाम यदि कुछ लोगों पर भारी हों तो हमदर्दी के अतिरिक्त कुछ और सम्भव नहीं क्योंकि सच्चाई तो सच्चाई है। ईश्वर हमें सच्चाई को देखने और स्वीकार करने की क्षमता प्रदान करें।

एक ऐसे कालखंड में जब सदियों की संस्कृति पर प्रश्न चिह्न लग गया है और वही भाषा जो भारतवर्ष में सबसे बड़ा सांस्कृतिक पुल थी ग़ैर तो ग़ैर, स्वयं उसके नाम लेने वाले सम्प्रदायिकता फैलाने में लगे हैं, इन परिस्थितियों में इस प्रकार का काम दीवाने के स्वप्न जैसा है। मनुष्य का कर्तव्य बीज डालना और अपनी सी किये जाना है:

राज़े हयात पूछ ले ख़िज़्रे ख़जिस्ता गाम से
ज़िन्दा हर एक चीज़ है कोशिशे नातमाम से

—गोपी चन्द नारंग

(हिन्दी अनुवाद : अप्रैल 2015)

मैं भारतीय ज्ञानपीठ का शुक्रगुज़ार हूँ कि उन्होंने इस किताब को मूर्तिदेवी पुरस्कार से पुरस्कृत किया। अम्बर बहराईची ने इसका निहायत उम्दा हिन्दी अनुवाद 2001–2002 में कर दिया था जो बहुत मुश्किल काम था। लेकिन कई कारणों से इसमें देर होती गई। मोहम्मद मूसा रज़ा का कृतज्ञ हूँ अगर वह इसे दोबारा टाइप न करते तो यह किताब सामने न आ सकती थी। प्रूफ़ की मेहनत के लिए श्रीमती मनोरमा नारंग और डॉ. सैयद तनवीर हुसैन की तवज्जो के बग़ैर भी काम नहीं हो सकता था।

मेरे लिए ख़ुशी की बात है कि यह किताब भारतीय ज्ञानपीठ से प्रकाशित हो रही है जिसके लिए मैं डायरेक्टर भारतीय ज्ञानपीठ श्री लीलाधर मांडलोई एवं सभी ट्रस्टियों को साधुवाद देता हूँ।

अनुक्रम

प्रथम अध्याय

भारतीय/हिन्दुस्तानी संस्कृति का विकास

भारतीय मानस और प्रकृति

प्रकृति से तात्पर्य किसी व्यक्ति के वे प्राकृतिक झुकाव एवं मानसिक धारणाएँ हैं जो उसके विचारों एवं स्वभाव के प्रेरणा स्रोत बनते हैं। इसी प्रकार सामान्य प्रकृति से तात्पर्य किसी वर्ग-समूह का वह संयुक्त मानसिक झुकाव है जो उसकी आम अनुभूतियों एवं स्वभाव को लगभग एक रंग में रंग देता है, चाहे व्यक्तिगत तौर पर उनमें सिद्धान्तों एवं विश्वासों की कितनी भिन्नता क्यों न हो। यह सामान्य प्रकृति, आम स्वभाव, या मिज़ाज भौगोलिक और ऐतिहासिक परिस्थितियों के अंतर्गत पैदा होता है। इसका गहरा सम्बन्ध परम्परा और वातावरण से भी है। वातावरण का प्रभाव, केवल भौतिक रूप में ही प्रकट नहीं होता अपितु एक देश, अथवा किसी क्षेत्र के निवासियों में विशेष प्रकार का मानिसक झुकाव, अवचेतन एवं प्रकृति भी पैदा कर देता है।

कहना न होगा कि भारत एक विस्तृत देश है, जिसके मैदान, पहाड़ी क्षेत्रों को छोड़ कर, हज़ारों मीलों में फैले हुए हैं। यहाँ के जीवन का बुनियादी ढाँचा, प्राचीन युग से, आम तौर से कृषि आधारित रहा है। देश के बड़े भागों में साधारणतः मौसम साफ़ रहता है, वर्षा प्रायः होती रहती है। राजस्थान के क्षेत्र को छोड़कर, देश के हर भाग में नदियाँ बहती हैं, और भूमि ज्यादातर चूँकि उपजाऊ रही है, इसलिए प्राचीन काल में अनाज की कोई कमी नहीं थी। वस्तुओं को लाने ले जाने के लिए नदियों के प्राकृतिक रास्ते उपलब्ध थे और आवागमन अपेक्षाकृत सुविधाजनक था। जीवन की ज़रूरी आवश्यकताएँ, साधारण परिश्रम और प्रयास से पूरी हो जाती थीं, और उनकी प्राप्ति के लिए प्रकृति से किसी अत्यधिक संघर्ष की आवश्यकता नहीं थी; फलस्वरूप, भारत में, जीवन का आम चित्र सामान्यतः सुखमय तथा शान्तिमय था। इसका एक कारण भारत की प्राकृतिक सीमाएँ भी हैं। एक ओर पहाड़ों के सिलसिले और दूसरी ओर समुद्र ही समुद्र भारतवर्ष को इस प्रकार घेरे हुए हैं कि उत्तरी-पश्चिमी भू-भाग के अतिरिक्त भारत के अधिकतर भागों के निवासी, बाहरी

आक्रमणकारियों से अपनी सुरक्षा की समस्याओं और युद्ध के विनाश से प्रायः स्वतंत्र रहे हैं, परिणामस्वरूप, डॉ. राधाकृष्णन के कथनानुसार "प्राचीन काल में सामान्य रूप से कर्म के महत्व पर अधिक बल देने की आवश्यकता नहीं समझी गयी; और भारतीय मानस को जीवन एवं ब्रह्मांड की मूलभूत एवं विस्तृत समस्याओं पर चिन्तन के अवसर उपलब्ध रहे हैं"। भारतीय स्वभाव की इस चिन्तनशील प्रवृति को स्थायित्व प्रदान करने में बड़ा हिस्सा यहाँ के वन जीवन का भी रहा है। नागरीय संस्कृति के फैलने से पूर्व, भारत का बड़ा भाग वनों से आच्छादित था। जीवन, चूंकि बड़ी हद तक निष्कंटक एवं शान्तिमय था, इसलिए वनों में आश्रम बना कर रहना जीवन का एक अभिन्न अंग था। भारत में मानसिक और धार्मिक दीक्षा के प्राचीन केन्द्र यही आश्रम और तपोवन थे। वेद, उपनिषद, पुराण आदि विभिन्न शास्त्र, इन्हीं आश्रमों में रचे गये। भारत में वैसे भी मौसम अधिकतर साफ़ रहने के कारण दोपहर या रात के समय मन को अपेक्षित एकान्त की अनुभूति होती है, लेकिन वन जीवन में एकान्त और ऐक्य की यह अनुभूति कुछ ऐसी रहस्यमय बन जाती है कि मानस में ध्यान एवं समाधि की अवस्था जैसे अपने आप छाने लगती है। मानस मानो अपने आप आश्चर्य के संसार में डूब जाता है। इन्द्रियों की विशिष्टताएँ मिटने लगती हैं और आत्म-विवेक, चारों ओर एक ही सत्य का अनुभव करने लगता है।

यह, वह वातावरण है, जिसमें भारतीय मानस की श्रीवृद्धि हुई है। इसलिए स्वाभाविक रूप से इसकी सबसे बड़ी विशेषताएँ दो हैं:

एक यह, कि इसके भीतर चिन्तन-मनन-शक्ति अन्य सभी शक्तियों पर छायी हुई है। द्वितीय, यह, कि वह सदैव विविधता में एकत्व देखने और उसका ध्यान करने की ओर प्रयत्नशील रहता है। पहली विशेषता के कारण भारत के मूल्यों की तुलना में चिन्तन-मनन का पलड़ा सबसे भारी समझा गया, परन्तु यह चिन्तन-मनन निरा सैद्धान्तिक या भौतिक नहीं था अपितु विवेकमय एवम् आध्यात्मिक चिन्तन था; अर्थात ब्रऋांड की वास्तविकता की केवल खोज ही नहीं अपितु उसके सृजनकर्त्ता के साक्षात्कार, जिसमें स्वयं विचारकर्ता विचार के विषय की श्रद्धा और प्रेम में इस हद तक लीन हो जाता है कि अपने आपको उसके साथ आत्मसात पाता है। इस चिन्तन में दार्शनिक ध्यान और धार्मिक समाधि दोनों की गरिमा पायी जाती है। यही कारण है कि भारत में धर्म और दर्शन आरम्भ से ही एक दूसरे से जुड़ गए और जीवन का केन्द्र बन गये। अपनी दूसरी विशेषता के कारण, भारतीय मानस सदैव ब्रह्मांड की परख और चिन्तन मनन की सर्जना में विभिन्न दृश्यों को एक इकाई के अंतर्गत लाकर उनमें एकत्व पैदा करने का प्रयास करता रहा।

विविधता में एकत्व देखने की यही विशेषता, जब सामाजिक आचार-विचार में

ढलती है, तो सम्मिलन, सहिष्णुता और सौहार्द की प्रवृत्तियों के रूप में प्रकट होती है, जो भारतीय संस्कृति, दर्शन और ललित कलाओं में प्राचीन युग से लेकर आज तक किसी न किसी रूप में बराबर मौजूद रही हैं। भारतीय मानस, विभिन्न धाराओं एवं विश्वासों की बाह्य विविधता और भेदों में मूलभूत एकत्व का अनुभव कर उन्हें आत्मसात कर लेता है। इसमें स्वीकृति समन्वय एवं प्रभाव ग्रहण की गहरी योग्यता है। भारतीय मानस सिद्धान्ततः संकीर्णता एवम् कट्टरपन से स्वाभाविक तौर पर परे रहा है। (जाति-पाति, ऊँच-नीच, भेद-भाव, बाद के अभिशाप हैं, जिनके विरुद्ध भारतीय प्रज्ञा बराबर विरोध करती रही है) यह वास्तविकता है कि भारतीय मानस एवम् स्वभाव ने भारत में आने वाली विभिन्न नस्लों, सम्प्रदायों और धर्मों से सदैव उदारता से काम लिया है; और इतिहास की निःशब्द प्रक्रिया के अन्तर्गत उन सब को भारतीय संस्कृति के विशाल साँचे में ऐसा खपाया कि उन नवागन्तुकों में और भारत के मूल निवासियों में कोई बड़ा अन्तर नहीं रहा। (मध्यकालीन और आधुनिक युगीन अन्तरविरोधों को बाद के उपनिवेशवाद और उसकी विष-पूर्ण प्रवृत्तियों के अभिशाप के अन्तर्गत ही समझा जा सकता है)

भारतीय मानस की चिन्तनशीलता से सम्बन्धित प्रकृति के विषय में अभी ऊपर यह संकेत किया गया कि भारत में मूल्यों की तुलना में सबसे बड़ा मूल्य, 'सत्य' की खोज है, जिसका रास्ता आध्यात्मिक चिन्तन या ज्ञान का है; लेकिन इस चिन्तन-मनन में एक हल्की सी तह यथार्थवाद की भी है। भारतीय मानस के इस पहलू को समझने के लिए भारत की व्यापकता, उसकी विविधता और बहुलता को नज़र में रखना ज़रूरी है। इस देश में युगों-युगों से तरह-तरह के लोग रहते आये हैं; जिनके रीति-रिवाज, आस्थाओं और विश्वासों में परस्पर अत्यधिक मतभेद पाया जाता है। भारतीय मानस, जो विविधता में एकत्व खोज लेने की अद्भुत क्षमता रखता है, इस विभिन्नता की न तो भर्त्सना करता है और न इसे मिटाना चाहता है; क्योंकि भारत जैसे विशाल देश में जीवन की यह विविधता अवश्यम्भावी है। बहुमूल्यता आज भी भारत का प्रधान गुण और विशेषता है।

अतएव सत्य की खोज एवम आध्यात्मिक लक्ष्यों की पूर्ति के लिए 'ज्ञान योग' के अतिरिक्त 'कर्म योग' एवम 'भक्ति-योग' के विभिन्न मार्ग भी दर्शाये गये हैं, जिससे कि विभिन्न मानसिक और भावनात्मक प्रकृतियों के लोग सोच के विभिन्न मार्गों और विधियों से जीवन सत्य का अनुबोध कर सकें। 'कर्म योग' में कर्म पर बल अवश्य है परन्तु वास्तव में इसकी आधारशिला भी चिन्तन और ज्ञान पर है। 'भक्ति-योग' की धारणा अवश्य ही भिन्न है। भारत में प्राचीन युग से विभिन्न देवी देवताओं की उपासना का रिवाज रहा है। उपनिषदों के युग में भारतीय मानस ने अपने बौद्धिक और दार्शनिक माप-दंड स्थापित कर लिये; लेकिन जन-साधारण के

उस वर्ग के लिए जिस का मानसिक स्तर इस दर्जा परिपक्व नहीं था कि वह अस्तित्व के स्रोत, ब्रह्म की कल्पना, परिभाषाओं से इतर सर्वोच्च सत्य की हैसियत से कर सके, इसलिए व्यक्गित दैव-उपासना भी जन-साधारण के व्यवहार में चलती रही; जो अंदर ही अंदर भक्ति के रूप में भारतीय स्वभाव की एक स्थाई विशेषता बन गयी। (भारत में बौद्ध-मत के पतन और हिन्दू धर्म के पुनर्जागरण का एक बड़ा कारण यही बताया जाता है। बौद्ध-मत, ईश्वर की कोई चित्ताकर्षक-कल्पना प्रस्तुत नहीं करता, जबकि हिन्दू धर्म ने शिव-शक्ति तथा विष्णु के प्राचीन एवं रूढ़ विश्वासों से काम लेकर अवतारों की शृंखला अर्थात राम और कृष्ण जैसे मनमोहक और आकर्षक अवतारों की परिकल्पना प्रस्तुत करके धीरे-धीरे जनसाधारण को अपनी ओर खींच लिया)

भारतीय मानस के गहन चिन्तन की प्रवृत्ति का प्रभाव, इसकी नैतिक अनुभूतियों पर भी रहा है। मूलभूत एकत्व के आभास के कारण, भारतीय मानस के निकट नैतिकता की आधारशिला संघर्ष पर नहीं अपितु समरसता पर है। पहले संकेत किया जा चुका है कि भारतवर्ष का बड़ा भू-भाग उपजाऊ मैदानों और खेतों पर आधारित था। मौसम अपेक्षाकृत जटिल नहीं थे। जल की कमी नहीं थी और जलवायु अधिकतर गर्म और सम होने के कारण प्राचीन युग में जीवन की मूलभूत आवश्यकताएँ अपेक्षाकृत कम थीं और उनकी पूर्ति के माध्यम उपलब्ध थे। भारतीय सामाजिक जीवन में अभाव की जो स्थिति आधुनिक युग में दिखायी देती है, प्राचीन युग या मध्य युग में इसका नामो-निशान नहीं था। भारतवर्ष 'सोने की चिड़िया' कहलाता था। प्रायः हर प्रकार की वानस्पतिक एवं खनिजीय पैदावार देश में अधिकता से होती थी। तात्पर्य यह कि जहाँ 'शीरीं'* स्वयं समर्पण के लिए तैयार हो वहाँ चट्टान काट कर दूध की नहर निकालने का प्रश्न ही नहीं उठता। विशेषज्ञों ने इस बात पर बल दिया है कि प्रकृति के उदार एवं सम-कर्म के प्रभाव से भारतीय मानस में प्रकृति पर विजय प्राप्त करने की व्यावहारिक शक्तियाँ बड़ी सीमा तक निस्तेज रहीं, और ब्रह्मांड की व्यवस्था से समरस होने की भावना प्रगाढ़ हो गयी। शांतिप्रियता और सौहार्द की भावना भारतीय मानस की विशेषता रही है। कहना न होगा कि भारतीयों ने भारत से बाहर निकल कर कभी किसी दूसरे देश पर आक्रमण नहीं किया। भारतीय मानस का नैतिक-विवेक यह नहीं कि दूसरों पर अधिकार स्थापित किया जाये; या यह, कि संसार बुराई की शक्तियों से परिपूर्ण है; अपितु यह कि प्रकृति दयालु एवं दानी है और ब्रह्मांड में न्याय और सत्य के सिद्धान्त क्रियाशील हैं। यही कारण है कि भारतीय स्वभाव हर पड़ाव पर युद्ध पर शान्ति तथा विनाश पर ज्ञान को

* यह इंगित शीरीं और फ़रहाद की कहानी की ओर है; जिसमें आशिक़ फ़रहाद को माशूक़ा शीरीं को प्राप्त करने हेतु पहाड़ काट कर दूध की नहर निकालने की शर्त पूरी करनी पड़ी थी।

प्राथमिकता देता रहा है। भारतवर्ष की आम मानसिकता हिंसा और द्वेष की नहीं; अपितु संधि एवम सौहार्द्र की है। यह भावनाएँ यदि सही मार्ग पर चलती रहें और असंतुलन का शिकार न हों तो उनके उच्च नैतिक उद्देश्य में संदेह नहीं। अन्यथा पतन के समय में यही प्रवृत्तियाँ सामूहिक कायरता, साहसहीनता एवं अकर्मण्यता का रंग अपना लेती हैं। भारतीय परम्परा में कई बार ऐसा भी हुआ है कि चिन्तन और कर्म का पारस्परिक संतुलन स्थापित रखने के लिए भारतीय अंतश्चेतना को कर्म का महत्व जताना पड़ा और इस प्रकार नैतिक शक्तियों को पुनः संतुलन की राह दिखाई गयी। गीता के दर्शन का उदय इन्हीं सांस्कृतिक आवश्यकताओं के आधार पर हुआ था, जिसमें सबसे अधिक बल 'कर्मयोग' पर दिया गया।

चिन्तन और कर्म के अतिरिक्त भारतीय-भौतिक वातावरण ने भारतीय अन्तश्चेतना की भावनात्मक प्रवृत्ति को भी गहरे तौर पर प्रभावित किया। विशेषज्ञों के अनुसार सामान्य रूप से चिन्तन-मनन के आधिक्य के कारण मानव में भावनाओं एवं इच्छाओं की प्रबलता कम होनी चाहिए, परन्तु प्रथम तो भारत के भौतिक वातावरण में लहू की उष्णता, भावनाओं को गरमाती है, द्वितीय, चिन्तन के साथ-साथ भारतीय मानस, कल्पना से भी ओत-प्रोत है और वह इस अग्नि को और भी उत्तेजित करता है। निष्कर्षतः भावनाओं का प्रश्रय और विलासोन्मुखी प्रवृत्ति भी भारतीय प्रकृति में अत्यधिक है।

परन्तु यह प्रवृत्ति, चिन्तन-मनन की आधारभूत प्रवृत्तियों के विरुद्ध लगती है, अतएव भारतीय जीवन के उच्चतम स्तर के नैतिक मूल्य अर्थात ब्रह्म ज्ञान से भी टकराती है। हम पहले ही संकेत कर चुके हैं कि भारतीय अन्तश्चेतना संकींण नहीं है। वह किसी ऐसी भावना की, जो उसके निकट उपयुक्त और उचित न हो, उसकी कटुता के साथ निन्दा या विरोध नहीं करती, अपितु उसके दुष्प्रभाव से बचने के लिए किसी अन्य पहलू की तलाश कर लेती है। अतएव काम की परिकल्पना को कई प्रकार सें संस्कारित कर दिया गया। भारत में काम-क्रीड़ा की धारणा विलासिता और नग्नता से नहीं, अपितु संस्कार एवम अध्यात्म से जुड़ी हुई है। लिंग एवं योनि की सांकेतिक उपासना यहाँ द्रविड़ों के युग से शिव-शक्ति की आराधना या उपासना के रूप में पाई जाती है, जिस का आर्य रूप, कालान्तर में भिन्न-भिन्न कथाओं, विशेषतः राधा और कृष्ण अथवा कृष्ण और गोपियों की रासलीला की चरमतम प्रेममयी धारणाओं और रासलीला में प्रकट हुआ। काम के इस आध्यात्मिक एवं संस्कारित रूप की धारणा का उत्कृष्ट प्रभाव धर्म के अतिरिक्त लोक कलाओं, संगीत, नृत्य, चित्रकला, वास्तुकला, ललित कलाओं, आदिवासी सांस्कृतिक रचनाओं, प्राचीन संस्कृत-काव्य एवम बाद की प्राचीन भाषाओं के साहित्य में जगह-जगह मिलता है।

गहरी चिन्तनमय प्रवृत्ति एवं प्रकृति की समरस क्रिया के प्रभाव से भारतीय मानस की एक विशेषता यह भी है कि वह अतीत से अपना सम्बन्ध विच्छेद नहीं करता। उसकी सामान्य मानसिक दशा, उत्तेजना एवं तीव्रता नही अपितु संयम और सहन की है। इसके चिन्तन-मनन एवं कर्म में किसी तीव्र-आधात या तत्काल कायापलट से परिवर्तन नहीं आता अपितु परिवर्तन शनैः शनैः शिथिल गति से प्रकट होता है। यही कारण है कि भारतीय संस्कृति एवं सभ्यता की यात्रा पाँच हज़ार वर्षों से निर्विघ्न चल रही है। इक़बाल ने ''तराना-ए-हिन्दी'' में अकारण ही नहीं कहा था कि-

यूनानो-मिस्रो-रूमाँ, सब मिट गये जहाँ से
लेकिन है फिर भी बाक़ी नामो-निशाँ हमारा
कुछ बात है कि हस्ती मिटती नहीं हमारी
सदियों रहा है दुश्मन दौरे ज़माँ हमारा

परन्तु इसका तात्पर्य यह नहीं कि भारत के ऐतिहासिक और सांस्कृतिक जीवन में बड़े परिवर्तन उत्पन्न ही नहीं हुए, अपितु यह कि परिवर्तन की यह प्रक्रिया शनैः शनैः प्रकट हुई और इश्क़ की एक लपक की तरह मध्य की शृंखलाएँ अकस्मात विलुप्त नहीं हुईं, तथापि पतन और अधोगति के काल में भारतीय संस्कृति की यही विशेषता, अतीतोपासना, एवं निष्क्रियता का रूप धारण करती रही है।

भारतीय मानस और प्रज्ञा की इन मूलभूत विशेषताओं को दृष्टि में रखने से, आगे चल कर भारतीय संस्कृति के विकास क्रम को समझने में सुविधा रहेगी, क्योंकि संस्कृति का सबसे महान स्रोत प्रज्ञा अथवा देश की आत्मा ही होती है। अन्य स्रोत धर्म, चिन्तन-मनन, दर्शन, इतिहास, समय समय के वैचारिक आन्दोलन और उनके प्रभाव हो सकते हैं। इन आन्दोलनों एवं उनके प्रभाव तथा देश की आत्मा की क्रिया एवं प्रतिक्रिया से ही 'मूल्यों' के उस समरस सामूहिक विवेक का निर्माण होता है जिसकी सम्पूर्ण गतिशील धारा को सामान्यतः संस्कृति कह कर पुकारा जाता है।

भारतीय मानस को प्राचीन काल से विभिन्न तथा अनेकानेक आन्दोलनों एवं सभ्यताओं का सामना रहा है। उनमें से प्रथमतः तो वह सभ्यता थी जो यहाँ प्रागैतिहासिक युग से विद्यमान थी। द्वितीय, वह सांस्कृतिक दृष्टिकोण एवं परिकल्पनाएँ जो बाहर से आने वाली ख़ानाबदोश जातियों और आक्रमणकारियों या व्यापारियों के साथ भारत में आती रही हैं, जिन्होंने यहाँ के जीवन में रंग भरे। तृतीयतः वह क्रांतिकारी चिन्तनमय आन्दोलन, उदाहरणार्थ बौद्ध मत, जैन मत, शैव एवं वैष्णव भक्ति, सूफ़ी संत चिन्तन, इस्लामी प्रभाव, साथ ही कृष्ण भक्ति, राम भक्ति एवं निर्गुण-भक्ति आदि जो भारत में समय-समय से प्रस्फुटित हुईं और भारतीय

सांस्कृति को जिन्होंने बहुत गहरे तौर से प्रभावित किया, वृहत अर्थ में हमारी संस्कृति, इन सभी प्रभावों एवं परिकल्पनाओं का व्यापक सम्मिलन और विकास है। भारतीय संस्कृति के अवयवों की वास्तविक महत्ता को समझने के लिए प्राचीन काल से मध्य युग तक स्पष्टतः इसके दो कालखंड चिह्नित किये जा सकते हैं; अर्थात प्राचीन और मध्य। प्राचीन काल, प्रागैतिहासिक युग से प्रारम्भ हो कर हर्षवर्धन के शासन काल तक समझा जा सकता है। और मध्य युग को, आठवीं शताब्दी ईसवी में मुसलमानों के भारत आगमन से लेकर मुग़लों के अन्तिम काल या अंग्रेज़ों की नव उपनिवेशवादी व्यवस्था का शिकन्जा कसने तक के ज़माने को माना जा सकता है।

1. प्राचीन भारतीय संस्कृति

पूर्व वैदिक काल

आर्यों के भारत आगमन से पूर्व यहाँ जो संस्कृति विद्यमान थी, उसके विषय में लिखित सामग्री उपलब्ध न होने के कारण हमारा ज्ञान, उसके सम्बन्ध में बहुत सीमित है; तथापि मोहनजोदड़ो, हड़प्पा और अन्य पुरातात्विक अवशेषों से उसका एक धुंधला सा चित्र अवश्य उपस्थित हो जाता है।

कहा जाता है कि पूर्व-वैदिक काल में भारतवर्ष में कृषि-सभ्यता या मातृ-सत्तात्मक संस्कृति प्रचलित थी। उसका अधिक प्रसार सिन्धु नदी धाटी और उसके निकटवर्ती क्षेत्रों में था। कुछ लोगों का विचार है कि यह संस्कृति, स्थानीय वातावरण के प्रभाव से सर्वप्रथम, भारतवर्ष में ही पुष्पित एवं पल्लवित हुई और यहीं से इराक़, अरब और मिस्र तक के क्षेत्रों में फैल गयी।

हड़प्पा और मोहनजोदड़ो और कई दूसरे स्थानों की खुदाईओं के आधार पर पुरातत्व विशेषज्ञों ने यह धारणा स्थापित की है कि यहाँ किसी युग में अच्छे ख़ासे नगर बसे हुए थे, जो संस्कृति के एक विशेष स्तर तक उन्नति कर चुके थे। इन नगरों के निवासियों के मानसिक और धार्मिक जीवन से सम्बन्धित कुछ मोहरों आदि से केवल इतना ज्ञात हो सका है कि इन लोगों में देवी (स्त्री) या शक्ति की पूजा प्रचलित थी। परिवार में स्त्री को विशेष महत्व प्राप्त था। लोगों का सामान्य व्यवसाय, कृषि था और वह भाषा प्रयुक्त थी जिसमें वर्तमान द्रविड़-भाषाओं का प्रादुर्भाव हुआ है, परन्तु लिपि के चिह्न अभी तक पूर्ण रूप से पढ़े नहीं जा सके हैं। द्रविड़ जातियों के प्रारम्भिक सांस्कृतिक विकास के विषय मे भी अधिक जानकारी प्राप्त नहीं है, परन्तु इतना विश्वास है कि उस काल में दक्षिण भारत से सिंधु घाटी तक एक ही सभ्यता एवं संस्कृति फैली हुई थी और आर्यों के आगमन के समय द्रविड़ जातियाँ, विशेषकर, प्राचीन तमिल भाषा भाषी, सांस्कृतिक दृष्टि से अत्यधिक उत्कर्ष पर थे।

वैदिक सभ्यता

वैदिक संस्कृति का सबसे बड़ा स्रोत ऋग्वेद को माना जाता है। आर्यों ने अपने इस धार्मिक ग्रन्थ को भारत में रहने बसने के पश्चात संकलित किया। अधिकतर इतिहासकारों का मत है कि आर्य, ईसा से लगभग डेढ़ हज़ार वर्ष से पाँच हज़ार वर्ष पूर्व के समय में भारत में आये थे। ये लोग पशुपालक के रूप में अपना जीवन-यापन करते थे; और पितृ सत्तात्मक संस्कृति के अनुयायी थे। जब वे पहले पहल पंजाब के निकटवर्ती क्षेत्रों में बसे तो उनसे शताब्दियों पूर्व सिन्धु घाटी की सभ्यता, वनवासी जनजातियों के हाथों विनाश हो चुकी थी। आर्यों ने काफ़ी समय के उपरान्त इन जनजातियों को खदेड़ा और अपनी वंशीय श्रेष्ठता स्थापित करने के लिए अपने धार्मिक सिद्धान्तों एवं विश्वासों को ऋग्वेद के रूप में सुरक्षित कर लिया।

वेद संख्या में चार हैं। ऋग्वेद, सामवेद, यजुर्वेद एवं अर्थवेद। इनमें से सामवेद और यजुर्वेद, ऋग्वेद से साम्य रखते हैं। प्रत्येक वेद के तीन भाग है; मंत्र, ब्राह्मण और उपनिषद। तीनों वैदिक संस्कृति के शृंखलाबद्ध विकास के प्रदर्शक हैं।

मंत्र, वेद के प्रारम्भिक काव्यमय भाग के रूप में हैं जो विभिन्न देवी देवताओं से सम्बन्धित भजनों और उनकी स्तुति पर आधारित हैं। प्रारम्भ में आर्य, प्राकृति के उन रूपों का, जिनका महत्व, उनके दैनिक जीवन में अत्यधिक था, देवी-देवता मान कर उनकी उपासना करते थे। शनैः शनैः जब भारत की शांति-प्रिय आत्मा ने आर्यों का जातिगत आग्रह कम कर दिया और सामाजिक जीवन की जटिलता भी यहाँ के प्राचीन निवासियों से मेल जोल की अपेक्षा करने लगी तो द्रविड़ों के कुछ देवताओं की परिकल्पनाएँ भी आर्यों के धार्मिक समूह में सम्मिलत होती चली गईं। उनमें से विष्णु तथा शिव जिनकी परिकल्पना पूर्व आर्य युग से चली आ रही थी उसको सूर्य तथा रुद्र के सदृश स्वीकार कर लिया गया। उनके साथ कई और देवियों की भी स्थापना हुई। देवी पूजा की रीति भी, भारत में अत्यधिक प्राचीन थी, अतएव आदिवासीयों के पारस्परिक मेल जोल के परिणामस्वरूप कई अनार्य देवियों को, आर्य देवताओं से सम्बद्ध कर आपसी सम्बन्धों की अर्थवत्ता को एक नई गति प्रदान की गई।

इसके साथ-साथ आर्य चेतना शनैः शनैः भारत की एकता मूलक वातावरण के प्रभाव से विभिन्न प्राकृतिक दृश्यों में एक आधारभूत शक्ति का साक्षात्कार करने लगी और उसे देवताओं की अनेकता में परमार्थिक रचयिता की एकता दृष्टिगोचर होने लगी। आर्यों की इस ऐक्य परिकल्पना का प्रथम प्रदर्शन 'वरुण' की धारणा में प्राप्त होने लगा, जिसे सदृशसृष्टि का स्वामी और सम्पूर्ण ब्राह्मांड का संरक्षक समझा जाने लगा। कालान्तर में ब्रह्मांड की इस महानतम शक्ति को 'विश्वकर्मा' 'प्रजापति' और 'वृहस्पति' के नामों से भी अभिहित किया गया। ऐक्य परिकल्पना

के इस चरण पर पहुँचने के पश्चात भी भारत की शांतिप्रिय और सर्वहित चिन्तन आत्मा ने आर्यों को अनेक देवताओं से नाता तोड़ने पर बाध्य नहीं किया, अपितु उनके महत्व के दृष्टिगत, उन सबको एक परमार्थिक अस्तित्व के अधीन स्थापित कर दिया। इस परमार्थिक अस्तित्व की परिकल्पना, पूर्व वैदिक 'शक्ति' की धारणा के समान गुणों से पृथक नहीं थी, अपितु भारतीय चेतना के साकार ऐश्वर्य परिकल्पना की अपेक्षाओं को पूरा करती थी। डॉ. राधाकृष्णन के शब्दों में, 'साकार ब्रह्म का यही विश्वास, पुराणयुगीन 'विष्णु' के विभिन्न अवतारों, विशेषकर, श्री राम, श्री कृष्ण, या शैवों के यहाँ 'शिव' एवं 'शक्ति' अथवा 'काली' की उपासना में प्रकट हुआ है।

लगभग इसी युग में जब आर्य चेतना एकेश्वरवाद की परिकल्पना को स्वीकार कर रही थी, वैदिक संस्कृति में कर्मकांड एवं यज्ञ उपासना का रीति रिवाज भी पल्लवित हो रहा था। आरम्भ में आर्यों का धार्मिक विश्वास सीधा-सादा था। उस ज़माने में न तो मन्दिरों का निर्माण हुआ और न मूर्ति पूजा का चलन था। परिवार के सदस्य अपने-अपने तौर पर अग्नि जला कर देवताओं की स्तुति में भजन गाते और अन्न आदि का चढ़ावा चढ़ाते थे; तथापि इस कार्य में पुजारी सहयोग करते थे; परन्तु उनकी कोई पृथक जाति नहीं थी। जाति-पाति की स्थापना के पश्चात पुरोहित का व्यवसाय आर्यों ने स्वयं के लिये सुरक्षित कर लिया। जैसे-जैसे धर्म का प्रभाव सामूहिक जीवन पर गहराता गया, ब्रह्मण और पुरोहित वर्ग का महत्व भी बढ़ता चला गया और इन्होंने धर्म को जीवन का आधार बनाते हुए उसे जटिल कर्मकांड और रीति रिवाज का व्यवसाय बना दिया। प्रारम्भिक सीधा-सादा धार्मिक विश्वास अब विषम कर्मकांड एवं सिद्धान्तों पर निर्भर माना जाने लगा और पुरोहित वर्ग जन-साधारण से रीति रिवाजों की सख़्ती से पाबन्दी कराने लगा। इन सब का परिणाम यह हुआ कि भारतीय चिन्तन की वह प्रकृति जो धर्म की आन्तरिक आत्मा और उसके बाह्य आचरण में एक संतुलन बनाए रखने की आकांक्षी रही है, रीति रिवाज की जटिलताओं से बचने के लिए धर्म की अन्तश्चेतना पर अत्यधिक बल देने लगी। यह प्रवृत्ति आगे चल कर उपनिषदों के दर्शन के रूप में प्रकट हुई।

हमने आरम्भ में कहा था कि प्रत्येक वेद के तीन भाग हैं और इन तीनों की सहायता से वैदिक संस्कृति के क्रमिक विकास को चिह्नित किया जा सकता है। 'मन्त्रों' से आर्यों की उस पितृ-सत्तात्मक सभ्यता का ज्ञान होता है, जिसमें सर्वाधिक महत्त्व, विभिन्न देवी-देवताओं की उपासना को प्राप्त था। जब इस सरल उपासना में जटिल कर्मकांड और रीति रिवाज को भी सम्मिलित कर लिया गया तो वेदों के 'ब्राह्मण' खंडों का सृजन हुआ। यह, वह समय था जब आर्यों की संस्कृति अपने अगले चरण का रूप धारण कर रही थी। उपनिषद वेदों की शृंखला की अन्तिम कड़ी हैं। ये उन प्रवृत्तियों को दर्शाते हैं, जब भारतीय चिन्तन प्रकृति-उपासना और

कर्मकांड से आगे बढ़ कर अपना ध्यान ईश्वर के परमार्थिक अस्तित्व और सृष्टि एवं ब्रह्मांड के रहस्यों पर केन्द्रित करने लगा; और परम रचयिता की परिकल्पना 'तत् एकम्' अर्थात एक निराकार सर्वधार्मिक अस्तित्व (या सत्य) के रूप में की जाने लगी। उपनिषदों के दार्शनिक विचार सम्वाद वैदिक संस्कृति से पृथक नहीं, अपितु उसकी अन्तिम कड़ी हैं। परन्तु उपनिषद अपनी एक विशेष दार्शनिक और चिन्तन-व्यवस्था के लिये भी जाने जाते हैं।

उपनिषद

उपनिषद की संख्या के विषय में विद्वानों में मतैक्य नहीं है; सामान्यत: उनकी संख्या सौ से अधिक बतायी जाती है, परन्तु प्राचीनतम उपनिषद केवल दस हैं, जिनका भाष्य शंकराचार्य ने लिखा था।

उपनिषदों का केन्द्रीय प्रश्न परम सत्य की खोज है। शंकराचार्य ने उनकी व्याख्या करते हुए यह निष्कर्ष निकाला कि ब्रह्मांड कोई वास्तविक रूप नहीं रखता, यह केवल स्वीकार्य एवं मिथ्या है जो विचार मरीचिका के समान यथार्तमुक्त है। कई टीकाकारों ने भी शंकराचार्य के अनुसरण में उपनिषदों की व्याख्या इसी प्रकार की है परन्तु डॉ. राधाकृष्णन उसे सही नहीं मानते। उनका कथन है कि उपनिषद जिस दर्शन की शिक्षा देते हैं उससे ब्रह्मांड के अस्तित्व का निषेध अनिवार्यत: नहीं होता। डॉ. राधाकृष्णन के इन विचारों के अनुसार उपनिषदों के समक्ष परम सत्य की खोज का जो केन्द्रीय प्रश्न है, उसे हम दो खंडों में यूं कह सकते हैं कि एक पक्ष दार्शनिक है एवं दूसरा नैतिक। दार्शनिक प्रश्न के दो पक्ष हैं; प्रथम आत्मनिष्ठ, द्वितीय वस्तुनिष्ठ। प्रथम यह कि जीव आत्मा की वास्तविकता क्या है? द्वितीय, यह कि उसकी वास्तुनिष्ठता की अर्थात उसके अस्तित्व की, जिसे मनुष्य बाह्य रूप में अनुभव करता है, उसकी वास्तविकता क्या है?

उपनिषदों में प्रथम प्रश्न के उत्तर में स्पष्ट किया गया है कि जीव आत्मा न तो शरीर को कहा जा सकता है और न उस विवेक को, जो स्वप्नावस्था में होता है और न उस निर्विवेकी दशा को जो, गहरी निद्रा में स्वप्न न देखने की अवस्था में उपलब्ध होती है क्योंकि उनमें से कोई भी काल और देश के नियन्त्रण से विमुख नहीं है। जीव आत्मा की कल्पना, वास्तव में व्यक्तिगत इकाई के रूप में नहीं की जा सकती क्योंकि जीव आत्मा वह पूर्ण विवेक है जो प्रत्येक व्यक्ति के विवेक में क्रियाशील है। इसकी केवल आन्तरिक अनुभूति हो सकती है। तार्किक व्यवस्था नहीं की जा सकती।

जहाँ तक परम ब्रह्म की वास्तविकता (सत्य) का सम्बन्ध है, उपनिषद के अनुसार, उस तक भी तर्क-वितर्क की सहायता से नहीं पहुँचा जा सकता क्योंकि

मानसिक बुद्धि में आत्म-निष्ठा एवं वस्तुनिष्ठा का द्वैत उपस्थित रहता है। सत्य तो यह है कि परम सत्य जो मानसिक तर्क-वितर्क से परे है, जिसकी कोई व्याख्या नहीं हो सकती। अतएव उपनिषद ने परम सत्य को कल्पना से निकट लाने हेतु उसको 'आनंद' के शब्द से अभिहित किया है। अर्थात वह परम व्यक्तित्व जो अपने अस्तित्व में आनन्दमय है। शंकराचार्य स्पष्ट रूप से कहते हैं कि आनन्द भी वास्तव में ब्रह्म नहीं अपितु उसकी वह कल्पना है, जो हमारा भौतिक मस्तिष्क कर सकता है, क्योंकि ब्रह्म तो निर्गुण अर्थात गुणों से परे और पूर्ण रूपेण कल्पनातीत है।

जीव आत्मा और ब्रह्म (परमात्मा) की इन धारणाओं को मस्तिष्क में रखते हुए उपनिषदों के मूलभूत वचन 'अहम् ब्रह्मास्मि' (मैं ब्रह्म हूँ) अथवा 'तत्वमसि' (वह ब्रह्म तू ही है) को समझना सुविधाजनक है, अर्थात पूर्ण अस्तित्व ही, और यही जो ब्रह्मांड का परम सत्य है, वस्तुतः सम्पूर्ण विवेक है, जीव-आत्मा का यथार्थ है।

अस्तित्व के स्वीकार्य रूप को उपनिषदों में पराभव के तर्क-वितर्क के माध्यम से समझाया गया है। यही धारणा, बाद में किसी हद तक मिलते जुलते रूप में सूफ़ीवाद के वजूदी फ़लसफ़े में भी मिलती है। परम सत्य पर गुणों की जितनी सीमाएँ लागू होती हैं उतना ही उसकी वास्तविकता में अवपात होता जाता है। आध्यात्म लोक और भौतिक लोक इस अवपात-क्रिया के माध्यम से ही प्रकट हुए हैं। ब्रह्म और आत्मा वास्तव में एक हैं, परन्तु उनके अवपात परस्पर प्रतिद्वन्द्वी हैं और उनके निम्नांकित चार स्तर निर्धारित किये गये हैं:

ब्रह्म	आत्मा
(आत्मनिष्ठ)	(वस्तुनिष्ठ)
आनन्द	तुर्य
ईश्वर	प्रज्ञा
हिरण्यगर्भ	ताययश
वृत्ति	वैश्वनार

पराभव के इस तर्क-वितर्क से स्पष्ट है कि उपनिषद, ब्रह्मांड को मिथ्या सिद्ध नहीं करता अपितु सत्य के जो विभिन्न स्तर निर्धारित किये गये हैं उनमें ब्रह्मांड को सबसे निचला स्तर स्वीकार किया गया है। इससे तात्पर्य यह है कि इसका कोई स्थाई अस्तित्व नहीं है। ब्रह्मांड की कल्पना ब्रह्म से इतर एक स्वयंभू अस्तित्व के रूप में अनेकता का एकता से पृथक अस्तित्व जो हमारी बाह्य आँख को दिखाई देता है, वह अवश्य ही भ्रममय है; और उपनिषद इसको 'माया' कहता है। इसी प्रकार व्यक्तिगत अस्तित्व भी यथार्थ का एक स्तर रखता है परन्तु यह कोई स्थाई सत्य नहीं है। तात्पर्य यह कि सत्य सूफ़ीवाद की परिभाषा में परम सत्य (कायनात-ए-कुबरा) और ब्रह्मांड अर्थात ख़ुदा, इन्सान और दुनिया (कायनात-ए-सुग़रा) का भेद वास्तविक

नहीं है अपितु केवल स्वीकार्य है।

उपनिषदों का विषय विशुद्ध दर्शन नहीं है अपितु आध्यात्मिक दर्शन है, अर्थात उनका उद्‌देश्य केवल मानसिक ज्ञान पिपासा नहीं अपितु आध्यात्मिक रहस्य की खोज एवं परम सत्य का बोध है, अतएव आध्यात्मिक दर्शन की पूर्णता के लिए आगे चल कर एक नैतिक व व्यावहारिक सिद्धान्त की आवश्यकता महसूस हुई।

उपनिषद के नैतिक सिद्धान्त में सर्वोच्च मूल्य यह है कि अनेकता के नामरूपेण संसार से एकता अर्थात परम सत्य की ओर उन्मुख हुआ जाये; अर्थात परम सत्य के ज्ञान से उस लक्ष्य तक पहुँचा जाये जिसे मोक्ष कहते हैं। इस लक्ष्य की प्राप्ति के लिए सत्य के प्रत्येक आकांक्षी को जीवन के चार सोपानों अर्थात ब्रह्मचर्य, गृहस्थ, वानप्रस्थ एवं संन्यास से होते हुए स्व-पूर्णता के लिये निरन्तर प्रयास एवं संधर्ष से काम लेना चाहिए। स्व-पूर्णता का मार्ग शारीरिक सुख या धनार्जन का नहीं, अपितु यह प्राप्त होता है सांसारिक मायाजाल की दुविधा से निकलने और इस मायाजाल को समझने से। सांसारिक मोह को त्याग देने का निदेश है, संसार को त्याग देने का नहीं। दूसरे शब्दों में बल इस पर नहीं कि धार्मिक मूल्यों के अतिरिक्त, अन्य मूल्यों से सम्बन्ध-विच्छेद कर लिया जाये अपितु निदेश इस बात का है कि किसी अन्य सांसारिक मूल्य को लक्ष्य न बनाया जाये, अपितु उसे सर्वोत्तम मूल्य अर्थात परम सत्य के ज्ञान की प्राप्ति का माध्यम समझा जाये।

उपनिषदों ही के युग में भारतीय दर्शन की छः विचारधाराएँ (सांख्य, योग, न्याय, वैशेषिक, उत्तर मीमांसा तथा पूर्व मीमांसा) सूत्रबद्ध की जाने लगीं; जिन्होंने आगे चल कर भारतीय संस्कृति के दार्शनिक आयाम में श्रीवृद्धि की। परन्तु दार्शनिक शास्त्रों एवं उपनिषदों का प्रभाव पढ़े-लिखे वर्ग तक ही सीमित था। जनसाधारण को जिस तरह के आध्यात्मिक आकर्षण की आवश्यकता थी, उसकी पूर्ति इनसे नहीं हो सकती थी। हम बता आए हैं कि वैदिक संस्कृति में आध्यात्मिकता की यह प्रवृत्ति, हिन्दू धर्म को वाह्य आडम्बरों एवं रीति रिवाज की जकड़बन्दी को कम करने के लिए प्रारम्भ हुई थी, परन्तु न केवल यह कि उपनिषदों ने अतीत से सम्बन्ध-विच्छेद न करने के नैसर्गिक भाव के अन्तर्गत विभिन्न देवी-देवताओं में विश्वास की एकेश्वरवादी मीमांसा करके रीति रिवाजों को जारी रहने दिया। द्वितीय, यह कि उपनिषदों के दर्शन में धर्म का चिन्तनमय पक्ष, उसके व्यावहारिक पक्ष पर हावी हो गया था। यद्यपि भारतीय मानसिक प्रकृति का चिन्तन एवं दर्शन से नैसर्गिक सम्बन्ध है और इस कारण उपनिषदों के सैद्धान्तिक दर्शन को शिक्षित वर्ग में अत्यधिक लोकप्रियता प्राप्त हुई, परन्तु यह जनसाधारण की पहुँच से बाहर था। अतः जनसाधारण अपनी व्यावहारिक और नैतिक क्षुधा के लिए दूसरी दिशाओं की ओर देखने लगा और इस प्रकार हिन्दू धर्म में शैव एवं वैष्णव भक्ति के विश्वास की प्रवृत्तियाँ जिन

का बीज पहले से मौजूद था अब पूर्ण रूप से पुष्पित और पल्लवित होने लगीं।

उधर जाति-पाति से उत्पन्न हुई सामाजिक-विषमताएँ भी धार्मिक-अंतस्तल में अन्दर ही अन्दर एक संधर्ष की भावना को जीवंत कर रही थीं। ब्राह्मण समुदाय, धार्मिक जीवन के साथ-साथ मानसिक जीवन का भी अधिष्ठाता बन चुका था, और एक वर्ग के स्वयं को श्रेष्ठ समझने की प्रवृत्ति ने, जो कि सम्प्रभुता का अनिवार्य लक्षण है, सामाजिक जीवन में विषमताओं एवं असमानताओं को हद से बढ़ा दिया था। इन परिस्थितियों में प्रतिक्रिया के रूप में भारतीय आत्मा की गहराइयों से जैन मत एवं बौद्ध मत आन्दोलन संचालित हुए जो होते-होते न केवल एक सिरे से दूसरे सिरे तक फैल गए अपितु उन्होंने अत्यधिक प्रभावशाली रूप ग्रहण कर लिया।

बौद्ध संस्कृति

बौद्ध मत ने हिन्दू-धर्म के कर्मकांड, रीति बद्धता, संसार से विमुख होने की प्रवृत्तियों एवं जातिवाद व सामाजिक विद्रूपता के विरुद्ध एक आन्दोनल का आरम्भ किया और भारतीय संस्कृति को करुणा तथा सौहार्द एवं समानता की शिक्षा देकर उसमें नवीन प्राणों का संचार किया।

बौद्ध मत से वस्तुतः किसी नये धर्म का श्रीगणेश नहीं हुआ, अपितु उसने प्राचीन हिन्दू धर्म के व्यावहारिक पक्ष की ओर, जो उपनिषदों की दार्शनिक जटिलताओं के प्रभाव से उपेक्षित हो गया था, पुनः ध्यान आकृष्ट किया, और उस मार्ग पर चलने हेतु एक नवीन व्यवस्था को संचालित किया। ब्रह्म एवं आत्मा के विश्वास का, जो उपनिषदों का केन्द्रीय विमर्श था, महात्मा बुद्ध ने न तो प्रतिवाद किया और न ही समर्थन किया। बुद्ध को मानव-जाति के दुःख एवं जीवन की क्षणभंगुरता की इतनी गहरी अनुभूति थी कि उन्होंने उस का रहस्य खोजने और उसका ज्ञान प्राप्त करने पर ही अपना सारा ध्यान केन्द्रित कर दिया। उस युग में आत्म नियंत्रण की जो विधियाँ प्रचलित थीं, वह सांसारिक कर्म से विमुख होने तथा इन्द्रिय-दमन की शिक्षा देती थीं। बुद्ध ने अपनी आध्यात्मिक खोज में एक-एक करके सब विधियों को आज़माया, परन्तु उन्हें शान्ति न मिली। कड़ी तपस्या और समाधि के बाद उन्हें साक्षात्कार हुआ कि दुःख पर क़ाबू पाने का रास्ता न तो त्याग अथवा इन्द्रिय-दमन का है न ही भोग-विलास का है, अपितु उन्होंने हर तरह के अतिवाद के मध्य एक मध्यम मार्ग अनुसरण करने की शिक्षा दी। बुद्ध से पूर्व, सामान्यतः यह समझा जाता था कि इच्छा के संहार के लिए हर प्रकार के कर्म का त्याग और हर प्रकार की भावनाओं का दमन आवश्यक है, परन्तु बुद्ध ने इन्द्रिय-दमन के स्थान पर आत्म-नियंत्रण तथा कर्म के त्याग के स्थान पर उचित कर्म के महत्व को समझाया।

उनकी यह शिक्षा निम्नांकित सिद्धान्तों पर आधारित है, इन्हें अष्टांगिक-मार्ग

कहा जाता है:

1. सम्यक दृष्टि	2. सम्यक संकल्प
3. सम्यक वचन	4. सम्यक कर्मान्त
5. सम्यक जीविका	6. सम्यक प्रयत्न
7. सम्यक स्मृति तथा	8. सम्यक समाधि

बुद्ध के देहावसान के पश्चात कुछ अवधि में ही हिन्दू धर्म के इस सुधारात्मक आन्दोलन ने एक पृथक सम्प्रदाय का रूप धारण कर लिया। यहाँ तक कि चौथी सदी ईसा पूर्व से तीसरी सदी ईसवी तक बौद्ध मत हिन्दू धर्म के स्थान पर भारत का राष्ट्रीय धर्म बना रहा और अशोक जैसे सम्राटों के प्रयास से भारतवर्ष से बाहर दूसरे एशियाई देशों में भी फैल गया, परन्तु अन्य धर्मों के समान समय के साथ-साथ बौद्ध धर्म भी विभिन्न सम्प्रदायों में विभक्त हो गया। यद्यपि वाह्य देशों में उसका प्रभाव बना रहा परन्तु भारत में उसका प्रभाव कम होता गया।

उसमें व्यक्तिगत (साकार) या एक ईश्वर की ऐसी कोई परिकल्पना भी उपलब्ध नहीं थी जो भारत की धार्मिक भावना की पिपासा का शमन कर पाती। अतएव हिन्दू धर्म को, जो कि, इस अवधि में अपने खोये हुए अधिपत्य को पुनः प्राप्त करने के लिए अनवरत रूप से प्रयत्नशील था, दूसरी तीसरी सदी ईसवी में उसे बौद्ध धर्म को भारत से हटा कर पुनः अपनी सत्ता स्थापित करने का अवसर प्राप्त हो गया। हिन्दू धर्म का यह नवजागरण पौराणिक संस्कृति के रूप में क्रियाशील हुआ।

पौराणिक संस्कृति

हिन्दू धर्म ने अपने नवजागरण के सम्बन्ध में उन सभी अतिवादी सिद्धान्तों से बचने का प्रयास किया जिनके कारण, वैदिक, औपनिषेदिक, जैनी तथा बौद्ध आन्दोलन भारतीय-प्रकृति से दूर जा पड़े थे। हम पूर्व में बता चुके हैं कि भारतीय मानस गहरी चिन्तनमय प्रवृत्ति रखने के बाद भी दार्शनिक एवं भौतिक भावनाओं में एक सामंजस्य की अपेक्षा करता है। वैदिक काल में ब्राह्मण वर्ग ने धर्म के वाह्य अर्थात रीतिबद्ध पक्ष पर इतना बल दिया कि उसकी वास्तविक आत्मा, परिदृश्य में चली गयी। इस कमी को उपनिषदों ने पूरा किया परन्तु आगे चल कर उनके प्रभाव से त्याग एवं संसार से विमुख होने की प्रवृत्ति से ऐसी विचारधाराओं को बल मिला जिनकी प्रतिक्रिया जैन तथा बौद्ध आंदोलनों के रूप में प्रकट हुई। इन आन्दोलनों ने भारतीय आत्मा का बड़ी सीमा तक साथ दिया, परन्तु नयी अपेक्षओं को पूरा करने की उत्कंठा में यह आंदोलन भी भारतीय-प्रकृति की कुछ आधारभूत अपेक्षओं को पूरा न कर सके। तात्पर्य यह कि बौद्ध धर्म के पतन के समय तक भारतीय मानस को यह अनुभव हो चुका था कि उसकी धार्मिक और नैतिक अपेक्षाएँ न तो वेदों के

विभिन्न देवताओं के आरम्भिक विश्वास से पूरी हुईं और न ही उपनिषदों की सैद्धान्तिक जटिलताएँ या बौद्ध की शुष्क नैतिक शिक्षाएँ उनका उत्तर हो सकती हैं। इन परिस्थितियों में एक ऐसे धर्म की आवश्यकता थी जो विचार, संकल्प एवं भावना के सामंजस्य, अर्थात धर्म के सैद्धान्तिक, व्यवहारिक और नैतिक, तीनों पक्षों पर दृष्टि रखते हुए, ईश्वर से सम्बन्धित एक ऐसा व्यक्तिगत जीवन्त दृष्टिकोण प्रस्तुत कर सके और उसके साथ-साथ अत्यंत जटिल एवं आडम्बरयुक्त भी न हो। हिन्दू धर्म में यह प्रवृत्तियाँ गीता की शिक्षा, शैव मत, शक्ति पूजा एवं वैष्णव मत के भक्ति सम्बन्धी विश्वासों के रूप में प्रकट हुईं।

गीता

भगवद् गीता में श्रीकृष्ण ने विश्वास, संकल्प एवं कर्म के सामंजस्य की शिक्षा देते हुए हिन्दू धर्म को नव जीवन का संदेश दिया। यह संदेश, उपनिषदों के आध्यात्मिक सिद्धान्तों की उपेक्षा नहीं करता अपितु उन्हीं के एक दार्शनिक पक्ष पर प्रकाश डालते हुए कर्म योग, ज्ञान योग और भक्ति योग की एक ऐसी समन्वयवादी व्यवस्था प्रस्तुत करता है, जिसकी प्रतीक्षा भारतीय आत्मा सदियों से कर रही थी। (भवगद् गीता वास्तव में विश्व के सबसे बड़े महाकाव्य 'महाभारत' का एक अंश है, लेकिन प्रायः इसे एक स्वतंत्र ग्रन्थ के रूप में भी माना जाता है।)

हम पहले कह चुके हैं कि उपनिषदों, सांख्य, योग और बौद्धों की शिक्षाओं में सबसे अधिक महत्व निर्वाण को दिया जाता था। मोक्ष प्राप्त करने के लिए प्रायः हर प्रकार के कर्म को 'तिलांजली' देना आवश्यक माना जाता था; जिससे भारतवर्ष में संन्यास और तपस्या को अत्यधिक महत्व दिया जाने लगा। यह संन्यास, न केवल प्रेम और कर्म की भावना, जो कि जीवन की मूलभूत प्रवृत्ति है, से टकराता था, अपितु व्यवहारिक सांसारिक जीवन में भी भांति-भांति की कठिनाइयाँ पैदा करता था। अतएव विश्वास एवं कर्म का यही वैषम्य गीता की आधारशीला है। महाभारत के एक मुख्य चरित्र अर्जुन के हृदय में युद्ध-भूमि में ही युद्ध के प्रारम्भिक क्षणों में यह भ्रम उत्पन्न होता है कि धर्म के दृष्टिकोण से अपने सगे सम्बन्धियों के रूधिर से हाथ रंगना पाप है, परन्तु क्षत्रीय-धर्म का नैतिक दायित्व, उसे युद्ध के कर्तव्यों को पालन करने हेतु प्रेरित कर रहा है। अर्जुन के इस आत्म-संघर्ष में श्रीकृष्ण उसकी समस्या का निधान करते हैं और इन दोनों के बीच हुए संवाद, जो महाभारत के एक अंग के रूप में है, अलग से गीता के नाम से प्रसिद्ध हैं।

उपनिषदों के समान, गीता में भी मानव जीवन का आदर्श परम सत्य या एक ईश्वर के ज्ञान को माना गया है; परन्तु गीता इस बात पर बल देती है कि ईश्वर प्राप्ति के लिए कर्म के त्याग की आवश्यकता नहीं है। मनुष्य को, वह सभी कर्तव्य, जो

उसके व्यक्तित्व और व्यवहारिक जीवन के लिए आवश्यक हैं, बिना किसी तर्क-वितर्क के सम्पादित करने चाहियें। परन्तु मनुष्य स्वयं को उनका कर्त्ता न समझे अपितु उन्हें केवल कर्तव्य के लिए, व्यक्तिगत इच्छा या परिणाम की चिन्ता से मुक्त होकर स्थिति प्रज्ञ होकर सम्पादित करे। उसे यह मानना चाहिए कि जो कुछ घटित हो रहा है, वह वास्तविक कर्त्ता अर्थात ईश्वर के द्वारा हो रहा है और मनुष्य का कर्म उसके अस्तित्व की तरह केवल आरोपित है। कर्म सम्बन्धी इस दृष्टिकोण को जीवन का सिद्धान्त बना लेने के पश्चात कर्म की प्रकृति ही परिवर्तित हो जाती है और सत्य का इच्छुक, स्वयंमेव, आध्यात्मिक लक्षणों की प्राप्ति करने लगता है (गीता के इस सिद्धान्त को निष्काम-कर्म कहते हैं अर्थात ऐसा कर्म जिसमें किसी प्रकार की काम वासना का स्पर्श न हो)

गीता की इस शिक्षा से स्पष्ट है कि उसका विषय कर्म दर्शन है। यद्यपि गीता से इस प्रकार का कोई परिणाम निकालना उसके केवल एक पक्ष को सामने रखना है। वास्तविकता यह है कि गीता में हिन्दू धर्म के तीनों मूलभूत सिद्धान्तों को एक सुदृढ़ दर्शन में ऐसे सुन्दर रूप से ढाल कर प्रस्तुत किया गया है कि हिन्दू धर्म, भारतवर्ष मे बसने वाले विभिन्न विश्वासों एवं विचारों के मानने वालों अथवा जनसाधारण के लिए, नये सिरे से स्वीकार करने योग्य हो गया। यही कारण है कि प्रत्येक विचारधारा का अनुयायी, गीता की व्याख्या अपने रंग में करता है। शंकराचार्य गीता का विषय ज्ञानयोग मानते हैं। रामानुज ने इसकी व्याख्या भक्ति योग की दृष्टि से की है; जबकि आज के युग में लोकमान्य तिलक तथा गाँधी जी इसके कर्म सम्बन्धी संदेश पर बल देते हैं; परन्तु सत्य यह कि गीता का दर्शन, इन तीनों दृष्टिकोणों को अपने मे समेटे हुए है। यह सत्य है कि गीता में कर्म को सर्वाधिक बल दिया गया है परन्तु कर्म-योग की पूर्णता यह है कि कर्म के सम्पादन में सत्यान्वेशी परम सत्य अर्थात ईश्वर के ध्यान में इतना डूब जाये कि द्वैत का भाव न रहे, तभी, कर्त्ता सच्चे अर्थों में व्यक्तिगत इच्छा या परिणाम की चिन्ता से पृथक रह कर कर्म का सम्पादन कर सकता है। इससे स्पष्ट है कि कर्मयोग में 'निष्काम-कर्म' को जीवन का सिद्धान्त बनाने के लिए ज्ञान अर्थात चिन्तन की भी आवश्यकता है, अन्यथा व्यक्तिगत अहं को समाप्त ही नहीं किया जा सकता।

दूसरे यह कि मोक्ष को परिभाषित करते हुए गीता ने स्पष्ट शब्दों में कहा है कि यह केवल मानसिक ज्ञान या कोरा दर्शन नहीं है अपितु आध्यात्मिक मिलाप का नाम है जिसमें चिन्तन के साथ प्रेम और श्रद्धा अर्थात भक्ति की भी आवश्यकता है। तात्पर्य यह कि गीता में कर्मयोग से ज्ञान योग या भक्ति योग की उपेक्षा अनिवार्य नहीं और गीता की शिक्षा में मोक्ष प्राप्ति के तीनों मार्गों को आत्मसात करने का प्रयत्न किया गया है। गीता, वस्तुतः भारतीय चिन्तन के उत्कर्ष का चरम बिन्दु है और भारतीय

देशी-प्रकृति की तमाम अपेक्षाओं को समेटे हुए है। यही कारण है कि इसके बाद भारतवर्ष में जितने भी बौद्धिक आन्दोलन हुए या भारतीय संस्कृति ने जितने भी रूप बदले, उनमें गीता की शिक्षा का तत्त्व किसी न किसी रूप में ज़रूर सम्मिलित रहा। गीता की शिक्षा के बाद, वैसे तो कर्म, ज्ञान और भक्ति तीनों विचारधाराएँ, जनसाधारण की धार्मिक-अनुभूतियों को पूरा करती रहीं, परन्तु बौद्ध मत से मुक़ाबला करने के लिए हिन्दू धर्म को अधिकतर भक्ति योग का ही आश्रय लेना पड़ा। बौद्ध मत में एक कमी यह थी कि वह, भारतवर्ष जैसे देश में, जहाँ उपासना, श्रद्धा और प्रेम शताब्दियों से धर्म का आधार माने गये हैं, बौद्धमत व्यक्तिगत ईश्वर की कोई ऐसी अवधारणा प्रस्तुत नहीं कर सका जो जन साधारण के लिए सरल व सम्मोहक हो। हिन्दू धर्म ने यह न्यूनता, शिव शक्ति और विष्णु के अवतारों को पारब्रह्म की सर्वोच्य अभिव्यक्ति के रूप में स्वीकार कर, पूरी कर ली, और एक ओर शिव शक्ति, देवी या माता और दूसरी ओर राम और कृष्ण के मनमोहक चरित्रों पर बल देते हुए जनसाधारण को, जो अब बौद्ध मत का परित्याग कर रहा था, पुनः अपनी ओर आकर्षित करना प्रारम्भ कर दिया। यहाँ भारतीय संस्कृति की उन नई प्रवृतियों के विषय में कुछ कहने से पहले भक्ति के बारे में संकेत कर देना भी आवश्यक है।

उपनिषदों के समान गीता में भी परम सत्य की कल्पना ब्रह्म के रूप में की गई है। जो हर प्रकार के गुणों एवं विशेषताओं से परे है। इस कल्पना के दृष्टिगत गीता ने स्पष्ट शब्दों मे स्वीकार किया है कि परम सत्य के ज्ञान अर्थात ईश्वर की प्राप्ति हेतु चिन्तन एवं विचार की शक्तियों को एकाकार करना हर व्यक्ति के बस की बात नहीं; और न तो हर व्यक्ति अपने कर्म और संकल्प को ईश्वरीय उद्देश्य के आधीन समझ कर, निस्पृह होकर, अपने कर्तव्यों का निर्वहन करते हुए जीवन व्यतीत कर सकता है। अतएव जनसाधारण के लिए मोक्ष का मार्ग, श्रद्धा और प्रेम अर्थात भक्ति योग का है; जिसके लिए न तो किसी मानसिक प्रशिक्षण की आवश्यकता है और न किसी बौद्धिक योग्यता की। परन्तु श्रद्धा एवं प्रेम की भावना को उत्पन्न करने के लिए किसी बिम्ब अर्थात केन्द्र का होना आवश्यक है। मनुष्य सामान्यतः दार्शनिक या मानसिक परछाई की उपासना नहीं कर सकता। अतएव भक्ति योग में इसके लिए ब्रह्म के आरोपित रूप अर्थात पुरूषोत्तम को पूजनीय स्वीकार किया गया। वह सौन्दर्य, शिवत्व और सत्य का अजस-स्रोत है। वह सम्पूर्ण ब्रह्मांड का सृष्टा और उसका संचालन कर्त्ता है।

प्रेम से तात्पर्य इच्छा की व्याकुलता है। इच्छा जितनी ही व्याकुल होगी, उतना ही गहरा प्रेम होगा। प्रेम का उत्कर्ष यह कि प्रिय की कल्पना में इतना गहरा डूब जाये कि अह्म शेष न रहे। इसलिए प्रेम की दो ही विशेषताएँ हो सकती हैं, प्रीति या विरह। विरह विलगाव की पीड़ा की व्यग्रता है तो प्रीति मिलन-मधु से आत्म प्रमत्त

होने की दशा है, जब शेष कुछ भी न रहे और प्रेमी स्वयं को भूल जाए। भक्ति-योग का उत्कर्ष, मिलन की यही आनन्दानुभूति है, जिसकी व्याख्या मानवीय बुद्धि एवं कल्पना से सम्भव नहीं है। तथापि इंगितों के द्वारा इतना कह सकते हैं कि मिलन का यह हर्षातिरेक, एक ऐसी आनन्दमय दशा है जहाँ प्रेमी एवं प्रिय दोनों एकाकार हो जाते हैं और उसके पश्चात प्रेमी का प्रत्येक कर्म ईश्वरीय इच्छा के आधीन अर्थात निष्काम हो जाता है। भक्ति के यही प्रेम सम्बन्धी सिद्धान्त शैव मत एवं वैष्णव मत और शक्ति पूजा के मूलभूत आधार हैं।

शैव मत, शक्ति पूजा एवं वैष्णव मत

वैदिक संस्कृति के क्रम में शिव और विष्णु का वर्णन किया जा चुका है। ये दोनों भारत के प्राचीन निवासियों के देवता थे, जिन्हें आर्यों ने रुद्र एवं सूर्य का समानार्थी मान कर अपने देवताओं मे सम्मिलित कर लिया था। उस समय उनकी हैसीयत दूसरे देवताओं जैसी थी परन्तु जब हिन्दू धर्म को एक ओर उपनिषदों के जटिल दार्शनिक प्रभाव और दूसरी ओर बौद्ध मत का मुक़ाबला करने और भारतीय-प्रकृति की मूलभूत अपेक्षाओं को पूरा करने की आवश्यकता पड़ी तो शिव और विष्णु की उपासना को एकेश्वरवाद के विश्वास के साथ तादात्म्य स्थापित कर इनको हिन्दू धर्म का अनिवार्य अंग बना दिया गया।

शिव और विष्णु को एकेश्वरवाद की अवधारणा में आत्मसात करने के लिए 'त्रिमूर्त्ति' के सिद्धान्त से काम लिया गया। ब्रह्मांड के मूल में ब्रह्म ही रहा परन्तु उसकी परिकल्पना के तीन रूप निर्धारित किये गये। ब्रह्मा के रूप में ब्रह्मांड का सृष्टिकर्ता, विष्णु के रूप में पालनकर्ता और शिव के रूप में संहारक माना जाने लगा। अतएव ब्रह्मा, विष्णु और शिव (महेश) में से किसी एक देवता या उसकी मूर्ति पूजा वास्तव में ब्रह्म की ही उपासना है।

वैष्णव मत का आधार अवतारवाद, और शैव मत का आधार, शक्ति के विश्वास पर आधारित है। 'शक्ति' जो जीवन एवं ब्रह्मांड की सृजनात्मक शक्ति है, शिव की जीवन-संगिनी मानी गयी। शक्ति-पूजा की परम्परा जीवन उत्पन्न करने वाली देवी के रूप में भारत में पूर्व वैदिक काल अर्थात सिंधु घाटी की संस्कृति के समय से चली आती है; क्योंकि जीवन उत्पत्ति ही ज़िन्दगी और मृत्यु का मूल स्रोत है। इसके लिए शक्ति के दो रूप माने गये। पार्वती, उमा, गौरी के नाम से यह स्नेहित माता की परिकल्पना के रूप में है और दुर्गा, भवानी, काली देवी के नाम से यह संहारक-शक्ति की प्रतीक है। इसके विपरीत विष्णु और उनकी पत्नी लक्ष्मी का एक ही रूप है। विष्णु संसार का पालनकर्ता और अन्नदाता तथा लक्ष्मी धन-धान्य और समृद्धि की देवी समझी जाती, परन्तु वैष्णव मत में विभिन्न सम्प्रदायों की

आवश्यकता की पूर्ति के लिए अवतारों के सिद्धान्त से काम लिया गया। विष्णु मानव जाति के संकट मोचन और दुःख निवारण हेतु बार-बार संसार में अवतरित होते हैं और अवतार के रूप में मानव रूप धारण करते हैं। विष्णु के ऐसे नौ अवतार हो चुके हैं, जिन में श्री रामचन्द्र और श्रीकृष्ण मुख्य हैं। कुछ परम्पराओं के अनुसार बुद्ध भी विष्णु के अवतार माने जाते हैं। दसवें और अन्तिम अवतार का प्रकट होना अभी शेष है। वैष्णवों की धार्मिक परम्पराओं का संकलन विष्णु पुराण और शैवों के संकलन शिव पुराण कहलाते हैं। अधिकतर पुराण अपने वर्तमान रूप में पाँचवीं शती ईसवी या उसके लगभग संकलित हुए और बहुत लोकप्रिय रहे। उपनिषदों के समान उनकी वास्तविक संख्या भी निर्धारित नहीं।

कुछ इतिहासकार वैष्णव मत और शैव मत का सम्बन्ध 'आगमों' से जोड़ते हैं जो वेदों की शिक्षा से पूर्ण रूप से सहमत नहीं। इससे संकेत होता है कि भक्ति जिसका प्रथम रूप वैष्णव और शैव मत से प्राप्त हुआ, वह पूर्व-वैदिक धार्मिक प्रवृत्ति के रूप में चली आती है। यद्यपि उपासना के रूप में भक्ति का वर्णन, उपनिषदों में भी मिलता है, परन्तु भक्ति का सिद्धान्त, सर्वप्रथम गीता के माध्यम से स्थापित हुआ, जिसके पश्चात यह विश्वास न केवल वैष्णव और शैव मत के रूप में सारे हिन्दू धर्म पर छा गया, अपितु इसने उस समय के बचे-खुचे बौद्ध धर्म को भी प्रभावित किया और बौद्धों के महायान सम्प्रदाय में बुद्ध को श्रीकृष्ण के रंग में प्रस्तुत किया जाने लगा। बुद्ध की प्रतिमाओं की पूजा का प्रारंभ भी इसी युग में हुआ और बौद्ध के संन्यास सम्बन्धी आचार-विचार का खुल कर विरोध किया जाने लगा। भक्ति के महत्त्व पर बढ़ चढ़ कर बल दिया जाने लगा, जिससे आगे चल कर उत्तरी-पूर्वी भारत और पर्वतीय एवं आदिवासी जनजातियों में तान्त्रिक समुदाय का उद्‌भव हुआ।

इन मानसिक प्रवृत्तियों के वर्णन के साथ-साथ भारतीय संस्कृति का प्राचीन युग लगभग समाप्त हो जाता है। पौराणिक संस्कृति, उत्तरी भारत में हर्षवर्धन के युग के पश्चात शनैः शनैः समाप्त होने लगी। आठवीं शताब्दी से दसवीं शताब्दी तक की अवधि उत्तरी भारत के इतिहास में पतन का दृश्य प्रस्तुत करती है। इस अवधि में विभिन्न राजपूत सामन्तों ने भारत में अपने-अपने राज्य स्थापित कर लिए परन्तु वे निरंतर आपस में लड़ते और एक दूसरे को नीचा दिखाने में लगे रहे। यह वह ज़माना था जब मुसलमान आक्रमणकारी, भारत में एक के बाद एक आते रहे और शनैः शनैः ग्यारहवीं शताब्दी तक उन्होंने उत्तरी भारत के एक बड़े भाग पर अपनी हुकूमत स्थापित कर ली।

वैसे तो भारतीय संस्कृति का पूर्व-वैदिक काल से विभिन्न सम्प्रदायों और जातियों से सम्बन्ध रहा परन्तु मुसलमानों से उसका सम्पर्क पिछले तमाम सम्पर्कों से

कई कारण से भिन्न था। मुसलमानों के आगमन से पूर्व जितनी भी आक्रमणकारी जातियाँ भारत मे आयीं वे किसी परिपक्व संस्कृति से सम्बन्ध नहीं रखती थीं, अतः उनका विशेष चरित्र पूर्णतः अलग न रहा और वह भारतीय संस्कृति में बड़ी हद तक आत्मसात हो गयीं, परन्तु उनकी अपेक्षा इस्लाम एक पूर्ण और उन्नत संस्कृति को अपने साथ लाया था। अतएव उसके और भारतीय संस्कृति के सम्पर्क एवं लेन-देन से एक नयी सांस्कृतिक धारा का आविर्भाव हुआ। जिसको साझी भारतीय संस्कृति अर्थात हिन्दुस्तानी संस्कृति के नाम से अभिहित करना उचित होगा।

इस साझी हिन्दुस्तानी संस्कृति की वास्तविक महत्ता को समझने से पहले इस्लामी संस्कृति पर संक्षिप्त रूप से एक नज़र डालना ज़रूरी है।

2. इस्लामी तहज़ीब

इस्लामी तहज़ीब की बुनियाद इस्लाम पर है जिसका आरम्भ सातवीं सदी ईसवी में अरब में पैग़म्बरे-इस्लाम हज़रत मुहम्मद (स.) के व्यक्तित्व से हुआ। इस्लाम के उदय से पूर्व अरब बुतपरस्त बद्दू क़बीलों का घर था जो ख़ानाबदोश ऊँट पालने वाले गल्लाबानों का जीवन व्यतीत करते थे और आपस में संघर्षरत रहते थे। इस वातावरण में हज़रत मुहम्मद ने पैग़म्बर इब्राहीम के प्राचीन धर्म को नये सिरे से जीवित करके एक ऐसे धर्म की आधारशिला रखी जो आपके जीवन ही में लगभग सारे अरब में फैल गया। आपके देहांत के उपरांत हज़रत अली के युग तक इस्लाम ने और उन्नति की और ईरान, सीरिया, फिलिस्तीन और मिस्र को भी अपने रंग में रंग लिया। सातवीं शताब्दी के उत्तरार्ध से आठवीं शताब्दी के मध्य तक ख़िलाफ़त पर उमैय्या वंश (बनू-उमैय्या) का आधिपत्य रहा। उनके बाद अब्बासी-वंश (बनू-अब्बास) ने अब्बासिया ख़िलाफ़त की आधारशिला रखी जो तेरहवीं शताब्दी तक क़ायम रही। यह इस्लामी तहज़ीब के उत्कर्ष का समय था जब यह एक बड़े परिपक्व तहज़ीब के रूप में दूरस्थ देशों तक फैल गयी, परन्तु इसके साथ-साथ राजनैतिक पतन भी प्रारम्भ हुआ। पारस्परिक वैमनस्य और सलीबी युद्धों ने सल्तनत की नींव को झकझोर दिया और मंगोलों के अनवरत आक्रमणों ने तेरहवीं शताब्दी में अब्बासियों का रहा सहा निशान भी मिटा दिया, जिसके बाद इस्लामी-मिल्लत का ऐक्य अपने राजनैतिक अर्थों में समाप्त हो गया।

इस संक्षिप्त ऐतिहासिक विवरण के पश्चात् हम बतायेंगे कि इस्लामी-तहज़ीब की मूलभूत विशेषताएँ क्या हैं?

इस्लामी तहज़ीब की मूलभूत विशेषता यह है कि उसके मज़हबी और सामाजिक नियम एवं विधियाँ संहिता-बद्ध हैं। उनका मुख्य स्रोत क़ुरआन शरीफ़ है, जो

रसूलअल्लाह (पैग़म्बर हज़रत मुहम्मद) पर बतौर 'वही' (प्रेरणा) उतरा। 'वही' हुक्मे इलाही है। क़ुरआन समस्त प्राचीन शरीयतों (धर्म-विधियों) को समाप्त कर नयी शरीयत की आधारशिला रखता है, जिसके बारे में कहा गया है कि "मानवीय प्रकृति के शाश्वत एवं सार्वभौमिक सिद्धान्तों के आधार पर अल्लाह की ओर से निर्धारित की गयी है।" अतएव किताबुल्लाह अर्थात क़ुरआन हर प्रकरण में अन्तिम निर्णायक और बाध्य है। परन्तु कुछ मुद्दे जिनकी व्याख्या इसमें नहीं, उनके लिए 'सीरत' (हज़रत मुहम्मद की ज़िन्दगी और व्यक्तित्व) और 'हदीस' (हज़रत मुहम्मद के कथन) से मदद ले सकते हैं, 'हदीसें', पैग़म्मरे इस्लाम के वचनों और कथनों का संग्रह हैं।

तौहीद

क़ुरआन में सबसे अधिक ज़ोर 'तौहीद' पर दिया गया है। अल्लाह एक है। उसके अतिरिक्त किसी अन्य की उपासना करना या किसी की सहायता पर पूरा भरोसा रखना इस्लामी तालीम के दृष्टिकोण से 'शिर्क' (अल्लाह के व्यक्तित्व एवं कर्म में किसी दूसरे को सहभागी बनाना) है जो शरीयत के निकट सबसे बड़ा गुनाह है। कलमा-ए-मुक़द्दस "ला इलाहा इल्लल्लाह मुहम्मद-उर-रसूल अल्लाह" का अर्थ ही यही है कि "नही है कोई दूसरा उपासना करने योग्य, सिवा अल्लाह के, और मुहम्मद उसके रसूल (संदेशवाहक) हैं।"

'तौहीद' की मान्यता और इसके तर्क-वितर्क के लिए कुरआन ने जो तरीक़ा अपनाया है वह मन्तक़ी या तार्किक नहीं अपितु उसके मज़हबी विवेक की विशेष परिकल्पना पर आधारित है। उसके लिए अंतश्चेतना की आवश्यकता है जो किसी वस्तु की सत्यता जानने के लिए मानसिक शक्तियों को एक लक्ष्य पर एकत्रित कर देने से प्राप्त होती है। ब्रह्मांड पर अंतश्चेतना की नज़र डालने से उसमें एक ऐसी समरसता और सान्निध्य का आभास होता है जिससे मनुष्य के हृदय में एक महानतम सृष्टा की कल्पना उत्पन्न होती है, जिसे अल्लाह कहा गया है।

"क़ुरआन, अल्लाह के व्यक्तित्व के वर्णन में दो बातों पर विशेषतः बल देता है। 'तौहीद' (एकेश्वरीय-सत्ता) और 'तन्ज़ीह' (पाक करना सत्य को असत्य से)। क़ुरआन माहियत (ईश्वरीय-आकार) की बहस नहीं छेड़ता... 'तन्ज़ीह' में सामान्य मुसलमानों के अक़ीदे के अनुसार क़ुरआन ने बीच की राह अपनायी है। ख़ुदा को जिस्मानियत (आकृति) से मुक्त क़रार दिया गया है और उसे सृष्टि की अन्य विशेषताओं (तअय्युनात) से भी बरी क़रार दिया गया है। परन्तु 'तातील' की हद तक भी नहीं, अर्थात इतना भी नहीं कि उसका कोई ध्यान या कल्पना ही मस्तिष्क में स्थापित न हो सके। क़ुरआन ने ख़ुदा के वर्णन में तमाम सकारात्मक

गुणों का ज़िक्र किया है परन्तु सख़्ती से मना कर दिया है कि इन गुणों को मानवीय गुणों के सदृश न समझा जाये''।[1]

सामाजिक समानता एवं न्याय

इस्लाम सम्पूर्ण मानव जाति को एक जमाअत (समूह) मान कर उसके लिये मज़हबी-यथार्थ की एक ऐसी तफ़्सीर (मीमांसा) प्रस्तुत करता है जिसके आधार पर वैश्विक तहज़ीब का निर्माण हो सके। सामाजिक-न्याय और समानता, इस्लाम के मूलभूत सिद्धान्त कहे गये हैं, परन्तु उनमें कतिपय अपवादों को भी मान्यता प्रदान की गयी है। मिल्लते इस्लामी (इस्लामी-समाज) के दो भाग हैं, स्वतंत्र और .गुलाम। .गुलाम बनाने की इजाज़त जंगों में हारे हुए बन्धकों के लिए थी। स्त्रियों के अधिकारों और पुरुषों के अधिकारों में भी भेद है, परन्तु जन्म, जाति, पद और रंग के आधार पर इस्लामी-मिल्लत में किसी प्रकार का भेद मान्य नहीं। क़ुरआन एक ऐसे समाज के निर्माण पर बल देता है जो दीन (धर्म) व दुनिया, व्यक्ति व जमाअत, शासक एवं शासित में पूर्ण सान्निध्य पेश करने का दावा करता है।

कर्म पर विशेष बल

इस्लाम, कर्म पर विशेष बल देता है।[2] ख़ुदा मुक्तदरे आला (सर्वोच्च सम्प्रभु) है और मनुष्य का प्रत्येक कर्म मशीयत-ए-इलाही (ईश्वरीय-विधान) के अधीन है। परन्तु मनुष्य, पूर्णरूपेण विवश नहीं, रसूलल्लाह ने निर्देश दिया है कि मनुष्य का कर्तव्य, प्रयत्न करना है, परिणाम ख़ुदा के हाथ में है।[3]

क़ुरआन ने जीवन की क्षणभंगुरता और कायनात (सृष्टि) की अनित्यता को स्वीकार किया है, परन्तु इसके साथ इस बात पर भी बल दिया है कि मानव के पारमार्थिक दृष्टिकोण से कायनात का वजूद इसी हद तक सत्य है जितना स्वयं मनुष्य का वजूद है। संसार, क्योंकि आख़रत (परलोक) की खेती है, अतएव मनुष्य के लिये अत्यधिक मूल्यवान है। इस्लामी तहज़ीब की कार्मिक एवं नैतिक प्रवृत्तियों ने अरबों की उस मुजाहिदाना स्प्रिट को क़ायम रखने में सहयोग दिया जो उनमें इस्लाम के उदय से पहले भी पायी जाती थी। अरब की परम्पराओं के अनुसार, वीरता, पराक्रम, साहस और सैनिक-योग्यता, मानवीय व्यक्तित्व के ख़ास गुण माने जाते थे। प्रत्येक मुसलमान अपने मुल्क व मिल्लत का मुजाहिद है। स्वयं पैग़म्बरे इस्लाम सिपाहसालार के फ़राइज़ का निर्वाह करते थे।[4]

अक़्ली व फ़िक्री पहलू

इस्लामी तहज़ीब में अक़्ली प्रवृत्ति का प्रारम्भ, 'जब्र व इख़्तियार' (कर्म का प्रभुत्व

एवं प्रारब्ध) के विवाद से हुआ, जो शीघ्र ही 'माक़ूलात' (दार्शनिक तर्क-वितर्क) और 'मनक़ूलात' (लिखा हुआ आधार, जैसे फ़िक़ा, हदीस, तफ़सीर आदि) की बहसों का रूप धारण कर गया, और मज़हबी आलिमों तथा दार्शनिकों के मध्य क़ुरआन के 'हुदूस' (घटित) एवं 'क़िदम' (ईश्वरीय) के प्रश्नों पर महान मत-वैभिन्य उत्पन्न हुए। आगे चल कर उलेमा के एक समूह ने जिन्हें 'सिफ़ातिया' और 'तश्बिहिया' कहा जाता था, खुदा की ओर मानवीय गुणों और जिस्मानियत को सम्बद्ध करना प्रारम्भ किया। दार्शनिकों की ओर से इन विचारों की मुख़ालिफ़त की गई और यह लोग 'मोतज़िला' के नाम से जाने गए। 'मोतज़िला' इस्लाम में अक़लियत पसन्दी (दार्शनिकता) के पहले पथ-प्रदर्शक थे। ये लोग हर तरह के इल्म का ज़रिया अक़्ल को करार देते थे और मज़हब को इस आधार पर क़ाबिले क़ुबूल मानते थे कि वह अक़्ल के मुताबिक़ है।

मोतज़िला ने तौहीद की तार्किक मीमांसा करके ख़ुदा की अवधारणा, एक 'वाहिद और क़दीम' (आदि) ज़ात (अस्तित्व) के रूप मे प्रस्तुत की और आदि गुणों के अस्तित्व को तौहीद के विपरीत मान कर उसकी उपेक्षा की। इल्म, प्रारब्ध और अन्य विशेषताओं को, जिन्हें .कुरआन ने ख़ुदा से सम्बद्ध किया है, मोतज़िला ऐन ज़ात (असल) कहते थे। उनका कथन था कि "ख़ुदा का मुशाहिदा (दर्शन) शारीरिक दशा में दारूलक़रार (स्वर्ग) में भी नहीं किया जा सकता, क्योंकि मनुष्य द्वारा भौतिक माध्यमों से ख़ुदा की कल्पना करना असम्भव है।"

परन्तु मोतज़िला के ये विचार जनसाधारण में लोकप्रिय नहीं हुए। उलेमा की ओर से उनका प्रचंड विरोध हुआ और तत्कालीन शासकों के दंड से यह दार्शनिक आन्दोलन, जो अभी अपने उदय के प्रथम सोपान पर ही था, शीघ्र समाप्त हो गया। इसके पश्चात दार्शनिक प्रवृत्ति दसवीं शताब्दी में 'इख़्वानुस्सफ़ा' की तहरीक में प्रकट हुई। इसका उद्देश्य यूनानी दर्शन और इस्लामी शरीयत के मध्य सामंजस्य उत्पन्न करना था; परन्तु मोतज़िला के समान यह आंदोलन भी उलेमा के क्रोध से बच नहीं सका; और बारहवीं शताब्दी में ख़लीफ़ा मुस्तन्जिद के आदेश से 'इख़्वानुस्सफ़ा' के संपूर्ण ग्रंथ को बग़दाद में अग्नि की भेंट चढ़ा दिया गया।

मुसलमानों में दर्शन के प्रति लगाव वास्तव में यूनानियों के प्रभाव से उत्पन्न हुआ था। यद्यपि इस्लामी जगत में, अलकिन्दी, ज़करिया राज़ी, फ़ाराबी, इब्ने-सीना, इब्ने-तुफ़ैल और इब्ने-रुशद जैसे उत्कृष्ट चिन्तक पैदा हुए परन्तु फ़लसफ़ा (दर्शन) इस्लामी तहज़ीब में मूल प्रवृत्ति का रूप धारण नहीं कर सका। इसका सबसे बड़ा कारण यह था कि क़ुरआन में जितना महत्व भौतिक संसार एवं इतिहास के अध्ययन को प्रदान किया गया है, उतना आत्म तत्त्वज्ञान (Metaphysics) को नहीं। आम तौर पर फ़लसफ़ी और मन्तक़ी (दार्शनिक और तार्किक) विधर्मी और

नास्तिक समझे जाते थे एवं उनका अत्यधिक विरोध किया जाता था।

दार्शनिकों एवं मोतज़िला ने मज़हब का जो अक़्ली तसव्वुर पेश किया था उसकी प्रतिक्रिया उलेमा में इस्लामी फ़िक़ह (मज़हबी क़ानून) के रूप में ज़ाहिर हुई जिसका आरम्भ अब्बासियों के युग में हुआ। ये चार विधियों पर आधारित है: हन्फ़ी, मालिकी, शाफ़ई और हम्बली। इनमें सब से ज़्यादा चलन इमाम अबु हनीफ़ा की हन्फ़ी विधि को हासिल हुआ, जबकि शिया समुदाय में जाफ़रिया फ़िक़ह को मान्यता प्राप्त है।

इल्मी एवं साहित्यिक प्रवृत्ति

क़ुरआन में इल्म (विद्या) को मानवता का मुकुट कहा गया है। यह सभी गुणों का स्रोत है; परन्तु इस्लाम क्योंकि गहरी कर्ममय और मज़हबी प्रवृत्ति रखता है। इसलिए 'उलूमे मुफ़ीदा' (लाभकारी विद्या) के ग्रहण पर ज़ोर दिया गया है। चित्रकला, संगीत, नृत्य आदि कलाएँ इस्लाम की गहरी मज़हबी अनुभूति से सम्बन्ध नहीं रखतीं। इन कलाओं पर पाबंदी का एक परिणाम यह हुआ कि गणित, चिकित्सा शास्त्र, इतिहास और काव्य एवं साहित्य पर अधिक ध्यान दिया गया, और साहित्यिक परम्परा आरंभ ही से इस्लामी तहज़ीब की प्रमुख विशेषता बन गयी।

अन्त में हम इस्लामी तहज़ीब की एक और महत्वपूर्ण प्रवृत्ति अर्थात 'तसव्वुफ़' (सूफ़ीवाद) पर विचार करेंगे, परन्तु इससे पूर्व इस्लाम के सामान्य मज़हबी एहसास पर एक नज़र डालना ज़रूरी है।

धार्मिक एहसास

क़ुरआन में इस बात पर बार-बार बल दिया गया है कि ब्रह्मांड के सृष्टा की स्तुति और इबादत मनुष्य पर अनिवार्य (वाजिब) है। ख़ुदा उपास्य है और मानव उपासक अतएव हृदय की पवित्रता एवं आन्तरिक-स्वच्छता के लिए जो इबादत (उपासना) के अनिवार्य अंग हैं, उसके लिए नमाज़, रोज़ा, हज और ज़कात जैसे ज़रूरी फ़राइज़ निर्धारित किये गये हैं। परन्तु इबादत से तात्पर्य केवल इन आदेशों का अक्षरश: अनुपालन ही नहीं है अपितु ख़ुदा द्वारा निर्मित नैतिक विधियों का अनुपालन करना, उसकी इच्छा पर चलना और अपने गुनाह और दंड के कष्टों की अज़ीयतों का एहसास रखना भी इबादत में शामिल है। इबादते इलाही में सब्र, तवक्कुल और तौबा से भी सहायता मिलती है। तौबा (प्रायश्चित) के तीन स्तर हैं। मलामते नफ़्स (अपनी निन्दा), गुनाह का कफ़्फ़ारा (प्रतिकार) और आइंदा गुनाह न करने का संकल्प, अर्थात तौबा कर लेना।

.क़ुरआन में जिस गहरे मज़हबी एहसास का निर्देशन किया गया है, 'एहसासे

गुनाह' और 'ख़ौफ़े ख़ुदा' उसका अनिवार्य अंग है। ख़ौफ़े ख़ुदा के यही जज़्बात इस्लाम के शुरू में रियाज़त की अधिकता और ज़ोहदो-फ़क़्र (निस्पृहता और फ़क़ीरी) की प्रवृत्ति में ज़ाहिर हुए और शनैः शनैः ख़ुदा की अलौकिकता की कल्पना से मिलकर तसव्वुफ़ का रूप धारण कर गये।

इस्लामी तसव्वुफ़ (सूफ़ीवाद)

तसव्वुफ़ मुसलमानों के नज़दीक मज़हब के आन्तरिक पहलू का नाम है। इससे मुराद वह रियाज़त और ध्यानावस्थाएँ हैं जो अंतस्तल के आवरण हटा दें और ख़ुदाई सत्य को साक्षात्कार करा दें।

तसव्वुफ़ के विकास के दो कालखंड निर्धारित किये जाते है।[5] प्रथम कालखंड इस्लाम के आरम्भ से नवीं शती ईसवी के प्रारम्भ तक और द्वितीय नवीं शताब्दी से बारहवीं शताब्दी तक। प्रथम कालखंड में तसव्वुफ़ कोई पृथक सम्प्रदाय नहीं था, अपितु गहरा मज़हबी एहसास रखने वालों में से वे लोग जो रियाज़त और इबादत और परहेज़गारी में शरीयत की पाबंदी का सख़्ती से ख़याल करते थे, सूफ़ी कहलाते थे। शनैः शनैः कुछ नयी ऐतिहासिक और तहज़ीबी अपेक्षाओं के कारण से एवं कुछ वाह्य प्रभावों से मुसलमानों में एक ऐसा वर्ग सामने आया जो क़ुरआन के सूक्ष्मातिसूक्ष्म अर्थों पर बल देते हुए उसकी व्याख्या नये ढंग से करने लगा। यह वर्ग एक ओर शरीयत के प्रतिबन्धों के और दूसरी तरफ़ बौद्धिक तर्क-वितर्क के विरुद्ध था तथा मज़हब का स्रोत हृदय एवं आत्मा को क़रार देता था।[6] इस वर्ग के प्रभाव से आरम्भिक काल-खंड की सीधी सादी त्यागमय फ़कीराना अवधारणाएँ थोड़े अर्से में पूर्णरूपेण सूफ़ीवाद का वजूदी मसलक बन गईं।[7] अर्न्तज्ञान की ये प्रवृतियाँ ख़ुदा की आलौकिकता के ख़्यालात से मिलकर बहुत जल्द सारे इस्लामी जगत में फैल गईं। इस्लाम की इस मौलिक विशेषता को तसव्वुफ़ (सूफ़ीवाद) कहा जाता है।

विकास, प्रथम काल

इस्लाम में तसव्वुफ़ का प्रारम्भ हयातेतय्यबा (पैग़म्बरे इस्लाम के जीवन) से हुआ। ऐसा बताया जाता है। पैग़म्बरे इस्लाम के वचनामृत (पाक हदीस) से उनकी रूहानी ज़िन्दगी का प्रमाण मिलता है। वह केवल ख़ुदा की ओर ध्यान केन्द्रित रखते थे और सांसारिक लोभ से मुक्त थे। इसमें संदेह नहीं कि इस्लामी शिक्षा यतीवृत्ति रहबानियत के विरुद्ध है परन्तु क़ुरआन ने अल्लाह का जो तसव्वुर पेश किया, रियाज़त, पाकीज़गी, इबादत और पवित्रचरण की प्रवृत्तियाँ उस का अनिवार्य परिणाम थीं। निकल्पन का कथन है कि क़ुरआन में क़यामत (यौमुद्दीन) और उस की दहशतों का वर्णन भी बड़े प्रभावी ढंग से किया गया है। एहसासे गुनाह और सज़ा व जज़ा के

ख़ौफ ने कड़ी इबादत व रियाज़त एवं पवित्राचरण की अवधारणाओं के दृढ़ होने में मदद दी।[8] इसका उदाहरण ख़्वाजा हसन बसरी (मृत्यु सन 728 ई) की शख़्सियत है। उन पर हर वक्त ख़ौफ़े इलाही का ग़लबा रहता था। इसका प्रमाण उन पत्रों से होता है जो उन्होंने उमर बिन अब्दुल अज़ीज को लिखे थे।[9] उनका विश्वास था कि गहरा दु:ख और हृदय पवित्रता अन्त:करण की स्वच्छता के लिए सर्वश्रेष्ठ माध्यम है। इसी कारण उनके सम्प्रदाय को 'ज़ोहद मय उल ख़ौफ़'' (भयाभिभूत पवित्रचरण) का नाम दिया जाता है।

इस्लाम के उदय की प्रथम दो शताब्दियों के ज़ाहिद और आबिद ही तसव्वुफ़ के आरम्भिक प्रणेता थे। 'जामी' के अनुसार 'सूफ़ी' शब्द का सबसे प्रथम प्रयोग कूफ़ा के अबूहाशिम (मृत्यु 776 ई) के लिए किया गया।[10] परन्तु निकल्पन और गोल्डज़्हर इस युग के उपासकों को सूफ़ी कहने में सावधान नज़र आते हैं। इस युग में प्रत्येक वस्तु केवल 'दीन' से सम्बद्ध थी। व्यक्तिगत रूप से जो ज़ोहद एवं इबादत की ओर अधिक अग्रसर होता था उसकी गणना ज़ाहिदों एवं आबिदों में होने लगती थी।

कूफ़ा और बसरा से 'ज़ोहद व वरा' (कड़ी रियाज़त) की यह प्रवृत्तियाँ सम्पूर्ण इस्लामी जगत में फैल गयी थीं, परन्तु उन्हें सर्वाधिक लोकप्रियता ख़ुरासान में प्राप्त हुई। इस्लामी हुकूमत का यह राज्य किसी युग में बौद्ध धर्म का क्षेत्र रह चुका था। बल्ख़ के शाहज़ादे इब्राहम बिन अदहम (मृत्यु सन् 777 ई) का सम्बन्ध इसी धरती से बताया जाता है। ताजो तख़्त को ठुकरा कर फ़क़ीर हो जाने की जो हिकायत इब्राहम बिन अदहम से जोड़ी जाती है, उनमें और महात्मा बुद्ध के जीवन की परिस्थितियों में गहरा साम्य पाया जाता है, इसको प्राय: सभी इतिहासकारों ने प्रमाणित किया है।[11] शफ़ीक़ बल्ख़ी, (मृत्यु सन् 801 ई) इब्राहम बिन अदहम के शिष्य (मुरीद) थे। ख़ुदा पर भरोसा (तवक्कुल) को सर्वप्रथम हाल (ध्यान) मानने का गर्व उन्हीं को प्राप्त है। ख़ुरासान से सम्बन्ध रखने वाले अन्य उपासकों और फ़क़ीरों के नाम यह है। हातिमुल असम (मृत्यु सन् 852 ई) मरौ के अब्दुल्लाह बिन मुबारक (मृत्यु सन् 797 ई) और बशीर बिन अलहारिस अलहाफ़ी (मृत्यु सन् 841 ई)।

इसी दौरान रियाज़त और फ़क़ीरी की इन प्रवृत्तियों का प्रार्दुभाव ईराक़ में भी बढ़ता रहा। ख़ुरासान में जन्म लेने वाले फ़ुज़ैल बिन अयाज़ (मृत्यु सन् 803 ई) ने अपनी आयु का अन्तिम भाग कुफ़ा और मक्का में व्यतीत किया। उन्होंने भी ख़ौफ़े ख़ुदा एवं लौकिक-लोभ से घृणा करने पर बल दिया। परन्तु तसव्वुफ़ में मोहब्बत को अंगीकार करने का श्रेय राबिया बसरी (मृत्यु सन् 801 ई) को जाता है। तसव्वुफ़ में मोहब्बत को शामिल करने से उसकी प्रवणता और रूहानी सरमस्ती की कोई सीमा नहीं रही। आगे चल कर 'हुब्बे इलाही' तसव्वुफ़ का मूलभूत तत्त्व

निर्धारित हो गया। उस काल के दूसरे प्रमुख बुज़ुर्गों के नाम इस प्रकार हैं।[12] इमाम जाफ़र सादिक़ (मृत्यु सन् 765 ई), अबू हनीफ़ा नोमान (मृत्यु सन् 768 ई) दाऊद अल्ताई (मृत्यु सन् 781 ई) हबीब अजमी (मृत्यु सन् 799 ई) और ख़राज़, मुरीद हसन बसरी।

ये बुज़ुर्ग दीन के मामलों में सख़्त और शरीयत के नियमों के अनुपालन में कृत संकल्प थे, और बुरे कर्म को त्यागने के पक्के प्रण (तौबा) को आध्यात्मिक उन्नति का प्रथम सोपान मानते थे। पूर्ण तन्मयता के साथ इबादत करते थे और 'मुजाहिदा फ़ी सबीलिल्लाह' (केवल ख़ुदा के लिए तपश्चर्या) को महत्व देते थे। उस युग के उपासकों और ज़ाहिदों की विशेषताएँ 'ज़िकरे इलाही' की अधिकता, 'हुब्बे-इलाही', ख़ौफ़े ख़ुदा और 'सब्रो रज़ा' हैं। रियाज़त और निस्पृहता की इन प्रवृत्तियों का सम्बन्ध प्रत्यक्ष रूप में क़ुरआन से है; जिसकी तिलावत में मग्न रहना ही उनकी प्राथमिकता थी। लगातार क़ुरआन की तिलावत (पठन) का यह अनिवार्य परिणाम था कि क़ुरआन की सूक्ष्मातिसूक्ष्म आध्यात्मिक अर्थों तक पहुँचा जा सका।[13] यद्यपि ये बुज़ुर्ग रियाज़त और मुजाहिदा पर अत्यधिक बल देते थे, परन्तु इसके बावजूद उन्होंने तसव्वुफ़ की अन्तश्चेतना एवं अलौकिकता का रहस्य प्राप्त कर लिया था और मज़हब के वाह्य आचारों की उपेक्षा करने लगे थे।

द्वितीय काल और सूफ़ीवाद का विकास

बनी उमैय्या के अन्तिम समय में तसव्वुफ़ रियाज़त एवं निस्पृहता से पृथक एक भिन्न स्वरूप प्राप्त करने लगा; और अब्बासियों के प्रारम्भिक काल तक एक विधिवत-प्रणाली में ढल गया। इस युग में वाह्य-प्रभाव के अन्तर्गत तसव्वुफ़ ने कतिपय ऐसे तत्त्वों को स्वीकार कर लिया जिनके आधार पर कट्टरपंथी वर्ग में इस पर कठोर आपत्तियाँ की जाने लगीं।[14] प्रथम काल का सरल एवं त्यागमय फ़क़ीरी का दृष्टिकोण एक संक्षिप्त अवधि में पूर्णरूपेण वहदते वजूदी मसलक बन गया।[15] इस काल में तसव्वुफ़ ने एक स्थायी ज्ञानमय रूप धारण कर लिया। रूहानी फ़लसफ़े का प्रभाव बाहरी रूप पर ही नहीं आन्तरिक रूप पर भी पड़ने लगा। तसव्वुफ़ में अब आध्यात्मिक तौर पर सआदत-ए-नफ़्स (अर्न्तज्ञान) और निजाते रूह (आत्मा की मुक्ति) से सम्बन्धित प्रश्नों पर ध्यान केन्द्रित किया जाने लगा। उन्हें अलग से एक विधिवत रूप दिया जाने लगा। निकल्पन इस बारे में फ़ान क्रीमर से सहमत हैं कि दूसरे काल के तसव्वुफ़ और पहले काल की रियाज़त व परहेज़गारी में बुनियादी फ़र्क़ है।[16]

हम यह देख चुके हैं कि रियाज़त एवं निस्पृहता की प्रवृत्तियाँ आठवीं शताब्दी में अरब और ईराक, सीरिया और ख़ुरासान से सारे इस्लामी जगत में फैल चुकी थीं।

केवल रियाज़त या इबादत नीरस वस्तु है, जब तक उसमें आध्यात्मिक भावना और व्यक्तिगत हुब्बे इलाही (इश्क़) का तत्त्व सम्मिलित न हो उसकी कशिश सब पर हावी नहीं हो सकती। प्रारम्भिक तसव्वुफ़ में ये परिवर्तन सर्वप्रथम बग़दाद में उत्पन्न हुए। बग़दाद को उस वक़्त इस्लाम के एक तहज़ीबी और मज़हबी केन्द्र की हैसियत हासिल थी। उसके ज्ञानमय वातावरण में हिन्दी और यूनानी प्रभाव भी पूरी तीव्रता से क्रियाशील थे।[17] आश्चर्य नहीं कि तसव्वुफ़ ने इन दोनों से कुछ न कुछ प्रभाव स्वीकार किया हो।

इस युग के सबसे प्रथम सूफ़ी मारूफ़ कर्ख़ी (मृत्यु सन् 815 ई.) को माना जाता है।[18] मारिफ़ते इलाही (ज्ञान) का सिद्धांत प्रस्तुत करने का गौरव अबू सुलैमान दारानी (मृत्यु सन् 830 ई.) को प्राप्त है। हारिस मुहासिबी (मृत्यु सन् 837 ई.) इस युग के वो सम्माननीय सूफ़ी हैं, जिन की रचनाएँ बाद के सूफ़ियों के लिए मार्गदर्शक का रूप रखती हैं।[19] .ज़ूल्नून मिस्री (मृत्यु सन् 861 ई.) और सिरी सिक़ती (मृत्यु सन् 867 ई.) उनके समकालीन थे। सिरी सिक़ती ने 'वहदत' (ऐक्य) का वह सिद्धान्त प्रस्तुत किया जिस ने बाद में 'वहदते वजूद' के सिद्धान्त की शक्ल इख़्तियार की।[20] ज़ुल्नून ने 'हाल' व 'मुक़ाम' (आध्यात्मिक ध्यान) पर अपने विचार प्रकट किये और मारिफ़त के लिये इश्क़ की अहमियत पर ज़ोर दिया। परन्तु वहदतुलवजूद की जो प्रवृत्तियाँ इन दोनों के यहाँ दबी दबी मिलती हैं, बायज़ीद (अबू यज़ीद) बुस्तामी (मृत्यु सन् 875 ई.) ने उन्हें बेझिझक और स्वच्छंद रूप में प्रकट किया। इस दृष्टि से वह तसव्वुफ़ के प्रथम ऐसे सूफ़ी हैं जो 'इश्क़े इलाही' की सुरा से पूरी तरह प्रमत्त हैं। उनके यहाँ नफ़्स के फ़ना होने और ज़ाते इलाही में लीन हो जाने का भाव इतना बढ़ गया कि वह शरीयत से टकराने लगा। उन के इस प्रकार के कथन[21] (ला इलाहा इल्ला अना फ़ाबुदनी सुबहानी मा आज़महू शानी), कि ''मेरे अतिरिक्त कोई उपास्य नहीं मेरी उपासना करो मेरी प्रतिष्ठा कितनी उच्च है'', पर कुफ्र (नास्तिकता) और पथ-भ्रष्टता के फ़तवे निर्गत किये गये। जहाँ तक तसव्वुफ़ के लक्ष्य एवं अर्थ और उसकी व्यवहारिक प्रणाली को व्याख्यायित कर समझाने का सम्बन्ध है, उसका गौरव, जुनैद (मृत्यु सन् 910 ई.) को प्राप्त है।[22] परन्तु उन्होंने अपने विचारों को लिखित रूप में प्रस्तुत नहीं किया; और तसव्वुफ़ में यह कमी मंसूर बिन हल्लाज (मृत्यु सन् 922 ई.) की किताबों से पूरी हुई। 'किताबे-तवासीन' तसव्वुफ़ के विषय पर प्रथम उल्लेखनीय ग्रंथ है। मंसूर, मानवीय एवं ईश्वरीय तादत्म्य को मानते थे परन्तु मनुष्य एवं ईश्वर के सम्बन्ध को उन्होंने जिस शैली में प्रेषित किया वह सामान्यतः शरीयत के विरुद्ध समझा गया। मंसूर और बायज़ीद बुस्तामी में यह बात समान रूप से पायी जाती है कि वह दोनों चरमवादी थे; और इश्क़े इलाही में इस सीमा तक प्रमत्त एवं लीन थे

कि अपने आन्तरिक अनुभूतियों को निर्भीक होकर प्रस्तुत कर देते थे। मंसूर को इस साहस एवं निर्भयता का मूल्य अपनी जान देकर चुकाना पड़ा।

नवीं शताब्दी का युग तसव्वुफ़ के बढ़ने और फैलने की दृष्टि से बहुत महत्वपूर्ण है। 'मुहासिबी', 'जुनैद' और 'हल्लाज' के अतिरिक्त कई अन्य महत्वपूर्ण सूफ़ी भी इस युग से सम्बन्ध रखते थे। तसव्वुफ़ की आलौकिक और वहदते वजूदी प्रवृत्तियाँ इस युग में अपने शीर्ष पर पहुँच गयीं; और आध्यात्मिक भाव की तीव्रता और उद्रेक का साथ देने के लिए कविता का आश्रय लिया गया। इस काल के कई सूफ़ी, राबिया और ज़ुलनून के समान स्वयं भी कवि थे। इश्क़े हक़ीक़ी की भावनाओं को व्यक्त करने के लिए मजाज़ी इश्क़ (मानवीय-प्रेम) की शब्दावली को अपना लिया गया। भावनाओं और कल्पना के इस तादात्म्य से दिलों पर चोट पड़ने लगी और सूफ़ियाना विचारों की प्रभावोत्पादकता की कोई सीमा न रही। तसव्वुफ़ अब सामान्य एवं विशिष्ट दोनों वर्गों में लोकप्रिय हो चुका था। परन्तु इसके बाद भी तसव्वुफ़ को शरीयत के आधार पर व्याख्यायित करने के लिए इस की ज्ञानमय संरचना की आवश्यकता का अनुभव किया गया। इस आवश्कता को इमाम शिबली (मृत्यु सन् 946 ई.) इब्ने-अरबी (मृत्यु सन् 952 ई.), अबू क़ासिम क़शीरी (मृत्यु सन् 1072 ई.) और शेख़ अली हिजवेरी (मृत्यु सन् 1079 ई.) के प्रयासों ने पूरा किया। इन में इब्ने अरबी को सबसे अधिक विशेषता प्राप्त है।

इन सभी कोशिशों का प्रभाव यह हुआ कि तसव्वुफ़ जो आठवीं शताब्दी तक इबादत व रियाज़त में सख़्ती करने वाले फ़िरक़े तक सीमित था दसवीं और ग्यारहवीं शताब्दी में एक ज्ञानमय एवं अंतश्चेतनामय आध्यात्मिक सिद्धांत बन गया। उसके पश्चात से वहदते वजूद को तसव्वुफ़ में एक मौलिक रूप प्राप्त हो गया; और ख़ुदा के सर्वव्यापी और आलौकिक होने पर बल दिया जाने लगा। तथापि उलेमा और फ़ुक़ुहा (इस्लामी धर्मशास्त्री) इसका तीव्र विरोध करते रहे। परन्तु, क्योंकि तसव्वुफ़ के विचार, जनसाधरण में लोकप्रिय हो चुके थे इस्लामी धर्मशास्त्रियों को अपेक्षित सफलता नहीं मिल पायी। यहाँ तक कि ग्यारहवीं शताब्दी में इमाम ग़ज़ाली (मृत्यु सन् 1111 ई.) ने अपनी असाधारण तार्किक-शक्ति से काम लेकर तसव्वुफ़ की वैधानिकता को प्रमाणित कर दिया। वेदांत में जो महत्व शंकराचार्य (मृत्यु नवीं शताब्दी ई.) को प्राप्त है, इस्लामी फ़लसफ़े में वही स्थान इमाम ग़ज़ाली को हासिल है। इस दृष्टि से उन्हें 'हुज्जतुलइस्लाम' (इस्लाम की तर्कयुक्ति) कहा जाता है। ग़ज़ाली के समय में मुसलमानों में चार प्रकार के चिन्तन सम्बन्धी आंदोलन कार्यरत थे। इस्माईलियों और बातिनियों का फ़लसफ़ा, इशराक़ी अस्तातालीसी फ़लसफ़ा, उलेमा-ए-ज़ाहिर का इल्मेकलाम, और सूफ़ियों का इल्मेबातिन (आन्तरिक बोध)। डॉ. आबिद हुसैन के शब्दों में "इनमें एक भी अपने वर्तमान रूप में ऐसा

नहीं था जो इस्लाम की वास्तविक आत्मा का प्रतिनिधित्व करता हो।''[23] ग़ज़ाली ने इन सब का विश्लेषण किया और क़ुरआन के आदेशों की रौशनी में इन्हें परखा। उन्होने बताया कि तैहीद-ए-ज़ात (ख़ुदा का ऐक्य) का वास्तविक दृष्टिकोण तसव्वुफ़ के बिना सम्भव ही नहीं। ग़ज़ाली का कारनामा तसव्वुफ़ की विचारधारा का नवनिर्माण है। मज़हबी वारदात (धार्मिक अनुभूति) की सच्चाई को जैसा उन्होंने समझा बहुत कम चिन्तकों ने समझा होगा। वह ''ईमान बिल यक़ीन (धार्मिक आस्था) के तीन स्तर निर्धारित करते हैं। प्रथम स्तर, जनसाधारण की अनुसरण-प्रवृत्ति का है। द्वितीय स्तर उलेमा के तार्किक ज्ञान का है और तृतीय स्तर अप्रत्यक्ष अवलोकन और आध्यात्मिक ज्ञान का है। जिस प्रकार वाह्य-परीक्षण का यंत्र वाह्य-इन्द्रियाँ हैं उसी प्रकार आन्तरिक अनुभव या अवलोकन का यंत्र आन्तरिक अनुभूति है। यह आन्तरिक अनुभूति या 'विजदान' (अन्तश्चेतना), अक़्ल की एक आला सूरत है जो अपनी सर्वोच्च पराकाष्ठा के रूप में नबियों और पैग़म्बरों में, और उनके बाद सच्चरित्र सूफ़ियों में विद्यमान होती है''।[24] अपने सिद्धान्तों को ग़ज़ाली ने इस विलक्षणता से प्रस्तुत किया कि तरीक़त (आन्तरिक बोध) और शरीयत (मज़हबी क़ानून) का अन्तर मिट गया और व्यवहारिक तसव्वुफ़ को बड़ी लोकप्रियता प्राप्त हुई।[25]

सलासिल (सूफ़ीवाद के सम्प्रदाय) और तरीक़े (मार्ग)

तसव्वुफ़ की बढ़ती हुई लोकप्रियता के प्रभाव में बारहवीं शताब्दी से सूफ़ियों के कई सम्प्रदाय स्थापित होना प्रारम्भ हुए। प्रोफ़ेसर ख़लीक़ अहमद निज़ामी का कथन[26] है कि मंगोलों द्वारा उत्पन्न की गयी अव्यवस्था को सूफ़ियों ने आध्यात्मिक सम्प्रदायों की स्थापना से पूरा किया। हिजवेरी ने 'कश्फ़ुलमहजूब' में ऐसे बारह सम्प्रदायों का वर्णन किया है। इनमें से 'हुलूली' और 'हल्लाजी' तनासुख़ (पूनर्जन्म) में विश्वास रखते थे; अतएव उन्हें मरदूद (बहिष्कृत) समझा जाता था। शेष दस सम्प्रदाय इस प्रकार हैं, तैफूरिया, क़सारिया, मलामतिया, नूरिया, मुहासिबिया, तस्तरिया, हिक्मिया, ख़िराज़िया, ख़फ़ीफ़िया और सियारिया। आगे चल कर उत्तरोत्तर इनकी संख्या में बढ़ोत्तरी होती रही। बाद में इस्लामी जगत में जो मार्ग सर्वाधिक लोकप्रिय एवं प्रसिद्ध हुए वह चार हैं और निम्नवत हैं:

(1) मुहीउद्दीन अब्दुल क़ादिर जीलानी (मृत्यु सन् 1166 ई.) का क़ादरिया
(2) शहाबुद्दीन सुहरवर्दी (मृत्यु सन् 1234 ई.) का सुहरवर्दिया
(3) ख़्वाजा मुईनुद्दीन चिश्ती अजमेरी (मृत्यु सन् 1235 ई.) का चिश्तिया
(4) मौलाना जलालुद्दीन रुमी (मृत्यु सन् 1273 ई.) का मौलविया

बारहवीं शताब्दी के पश्चात ग़ज़ाली के प्रभाव से तसव्वुफ़ के व्यवहारिक पक्ष

का विरोध तो समाप्त हो गया परन्तु सैद्धान्तिक पक्ष को मुसलमानों के हिन्दुस्तान में प्रवेश होने के समय तक इस्लामी धर्मशास्त्रयों द्वारा इल्हाद (असत्य मार्ग) समझा जाता रहा। अतएव शेख़ शहाबुद्दीन जैसे प्रकांड सूफी को सन् 1209 में क़त्ल कर दिया गया। शनैःशनैः तसव्वुफ़ के विचार, दार्शनिकों के चिन्तन से होकर कवियों के दिलो-दिमाग़ पर छा गये, उनके कलाम में रच-बस गये और शेर के जादू से ख़ासो-आम की ज़बान पर चढ़ गये। फ़ारसी के ऐसे कवियों में अबू सईद इब्न अबी-उल-ख़ैर (मृत्यु सन् 1048 ई.), हकीम सिनाई (मृत्यु सन् 1150 ई.), फ़रीदुद्दीन अत्तार (मृत्यु सन् 1229-30 ई.), जलालुद्दीन रुमी (मृत्यु सन् 1273 ई.), सादी (मृत्यु सन् 1291 ई.), हाफ़िज़ (मृत्यु सन् 1389 ई.), निज़ामी (मृत्यु सन् 1199 ई.), जामी (मृत्यु सन् 1492 ई.), ओहदी (मृत्यु सन् 1337 ई.) एवं इराक़ी (मृत्यु सन् 1289 ई.) ख़ास तौर से क़ाबिलेज़िक्र हैं। हिन्दस्तान में तो तसव्वुफ़, मानो कविता का अनिवार्य अंग बन गया। हिन्दुस्तान के कवियों में अमीर ख़ुसरो (मृत्यु सन् 1325 ई.), उर्फ़ी शीराज़ी (सन् 1591 ई.), फैज़ी (सन् 1595 ई.), नज़ीरी (सन् 1612 ई.), ज़हूरी (सन् 1615 ई.), तालिब (सन् 1626 ई.), कलीम (सन् 1650 ई.), दारा शिकोह (सन् 1659 ई.), सरमद शहीद (सन् 1659 ई.), चन्द्रभान बरहमन (सन् 1662 ई.), बेदिल (सन् 1721 ई.), तथा आनन्द राम मुख़्लिस (सन् 1750 ई.), सब के सब तसव्वुफ़ में रचे बसे थे, तत्पश्चात उर्दू शायरों ने भी इन विचारों का प्रभाव विस्तृत रूप में स्वीकार किया, जिसका विशद वर्णन बाद के अध्यायों में प्रस्तुत किया जायेगा।

सैद्धान्तिक पक्ष

तसव्वुफ़ में 'मारिफ़ते हक़' (ईश्वर-प्राप्ति) का मार्ग उपनिषदों के दर्शन के समान आध्यात्मिक ज्ञान और आन्तरिक अनुभूति का है। इस सिद्धान्त का आधार इन चार नियमों पर रखा गया है:

1. अक़्ल या 'अक्लेमहज़' (तार्किक विश्लेषण) ऐश्वर्य सत्य के रहस्य को प्राप्त नहीं कर सकता। सत्य की खोज के लिये सैद्धान्तिक एवं तार्किक ज्ञान व्यर्थ है। इसके लिए आध्यात्मिक ज्ञान चाहिए जो तर्क वितर्क के नियमों से नहीं अपितु आन्तरिक प्रज्ञा या अनुभूति के माध्यम से सम्भव है।
2. मनुष्य सारे प्राणियों में सर्वश्रेष्ठ है। यदि वह अन्तःकरण की ओर ध्यान दे तो उसे अनुभूति होगी कि उसमें सत्य का ज्ञान प्राप्त करने की लालसा है। यह वह चिंगारी है जो शाश्वत अंगार में विलीन हो जाना चाहती है। इसका सुराग़ क़ल्ब (हृदय) में मिलता है इसलिए सूफ़ी को 'क़ल्ब' (अंतंस्तल) की ओर ध्यान-केन्द्रित करना चाहिए। यही वह स्थल है जहाँ प्रिय के दर्शन (दीदारे-महबूब)

से अंत:-नेत्र प्रकाशवान हो सकते हैं।

3. मारिफ़त अर्थात आध्यात्मिक ज्ञान के लिए रियाज़त व तपश्चर्या और मुजाहिदा (ध्यान) आवश्यक है, भोग विलास से आत्मा अशुद्ध हो जाती है। भौतिक लज़्ज़तों की शृंखलाओं से स्वतंत्र होकर ही सत्य का साक्षात्कार किया जा सकता है।
4. ख़ुदा से सम्बन्ध इश्क़ (प्रेम) के आधार पर होना चाहिए। इश्क़ एक भावना है और 'मारिफ़त' (ज्ञान) एक आनन्दावस्था है। जज़्बे से आनन्दावस्था तक एक लम्बा पग है। इश्क़ का नतीजा यह होता है कि व्यक्ति, इश्क़ के जलवा-ए-हुस्न में जज़्ब (लीन) होकर आत्मा-विस्मृत हो जाता है। हुब्बे इलाही सूफ़ी का विधान है। 'विजदान' (अंतश्चेतना) उसका ध्येय है और मारिफ़त (ज्ञान कैवल्य) उसका चरम-उत्कर्ष। 'हिजवेरी' के अनुसार इश्क़ मारिफ़त की तरफ ले जाता है और मारिफ़त विसाले महबूब (संयोग) है।

सूफ़ियों के विभिन्न सम्प्रदायों और मार्गों की अपनी-अपनी पृथक व्यवस्था है जो एक दूसरे से कम या अधिक भिन्न है; परन्तु ध्येय सब का एक है अर्थात आन्तरिक अनुभूति के ज़रिये ख़ुदा-ए-वाहिदकी मारिफ़त हासिल करना। कुछ गिरोहों में मतभेद का आधार, तौहीद (ऐक्य) की व्याख्या का मसला है। इस मसले में दो दृष्टिकोण हैं, वहदते वजूद (ईश्वर की समष्टि में व्याप्ति) तथा वहदते शुहूद (ईश्वर का समष्टि में दर्शन) तसव्वुफ़ में आध्यात्मिक पूर्णता का उच्चतम शिखर वह स्थल है जहाँ अन्वेषी सत्य के साक्षात्कार में इस हद तक लीन हो जाता है कि उसे अपने निज के अलग होने की अनुभूति नहीं रहती। यहाँ दर्शनाभिलाषी एवं प्रिय '(शाहिदो-मशहूद)' का दुई भाव समाप्त हो जाता है, और केवल साक्षात्कार ही शेष रह जाता है। यहाँ तक दोनों विचारधाराओं में मत भिन्नता नहीं हैं। भेद विलय अनुभूति या 'हाल' की मीमांसा से पैदा होता है, अर्थात उसे शाब्दिक कल्पना के द्वारा समझाने या उसकी व्याख्या करने के दो मुख़्तलिफ़ नज़रियें हैं। प्रथम सम्प्रदाय के सूफ़ी इस एकत्व की अनुभूति को सत्य समझ कर उससे यह निष्कर्ष निकालते हैं कि वजूद (अस्तित्व) वास्तव में एक ही है अर्थात ज़ाते बारी (ऐश्वर्य ऐक्य) का, उसके अतिरिक्त जो कुछ भी दिखायी पड़ता है, उदाहरणार्थ, मनुष्य एवं सकल संसार, वह कुछ भी नहीं, और उस 'वजूदे-मुतलक़' (परम सत्य) के रूपों का प्रस्फुटन है। सीमित का निर्धारित सीमाओं की शृंखलाओं को तोड़कर स्वतंत्र अस्तित्व में लीन हो जाना, जो उसके व्यक्तिगत अस्तित्व का लोप (फ़ना) और वजूदे हक़ीक़ी (एश्वर्य सत्य) की बक़ा है, जीवन का यथार्थ, अर्थात मुख्य ध्येय और सूफ़ी के रूहानी सफ़र का चरम बिन्दु समझा जाता है।

परन्तु द्वितीय सम्प्रदाय का कथन है कि "शहूद की वहदत (दृश्य का ऐक्य)

वजूद (अस्तित्व) के ऐक्य का प्रमाण नहीं है। इसमें संदेह नहीं कि सूफ़ी को ध्यान अर्थात विचार की एकाग्रता अथवा प्रेमाधिक्य के कारण, साक्षात्कार के एहसास में यही प्रतीत होता है कि शाहिदो मशहूद अर्थात आशिक़ो माशूक़ का अन्तर मिट गया है, मगर यह बिन्दु ध्यान का आख़िरी चरम नहीं है बल्कि बीच की मंज़िल है। जो व्यक्ति इससे आगे बढ़ने में सफल होते हैं उन पर यह सत्य प्रकट होता है कि मनुष्य एवं ख़ुदा का मिलन अस्तित्व विषयक न होकर सम्बन्ध विषयक है। ख़ुदा सृष्टा के रूप में सृष्टि से पृथक है, परन्तु वह स्वयं को सृष्टि के भीतर प्रकट करता है। जिस प्रकार चित्रकार अपने व्यक्तित्व को चित्र में अथवा कवि अपने आपको अपनी कविता में प्रकट करता है। सृष्टा का वजूद निरपेक्ष है; सृष्टि का सापेक्ष। कैवल्य के मार्ग (राहे-मारिफ़त) में मनुष्य का चरम-उत्कर्ष यह है कि वह अपने सृष्टा से इतना निकट हो जाये कि पृथकत्व (फ़स्ल) की अनुभूति न रहे। परन्तु ख़ुदा से वास्तविक संयोग (हक़ीक़ी वस्ल) अर्थात व्यक्तित्व-मिलन (इत्तिहादे-ज़ात) उसको कभी प्राप्त नहीं हो सकता।''[27]

इनमें से प्रथम दृष्टिकोण 'हमा ओस्त' (वही समष्टि है) और द्वितीय दृष्टिकोण 'हमा अज़ ओस्त' (समष्टि, उससे है) कहलाता है। 'हमा अज़ ओस्त' का सिद्धान्त, इस्लामी शरीयत से निकटतम समझा जाता है; जबकि 'हमा ओस्त' अर्थात 'वहदते वजूद' का सिद्धान्त हिंदू-दर्शन से गहरा साम्य रखता है। इससे मिलते जुलते विचार ईरान और भारतवर्ष में शताब्दियों से लोकप्रिय रहे हैं, और अब तक लोकप्रिय हैं।

कुछ सूफ़ी, हिन्दू चिन्तकों के समान आत्मा के ईश्वर में लोप या पूर्णतः लीन में विश्वास करते हैं। तसव्वुफ़ की शब्दावली में इसे 'हुलूल' या 'इत्तिहाद' कहते हैं। उसके सबसे बड़े पक्षधर मंसूर थे। शेख़ सिराज और इमाम ग़ज़ाली इस सिद्धान्त के खंडन में कहते हैं कि तसव्वुफ़ में 'वस्ल' (लीन) का शब्द केवल ईश्वरीय-नैकट्य को प्रकट करने के लिये प्रयुक्त किया जाता है। 'फ़ना-फ़िल्लाह' (परम सत्य का कैवल्य) से भी यह तात्पर्य नहीं है कि आत्मा का स्वतंत्र व्यक्तित्व (हस्ती-ए-मुतलक़) असीमित सत्य में लोप हो जाता है। ग़ज़ाली का कथन है कि ऐश्वर्य साक्षात्कार (मुशाहिदा-ए-हक़) के समय आत्मा हुक्मे ख़ास से 'आलमे-मलकूत (आत्माओं का संसार) से प्रकट होती है और शारीरिक अस्तित्व से पृथक होकर असीमित सत्य की ओर उन्मुख होती है। 'इन्ना लिल्लाहे व इन्ना इलैहे राजिऊन' का अर्थ भी यही है।

व्यवहारिक पक्ष

तसव्वुफ़ के सैद्धान्तिक पक्ष के समान इसका व्यवहारिक पक्ष भी महत्त्व रखता है।

तसव्वुफ़ के साधक के लिए जिन सोपानों को पार करना अनिवार्य है वह इस प्रकार हैं:-

(1) तौबा (बुरे कर्म को त्यागने का पक्का प्रण) (2) वरा (सदाचार)

(3) ज़ोहद (तपश्चर्या) (4) फ़क़्र (निस्पृहता) (5) सब्र (धैर्य)

(6) तवक्कुल (ईश्वर पर भरोसा) (7) रिज़ा (ईश्वरीय इच्छा के आगे पूर्ण समर्पण)

इसी प्रकार सूफ़ी के लिये निम्नांकित साधनाएँ आवश्यक बतायी गयी हैं:

(1) मुराक़बा (समाधि), (2) क़ुर्ब (नैकट्य), (3) मुहब्बत (4) ख़ौफ़ (भय), (5) रजा (आशा), (6) शौक़ (अभिलाषा), (7) उन्स (आसक्ति) (8) इतमीनान (संतुष्टि) (9) मुशाहिदा (पर्यवक्षण) और (10) यक़ीन (पूर्ण विश्वास)

'तौबा' से 'मुशाहिदा' तक सूफ़ी की यात्रा के तीन भाग किये जा सकते हैं: शरीयत का अनुपालन, मग़फ़िरत (पाप-शमन) और फ़ना (आत्म विसर्जन)। प्रथम दशा को मुजाहिदा, द्वितीय को 'मुहाज़िरा' और तृतीय को 'मुशाहिदा' कहा जाता है।

सूफ़ी का विधान 'ज़िक्र' (प्रसंग) है। इसमें उपासना की वह विधियाँ भी सम्मिलित हैं जिन से प्रमत्तता लाने में सहायता प्राप्त होती है। 'ज़िक्र' के दो रूप हैं; 'ख़फ़ी' (गुप्त) और 'जली' (आलौकित)। ज़िक्र में एक मंज़िल ऐसी आती है जब साधक का सम्बंध केवल आत्मा से रह जाता है। मनोवृत्तियों और विषयों का तिरोभव या लोप हो जाता है और अन्तरात्मा जागृत हो जाती है। अब गतिशील क्षण में ईश्वर-प्रसंग (ज़िक्रे-इलाही) की आवश्यकता नहीं रहती। ख़फ़ी (गुप्त) रूप से प्रसंग भीतर ही भीतर चलता रहता है। यहाँ तक कि साधक लोक एवं परलोक से विरक्त हो जाता है। अंत:करण के नेत्र खुल जाते है। और सत्य का साक्षात्कार होने लगता है। इसके पश्चात साधक, जाग्रतावस्था में वह सब कुछ देख लेता है जो एकाग्रता की अवस्था में सम्भव नहीं। इस सोपान पर पहुँच कर जो मुशाहिदा होता है, वही विशेषज्ञों के अनुसार उच्चतम सत्य (हक़ायक़े-उलिया) का मुशाहिदा लाभ कहलाता है।

पीर या शेख़ (गुरु) की ज़ात, तसव्वुफ़ में एक मार्गदर्शक की हैसियत रखती है। इस हस्ती के सान्निध्य में सूफ़ियों के सम्प्रदाय एवं व्यवस्थाएँ बढ़ती और फैलती रही हैं। पीर के बिना आध्यात्मिक-पूर्णता सम्भव ही नहीं है। वह अपने अनुयायियों (मुरीदों) का नैतिक और आध्यात्मिक मार्ग-दर्शक है। प्रत्येक पीर अपने सम्प्रदाय (सिलसिला) में मुर्शिद का दर्जा रखता है। वह सामान्यत: 'साहिबे हाल' आत्म ज्ञान से (सुसज्जित) और चमत्कारों (करामात) का धनी होता है। इन गुणों के

कारण उसे ईश्वर का प्रतिनिधि (ख़लीफ़ए-ख़ुदा) भी कहा जाता है। सूफ़ी के लिए अनिवार्य है कि अपने पीर का आज्ञाकारी हो क्योंकि कैवल्य (मारिफ़त) के कठिन लक्ष्य की प्राप्ति उसकी सहायता और मार्ग-दर्शन के बिना कतिपय नहीं हो सकती।

तसव्वुफ़ (सूफ़ीवाद) और भारतीय प्रभाव

तसव्वुफ़ के उदय के विषय में हम ऊपर इंगित कर चुके हैं कि तसव्वुफ़ का प्रारम्भ, इस्लाम के उदय के साथ-साथ नहीं हुआ अपितु उसके पश्चात शनै:शैन: हुआ। आरम्भ में तसव्वुफ़ कड़ी रियाज़त और सदाचार की प्रवृत्तियों पर ही आधारित था, परन्तु आठवीं और नवीं शताब्दी ई. में यह आध्यात्मिक आस्थाओं और अन्तर्ज्ञात धारणाओं का एक संपूर्ण सिद्धान्त बन गया और विकसित होकर 'शरीयत' के कतिपय सिद्धान्तों से टकराने लगा। इस अवधि में उसने कुछ ऐसे वाह्य--तत्त्वों को भी आत्मसात कर लिया जिन की व्याख्या पूर्णतः इस्लामी रंग में नहीं की जा सकती और जिन के आधार पर कट्टर आस्था वादियों में इसकी कुछ बातों को असल धारणाओं के विपरीत समझा जाने लगा।

इस बात पर तो अधिकांश इतिहासकार सहमत हैं कि यह वाह्य तत्त्व आर्य-मानस की अतीन्द्रियता तथा यूनानियों के नव अफ़लातूनी दर्शन से मिलते-जुलते थे, जिनके कारण दूसरे कालखंड का तसव्वुफ़ प्रथम कालखंड के तसव्वुफ़ से बड़ी हद तक भिन्न हो गया परन्तु इस प्रश्न पर इतिहासकारों और विशेषज्ञों में अत्यधिक विवाद है कि इन तत्त्वों को इस्लामी तसव्वुफ़ ने किन माध्यमों से आत्मसात किया।

थोलिक और मेसीनूं तो इस तथ्य को स्वीकार ही नहीं करते कि तसव्वुफ़ में यह तत्त्व बाहर से आये। उनका कथन है कि तसव्वुफ़, इस्लामी रूहानी शिक्षा ही का अनिवार्य परिणाम है; परन्तु सत्यता यह है कि इस्लाम के उदय के समय का तसव्वुफ़ जो अत्यधिक रियाज़त एव इबादत के रूप में प्रकट हुआ था, उस तसव्वुफ़ से बड़ी हद तक पृथक था जिस का विकास और चलन आठवीं और नवीं शताब्दी में हुआ। इस दूसरे कालखंड के तसव्वुफ़ में वाह्य तत्त्वों का सम्मिश्रण स्पष्ट रूप से प्रकट है। विलियम ग्रहम[28], Asian Placious[29] और मार्गरिट स्मिथ[30], इन तत्त्वों को ईसाईयत से ग्रहण किया हुआ मानते हैं; परन्तु सर जॉन माल्कम[31], डिंकन ब्लेक मैकडोनाल्ड[32] और निकल्सन[33], इस दृष्टिकोण को सत्य स्वीकार नहीं करते। उनका विचार है कि द्वितीय कालखंड के तसव्वुफ़ का आध्यात्मिक एवं प्रज्ञात्मक पक्ष यूनानी ज्ञान एवं दर्शन से प्रभावित है।

परन्तु बाद में निकल्सन इस दृष्टिकोण का अनुयायी नहीं रहा था कि तसव्वुफ़ का मूल आधार नव अफ़लातूनवाद और यूनानी दर्शन है। सन् 1942 में उसने आरबरी को अपने एक पत्र में लिखा कि "अब मैं तसव्वुफ़ में यूनानी प्रभावों का

महत्व केवल इतना स्वीकार करता हूँ कि कई अन्य विविध तत्त्वों में से जिनके द्वारा इस्लामी तसव्वुफ़ का निर्माण हुआ यूनानी विचार भी एक थे।[34]

निकल्सन इस बात को तो वर्षों पहले स्वीकृत कर चुका था कि बहदते वजूद का सिद्धांत, जो बायज़ीद बुस्तामी (मृत्यु सन् 875 ई0) के माध्यम से तस्व्वुफ़ में प्रविष्ट हुआ अपने मूल के एतबार से हिन्दू-दर्शन से प्रभावित है और 'फ़ना' (मोक्ष) का सिद्धान्त बौद्धों के निर्वाण से लिया गया।[35]

तसव्वुफ़ के अधिकांश विशेषज्ञों ने तस्व्वुफ़ के वाह्य-तत्त्वों के विषय में इसी दृष्टिकोण को सही स्वीकार किया है, कि यह हिन्दू धार्मिक दर्शन, वेदान्त, बौद्ध-विचारों अथवा उनसे मिलते जुलते आध्यात्मिक सिद्धान्तों से प्रभावित है।[36]

इस्लामी-तसव्वुफ़ और वेदान्त के सादृश्य के विषय में सबसे प्रथम इंगित विलियम जोन्स ने दारा शिकोह के अभिकथनों के आलोक में किया।[37] जोन्स का विचार था कि वेदान्त के सिद्धान्त इस्लामी-युग से पूर्व यूनान और सिकन्दरिया पहुँच कर मध्य युग की ईसाई रूहानियत और नव अफ़लातूनी दर्शन में आत्मसात हो चुके थे। यही प्रभाव एक ओर यूनानियों और दूसरी ओर ईरानियों के माध्यम से तसव्वुफ़ पर पड़े।

तसव्वुफ़ के वाह्य तत्त्वों के इस दृष्टिकोण को, पामर[38], जॉन पी. ब्राउन[39], दोज़ी[40], फ़ानक्रेमर, गोल्ड ज़हर[41], रिचर्ड हार्टमन और मैक्स होर्टन ने भी प्रमाणित किया है।

फ़ान क्रेमर की गवेषणाओं का सारांश यह है कि आठवीं शताब्दी में इस्लामी देशों में ईरानियों का प्रभुत्व सर्वाधिक था और ईरानी, चूँकि हिन्दुस्तानी विचारों से प्रभावित थे इसलिये इस्लामी सूफ़ीवाद पर भी असर डालने का अवसर वेदान्ती विचारों को ही मिला। इसका प्रमाण मुहासिबी, जुलनून मिस्त्री, बुस्तामी और जुनैद के विचारों से भी मिलता है। मंसूर के विचार भी उन्हीं की अनुगूंज हैं।[42] इसके अतिरिक्त यह भी परम्परा है कि बुस्तामी ने 'फ़ना' का ज्ञान एक सिन्धी मुर्शिद (गुरू) से प्राप्त किया था।

मैक्स होर्टन, मंसूर को एक 'उच्च कोटी का ब्राह्मण चिन्तक' क़रार देता है।[43] यद्यपि मेसीनूं, मंसूर को बहदते वजूद का नहीं अपितु 'तौहीद' का अनुयायी बताता है और कहता है कि बहदते वजूद की प्रवृत्ति इस्लामी तसव्वुफ़ में इब्ने-अरबी के पश्चात् प्रविष्ट हुई।

हार्टमन, तसव्वुफ़ के भारतीय स्रोतों से बहस करते हुए ऐतिहासिक प्रमाणिकता के साथ कहता है कि तसव्वुफ़ की इब्तिदा ख़ुरासान से हुई। तसव्वुफ़ के महानतम प्रतिनिधि उदाहरणार्थ, इब्राहिम बिन अदहम, शफ़ीक, बल्ख़ी, जुलनून मिस्त्री, बायज़ीद बुस्तामी, यहया बिल मआज़ राज़ी, ख़ुरासान और उसके समीपवर्ती क्षेत्रों

से सम्बन्ध रखते थे; जिन के तहज़ीबी वातावरण में भारतीय विचार प्रसारित थे। इस्लामी जगत में तुर्किस्तान के सम्मिलित होने के पश्चात भारतीय एवं बौद्ध तत्त्वों को इस्लामी तसव्वुफ़ पर और अधिक प्रभाव डालने का अवसर प्राप्त हुआ। हार्टमैन 'रिज़ा' को भारतीय विकल्प मानता है। वह बायज़ीद बुस्तामी के पीर, अबु अली अलसिन्धी के नाम के प्रमाण को तसव्वुफ़ में भारतीय प्रभाव का एक महत्वपूर्ण प्रमाण क़रार देता है। उसका कथन है कि यह प्रभाव केवल ख़ुरासान या तुर्किस्तान के माध्यम से नहीं अपितु पूर्व में फ़ारस की खाड़ी के समस्त तटीय क्षेत्रों के माध्यम से भी तसव्वुफ़ पर पड़े हैं।[44]

डॉ. सर मुहम्मद इक़बाल भी इस दृष्टिकोण के समर्थक रहे हैं। सन् 1916 में अमृतसर की पत्रिका 'वकील' में उनके कुछ लेख प्रकाशित हुए थे जिन में उन्होंने यह सिद्ध करने का प्रयास किया था कि तसव्वुफ़ का स्रोत बौद्ध धर्म है।[45]

इस क्रम में डॉ. ताराचन्द ने अपनी किताब 'भारतीय कल्चर पर इस्लाम का प्रभाव' में युक्ति-संगत व्याख्या प्रस्तुत की है। वह तसव्वुफ़ के ईसाई और यूनानी प्रभावों को भी एक सीमा तक ध्यान देने योग्य समझते हैं; परन्तु भारतीय आध्यात्मिक सिद्धान्तों और तसव्वुफ़ में जो गहरा सम्बन्ध है वह उन के विचार में शेष सभी सम्बन्धों से अधिक महत्वपूर्ण है। उनका कथन है कि भारत और ख़ुरासान, अरब एवम खाड़ी के देशों में मध्य व्यापारिक सम्बन्ध प्राचीन काल से रहे हैं; धन-सम्पत्ति के साथ विचारों का भी विनिमय होता था। इन सम्बन्धों की चर्चा करते हुए डॉ. ताराचन्द ने लिखा है कि "उमाविय्यिओं के शासन काल में कतिपय भारतीय, बसरा के राजस्व-विभाग में सेवा-रत थे। ख़लीफा मुआविया ने उनके लिए सीरिया में और विशेषकर अनटोच में एक बस्ती बसाई थी और हल्लाज ने उन्हें काशग़र में बसाया था। ख़ुरासान, अफ़ग़ानिस्तान, सीस्तान और बलूचिस्तान में मुसलमानों की विजय से पूर्व बौद्ध और हिन्दू धर्म फैले हुए थे। बल्ख़ में एक भव्यतम बौद्ध विहार था; जिस के दारोग़ा को 'बरमक' कहते थे। अब्बासी ख़लीफ़ों के प्रसिद्ध और विख्यात बरमकी मंत्री उसी के वंशज थे।"

यह भी ज्ञात है कि बल्ख़ में एक दुर्ग का नाम 'हिन्दवान' था। 'हिन्दवी', 'हिन्दी' भारतवर्ष की भाषा के नाम मूल रूप में फ़ारसी हैं। भारतीय फ़ौलाद (शुद्ध लौह) प्रसिद्ध था। भारतीय फ़ौलाद से निर्मित वस्तुओं को 'हिन्दवानी' कहा जाता था। 'हिन्दवी अज़दहा', भारतीय तलवार प्रसिद्ध थी। इसी प्रकार हिन्दवी-जादू भी विख्यात था। हिन्दियाँ मार्ग-सुरक्षा सम्बन्धी पत्र को कहते थे जो बाद में भारतीय-भाषाओं में 'हुंडी' बन गया।[46]

आठवीं शताब्दी में कतिपय भारतीय पुस्तकें अरबी में अनूदित हो चुकी थीं। उदाहरणार्थ बौद्धों की पुस्तक 'अल्बुद (अल्बुद्ध) बलावर व बूदासफ़, नक्षत्र शास्त्र

और चिकित्सा शास्त्र की पुस्तकें सिन्द-हिन्द (सिद्धान्त) और शरक़ (चरक) शुशरूद (सुश्रुत), कथा एवं कहानियों की पुस्तकें कलीला व दमना (पंचतंत्र) और सिंदबाद, नीति शास्त्र की पुस्तकें शनक़ (चाणक्य) और बिदपा (हितोपदेश), इनके अतिरिक्त तर्क शास्त्र और युद्ध विद्या की भी कई संस्कृत पुस्तकें, अरबी में अनूदित की गईं।

डॉ. ताराचन्द के अनुसार हिन्दुओं से व्यापारिक और अन्य सम्बन्धों के आधार पर मुसलमान इस बात के आकांक्षी थे कि वह हिन्दुओं के रीति-रिवाज, विधान, ढंग और धर्म के विषय में अधिक से अधिक ज्ञानार्जन कर सकें। अलकिन्दी ने भारतीय धर्मों की सूची संकलित की, सुलैमान और मसऊदी ने अपनी यात्राओं के मध्य सूचनाएँ एकत्रित करके उन्हें अपनी पुस्तकों में प्रयुक्त किया। अल नदीम, अशअरी, अल्बेरूनी, शाहरिस्तानी और कई अन्य विद्वानों ने भी अपनी पुस्तकों में हिन्दू धर्म और हिन्दू दर्शन की चर्चा पर पूरे-पूरे अध्याय लिखे।

डॉ. ताराचन्द इन सभी सम्बन्धों के आधार पर निष्कर्ष निकालते हैं कि "निर्वाण (अष्टांगिक मार्ग), योग और वरदान की प्राप्ति को इस्लाम ने फ़ना, तरीक़ा, सुलूक, मुराक़िबा, करामत और मोजिज़ा के विभिन्न नाम देकर अपने दृष्टिकोण से तादात्म्य कर लिया।"

डॉ. ताराचन्द ने तसव्वुफ़ और भारतीय-दर्शन में ऐतिहासिक गवेषणा के साथ जो सादृश्य प्रमाणित करने का प्रयास किया है उसका सारांश यह है:-

1. शीयों का सम्प्रदाय जिसे "गश्लुवातिया' कहते हैं हिन्दुओं से साम्य रखने वाले सिद्धान्तों का समर्थक था। ये लोग 'हुलूल' (अवतार) और 'तनासुख़' (पूर्वजन्म) में आस्था रखते थे।

2. इस्माईली-आध्यात्म में ईश्वर को 'ज़ाते महज़' कहा गया है, जो नाम और रूप रहित है। उसके विचार से सृष्टा का प्राकट्य हुआ जो संसार का संचालन एवं व्यवस्थित करने वाला है। मुसलमानों में 'ज़ाते-महज़' और सगुण-व्यक्तित्व (ज़ाते बा औसाफ़) की यह परिकल्पना हिन्दुओं के ब्रह्म और ईश्वर से मिलती जुलती है।

3. इमाम ग़ज़ाली परम-सत्य (हक़ीक़ते-मुतलक़) के साक्षात्कार के लिए बुद्धि-मात्र को पर्याप्त नहीं मानते हैं। उनके विचारानुसार उसके लिए व्यक्तिगत अनुभव, साक्षात्कार (समाधि और ध्यान) की आवश्यकता है, इमाम ग़ज़ाली का यह दृष्टिकोण उपनिषदों की धारणाओं से भिन्न नहीं, कि बुद्धि और तर्क के माध्यम से हमें केवल परिकल्पनाओं के क्षेत्रों का ज्ञान हो सकता है। आत्मनिष्ठता के ज्ञान के लिए अन्तरात्मा के जागरण की आवश्यकता है; जो केवल अन्तश्चेतना के माध्यम से ही सम्भव है।

4. इस्लामी-जगत के नास्तिकों में अबुलअला अलमुअर्री को उसके दीवान का

अनुवादक, हेनरी बरलेन, महात्मा बुद्ध से प्रभावित बताता है। वह पुनर्जन्म में विश्वास रखता था। मांसाहार एवं चर्म के प्रयोग को जाइज़ नहीं समझता था। पशुओं से करुणा-भाव रखता था। जीवन भर अविवाहित रहा और सादा जीवन व्यतीत करता था।

5. शहाबुद्दीन सुहर्वर्दी (मक़तूल) अपने सिद्धान्त 'हिकम अल शर्क' में नूरे-क़ाहिर (शक्तिमान आलोक) को उच्चतम-हेतु (इल्लते-ऊला) मानते हैं; नूर, असीमित सत्य है। जिसकी प्रशन्सा असम्भव है। 'ग़ैरे नूर' (अ-प्रकाश) उसका निषेघ है और उसके प्राकट्य के लिए अनिवार्य है। हिन्दुओं के सिद्धान्त 'माया' के समान 'ग़ैरे-नूर' मिथ्या है। मानव-गुण (नफ़्से-बशरी) के तीन भाग बताये गये हैं:-

(क) विवेक एवं बुद्धि (सात्विक)

(ख) साहस एवं वैभव-प्राप्ति की इच्छा (रजस)

(ग) लालच एवं विषयों के प्रति आसक्ति (तमस)

अब्दुलकरीम जीली के दर्शन में आत्मा का अपने विषय में यह कहना कि ''मैं वह शिशु हूँ जिसका पिता मेरा पुत्र है...'' वेदों की उत्पत्ति सम्बन्धी धारणा के उस भाग से गहरा सादृश्य रखता है जहाँ आदित्यों को अपने पुत्रों की माताएँ एवं पत्नियाँ भी।

अब्दुलकरीम जीली, भारत के धर्मों से परिचित था। भारत के जिन दस सम्प्रदायों की उसने चर्चा की है उनमें एक 'बराहीमा' अर्थात ब्राह्मणों का सम्प्रदाय भी है। जीली के कथन के अनुसार ब्राह्मणों की धार्मिक पुस्तकें पाँच हैं, जिनका इलहाम (आकाशवाणी) उन्हें इब्राहिम अर्थात ब्रह्मा के माध्यम से हुआ। पाँचवा ग्रन्थ क्योंकि गूढ़ अर्थ रखता है इसलिए सामान्यत: ब्राह्मणों को इसका ज्ञान नहीं और जो ब्राह्मण इसका ज्ञान प्राप्त कर लेता है, वह मुसलमान हो जाता है। ब्राह्मणों की यह पाँचवीं पुस्तक जिसका वर्णन जीली ने किया है, वेदान्त है, जिसका एकेश्वरवादी दर्शन इस्लामी तौहीद से इस हद तक निकट है कि अब्दुल करीम जीली इसमें और इस्लाम में कोई अन्तर ही नहीं समझता।

डॉ. ताराचन्द और उन विशेषज्ञों के विचारों के प्रकाश में जिसका वर्णन ऊपर किया जा चुका है, यह तथ्य साफ़ ज़ाहिर है कि इस्लामी तसव्वुफ़ और हिन्दू दर्शन में गहरा सम्बन्ध है।[47]

वास्तविकता यह है कि आर्य-मानस को तसव्वुफ़ से नैसर्गिक रुचि है। ईरानी और भारतीय जातियाँ, दोनों आर्यों की वंशज हैं; यही कारण है कि तसव्वुफ़ की श्रीवृद्धि में अरबों की अपेक्षा ईरानीयों ने अत्यधिक हिस्सा लिया। अरबों में इब्नुलफ़रीद के अतिरिक्त तसव्वुफ़ का कोई प्रतिनिधि कवि नहीं मिलता। इसके

विपरीत उस काल में फ़ारसी के अधिकतर कवि अपनी कविता का आधार तसव्वुफ़ ही पर रखते हैं। 'निकल्सन' इसी आधार पर तसव्वुफ़ को इस्लाम की सीमा में आर्य-मानस की प्रतिक्रिया कहता है।

पुनः यह, कि भारत पुरातन काल से आध्यात्म का पालना रहा है, अतएव जब इस्लामी तसव्वुफ़ भारत पहुँचा तो यहाँ के लोगों को उस में अपनी आध्यात्मिक आस्थाओं की झलक पहचानने में विलम्ब नहीं हुआ। यद्यपि तसव्वुफ़, मुसलमानों के साथ इस्लामी जगत के प्रत्येक भाग में अनेक देशों में गया, परन्तु उसे जो लोकप्रियता और जनप्रियता भारत में प्राप्त हुई उसका उदाहरण कहीं और नहीं मिलता। प्रतीत होता है कि जब दो साम्य-मूलक विचारधाराओं का परस्पर साक्षात्कार हुआ तो दोनों को एक दूसरे को पहचानने में गतिरोध नहीं हुआ और मध्य युगीन काल में भक्ति-आंदोलन और सन्त मत तथा सूफ़ीवाद ने अग्नि के समान अकस्मात इन विचारों को पूरे भारत में प्रसारित कर दिया।

इस्लामी संस्कृति और इस्लामी तसव्वुफ़ के इस संक्षिप्त वर्णन के पश्चात अब हम उस साझी भारतीय संस्कृति (हिन्दुस्तानी तहज़ीब) का स्वरूप दिखायेंगे जो इस्लाम और हिन्दू धर्म के तादात्मय से उत्पन्न हुई और जो दुनिया की सुन्दरतम संस्कृतियों में से एक है और जिसने चिन्तन, दर्शन, काव्य एवं साहित्य, स्थापत्य, संगीत, नृत्य, कलाओं इत्यादि प्रत्येक विधा में और समाज के प्रत्येक क्षेत्र में ऐसे स्मरणीय चित्र बनाये जो किसी भी देश और राष्ट्र के लिए गौरवमान हो सकते हैं।

3. साझी हिन्दुस्तानी तहज़ीब

ऐतिहासिक पृष्ठभूमि

अरब और ईरान से भारतवर्ष के सम्बन्ध प्राचीन काल से रहे हैं। यह क्रम इस्लाम के उद्भव के पश्चात भी जारी रहा और हिन्दुओं व मुसलमानों में धार्मिक, ज्ञानात्मक और सांस्कृतिक विचारों का लेन-देन पूर्व के समान गतिशील रहा, जिसकी ओर हम तसव्वुफ़ पर भारतीय प्रभाव के अन्तर्गत इंगित कर चुके हैं, परन्तु हिन्दुओं और मुसलमानों का सांस्कृतिक संसर्ग वृहत पैमाने पर सातवीं शताब्दी में दक्षिणी भारत के तटीय क्षेत्रों और सिन्ध में इस्लामी-राज्य की स्थापना से प्रारम्भ हुआ। यद्यपि सिन्ध, तीन शताब्दियों तक अरबों के अधिपत्य में रहा परन्तु यह अतिशीघ्र ख़िलाफ़त से पृथक होकर स्वतंत्र हो गया और सिन्धियों तथा अरबों का सम्पर्क कोई स्थायी सांस्कृतिक रूप धारण न कर सका।[48]

ग्यारहवीं शताब्दी में सिन्ध पर 'सफ़ारियों' का नियंत्रण हो गया और इस प्रकार हिन्दुओं को प्रथम बार एक फ़ारसी भाषा-भाषी जाति से सम्पर्क के अवसर प्राप्त हुए।[49]

भारतवर्ष में मुसलमानों की विजयों का क्रम वास्तव में महमूद ग़ज़नवी के आक्रमणों के साथ आरम्भ होता है। महमूद के सभासदों और सेनाधिकारियों में हिन्दू भी सम्मिलित बताये जाते हैं। महमूद के ही संरक्षण में अलबरूनी ने अपने जीवन का अधिकांश भाग हिन्दुओं की विद्याओं को सीखने और उनकी कतिपय आस्थाओं की व्याख्या एवं मीमान्सा में व्यतीत किया।

महमूद के उत्तराधिकारियों के समय में भी हिन्दू और हिन्दू अहलकारों का वर्णन प्राप्त होता है। फ़रिश्ता का कथन है कि ग़ज़नी में हिन्दू अत्यधिक संख्या में बसे हुए थे; और ग़ज़नी भारतवर्ष का भाग प्रतीत होता था। तिलक, सुन्दर, विजयराय और नाथ इत्यादि उन हिन्दू अधिकारियों में से थे जो फ़ारसी से कुशलतापूर्वक भिज्ञ थे; और जिन्होंने अपनी कार्यकुशलता के कारण मुसलमान शासकों के हृदय में अपने लिए स्थायी स्थान बना लिया था।

इस सामान्य संसर्ग का एक परिणाम यह हुआ कि उत्तर-पश्चिमी भारत में फ़ारसी का अच्छा ख़ासा चलन हो गया और देशी बोलियों पर इसके प्रभाव से वह भाषा पल्लवित होना प्रारम्भ हुई जो आगे चल कर साझी हिन्दुस्तानी संस्कृति की श्रेष्ठतम प्रतिनिधि बन गयी। मसऊद साद सलमान के विषय में ऊफ़ी अपनी पुस्तक 'लुबाब-उल-अलबाब' में लिखता है कि वह अरबी के अतिरिक्त हिन्दी में भी शेर कहता था और उसने उस भाषा में एक संकलन भी तैयार किया था। आज मसऊद का यह हिन्दी काव्य-संकलन नायाब है।

तात्पर्य यह कि उस युग में हिन्दुओं और मुसलमानों के बीच आपसी लेन-देन का क्रम प्रारम्भ हो गया था, परन्तु महमूद ग़ज़नवी और उसके सैनिक डॉ. आबिद हुसैन के कथनानुसार "इस्लामी संस्कृति के प्रतिनिधित्व के योग्य नहीं थे; इस्लामी और हिन्दू संस्कृति का वास्तवित सम्पर्क तेरहवीं शताब्दी में मुहम्मद ग़ौरी के विजयों के पश्चात आरम्भ हुआ।"[50]

मुहम्मद ग़ौरी की मृत्यु से भारतवर्ष में अफ़ग़ानों के शासन का आरम्भ हुआ; जो तीन सौ वर्षों से कुछ अधिक अवधि तक चलता रहा। अफ़ग़ान सलातीन ने उत्तरी भारत के बड़े भूभाग में राजनैतिक एकता अवश्य उत्पन्न कर दी परन्तु उनकी अधीनता स्वीकार करने वाले राज्यों को समाप्त करके जिस प्रकार का एक राज्य वह स्थापित करना चाहते थे वह राजपूत जातियों को रास नहीं आया और वह दिल्ली सलतनत से सदैव घृणा करते रहे। राजपूत, वास्तव में राज्य के उस सम्मिलित-व्यवस्था से परिचत थे जो अधीनस्थ राज्यों से कर और अधीनता की शपथ ले कर उसकी आन्तरिक व्यवस्था हेतु स्वतन्त्र छोड़ देती है।

दिल्ली के सुल्तानों ने इन समस्याओं को हल करना तो दूर, उन्हें समझने का प्रयास भी नहीं किया। उन्होंने पूर्णरूपेण हिन्दुओं और मुसलमानों में राजनैतिक रूप

से भेदभाव किया और हिन्दुओं पर 'जज़िया' (कर) लगाये रखा परन्तु कुछ तो सामाजिक और सभ्यता मूलक आवश्यकताओं के आधार पर और कुछ भारतीय प्रकृति की एकता-प्रियता के कारण शनैः शनैः आपसी दूरी एवं विरोध शेष नहीं रहा। इस प्रकार दोनों जातियाँ अनेक अवरोधों के बाद भी परस्पर एक दूसरे के निकट आने लगीं और उस सांझी संस्कृति की आधारशिला पड़ने लगी जो मुग़लों के समय में अपने उत्कर्ष पर पहुँच गयी।

इसी बीच वह सामान्यवादी भाषा भी अपने आरम्भिक विकास के उन सोपान को पार करती रही जिसकी आधारशिला महमूद ग़ज़नवी के समय में पड़ना शुरू हो गयी थी। सिकन्दर लोदी के ज़माने से हिन्दुओं में फ़ारसी का प्रचलन बढ़ने लगा था और उस का प्रभाव स्थानीय भाषाओं पर पड़ने लगा। अमीर ख़ुसरो ने सम्पर्क की नवीन मिली जुली भाषा के लिए 'ज़बाने-हिन्दवी' का नाम प्रयुक्त किया है; तत्पश्चात यही भाषा, रेख़्ता, गुजरी, दकनी, उर्दू, 'उर्दूए मुअल्ला', हिन्दी और हिन्दुस्तानी कही गयी। अमीर ख़ुसरो ने इस हिन्दवी भाषा में विधिवत काव्य-रचना की। उनसे अनेक हिन्दवी पहेलियाँ, मंढ़े, दोहे, गीत, कहमुकरनियाँ, दोसुखने इत्यादि यादगार हैं।[51] अमीर ख़ुसरो के फ़ारसी कलाम से भी यह बात भलीभांति प्रमाणित होती है कि चिन्तन विषयक और सामाजिक स्तर के साथ-साथ भाषा और साहित्यिक रुचि में भी वातावरण से समरसता उत्पन्न होने लगी थी और मिली-जुली नवजात सांझी संस्कृति की जड़ें भारतीय-जीवन की भूमि को इस प्रकार पकड़ रही थीं कि आगे चल कर यह भली-भांति पुष्पित एवं पल्लवित हो सकें।

इस सांझी-संस्कृति के आधार को दृढ़ करने में उस युग के कुछ स्वतन्त्र इस्लामी राज्यों ने भी महत्वपूर्ण योगदान किया। बंगाल के बादशाओं में अलाउद्दीन हुसैन और नसीरूद्दीन नुसरत शाह ने अपनी हिन्दू जनता से अत्यधिक अच्छा व्यवहार किया और बांग्ला भाषा की, जो आज तक हिन्दुओं और मुसलमानों की संयुक्त भाषा है, अत्यधिक श्रीवृद्धि की। उनके शासन काल में अनेक संस्कृत पुस्तकों के अनुवाद भी हुए। बालाधर वासु ने हुसैन शाह के आदेश से भगवत् गीता का अनुवाद बांग्ला में किया। महाभारत का अनुवाद नुसरत शाह ने कराया। इस काल में करतवी दास से रामायण का अनुवाद कराने की प्रेरणा भी किसी मुसलमान शासक ने की।

कश्मीर में हिन्दुओं और मुसलमानों का भेदभाव मिटा कर, उनमें एकीकरण उत्पन्न करने का श्रेय सुल्तान ज़ैनुल आबिदीन 'बडशाह' को जाता है। वह सच्चे अर्थों में एक पक्षपातहीन और विशाल हृदय का सम्राट था। उसने न केवल उन कश्मीरी ब्राह्मणों को वापस बुलाया, जो उसके पूर्ववर्त्ती सम्राट सिकन्दर के अत्याचारों से त्रस्त होकर स्वदेश छोड़ कर चले गये थे, उनके साथ सहानुभूति एवं प्रेम का

व्यवहार करके, उन्हें शासकीय-पदों पर भी आसीन किया। सुल्तान ने भारतीय संगीत को भी संरक्षण प्रदान किया। फ़ारसी को राज-भाषा का स्थान दिया और उसमें अनेक संस्कृत पुस्तकों का अनुवाद कराया।

हिन्दुओं और मुसलमानों के सम्पर्क का यह रंग दक्षिण के इस्लामी राज्यों में और भी गहरा दृष्टिगोचर होता है। रिवायत है कि बहमनी साम्राज्य के संस्थापक को सिंहासन अपने ब्राह्मण मित्र गंगू के प्रयासों से प्राप्त हुआ था। उसने गंगू को अपना मन्त्री बनाया था और उससे इतना अधिक प्रेम करता था कि उसके नाम को अपने नाम का अभिन्न अंग बना कर हसन गंगू के नाम से प्रसिद्धि पायी। बहमनी बादशाहों के शासन-काल में सामान्यतः ब्राह्मण और अन्य हिन्दू, सल्तनत के प्रबन्धन में पर्याप्त अधिकार प्राप्त किये हुए थे। बहमनी सल्तनत के बाद जो पाँच मुस्लिम राज्य स्थापित हुए थे, उन सब ने, विशेषकर गोलकुंडा और बीजापुर के शासकों ने बहमनी बादशाहों की इस विशाल हृदयता और पक्षपाहीनता की नीति को प्रचलित रखा। यह लोग देशी भाषाओं के गुणाग्राहक थे; और उनमें से कुछ स्वयं मराठी और दक्षिणी उर्दू के सिद्धहस्त कवि थे। उर्दू-भाषा, बहमनी बादशाहों और उनके हिंदू मुसलमान सहयोगियों के साथ दिल्ली से दक्षिण आयी थी; और 'दकनी' कही जाती थी। उसको साहित्यिक भाषा बनाने का श्रेय, वस्तुतः सूफ़ी हज़रात को जाता है, जिन्होंने इसमें पद्य एवं गद्य की पुस्तकें लिखना प्रारम्भ किया; परन्तु बीजापुर और गोलकुंडा के राजदरबारों ने इस की श्रीवृद्धि करके हिन्दू मुसलमानों के मध्य एकता के सूत्र को दृढ़ करने में अत्यधिक सहायता की।[52]

परन्तु संयुक्त-संस्कृति के इस पौधे को, जो दिल्ली के सुल्तानों के समय ही में जड़ पकड़ चुका था, पुष्पन एवं पल्लवन का अवसर मुग़ल सम्राटों के युग में प्राप्त हुआ। बाबर और हुमायूँ ने अपने संक्षिप्त शासन काल में हिन्दुओं के साथ कोमल व्यवहार और मैत्री-भाव रखने का प्रयास किया परन्तु अकबर से पूर्व "भारत के किसी शासक को यह विवेक प्राप्त नहीं हुआ था कि ऐतिहासिक स्तर के नीचे उसकी वास्तविक धारा का अवलोकन करे और उसे एक राष्ट्रीय राज्य एवं राष्ट्रीय-संस्कृति में रूपायित करने का प्रयत्न करे"। अकबर अपने पूर्ववर्त्ती हुमायूँ के भारत से बाहर निकाले जाने और शेरशाह की लोकप्रियता के रहस्य से परिचित था। उसकी दूरदर्शी दृष्टि को उन अपेक्षाओं को पहचानने में विलम्ब नहीं हुआ जिनकी आकांक्षा उस युग की आत्मा कर रही थी। अतएव उसने अपने शासन की आधार-शिला धर्म की अपेक्षा राज्य पर रखी। उसके लिए धार्मिक विधि एवं धार्मिक वर्ग की सत्ता को मुनासिब सीमा में रखने की आवश्यकता थी। अकबर ने एक ओर उलेमा से अपने 'इमामे-आदिल' (न्यायप्रिय-पुरोहित) का विधि-पत्र (महज़र) लिखाया और दूसरी ओर विभिन्न युक्तियों से उलेमा के वर्ग की शक्ति को तोड़ दिया। अकबर ने

आरम्भ से ही इस ऐतिहासिक आवश्यकता को भांप लिया था कि शासन को दृढ़ आधारों पर स्थापित करने के लिए हिन्दुओं का सहयोग आवश्यक है। अतएव उसने सिंहासनारूढ़ होने के कुछ ही दिनों के पश्चात् 'जज़िया' को जो अनेक वर्षों से हिन्दुओं पर लागू था, समाप्त कर दिया और छोटे से लेकर बड़े तक संपूर्ण सैनिक और राजकीय पदों का द्वार उनके लिए खोल दिया। राजपूतों से वैवाहिक सम्बन्ध स्थापित किये, जिसके माध्यम से अधिकतर राजपूत वंश मुग़लों के निष्ठावान बन गये।

अकबर ने भारतीय संगीत, चित्रकला और अन्य विद्याओं एवं कलाओं से भी गहरी रुचि का प्रदर्शन किया और कई हिन्दू धार्मिक पुस्तकों का अनुवाद भी संस्कृत से फ़ारसी में कराया जिनका वर्णन आगे आयेगा।

धर्म के विषय में अकबर अत्यधिक स्वतन्त्र विचार रखता था। विभिन्न धर्मों के उलेमा और चिन्तकों के विचार सुनने के लिए उसने 'इबादत ख़ाना' (उपासना गृह) का निर्माण कराया था जिसमें हिन्दू विचारक एवं विद्वान भी सदैव सम्मिलित होते थे। अन्तिम समय में अकबर का हिन्दुओं के आचार एवं उपासना-पद्धतियों की ओर इतना झुकाव हो गया था कि अधिकतर मुसलमान उससे दूर होने लगे; जिसका परिणाम डॉ. आबिद हुसैन के कथनानुसार, अकबर की मृत्यु के पश्चात यह हुआ:

"जहाँगीर जैसे नास्तिक ने सिंहासन पर आरूढ़ होते ही यह घोषणा की कि वह इस्लामी-विधि (शरीयत) की पूरी सुरक्षा और अनुसरण करेगा, और शाहजहाँ जैसे व्यापक दृष्टि वाले प्रज्ञावान ने जिसका दाराशिकोह जैसा हिन्दुओं के प्रति उदार दृष्टिकोण रखने वाला अमात्य था, यह आदेश दिया कि हिन्दुओं को नये मन्दिर निर्मित करने की अनुमति न दी जाये। औरंगज़ेब जो अपने स्वभाव से धर्म के विषय में अतिवादी था, उसने इतनी वृद्धि और की कि हिन्दुओं पर फिर से जज़िया (कर) लगा दिया।"

भारतवर्ष की साझी संस्कृति एक विशुद्ध राजनैतिक राज्य की इच्छुक थी। औरंगज़ेब ने क्योंकि अपने राज्य को धार्मिक राज्य में परिवर्तित करते हुए इतिहास के प्रवाह की दिशा मोड़ने का प्रयत्न किया, वह सफल नहीं हो सका और सिख, जाट, मराठे इत्यादि शासन के शत्रु बन गये, जिससे सल्तनत का पतन अवश्यंभावी हो गया। कमोबेश वही नक़्शा रहा जो अकबर ने व्यवस्थित किया था। अतएव साझी-संस्कृति, जिसका अस्तित्व औरंगज़ेब के समय में ख़तरे में पड़ गया था, राजनैतिक अराजकता और पतन के बावजूद बाद में भी पनपती रही, अपितु इस काल में उसका प्रभाव-वृत्त और अधिक विस्तृत हो गया।

इस संक्षिप्त प्रस्तावना के पश्चात अब हम सर्वप्रथम साझी संस्कृति के वैचारिक और आध्यात्मिक पक्ष पर प्रकाश डालते हुए यह बतायेंगे कि किस प्रकार इस्लाम

और हिन्दू धर्म, प्राकृतिक रूप से परस्पर प्रभाव डालते हुए थोड़ा निकट आने लगे और कुछ आध्यात्मिक आंदोलन में मूलभूत मानवीय एकता पर बल दिया जाने लगा।

आध्यात्मिक पक्ष : भक्ति आंदोलन

पौराणिक संस्कृति का वर्णन करते हुए हमने कहा था कि गुप्त-काल में हिन्दू धर्म अपने सुधार एवं नवीनीकरण के प्रयासों से बौद्ध-धर्म को पराजित करके पुनः सत्ता में आ गया, परन्तु दक्षिणी भारत में, जहाँ के अपेक्षाकृत शांतिपूर्ण जीवन के कारण सांस्कृतिक परिवर्तन की गति पर्याप्त माध्यम थी, हिन्दू धर्म पर अभी पतन और अराजकता के प्रभाव विद्यमान थे। अतएव, सातवीं शताब्दी में जब हिन्दू धर्म का साक्षात्कार इस्लाम से हुआ तो उसकी वास्तविक आत्मा, परम्परा और आडम्बरों की धूल में छिप कर जन-साधारण की दृष्टि से ओझल थी और विभिन्न सम्प्रदायों की आस्थाओं में असंतुलन और असम्बद्धता पायी जाती थी। इसके विपरीत इस्लाम ऊंच-नीच के भेदभाव से स्वतंत्र था एवम् इस्लाम गहरा मज़हबी एहसास रखता था और उसके नियम भी सीधे और सरल थे। अतएव स्थानीय आबादी से कुछ लोग उसकी ओर आकर्षित होने लगे। इधर जीवित रहने की प्राकृतिक जिजीविषा के अन्तर्गत हिन्दू धर्म में सुधार एवं नवनिर्माण के उत्साह का संचरण उत्पन्न हुआ और इस्लाम के समान गहरी धार्मिक अनुभूति और आध्यात्मिक एक्य पर बल दिया जाने लगा। हिन्दू धर्म की इन नई प्रवृत्तियों के पूर्ववत्ती दक्षिण भारत के 'अडयार' और 'आलवार' कवि थे।

'अडयार' शिव के और 'आलवार' विष्णु के पुजारी थे। इन दोनों का ध्येय हिन्दू धर्म का पुनर्निर्माण करना था; जिससे कि उसे उत्साहवर्धक वृद्धि प्राप्त हो सके। अडयारों और आलवारों ने अपने विचारों को अधिक प्रभावी बनाने के लिए काव्य एवं गीत को अभिव्यक्ति का माध्यम बनाया और चिन्तन-मनन के स्थान पर प्रत्यक्षतः मानवीय भावनाओं और प्रेम की कशिश पर बल दिया जिससे जन साधारण में भक्ति की लहर जाग उठी।

हिन्दू धर्म में नवजागरण की यह सुधारात्मक प्रवृत्तियाँ उस युग में कुछ सैद्धान्तिक आन्दोलनों के रूप में भी प्रकट हुईं। उनमें सबसे महत्वपूर्ण शंकराचार्य का सिद्धान्त 'अद्वैतवाद' है।

इस्लाम की केन्द्रीय परिकल्पना तौहीद (एकेश्वरवाद) की आस्था है। भारतीय मानस भी वर्षों से विभिन्न मार्गों पर चल कर यह प्रयोग कर चुका था कि एकेश्वरवाद की आस्था के अतिरिक्त कोई अन्य दृष्टिकोण उसे स्वीकार नहीं। भारतीय मानस की इस आकांक्षा को दृष्टि में रखते हुए शंकराचार्य ने आठवीं शताब्दी

में उत्तर मीमांसा की बेजोड़ पुन: व्याख्या लिखी और अपनी अतुलनीय तर्क-शक्ति से वेदान्त अर्थात एकेश्वरवाद के विश्वास को हिन्दुओं का सर्वाधिक लोकप्रिय धर्म बना दिया।

शंकराचार्य की शिक्षा (अद्वैतवाद) का सार यह है कि हिन्दुओं के सभी दार्शनिक सिद्धान्त और आस्थाएँ एक ही चिन्तन-क्रम की विभिन्न कड़ियाँ हैं। हिन्दुओं की पवित्र पुस्तकों की शैलियाँ पृथक-पृथक और तर्क के ढंग विविध हैं परन्तु उन सब में एक ही मूलभूत आस्था की शिक्षा दी गयी है और वह एकेश्वरवाद (अद्वैतवाद) की आस्था है।

शंकराचार्य ने इसकी टीका विशुद्ध सैद्धान्तिक रंग में की और क्योंकि उनकी चिन्तन-व्यवस्था (अद्वैतवाद) में मनुष्य की भावनाओं और कल्पना के लिए किंचित स्थान न था, अतएव इनकी धार्मिक आकांक्षाओं को पूरा करने के लिए भक्ति-सम्प्रदाय का पूर्व से भी अधिक बल देकर प्रचार-प्रसार किया जाने लगा। यहाँ तक कि ग्यारहवीं शताब्दी में रामानुज ने भक्ति को एक सिद्धान्त के आधार पर खड़ा करके उसे एक स्थायी प्रवृत्ति का रूप दे दिया।

रामानुज ने भी एकेश्वरवाद की नींव वेदान्त पर रखी परन्तु उसकी व्याख्या इस प्रकार से की कि उसमें भारतीय जन साधारण की यथार्थप्रियता और आस्था एवं प्रेम (भक्ति) की उन प्रवृत्तियों पर पुन: बल दिया जिसकी उस समय आवश्यकता थी।

रामानुज ने भी, वेदान्त के अनुसार, परम सत्य ब्रह्म को क़रार दिया। परन्तु धार्मिक आवश्यकताओं और पूजा-अर्चना उस अदृश्य एक्य की परिकल्पना का प्रत्याभिज्ञान 'ईश्वर' अर्थात संपूर्ण-प्रभु के नाम से किया। यही जगत का सृष्टा, उसका पालनकर्ता और उसका विनाशकर्त्ता है। यह गुणों और व्यक्तित्व दोनों के दृष्टिकोण से अनुपमेय है। रामानुज ने मोक्ष का माध्यम भक्ति और प्रसाद अर्थात ईश्वर की कृपा को माना। इस सम्प्रदाय में सर्वप्रथम साधक को कर्म अर्थात सत्कर्म और त्याग के माध्यम से आत्मशुद्धि करनी चाहिए। इसके पश्चात ज्ञान, ध्यान अर्थात समाधि भी आवश्यक है; जो साधक को मोक्ष के परम-बोध तक ले जाती है। भक्ति में आर्चाय-अभिमान अर्थात गुरु पर पूर्ण आस्था रखना भी सम्मिलित है; जो बड़ी सीमा तक तसव्वुफ़ के पीरो-मुर्शिद की परिकल्पना से मिलता-जुलता है।

भक्ति के इस सम्प्रदाय के अनुगामियों के लिए किसी वैदिक-रीति, यज्ञ, हवन एवं व्रत इत्यादि अनिवार्य नहीं। यदि हृदय निर्मल है और प्रेम नि:स्वार्थ है तो ईश्वर तक पहुँचने के लिए किसी दूसरे माध्यम की सहायता वांछनीय नहीं है। मोक्ष को रामानुज ने सतत आनन्द कहा है। यहाँ आत्मा ईश्वर के साक्षात्कार से कृतकृत्य हो जाती है। ग़ज़ाली के कथनानुसार संयोग (वस्ल) का शब्द परमात्मा से नैकट्य को प्रकट करने के लिए प्रयोग किया जाता है। ईश्वर में एकाकार (फ़नाफ़िल्लाह) का

तात्पर्य भी आत्मा और स्वतन्त्र व्यक्तित्व अर्थात ईश्वर के मध्य सापेक्ष-संयोग से है।

रामानुज के अतिरिक्त भक्ति की परम्परा को सिद्धान्त के आधार पर स्थापित करने में माधव और निम्बार्क ने भी महत्वपूर्ण योगदान दिया। निम्बार्क ईश्वर, मनुष्य और प्रकृति तीनों के एकत्व को स्वीकृत करते हुए भी उनका पृथक अस्तित्व भी स्वीकार करते हैं। अतएव उनका भक्ति से सम्बन्धित दृष्टिकोण भेदाभेद कहा जाता है। उन्होंने भक्ति का विषय सर्वप्रथम ईश्वर के स्थान पर राधा और कृष्ण को माना, जिससे आगे चल कर उत्तरी भारत में कृष्ण भक्ति का श्रीगणेश हुआ।

भक्ति को दक्षिण की अपेक्षा उत्तरी भारत में अत्यधिक लोकप्रियता प्राप्त हुई। इस का एक कारण तो यह था कि वहाँ भक्ति सम्बन्धी विश्वास वैष्णव-मत में पूर्व से ही विद्यमान थे और द्वितीय यह कि हिन्दुओं और मुसलमानों का मेलजोल दक्षिणी भारत की अपेक्षा उत्तर में कहीं अधिक परिपूर्ण और परिपक्व था जिसके कारण वहां का वातावरण भक्ति खुले डुले और प्रेममय आस्था के पक्ष में अधिक अनुकूल बन चुका था।

उत्तरी भारत में भक्ति के विधिवत प्रसार को रामानन्द से सम्बद्ध किया जाता है। यह रामानुज की आध्यात्मिक परम्परा में चतुर्थ भक्त थे।

रामानन्द ने सगुण उपास्य की परिकल्पना को मानवीय कल्पना से और अधिक निकट लाने के लिए विष्णु या लक्ष्मी की अपेक्षा भक्ति का विषय, विष्णु के लोकप्रिय और जनप्रिय अवतार रामचन्द्र जी को माना। रामानन्द ने इस्लाम की समता की तरह भक्ति के द्वार चारों वर्णों के लिए खोल दिये और मुसलमानों को भी भक्ति की आस्था में शामिल होने की दावत दी।

रामानन्द के समय से भक्ति-आन्दोलन में दो प्रवाह पृथक-पृथक दृष्टिगोचर होते हैं। एक सगुण और दूसरा निर्गुण। प्रथम के शीर्षस्थ तुलसीदास (मृत्यु सन् 1623 ई.) थे, और दूसरे के कबीर। कबीर (मृत्यु सन् 1518 ई.) रामानन्द के शिष्य थे।

तुलसीदास ने 'रामचरित्रमानस' के नाम से राम कथा लिख कर हिन्दुओं के धार्मिक-जीवन में नये प्राण फूंक दिये, कबीर ने अपने दोहों और पदों की सहायता से हिन्दुओं और मुसलमानों को एक दूसरे से इतना निकट कर दिया कि इन दोनों के सहाचर्य से सांस्कृतिक-समागम के एक महत्वपूर्ण अध्याय का शुभारम्भ हुआ।

कबीर हिन्दू सन्तों और मुसलमान सूफ़ियों, दोनों से समान रूप से प्रभावित थे। इन दोनों स्रोतों से लाभान्वित होकर वह इस परिणाम पर पहुँचे कि परमविद्या का मार्ग, वाह्याचारी धर्म का नहीं अपितु अस्तित्व के एकत्व का है। उन्होंने अपने विचारों को न तो कोई व्यवस्थित रूप दिया और न लिपिबद्ध किया अपितु जनसाधारण की भाषा में दोहों और साखियों के माध्यम से अपनी शिक्षा को फैलाते

रहे। कबीर अत्यन्त प्रभावशाली कवि थे और उनके प्रभाव से कई दूसरे भक्तों ने भी भेद–भाव को मिटाने के लिये जन–साधारण की बोली–ठोली में कवितायें लिखीं जिससे भक्ति आन्दोलन को विस्तृत रूप देने में अत्यन्त मदद मिली।

''मोक्ष या कैवल्य के इस राग में, जो कबीर एवम दूसरे भक्त कवियों ने छेड़ा, सामान्य हिन्दुओं और मुसलमानों की अथाह आध्यात्मिक भावनाएँ समाई हुई थीं। इसमें प्रेमपरक चाव एवं प्रवृत्ति, (आशिक़ाना जौक़ो शौक़) समर्पण एवं प्रपत्ति (तस्लीमो–रज़ा) के साथ–साथ सुधारात्मक अपितु धर्म–संघर्ष जैसा जोशो ख़रोश भी है। एक ओर वह नग़मा–ए–इश्क़ (प्रेम गीत) है, ईश्वर से मोहब्बत और गुरु की श्रद्धा से युक्त और दूसरी ओर युद्ध–नाद है, आडम्बरमय धर्म और ज़ात पात और साम्प्रदायित्त्कता के वाह्याचारों और परम्पराओं, आस्थाओं और उपासनाओं के विरुद्ध।''[53]

कबीर ने पर–ब्रह्म की जो परिकल्पना प्रस्तुत की है उसमें हिन्दू धर्म और इस्लाम दोनों की आत्मा परिलक्षित होती है। वह निराकार भी है और साकार भी। कबीर की शिक्षाओं के अनुसार ईश्वर दृश्यमान जगत और काल से परे भी है और उनमें सारगतिम भी है। उसे सीमित भी कहा जा सकता है और असीमित भी। वह उपस्थित भी है, अनुपस्थित भी है। वह न गुप्त है न प्रकट है। ईश्वर हर प्रकार के विशेषणों और सीमित गुणों से परे है। कबीर के यहाँ कैवल्य का आधार अन्तर्ज्ञान और अन्तरात्मा के साक्षात्कार पर है और क्योंकि उसकी सत्यता की धारणा करना तर्क वितर्क से सम्भव नहीं अतएव वह ईश्वर का वर्णन करते हुए विरोधाभास से भरे हुए वक्तव्यों से काम लेते हैं। कृष्ण, करीम, राम, रहीम, साईं साहब इत्यादि वस्तुत: विभिन्न प्रकार की लक्षणाएँ हैं ताकि इनकी सहायता से दिलों में इश्क़ो मोहब्बत (प्रेम) का जादू जगाया जा सके; अन्यथा भक्ति का आधारभूत विषय तो पर–ब्रह्म का ज्ञान ही है।

कबीर, हिन्दुओं और मुसलमानों दोनों की परिभाषिकी से समान रूप से काम लेते हुए इस यथार्थ पर बल देते हैं कि दोनों धर्मों का आध्यात्मिक आधार एक है इस सत्य को समझाने के लिए वह धर्म के वाह्य–आचारों की दीवारों को तोड़ना आवश्यक समझते हैं। यही कारण है कि उनके यहाँ जाति–पाति और दूसरे धार्मिक अनुष्ठानों के विरुद्ध अत्यधिक विरोधी स्वर मिलता है।

कबीर ने सूफ़ियों से गहरा प्रभाव स्वीकार किया था। वह पर–ब्रह्म को सामान्यत: 'नूर' मानते हैं। डॉ. ताराचन्द्र के अनुसार कबीर ने ब्रह्मांड के प्रारंभ का जो सिद्धान्त 'रामायनी' में प्रस्तुत किया है वह बदरुद्दीन शहीद और अब्दुल करीम जीली के सिद्धान्तों से मिलता–जुलता है। कबीर भी कैवल्य के लक्ष्य तक पहुँचने के लिये मुस्लिम सूफ़ियों के समान विभिन्न सोपानों को पार करना आवश्यक

समझते हैं। मंसूर के समान उन्होंने भी उन चार लोकों का वर्णन किया है जिनको पार कर माधुर्य लोक (आलमे-लाहूत) तक साधक पहुँच कर प्रिय-मिलन से प्रमत्त हो सकता है।

कबीर ने अपने इन मिले-जुले विचारों की सहायता से हिन्दू धर्म और इस्लाम की मूल आत्मा का अनावरण किया; और एक ऐसे संयुक्त मार्ग की ओर इंगित किया जो उस लक्ष्य की ओर ले जाता है जहाँ काबा और काशी या राम और रहीम की परिकल्पना में कोई भेद भाव नहीं रहता।

उत्तरी भारत में भक्ति के दूसरे बड़े प्रवर्त्तक गुरुनानक को माना जाता है। वह पंजाब के निवासी थे। उन्होंने भी कबीर के समान हिन्दुओं और मुसलमानों के आध्यात्मिक विश्वासों को एकाकार कर धर्म की वास्तविक आत्मा को जनसाधारण तक पहुँचाने का प्रयत्न किया। यद्यपि उनकी इस शिक्षा ने कालान्तर में सामाजिक और ऐतिहासिक आन्दोलनों से मिलकर सिख धर्म का रूप धारण कर लिया।

गुरु नानक को जिस वातावरण के संस्कार मिले उसमे इस्लामी प्रभाव तीव्रता से क्रियाशील थे। उन्होंने ईश्वर की जो परिकल्पना प्रस्तुत की है वह इस्लामी एकेश्वरवाद (तौहीद) की विचारधारा से सन्निकट है। वह ईश्वरीय सत्ता को निरंजन (नूरी) मानते हैं और उसे निरंकार अर्थात गुणों एवं विशेषणों से परे मानते हैं। उनके यहाँ ईश्वर के साकार रूप की परिकल्पना का कोई वर्णन नहीं है परन्तु साकार ब्रह्म के बिना प्रेम की भावनाएँ उत्पन्न नहीं की जा सकतीं, अतएव यह कमी 'सतगुरु' की परिकल्पना से पूरी की गयी है, जिसे ईश्वर का प्रतिनिधि कहा गया हैं गुरु का सिद्धान्त नानक की शिक्षाओं में केन्द्रीय स्थान रखता है।

कबीर के समान नानक धर्म के आध्यात्मिक-पक्ष पर तो बल देते ही हैं लेकिन उससे अधिक नैतिक और व्यावहारिक पक्ष पर बल देते हैं। दूसरे भक्तों और संतों के समान उनके यहाँ भी जाति-पाति और अन्य आडम्बरों और उपासनाओं के विरूद्ध तीव्र विद्रोह मिलता है।

निर्गुण वादी भक्ति आन्दोलन का यह विकास उन्नीसवीं शताब्दी के प्रारम्भ तक गतिशील रहा। इस काल खंड के प्रतिनिधि भक्तों में, सहजानन्द, धना, पीपा, साईं, सुन्दरदास, भुल्ला साहब, केशवदास, बाबा लाल दास, दूलनदास और पल्टूदास के नाम मुख्य हैं। इनमें से अधिकतर कबीर या उनके आध्यात्मिक सम्प्रदाय से सम्बन्धित थे। उन्होंने कम या अधिक कबीर के बताये हुए सिद्धान्तों और विश्वासों का अनुपालन किया। उनके अनुयायियों में हिन्दू और मुसलमान दोनों सम्मिलित थे। इन सब ने सामूहिक रूप से धर्म के आन्तरिक मूल्यों को प्राथमिकता दी और इस्लाम तथा हिन्दू धर्म की एकता पर बल दिया।

भक्ति की दूसरी शाखा, सगुणवादी, परम्परागत सिद्धान्तों का अनुसरण करती

थी। उसके महान संतों में वल्लभाचार्या, नामदेव, तुकाराम, और चैतन्य थे; जो साकार ब्रह्म की उपासना में विश्वास रखते थे। उनके अनुयायियों में कुछ तो राम को और कुछ कृष्ण को अपना आराध्य देव मानते थे। यद्यपि, कबीर, नानक और उनके अनुयायी, ईश्वर को विभिन्न नामों से पुकारते थे परन्तु उनके समक्ष वास्तव में ईश्वर की निर्गुण परिकल्पना थी जो बहुत कुछ इस्लाम के एकेश्वरवाद (तौहीद) सिद्धान्त से साम्य रखती थी। यही कारण है कि इसमें हिन्दू धर्म और इस्लाम दोनों का गौरव परिलक्षित होता है।

उत्तरी भारत में भक्ति का यह आन्दोलन हिन्दुओं और मुसलमानों में एकता पैदा करने की प्रथम महानतम कोशिश थी। इस ने इस्लाम और हिन्दू धर्मावलम्बियों में उपजे वाह्य आडम्बरों का प्रचंड विरोध किया और दोनों धर्मों के साम्य आन्तरिक आध्यात्मिक मूल्यों को एक दूसरे में समो कर एक ऐसा मार्ग प्रशस्त किया कि हिन्दू अध्यात्म और इस्लामी सूफ़ीवाद दोनों की अन्तरात्मा घुलमिल गई। डॉ. आबिद हुसैन के शब्दों में, ''यद्यपि यह आन्दोलन, वाह्य रूप में इस्लाम धर्म की धाराओं को नहीं मिला सका परन्तु उसने यह अनुभूति करा दी कि सतह के नीचे कही न कहीं इन दोनों के स्रोत अवश्य ही मिलते हैं।'' इसी के प्रभाव से भारतवर्ष में धार्मिक उदारता एवं सहिष्णुता का ऐसा वातावरण तैयार हुआ जो राजनैतिक पतन और बिखराव के बाद भी एक लम्बी अवधि तक हमारे सामाजिक जीवन में सामंजस्य किये रहा। धार्मिक सहिष्णुता और समानता के इस वातावरण में जहाँ हिन्दू धर्म ने इस्लाम से कुछ प्रभाव स्वीकार किया, इस्लाम भी स्थानीय वातावरण से प्रभावित हुए बिना नहीं रह सका।'[54]

सामाजिक पक्ष

साझी संस्कृति के धार्मिक पक्ष की एक झलक आपने देख ली। यही मिला-जुलापन इस कालावधि के सामाजिक जीवन के दूसरे पक्षों में भी दिखाई देता है। होली, दीवाली, रक्षाबन्धन ऐसे त्यौहार थे जिनमें हिन्दुओं के साथ मुसलमान भी शरीक होते थे। रक्षा बन्धन की परम्परा मुग़ल बादशाहों में हुमायूँ के शासन-काल में प्रारम्भ हुई। हिन्दू त्यौहारों से अकबर की रूचि प्रसिद्ध है। जहांगीर, हिन्दुओं की अकसर गोष्ठियों में सम्मिलित होता था। वह दीवाली के अवसर पर दरबार लगाता। शिवरात्री पर हिन्दू योगियों और संन्यासियों को आमंत्रित करता और रक्षा बन्धन के दिन हिन्दुओं की तरह हाथ पर राखी बाँधता था। मुग़लों के अन्तिम-काल में भी बसन्त और दीवाली के त्यौहार लाल क़िले में धूमधाम से मनाये जाते थे।[55]

वेश-भूषा के दृष्टिगत भी एक मिला-जुला रूप सामने आने लगा था। हुमायूँ, हिन्दू ज्योतिषियों के प्रभाव से अपने दैनिक वस्त्रों का रंग ग्रहों के रंग के अनुसार

रखता था। अकबर ने पूर्ण रूप से हिन्दुस्तानी रहन सहन धारण कर लिया था और उसके बाद से अरबी रूमाल, सरवाल, अम्मामा, जुब्बा इत्यादि मुसलमानों से छूट गये। चुग़ा और तुर्कमानी कुलाह (टोपी) का स्थान राजपूती पगड़ी ने ले लिया। यही दशा रहन-सहन, खान-पान, विवाह और दूसरे रीति रिवाजों की थी।

भारतीय प्रभाव से मुसलमानों के मुहर्रम ओर शबेबरात जैसे त्यौहार स्थानीय रंग में रंगने लगे। मुसलमानों में भी, 'मज़ार परस्ती' (क़बर परस्ती), पीर परस्ती और क़ब्रों पर फूल चढ़ाना इत्यादि आरंभ हो गये। स्थानीय वातावरण और सांस्कृतिक स्वीकृति का सर्वाधिक प्रभाव इस्लामी सूफ़ीवाद पर हुआ।

प्रोफ़ेसर ख़लीक़ निज़ामी का विचार है कि "सूफ़ीवाद का आन्दोलन, जब भारतवर्ष में पहुँचा तो असम्भव था कि यहाँ के उन प्राचीन धार्मिक मूल्यों को आत्मसात न करे जो उसके मूल सिद्धान्तों से न टकराते हों। हज़रत शाह मोहम्मद ग़ौस ग्वालियारी शत्तारी ने अपनी पुस्तक 'बहरुलहयात' में इस्लामी सूफ़ीवाद और हिन्दू दर्शन का इस दृष्टि से अध्ययन किया है।'[56]

भारतीय प्रकृति की तीव्रता और भावों के आवेश का जो प्रभाव सूफ़ीवाद पर हुआ उसका एक पक्ष क़व्वाली (समाअ) की आश्चर्यजनक लोकप्रियता थी। समाअ के सम्बन्ध में उलेमा और सूफ़ी मशाइख़ में अत्यधिक मतभेद रहा है और उसके खंडन-मंडन में अनेकों पुस्तकें लिखी गईं। परन्तु वास्तविकता यह है कि भारतवर्ष के अधिकतर सूफ़ी और विशेष रूप से चिश्ती सूफ़िया क़व्वाली (समाअ) को आध्यात्मिक आहार के सदृश मानते थे[57] और उसकी मान्यताओं का आदर करते हुए उसका सुनना 'हलाल' (विधि सम्मत) समझते थे।

भारतवर्ष, प्राचीन काल से सन्तों, संन्यासियों, योगियों और बैरागियों का घर रहा है। उपनिषदों के प्रभाव से यहाँ आध्यात्मिक चिन्तन-मनन की परम्परा किसी न किसी रूप में सदैव विराजमान रही है। इस्लामी तसव्वुफ़ में भी मज़हब के बाह्य रूप से ज़्यादा आध्यात्मिक पक्ष पर बल दिया जाता था। अतएव भारतवर्ष में आने के पश्चात तसव्वुफ़ में भी ये प्रवृतियाँ और भी अधिक गहरी हो गयीं। उस युग में अनेक मुसलमान सूफ़ी और फ़क़ीर बहुत कुछ हिन्दू योगियों की तरह ज़िंदगी गुज़ारते थे।[58]

डॉ. ताराचन्द मुग़लों के युग में तसव्वुफ़ पर भारतीय प्रभाव की ओर इंगित करते हुए लिखते हैं, 'वहदतुलवजूद' की विचारधारा के दृष्टिगत मुसलमानों ने अनेक तर्क वेदांत-दर्शन से प्राप्त किये। शेख़ मुहीबुल्लाह इलाहाबादी ने रिसाला 'तसविया' में सृष्टा (ख़ालिक़) और सृष्टि (मख़लूक़) का एकत्व दिखाने का प्रयत्न किया है। उनके शिष्य मोहसिन फ़ानी ने पाँच धर्मों और उनके सम्प्रदायों का अध्ययन करके यह बताया है कि पैग़म्बर एक ही होता है। उसके लिये प्रारम्भिक

एवं अंतिम का प्रश्न नहीं है।

हिन्दू धर्म के प्रभाव से 'रौशनिया,' 'इलाहिया' और 'तनासुख़िया' सम्प्रदाय उत्पन्न हुए। योग अत्यधिक लोकप्रिय हुआ और 'ख़ानक़ाहों' की ज़िन्दगी उससे प्रभावित हुई। योग, चिश्तिया और शत्तारिया सम्प्रदायों की उपासना पद्धतियों, जैसे ज़िक्र (सिमरण) और मुराक़िबा (समाधि) के एक तत्त्व के रूप में समझा जाने लगा। प्रोफ़ेसर शोस्तरी ने तसव्वुफ़ और वेदान्त के हब्से-दम (श्वास-चालन), ध्यान ज्ञान, पीर और गुरु, तप और प्रायश्चित, ज़िक्र (ब्रह्म चर्चा), मारिफ़त (कैवल्य), मुहब्बत (प्रेम) में जो साम्य है उसको दिखाया है।[59]

यह साम्य इतना गहरा था कि उस युग के अधिकांश हिन्दू सूफ़ियों की ख़ानक़ाहों से सम्पर्क रखते थे। 'हाल-व-क़ाल' अर्थात आत्म-प्रमत्तता की महफ़िलों में सम्मिलित होते थे और आध्यात्मिक संवाद करते थे। कतिपय स्वनाम धन्य सूफ़ी संतो के उर्स हिन्दू मुसलमान दोनों मिल कर मनाते थे। मुसलमानों की दरगाहों में जाकर मन्नतें मानना और नज़्रो-नियाज़ देना मुग़ल काल के हिन्दुओं में आम रिवाज था। ताराचन्द लिखते हैं कि हिन्दुओं में 'फ़ाल' के लिए क़ुरआन शरीफ़ देखने और भूत-प्रेत के प्रभाव से बचने के लिए क़ुरआन को अपने घरों में रखने का भी रिवाज था। कतिपय हिन्दू रईस खानक़ाहों के ख़र्च में भी भागीदारी करते थे और ख़ानक़ाहों को बड़ी-बड़ी धन राशी दान-देते थे।[60]

टॉड का कथन है कि जयपुर के मिर्ज़ा राजा (सन् 1625 से सन् 1667 ई.) के समय में एक परहेज़गार मुसलमान उपदेशक, शेख़ बुर्हान में राजपूत गहरी आस्था रखते थे। उनसे एक राजपूत सरदार मोवक्क ल जी ने एक पुत्र के लिये आशीर्वाद चाहा। अत: जब पुत्र उत्पन्न हुआ तो उसका नाम 'शेख़ जी' रखा गया। इस सन्दर्भ से अलवर और बीकानेर के मध्य का क्षेत्र 'शेख़ावती' प्रसिद्ध हुआ और शेख़ावत राजपूतों के पीले झंडे के ऊपर दरवेश का नीला पताका लहराया करता था। उस दरवेश से अपनी आस्था प्रकट करने के लिये शेख़ावत राजपूत जंगली सूअर का शिकार भी नहीं करते थे।[61]

सुजान राय बटालवी 'ख़ुलासतुत्तवारीख़' में लिखते हैं कि मौज़े दीपाली वाल (समीप कलानूर) के एक सिद्ध सूफ़ी शाह शम्सूद्दीन दरियाई में हिन्दू मुसलमान दोनों आस्था रखते थे, परन्तु एक हिन्दू ने, जिसका नाम दीपाली था, अपनी आस्था एवं शिष्यत्व में सभी हिन्दुओं और मुसलमानों पर अपनी श्रेष्ठता सिद्ध कर दी। अतएव जब शेख़ दरियाई का स्वर्गवास हुआ तो हिन्दू और मुसलमानों की सहमति से उनका पहला मुजाविर और मुतवल्ली दीपाली को ही बनाया गया, यद्यपि वह मुसलमान नहीं था।

ऐसी ही एक किंवदंति शिवा जी के पिता शाह जी के नाम से भी सम्बन्धित है।

शाह जी के पिता मालव जी भोंसला, दौलताबाद के निकट एलोरा के पटेल थे। उस काल में अहमदनगर के निकट महदवियों में एक बुज़ुर्ग शाह शरीफ़ की अत्यधिक ख्याति थी। मालव जी भी एक बार उनके समक्ष उपस्थित हुआ और पुत्र रत्न की प्राप्ति हेतु आशीवार्द चाहा। दोनों पत्नियों से दो पुत्र हुए। हज़रत शाह शरीफ़ के नाम के सन्दर्भ से बड़े का नाम शाह जी और छोटे का शरीफ़ जी रखा गया। शिवा जी, शाह जी के पुत्र थे और कोल्हापुर का मराठा वंश, शरीफ़ जी के वंशज थे। नागपुर के भोंसले के 'घरत-देव' भी यही बुज़ुर्ग शाह शरीफ़ थे।

सूफ़ियों के उपदेशों से धर्म के वैषम्य के बावजूद पारस्परिक प्रेम और एकता की ऐसी अनेक घटनाओं का पता चलता है। शेख़ इस्माईल लाहौरी की प्रवचन गोष्ठी में हिन्दू हज़ारों की संख्या में सम्मिलित होते थे । 'फ़वाइदुलफ़वाद' में लिखा है कि बाबा फ़रीद गंज शकर की ख़ानक़ाह (मठ) में कई योगी आते थे और तसव्वुफ़ की मान्यताओं पर विचार-विमर्श होता था।

'तुज़ुके-जहाँगीरी' में लिखा है कि एक दिन हज़रत निज़ामुद्दीन औलिया अपनी ख़ानक़ाह की छत पर खड़े थे। नीचे देखा कि कुछ हिन्दू अपने विशेष ढंग से पूजा कर रहे हैं। उन्होंने इस पर बिना किसी संकोच के यह पंक्ति पढ़ी:-

हर क़ौम रास्त राहे, दीने व क़िबलागाहे

(प्रत्येक क़ौम अपना-अपना सच्चा रास्ता, धर्म एवं मंज़िल (क़िबला) रखती है)

अमीर ख़ुसरो पास ही में थे, उन्होंने सुनते ही कहा:

मन क़िबला रास्त कर्दम बर सिम्ते-कज-कुलाहे

(मैं अपना 'क़िबला' अपने पीर (गुरु) की ओर रखता हूँ)

अकबर तो हिन्दू जोगियों में आस्था रखता ही था। जहाँगीर ने भी उनकी उपेक्षा नहीं की। वह 'तुजुक' में 'जदरूप' संन्यासी से भेंट का वर्णन करते हुए लिखता है:-

'ख़ाली अंज़ दानिश नीस्त, इल्मे बेदांत रा कि इल्मे-तसव्वुफ़ बाशद ख़ूब वरज़ीद, सुख़नान ख़ूब मज़कूर साख़्त, चुनान्चे ख़ैले दर मन असर कर्द'' ।[62]

इसी प्रकार जहाँगीर ने 'तुज़ुक' में रुद्र भट्टाचार्य से भेंट का वर्णन किया है और उनकी विद्वता एवं आध्यात्म की प्रशन्सा की है।[63]

शाहजहाँ के बड़े पुत्र दाराशिकोह को वेदान्त से अत्यधिक लगाव था। जिस समय वह बनारस का गवर्नर था उसने वेदों के अनुवाद के लिये बड़े-बड़े विद्वान ब्राह्मणों को एकत्र किया। दाराशिकोह यद्यपि मुल्ला शाह बदख़्शी का शिष्य था परन्तु उसके मानस पर हिन्दू विद्याओं का गहरा प्रभाव था। वह उपनिषद को एकेश्वरवाद (वहदानियत) और ईश्वरीय ज्ञान (सिर्रे इलाही) का स्रोत मानता था। उसकी अँगूठी पर 'प्रभू' शब्द उत्कीर्ण था। उसने हिन्दू ग्रंथों के जो अनुवाद फ़ारसी

में कराये उनमें उपनिषद का अनुवाद 'सिर्रे-अकबर' या 'सिर्रुल असरार' अत्यधिक प्रसिद्ध है। उसने 'भगवद गीता' और 'योग वशिष्ठ' का अनुवाद भी कराया था। हिन्दू वेदान्त और इस्लामी तसव्वुफ़ से सम्बन्धित उसने एक ग्रंथ 'मजमउल बहरैन' लिखा जो कलकत्ता से प्रकाशित हो चुका है और इस विषय पर श्रेष्ठतम पुस्तक है।[64]

उस युग में पंजाब में एक सूफ़ी 'बेग़म बैरागी' ने धर्मों की आत्मिक एकता पर एक मसनवी फ़ारसी में लिखी। भूपति राय 'बेग़म' लाहौर में क़ानूनगो था लेकिन निस्पृहता एवं तसव्वुफ़ के प्रति रुचि उसे दिल्ली खेंच लायी। यहाँ उसने संतों के सिरमौर (शेख़ुउल-शयूख़) मोहम्मद सादिक़ का सान्निध्य प्राप्त किया। बेग़म की मसनवी के सम्बन्ध में डॉ. सैयद अब्दुल्ला के विचार उनकी पुस्तक 'अदबियाते-फ़ारसी में हिन्दुओं का हिस्सा' में उपलब्ध हैं। उनका कथन है कि "बेग़म ने अपनी मसनवी में वेदान्त और इस्लामी तसव्वुफ़ को एकात्म करने का प्रयास किया है। इन दोनों आध्यात्मिक विचारधाराओं के समान बिन्दुओं को अत्यधिक श्रेष्ठता के साथ व्यक्त किया गया है। उदाहरणार्थ समाधि की कल्पना (तसव्वुरे-इस्तग़राक़), जगत का मायावी रूप (बेसबाती-ए-आलम) संसार का एक भ्रम मात्र एवं मिथ्या होना, एकेश्वरवाद (वहदतुलवजूद) इत्यादि परिकल्पनाएँ इस्लामी और हिन्दू अवधारणा में समान रूप से मिलती हैं।"[65]

मुग़ल बादशाह मोहम्मद शाह भक्तों के शिव नारायणी सम्प्रदाय का समादर करता था; और स्वामी नारायण सिंह से अत्यधिक आस्था और भेंट करता था। वह भारतीय संगीत का भी रसिया था।

यह रंग केवल दरबारों या सम्राटों तक सीमित नहीं था अपितु उस समय के अनेक मुसलमान विज्ञ हिन्दू संतो और उनके रीति रिवाजों एवं विश्वासों को आदर की दृष्टि से देखते थे। मिर्ज़ा मज़हर जाने-जानां, वेदों को 'इलहामी' (ईश्वरीय) ग्रन्थ मानते थे और हिन्दुओं को 'अहले-किताब' (सच्चे ग्रन्थ के मानने वालों) को सम्मान देते थे।[66] शाह अब्दुल अज़ीज़ देहलवी से एक बार किसी ने पूछा कि 'हुज़ूर' 'कन्हैया जी' के विषय में क्या कहते हैं? उन्होंने कहा कि भागवत से जो हिन्दुओं का प्रामाणिक ग्रंथ है ऐसा प्रतीत होता है कि कन्हैया जी सिद्ध पुरुषों (औलिया) में से थे और उनसे सम्बन्धित स्थान मथुरा आदि निःसन्देह प्रेममय हैं। शाह अब्दुर्रज़्ज़ाक़ बांसवी कहा करते थे कि कन्हैया जी वस्तुतः कैवल्य वालों में से हैं। मौलवी अब्दुल-अज़ीज़ लखनवी अपनी पुस्तक 'बशारते-अहमदी' में मुसलमानों को उपदेश देते हुए कहते हैं कि वह राजा रामचन्द्र, कन्हैया जी इत्यादि प्राचीन बुज़ुर्गों को बुरा भला कहने से तौबा करें।[67]

सौन्दर्य पक्ष

साझी संस्कृति का सबसे भरपूर प्रदर्शन उसके सौन्दर्य-पक्ष में हुआ। हिन्दू-मुस्लिम मन-भूमि का जो समन्वय धर्म में भक्तों, संतों और सूफ़ियों के निश्छल प्रयत्नों के पश्चात भी पूर्ण रूप से नहीं हो सका था, वह संगीत, चित्रकला, स्थापत्य एवं अन्य ललित कलाओं में समग्र रूप से सामने आया। सौन्दर्य-विवेक, वास्तव में धार्मिक विवेक की अपेक्षा काल एवं स्थान के प्रभावों से कहीं अधिक प्रभावित होता है। अतएव स्थापत्य कला में दिल्ली के सुल्तानों के शासन काल में एक मिली-जुली हिन्दू-मुस्लिम कलात्मकता उत्पन्न हो गयी थी। फ़र्गुसन का कथन है कि अजमेर की जामा मस्जिद, आबू पर्वत के जैन मंदिर का प्रतिरूप दिखायी देती है। यद्यपि कुतुब मीनार, इस्लामी परिकल्पना का प्रतिनिधित्व करता है परन्तु उसके निर्माण में गुप्त-काल के खंभों का प्रतिबिम्ब है और उसके अलंकरण पर भी जैनी प्रभाव दृष्टव्य है। इस मिली जुली स्थापत्य कला को उन राज्यों ने और अधिक विकसित किया जो दिल्ली सल्तनत से टूट कर स्वाधीन हो चुके थे। गुजरात की इमारतों में गुम्बद और नुकीली मेहराब के अतिरिक्त सभी चीज़ें हिन्दू स्थापत्य से मिलती जुलती हैं। उस समय के हिन्दू राजाओं की इमारतों में भी यही मिली-जुली शैली विद्यमान है। उस युग के हिंदू राजाओं के भवनों में भी यही शैली नज़र आती है। रनपुर के मंदिर के खंभे, बिल्कुल मस्जिद के खंभों के समान प्रतीत होते हैं। ग्वालियर के राजा मान सिंह के महल भी हिन्दू-मुस्लिम स्थापत्य कला से प्रभावित नज़र आते हैं। तत्पश्चात यही शैली, मुग़ल-काल में अपने शीर्ष पर पहुँच गयी। हेवेल के कथनानुसार फ़तहपुर सीकरी की मस्जिद, मस्जिद की अपेक्षा विष्णु मंदिर प्रतीत होती है। शेख़ सलीम का मक़बरा, आगरा की जामा मस्जिद और अकबर का मक़बरा भी हिन्दू-भाव को प्रकट करता है। यद्यपि, ताजमहल विदेशी विशेषज्ञ के निर्देशन में निर्मित हुआ परन्तु डॉ. सैयद आबिद हुसैन के शब्दों में, ''वह हिन्दुस्तानी मोहब्बत की यादगार और भारतीय शान्तिमय आत्मा की पीड़ा और करुणा का प्रतीक है।''

चित्रकला में भी हिन्दुओं और मुसलमानों का सांस्कृतिक-समन्वय एक मिले जुले 'हिन्द-ईरानी' संप्रदाय के रूप में (Miniature Painting) में प्रकट हुआ; जिसमें भारतीय मानस का यथार्थ और ईरान की सुकुमारता दोनों के स्रोत आकर मिल गये। अकबर ने अनेक भारतीय एवं ईरानी चित्रकारों को दरबार से सम्बंधित किया जो भारतीय ग्रन्थों और उनके अनुवादों को चित्रित करते थे। जहाँगीर स्वयं चित्रकला में निष्णात था। उसके शासन काल में यह कला विकास के शिखर बिन्दु पर पहुँच गयी और प्राकृतिक दृश्यों के साथ-साथ जीवन के विभिन्न रूपों का भी चित्रण किया जाने लगा। वसुवंत, बसावन, सांवला, बिशनराव, मनोहर और दौलत इस युग के

स्वनाम धन्य हिन्दू चित्रकार थे, जिन्होंने चित्रकला की मुग़ल शैली के आविभार्व में प्रमुख भूमिका निभाई।

स्थापना कला और चित्रकला के समान ही संगीत में भी गहरी एकात्मता उत्पन्न हो गयी थी। शास्त्रीय विधि 'ख़याल' मुसलमानों की देन है। वह हिन्दुओं में भी लोकप्रिय हुआ। इसी प्रकार ध्रुपद जो प्राचीन हिन्दू गायन था, उसे मुसलमानों ने बड़ी रुचि के साथ स्वीकार किया। सितार और तबला का आविष्कार मुसलमानों से सम्बद्ध है। सूफ़ी सन्तों को संगीत से प्रेम था। बीजापुर और जौनपुर के सुल्तानों ने भी हिन्दुस्तानी संगीत की सरपरस्ती की और इस सम्बन्ध में हिन्दुओं और मुसलमानों की भावनाओं और अनुभूतियों में यक रंगी पैदा करने की कोशिश की अकबर के शासन में अन्य सांस्कृतिक क्षेत्रों के समान संगीत में भी स्वभाव के समन्वय का यह वातावरण और अधिक विस्तृत हो गया और उसकी देशी तथा विदेशी शैलियाँ परस्पर आबद्ध होकर सदैव के लिए एक दूसरे से मिल गयीं।

साझी संस्कृति का मूल माध्यम वास्तव में एक संयुक्त-भाषा होती है। हम पहले बता चुके हैं कि हिन्दुओं और मुसलमानों के मेल जोल से एक संयुक्त व्यवसायिक भाषा अस्तित्व में आना प्रारंभ हो चुकी थी। उसने दकन में पहुँच कर सोलहवीं शताब्दी में साहित्यिक भाषा का रूप धारण कर लिया परन्तु उत्तरी भारत में अभी यह अपने पल्लवन की प्रारम्भिक अवस्था में थी। अतएव जब तक यह विकसित होकर वास्तविक अर्थों में साझी-संस्कृति के प्रदर्शन का माध्यम बनती, उसकी जगह फ़ारसी यह कर्तव्य निभाती रही और हिन्दुओं तथा मुसलमानों में स्वभावगत सृजनात्मक ऐक्य का माध्यम बनी रही।

अकबर के शासन में हिन्दुओं में सकारण फ़ारसी की ओर झुकाव बढ़ा और थोड़ी सी अवधि में ही उनमें फ़ारसी के ऐसे ऐसे विद्वान पैदा हुए कि फ़ारसी जिन की मातृ भाषा थी वह भी उनसे ईर्ष्या करने लगे। ललित लेखन (इंशा) अर्थात ललित पत्राचार लेखन की विद्या में तो हिन्दुओं ने विशेष योग्यता प्राप्त कर ली थी। डॉ. सैयद आबिद हुसैन का कथन है कि ''अबुलफ़ज़्ल और आलमगीर को छोड़ कर जो उस ज़माने में फ़ारसी लिखने वालों के सिरमौर समझे जाते थे, ललित लेखन की कला में मुश्किल से किसी मुसलमान मुंशी का नाम, मुंशी हरकरन, चन्द्रभान बरहमन, मुंशी माधोराम, मुंशी लालचन्द और मुंशी उदयराज के मुक़ाबले में लिया जा सकता है।'' इसके अतिरिक्त मलिकज़ादा मुंशी ने अपनी पुस्तक 'निगार नामा' में लछमी राय देहलवी, ज्वाला प्रसाद 'विक़ार', रतन सिंह 'ज़ख़्मी', ख़याली राम 'ख़याली' और आनन्द राम 'मुख़लिस' के नाम की भी सिद्धहस्त मुंशियों में गणना की है।

फ़ारसी इतिहास लेखन के क्षेत्र में भी हिन्दुओं ने कीर्तिमान स्थापित किये और

विभिन्न ऐतिहासिक पुस्तकें लिखीं, जिनमें प्रमुख ये हैं – बिन्दराबन दास की 'लुबुत्तवारीख़' सुजान राय बटालवी की 'ख़ुलासतुत्तवारीख़', चन्द्रभान ब्राह्मण की 'चहार–चमन', भीम सेन की 'तारीख़े दिलकशा', ईशरदास की 'फ़तुहाते आलमगीरी' मुन्नालाल की 'तारीख़े–शाह आलम', सोहनलाल की 'उमदतुत्तवारीख़'

हिन्दुओं ने फ़ारसी कवि वर्णन (तज़किरा नवीसी) में भी अप्रतिम कार्य किये। उदाहरणस्वरूप, 'सफ़ीनये ख़ुशगो' (बिन्दराबन दास 'ख़ुशगो,) गुले–राना (लक्ष्मीनरायन 'शफ़ीक़'), 'हमेशा–बहार' (इख़लास) इत्यादि प्रसिद्ध फ़ारसी तज़किरे हैं। शब्दकोश लेखन में भी हिन्दुओं को बड़ी प्रसिद्धी मिली। उदाहरणार्थ, 'मिरातुलइस्तलाह' (आनन्द राम 'मुख़लिस'), 'बहारे–अजम' (टेक चन्द 'बहार'), और 'मुसतलहाते–वारुस्ता' (सियालकोटी मल 'वारुस्ता')।[68]

फ़ारसी शाइरी में भी हिन्दुओं की देन कम नहीं है। चन्द्रभान 'ब्राह्मन' (शाहजहाँ के शासन काल में), आनन्द राम 'मुख़लिस' और लक्ष्मी नरायन 'शफ़ीक़' की गणना उच्चकोटि के कवियों में होती थी। उनके अतिरिक्त किशन चन्द 'इख़लास' (1559 ई.) (जहाँगीर के शासन काल में), बनवारी दास 'वली' (1662 ई.) (उसने मसनवी मौलाना रुम के तर्ज़ पर एक मसनवी की रचना की) सियालकोटी मल 'वारुस्ता' (1766 ई.), जसवन्तराय मुंशी (1712 ई.), शिवराम 'हया' (1731 ई.), तनसुख राय 'शौक़' (1756 ई.), आनन्द घन (1794 ई.) (मसनवी 'कज–कुलाह' का रचयिता), और टिकाराम 'बहजत' आदि उल्लेखनीय हैं।

इस प्रकार और भी कई हिन्दू शाइर हैं जिनके हालात 'मेराजुलख़याल', लेखक वज़ीर अली 'इब्रती', सफ़ीनये–ख़ुशगो' लेखक बिन्दराबन दास, 'आसारे–शुअराए–हुनूद' लेखक देबी परशाद 'बश्शाश' और 'अदबीयाते–फ़ारसी में हिन्दुओं का हिस्सा' लेखक डॉ. सैयद अब्दुल्लाह में देखे जा सकते हैं।

मुग़लों के ज़माने में हिन्दुओं की कतिपय महत्वर्पूण धार्मिक पुस्तकों का अनुवाद फ़ारसी में हुआ। इनमें से कुछ इस प्रकार हैं :

''बदायूनी, फ़ैज़ी, इब्राहीम सरहिन्दी ने पंडित शेख़ बहावन की सहायता से अथर्ववेद का अनुवाद किया। इसी प्रकार बदायूनी, नक़ीबख़ान, मुल्ला शेरी, सुल्तान हाजी थानेसरी और फ़ैज़ी ने महाभारत का अनुवाद फ़ारसी में किया। हिन्दुओं की अन्य धार्मिक पुस्तकें जो फ़ारसी में अनूदित हुईं वह इस प्रकार हैं, 'हरिवंश' अनुवादक: ताहिर मोहम्मद और मुल्ला शेरी, 'भगवत् गीता' अनुवादक: फ़ैज़ी, 'रामायण' अनुवादक: बदायूनी, जहांगीर के शासन काल में इसे शेख़ सादुल्लाह 'मसीह' ने कविता में ढाला। 'उपनिषद्' अनुवादक : दाराशिकोह। 'ज्ञानमाला', जिसमें कृष्ण और अर्जुन का संवाद है, 'कर्म–विपाक' (भरत और भृगु के मध्य संवाद) 'महादेव और पार्वती', 'सुबोधनी' अनुवादक : अब्दुर्रहमान चिश्ती, 'महेश

महानन्द' अनुवादक : अबुलफ़ज़्ल, 'योग-वशिष्ठ' का अनुवाद 'शारिक़-उल-मारिफ़त', अनुवादक : फ़ैज़ी। इस पुस्तक को दारा ने, मिन्हाजुलहक़ाइक़ और सूफ़ी क़ब्जहानी ने 'कशफुलकुनूज़' शीर्षक से अनूदित किया। भागवत् को ताहिर मोहम्मद और अमानत राय ने फ़ारसी भाषा में अनूदित किया। 'विष्णु पुराण', 'शिव पुराण', 'ब्रह्म पुराण', 'गणेश पुराण', 'साकल पुराण' और इसी प्रकार पुराण के विभिन्न भागों उदाहरणार्थ, काशी खंड, छत्र महात्मा अथवा अमृत खंड इत्यादि को विभिन्न विद्वानों ने फ़ारसी में अनूदित किया।''[69]

यद्यपि मुग़लों की राजभाषा फ़ारसी थी परन्तु उनके संरक्षण से वह भाषाएँ भी अछूती नहीं रहीं जो अवधी और ब्रज के नामों से उत्तरी भारत के एक वृहत-भू भाग में प्रचलित थीं। डॉ. ताराचन्द का कथन है :

''हिन्दी के श्रेष्ठ कवियों के सरपरस्त मुग़ल ही थे। अकबर के संरक्षण में सूर, हरिदास स्वामी, गंगा भट्ट, बान, नरहरि, परमानन्द और माधव की कीर्ति फैली। जहांगीर के ज़माने में केशव मिश्र, मोहन, सहजसैनी और उसमान लाभान्वित हुए। सुंदर कवि, शिरोमणि मिश्र और बनारसीदास पर शाहजहाँ की कृपा रही। औरंगज़ेब, मतिराम, वृन्दा और कालीदास के लिए विशेष स्नेह रखता था। भूषण जो शिवाजी का प्रशन्सक था एक लम्बी अवधि तक औरंगज़ेब के दरबार में रहा। आज़म, मुअज़्ज़म और फ़र्रूख़्सीयर के दरबार में अनेक हिन्दू कवि कार्यरत थे अंतिम मुग़ल सम्राटों में मोहम्मद शाह, हिन्दू कवियों का बहुत गुणग्राहक था और आनन्दधन, सूरती मिश्र, जुगल किशोर और घनानन्द उसके दरबार के श्रेष्ठ कवि थे। मुग़ल सामान्तों में अब्दुर्रहीम ख़ाने-ख़ानाँ स्वयं एक श्रेष्ठ हिन्दी कवि था। औरंगज़ेब के ज़माने में सैयद रहमतुल्ला रईस जाजमऊ भी हिन्दी का एक योग्य विद्वान था। वह भूषण के भाई चिन्तामणि का अत्यधिक सम्मान करता था और उसको उपहार एवं अंगवस्त्र भी प्रदान किये। इसी प्रकार और भी कई सामंत थे जिन सबका वर्णन सम्भव नहीं है।''[70]

साहित्यिक स्तर पर हिन्दुओं और मुसलमानों में जिस सम्बन्ध का प्रादुर्भाव हुआ उसकी एक झलक यह है कि ''हिन्दू और मुसलमान अपने ग्रन्थों का प्रारम्भ ईश वंदना से करते थे परन्तु आश्चर्यजनक बात यह है कि यह ईश-वन्दना कवि के धर्म से इतर भाषाई-स्वभाव के अनुसार की जाती थी। उदाहरणार्थ हिन्दू यदि फ़ारसी भाषा में कोई पुस्तक लिखता तो 'बिस्मिल्लाहिर्रहमानिर्रहीम' से आरम्भ करता। इसके उदाहरण हिन्दुओं की फ़ारसी पुस्तकों में अत्यधिक संख्या में मिलेंगे। इसी प्रकार मुसलमान हिन्दी में कोई पुस्तक लिखता तो उसका प्रारम्भ वह गणेश, सरस्वती अथवा हिन्दुओं के किसी देवता का नाम लेकर करता। अतः रहीम ने 'मदनास्तका' श्री गणेशायनमः लिख कर प्रारम्भ किया है। जहाँगीर के शासनकाल

के हिन्दी लेखक अहमद ने भी अपनी पुस्तक 'समुद्रिका' में यही किया है। अहमदुल्ला दक्षणा ने अपनी पुस्तक 'नायिका-भेद' में श्री राम जी, सरस्वती और गणेश का नाम लिया है। याक़ूब ने 'रस-भूषण' लिखी तो श्री गणेश जी, श्री सरस्वती जी, श्री राधा कृष्ण जी और श्री गौरी-शंकर जी की कृपा की याचना की है। ग़ुलाम नबी रसलीन ने अपनी दो पुस्तकों, 'नागदर्पण' एवं 'रस-प्रबोध' का प्रारम्भ श्री गणेशायनमः लिख कर किया है। आज़म ख़ा ने मोहम्मद शाह के आदेश से 'सिंगार-दर्पण' की रचना की तो रामानुज के प्रति अपनी आस्था को प्रकट किया है। 'लुक़मान' नाम के एक लेखक ने चिकित्सा (तिब) पर एक पुस्तक लिखी, इसका प्रारम्भ भी गणेश जी की स्तुति से हुआ है। सैयद पूहर की चिकित्सा सम्बन्धी 'रस-रत्नाकर' में श्री गणेश जी के साथ अपनी श्रद्धा का प्रदर्शन किया गया है।''[71]

फ़ारसी शाइरी भारतवर्ष के वातावरण और हिन्दुओं के सान्निध्य से गहराई तक प्रभावित हुई। डॉ. ताराचन्द का कथन है कि कतिपय फ़ारसी कवियों ने हिन्दी कविता की कई विधाओं का अनुसरण किया है। उदाहरणार्थ सरापानिगारी अर्थात सिर से पाँव तक शारीरिक अंगों का वर्णन (नखशिख-वर्णन) संस्कृत, अवधी और ब्रज कविता की विशेषताएँ रही हैं। ज़ियाउद्दीन नख़शबी ने अपनी (जुज़ियात व कुलियात) में, हसन बिन मोहम्मद शर्फुद्दीन ने 'अनीसुलउश्शाक़' में और कई दूसरे फ़ारसी कवियों ने भी 'सरापा निगारी' (नखशिख-वर्णन) में संस्कृत और हिन्दी कवियों का अनुसरण किया है।

फ़ारसी के भारतीय कवियों पर तो भारत का रंग चढ़ना ही था, समरक़ंद, बल्ख़, बुख़ारा और ख़ुरासान के फ़ारसी कवियों के लिए भी भारत, स्वर्णिम-आकांक्षा हो गया। अतः 'साइब' का शेर है :

हम चु अज़्मे-सफ़रे-हिन्द कि दर हर दिल हस्त
रक़्से-सौदाये तो दर हेच सरे नीस्त कि नीस्त

(जिस तरह हर शख़्स हिन्दुस्तान देखने का मुश्ताक़ रहता है, उसी तरह कोई ऐसा सर नहीं है जिसमें तेरा सौदा न रक़्स कर रहा हो)

अबू तालिब कलीम का कथन है :

असीरे-हिन्दमो ज़ीं रफ़्तने-बेजा पशेमानम
कुजा ख़्वाहद रसांदन परफ़िशानी मुर्गे-बिर्स्मिल रा

(मैं हिन्दुस्तान की मुहब्बत का क़ैदी हूँ और बिलावजह परेशान हूँ, मुर्ग़े बिस्मिल का तड़पना उसे कहाँ से कहाँ पहुँचा देता है)

बईरां मी रवद नालां कलीम अज़ शौके हमराहां
ब पाये-दीगरां हमचूं जरस तै कर्दा मंज़िल रा

(कलीम नाला व फ़रियाद करते हुए दोस्तों के शौक़े मुलाक़ात में क़ाफ़लों

की बांगे जर्स के सहारे ईरान को सफ़र कर रहा है)

ज़ शौक़े-हिन्द ज़ां सां, चश्मे-हैरत बर क़फ़ा दारम
कि रूहम गर बराह आरम नमी बीनम मुक़बिल रा

(हिन्दुस्तान की ख़्वाहिश में इस तरह हसरत भरी निगाहों से चला जा रहा हूँ कि सामने का कोई शख़्स नज़र भी नहीं आ रहा है)

अली कुली सलीम कहता है:

नीस्त दर ईरां ज़मीं सामाने तहसीले-कमाल
तानियामद सूये हिन्दुस्तां हिना रंगी न शुद

(हुसूले कमाल की तकमील का सामान ईरान में नहीं है, हिन्दुस्तान आए बग़ैर हिना में सुर्ख़ी नहीं आती)

क़ौसरी का कथन है :

दर ईरा तल्ख़ गश्ता कामे-जानम
बबायद शुद सूए हिन्दोस्तानम

(ईरान में तल्ख़ी बढ़ गई है/हिन्दुस्तान में जाना ही ठीक है।)

शकेबी इस्फ़हानी कहता है :

बया साक़िया आबे-हैवाँ बदेह
ज़ सरचश्मये-ख़ाने-ख़ानाँ बदेह
सिकन्दर तलब कर्द लेकिन नयाफ़्त
कि दर हिन्द बूवद ऊ ब ज़ुल्मत शताफ़्त

(ऐ साक़ी मुझे आबे-हयात पिला/ख़ाने-ख़ाना के चश्में से पिला/ सिकन्दर भी आबे-हयात की तलाश में था/ इसीलिये वो हिन्दुस्तान के सांवलेपन में उसे ढूँढ़ने गया था।)

अमीर ख़ुसरो को, जिनका समय इन कवियों से तीन सौ वर्ष पूर्व का है, भारत की मिट्टी से ऐसा प्रेम था कि स्थान-स्थान पर अपने भारतीय होने पर गर्व करते हैं। मसनवी 'नुह सिपेहर' और 'क़िरानुस्सादैन' में उन्होंने अनेक शेरों में भारतवर्ष के गुणों का बखान किया है और उसे अपने पूर्वजों के देश बल्ख़ व बुख़ारा तथा तूरान की अपेक्षा श्रेष्ठ माना। 'नुह सिपेहर' में एक सम्पूर्ण सर्ग भारतवर्ष से सम्बन्धित है, जिसमें उन्होंने भारत के फलों फूलों के गुण, यहाँ के निवासियों के सौन्दर्य, अथवा यहाँ की जलवायु की सुकुमारता और सामाजिक जीवन की प्रशन्सा भाँति-भाँति प्रकार से की है।

आदिल शाह के शासन काल के प्रसिद्ध ईरानी कवि 'ज़हूरी' का शेर है -

गरचे ख़ूबाने-ख़ुरासां ब नमक मशहूर अंद
रफ़्ता बैरूं ज़ सरम शोरे-वतन ख़ुश दकनेस्त

(अगरचे ख़ुरासान के माशूक़ सांवलेपन के लिये मशहूर है/मेरे दिल से दकन की सुन्दरता की कशिश कभी नहीं जा सकती)

फ़ारसी के एक कवि ने हिन्दुओं के अवतार रामचन्द्र जी के जीवन-चरित्र का वर्णन 'नरगिसिस्तान' में यूँ प्रस्तुत किया है :

ब इश्क़े-राम चूं बुलबुल सरायम
सराये गुन्चए-दिलहा कुशायम
न दारम आरज़ूए-ग़ैर दर सर
फ़िगन्दा बारहा अज़ सर सरासर

(राम चन्द्र जी के इश्क़ का मैं बुलबुल हूँ/इससे मेरे मन का गुंचा खिलता है/किसी और की आरज़ू मेरे दिल में नहीं, जबकि मैंने बहुत कोशिश करके देख ली।)

बनारस के विषय में शेख़ अली 'हज़ीं' के इस शेर से विद्वज्जन भलीभाँति परिचित हैं -

अज़ बनारस न रवम माबदे-आमस्त ईं जा
हर बरहमन पिसरे लक्ष्मनो रामस्त ईं जा[72]

(मैं बनारस से कैसे जाऊँ जहाँ मन्दिर ही मन्दिर हैं/ हर ब्राह्मण यहाँ राम और लक्ष्मण की तरह है)

जब फ़ारसी की, जो एक विदेशी भाषा थी, यह स्थिति है तो इस बात का आकलन आसानी के साथ किया जा सकता है कि उर्दू जो साझी भारतीय संस्कृति की ऐतिहासिक अपेक्षाओं से अस्तित्व में आयी और जिसका ढाँचा उत्तरी भारत ही की आँचलिक बोली पर रखा गया, किस सीमा तक भारतीय मानस की आईनादार होगी।

हिन्दुओं और मुसलमानों की यह साझी भाषा सत्रहवीं शताब्दी तक दक्षिण में साहित्यिक भाषा का रूप धारण कर चुकी थी। उर्दू का नाम उसे शाहजहाँ के शासन काल में प्राप्त हुआ; जब दिल्ली राजधानी बनी और उसके पश्चात यह बोल-चाल की भाषा से विकसित होते हुए उत्तर में भी साहित्य और ज्ञान की भाषा का स्तर प्राप्त करने लगी; यहाँ तक कि उत्तरकालीन मुग़लों के समय में इसने कविता एवं साहित्य के क्षेत्र में फ़ारसी को अत्यधिक गति से पीछे हटाना आरम्भ किया और थोड़ी सी मुद्दत में साझी संस्कृति की केन्द्रीय भाषा के रूप में इसने अपनी हैसियत मज़बूत कर ली। सांस्कृतिक दृष्टिकोण से उस पूर्वकालीन उर्दू कविता के तीन कालखंड निर्धारित किये जा सकते हैं। दकनी, देहलवी और लखनवी। परन्तु इन तीनों के मध्य सीमा रेखाओं का निर्धारण किसी विशेष वर्ष से नहीं किया जा सकता, क्योंकि दकन में शाइरी, दिल्ली में उर्दू की चर्चा प्रारम्भ होने के पश्चात भी प्रचलित रही।

इसी प्रकार लखनऊ का काव्य-प्रस्थान जो दिल्ली के पश्चात अस्तित्व में आया, देहलवी शाइरी के विकास के सान्निध्य में पुष्पित एवम पल्लवित होता रहा; और उन्नीसवीं शताब्दी के अन्त में दोनों ने लगभग साथ-साथ आधुनिक शाइरी के लिए स्थान रिक्त कर दिया।

दकन में सांस्कृतिक दृष्टिकोण से उर्दू शाइरी का सबसे महत्वपूर्ण युग मोहम्मद क़ुली से वली तक का है। दकन के समाज में दिल्ली की अपेक्षा हिन्दी रंग अत्यधिक गहरा था। फ़ारसी की परम्परा यहाँ भी थी परन्तु अधिकतर सुल्तानों ने अपनी जनता से सम्बन्ध एवं एकता स्थापित करने के लिए दकनी उर्दू को संरक्षण प्रदान किया। दकन में बहमनी, आदिलशाही, और क़ुतुब शाही सुल्तानों की सद्‌भाव-नीति के फलस्वरूप समानता और ऐक्य के जिस वातावरण का सृजन हुआ था उसमें भारत के देशी मूल्यों और स्थानिय परम्पराओं का आदर पग-पग पर किया गया था। अतः उस युग की उर्दू शाइरी में हिन्दी रंग गहरा है।

वली से उर्दू शाइरी एक स्पष्ट मोड़ मुड़ने लगती है। वली के युग में मुग़ल-विजयों के कारण दकन के समाज में उत्तरी भारत के सांस्कृतिक प्रभावों की छाप पड़ने लगी थी। वली ने न केवल दकन में बैठे हुए उसका प्रभाव स्वीकर किया अपितु उत्तरी भारत की यात्रा के दौरान भी उससे प्रभावित हुए; और हिन्दी विषयों के साथ-साथ फ़ारसी मज़ामीन को भी ग़ज़ल के मूल रूपों के साथ बाँधना प्रारम्भ कर दिया। तात्पर्य यह कि इस प्रकार वली की गज़ल ने पहली बार उर्दू की क्षमताओं और उसकी सम्भावनाओं को पूरी तरह प्रकट किया।

अतः जब वली का दीवान दिल्ली पहुँचा तो उसके प्रभाव से दिल्ली के शाइर फ़ारसी को छोड़ कर उर्दू को अपनाने लगे। परन्तु फ़ारसी की तुलना में उर्दू में अपनी श्रेष्ठता एवं उत्तमता प्रदर्शित करने का केवल यही मार्ग था कि फ़ारसी के प्रसंगों एवं वैसे विषयों को उसी सुकुमारता एवं कोमलता से बाँध कर उर्दू में प्रस्तुत किया जाये और उस्ताद शाइरों के विचारों की श्रृंखलाओं में नये-नये नुक्ते उत्पन्न किये जायें। फ़ारसी के अनुसरण की ये प्रवृत्तियाँ पूर्वकालीन शाइरों के पहले दौर में अत्यन्त तीव्रता से क्रियाशील रहीं। अतएव उस युग में फ़ारसी विषयों एवं कल्पनात्मक प्रतीकों की ऐसी बाढ़ आयी कि दकनी शाइरी के हिन्दी रंग बड़ी सीमा तक समाप्त हो गये और स्थानिय अभिव्यक्ति से सम्बन्धित तत्त्वों को अवशेष झलक उत्तरोतर क्षीण होती गई।

परन्तु मानसिक प्रतिक्रया की यह दशा अस्थायी सिद्ध हुई और मीर तथा सौदा के समय में जब उर्दू शाइरी अपने कलात्मक सौष्ठव और स्तरीयता को पहुँची तो साझी संस्कृति के प्रवक्ता के रूप में अपना विशुद्ध रंग एवं आकार ग्रहण करने लगी। अभिव्यक्ति एवं शैली में एक संतुलन आ गया और विषयों तथा प्रसंगों में भारतीय

तथा ईरानी तत्त्वों की समरसता, नवीन सौन्दर्यपरक छटाएँ दिखाने लगी। यह क्योंकि उर्दू शाइरी का वास्तविक रूप था जिसे मिरज़ा रफ़ी सौदा और 'ख़ुदाए-सुख़न' (वाणी ईश) मीर तक़ी मीर ने चरमोत्कर्ष पर पहुँचाया था; बाद में भी प्रत्येक युग में कमोबेश मौजूद रहा।

अठारहवीं शताब्दी के अंत में उर्दू के अधिकतर कवि दिल्ली के राजनैतिक पतन और बिखराव के हाथों बाध्य होकर लखनऊ चले गये जहाँ सम्पन्नता और निश्चिंतता के कारण गुणग्राहकता की संभावनाएँ अत्यधिक थीं; परन्तु धन प्रप्ति और भोग विलास के अधिक्य के होते यहाँ के समाज में कुछ कृत्रिमता और कुछ भोगवाद का रंग आ गया था और उसका प्रभाव इस कालखंड की उर्दू शाइरी पर भी हुआ। अतः 'इंशा', 'जुर्रत', 'अमानत' और 'रंगीन' इत्यादि ने पूर्ववर्ती शाइरों के अपेक्षाकृत शालीन और गम्भीर रीतियों को त्याग दिया और ग़ज़ल को बहुत कुछ हल्के फुलके, निम्न स्तरीय और अश्लील विषयों से परिचित कराया। इस काल के शाइरों में समग्र रूप से क्योंकि आन्तरिक ऊष्मा की कमी है और अवधी का स्थानीय प्रभाव है, अतएव उनके यहाँ हिन्दू मिथक एवं हिन्दू प्रसंग, जिन्हें वह सिद्धहस्त होने के कारण, प्रदर्शित करने हेतु प्रायः बांधते हैं, अत्यधिक इकहरे रूप में प्रस्तुत हुए हैं। कहने को 'नासिख़' के यहाँ भारतीय विषयों के नाम आदि कहीं अधिक हैं; परन्तु 'नासिख़' के यहाँ उनका प्रयोग पांडित्य प्रदर्शन के लिए ही हुआ है। काव्यमय अनुभूति और स्वभाव जो मीर और ग़ालिब जैसे कवियों के यहाँ है, उससे उन्हें बहुत कम लगाव है। लखनऊ वाले वास्तव में दिल्ली वालों की प्रतिद्वन्द्विता में हर वस्तु में अपनी श्रेष्ठता सिद्ध करना चाहते थे और इस भावना के अतंर्गत 'नासिख़' और उनके शिष्यों ने उर्दू के बहुत से देशी हिन्दी शब्दों और प्रसंगों को 'मतरूक' क़रार दिया। मुहम्मद हुसैन 'आज़ाद' ने अपने ग्रंथ आबे-हयात में 'हिन्दी की चिन्दी' करने का मुहावरा इनके लिये अकारण ही प्रयुक्त नहीं किया था। वास्तवतः इससे उर्दू के उर्दूपन को हानि पहुँची और ग़ज़ल में कृत्रिमता और आडम्बर की अभिवृद्धि हो गयी। यह और बात है कि अवधी के लोच और रस को मीर हसन, अनीस और मिर्ज़ा शौक़ जैसे कवियों ने उर्दू में प्रकृतितः आत्मसात भी किया जैसा कि मसनवी और मर्सिये के कुछ नमूनों से और दास्तानों के साहित्य से सिद्ध होता है।

इस दौरान दिल्ली में ज़ौक़, ज़फ़र, ग़ालिब, मोमिन, शेफ़ता इत्यादि पूर्ववती शाइरों की सुसंस्कृत एवं गम्भीर परम्परा का संवर्द्धन करते रहे। ज़फ़र की शाइरी क़िलए-मुअल्ला की साझी गंगा जमुनी संस्कृति की अंतिम क्षितिजीय-अरूणिमा एवं मुग़ल वंश के राजनैतिक पतन का वास्तवकि प्रतिबिम्ब प्रस्तुत करती है। 'ज़ौक़' उर्दू के ठेठ ठाठ, समाजी मुहावरों और प्रचलित कहावतों के अनुपम सम्राट थे।

उनकी ग़ज़ल हमारी साझी संस्कृति की नैतिक अनुभूति का प्रतिनिधित्व करती है।

उस युग में यद्यपि साहित्यिक दृष्टिकोण से फ़ारसी का स्थान उर्दू ने ले लिया था परन्तु राजकीय कार्यालयों के कार्य और व्यावहारिक पत्राचार अभी फ़ारसी ही में होता था और इसका प्रभाव हमारे सामाजिक जीवन पर गहरा था। फ़ारसी शाइरी की पहली सी चर्चा नहीं थी परन्तु अब भी उसमें अच्छे-अच्छे भारतीय और ईरानी शाइर उपलब्ध थे। भारतीय फ़ारसी विद्वान क्योंकि फ़ारसी के मूल भाषाविद् नहीं थे अतएव ईरानी नवागंतुकों की तुलना में हीन भावना के अंतर्गत प्राय: अपनी भाषिक निपुणता की घोषणा किया करते थे। प्राकृतिक रूप से यह बात मूल ईरानी शाइरों को रूचिकर नहीं लगती थी। अतएव वह प्रतिक्रिया स्वरूप भारतीय शाइरों को स्वयं से हेय समझते थे; और अपने ईरानीपन का प्रदर्शन कर भारतीय शाइरों पर अपनी श्रेष्ठता सिद्ध करते थे। इस विवाद का प्रारंभ शेख़ अली 'हज़ीं' और ख़ाने आरज़ू की टक्कर से हुआ था; और 'ग़ालिब' के समय तक इसका प्रभाव शेष था। अतएव ग़ालिब का भी अपने तूरानी वंश का सदस्य होने पर गर्व करना और फ़ारसी शाइरी की तुलना में अपनी उर्दू शाइरी को 'मजमूए-बेरंग' (रंगहीन-संकलन) घोषित करना, वास्तव में इन साहित्यिक आवश्यकताओं और 'ज़ौक़' जैसे लोकप्रिय शाइर पर अपनी श्रेष्ठता प्रदर्शित करने के लिये था। ग़ालिब दिल व दिमाग़ की सर्वश्रेष्ठ क्षमताओं से विभूषित थे और हर प्रकार के अनुसरण की प्रवृत्ति से पूर्णरूपेण स्वतंत्र थे। उनकी गहरी अर्थवत्ता, उच्च विचारमयता, गहन दृष्टि, तार्किकता, बुद्धिमत्ता एवं प्रज्ञा, वैचारिक चांचल्य और दबी-दबी पीड़ा तथा कष्टों को सहने की क्षमता ईरानी फ़ारसी की देन नहीं अपितु स्वयं उनकी अपनी है। इससे अधिक यह कि उनके रखरखाव, सुसंस्कृत स्वभाव, चंचलता, सहनशीलता एवं वज़ादारी का सम्बन्ध गंगा जमुनी संस्कृति और भारत के वातावरण से अत्यधिक गहरा है। उन की प्रवृत्ति एवं प्रतिभा में व्यक्तिगत विशिष्टता की क्षमता ईश्वर-प्रदत्त थी। अतएव परम्परा का सम्मान करते हुए भी उन्होंने अभिव्यक्ति और अर्थ सम्बधिन्त साँचों में इंक़लाब बरपा कर दिया और अपनी डगर अलग क़ायम की।

'ग़ालिब' और 'शेफ़्ता' हमारी क्लासीकी शाइरी के अंतिम दीप थे जो 1857 के संग्राम के कुछ समय पश्चात ही बुझ गये। मानसिक रूप से 'ग़ालिब' हमारे अंतिम क्लासिकी और प्रथम आधुनिक शाइर हैं। उनके पश्चात 'हाली' और 'आज़ाद' ने संयता, यर्थाथ और निर्मलता की संजीवनी से उर्दू शाइरी से उस पतन का प्रभाव दूर करने का प्रयास किया जो लखनऊ, रामपुर और उत्तरकालीन शाइरों की यान्त्रिक जड़ता और पुनरावृत्ति से उसके रूधिर में प्रवाहित हो गया था। 'हाली' और 'आज़ाद' ने उर्दू शाइरी को भारतीय जीवन की नवीन अपेक्षाओं से परिचित कराया और उर्दू के स्वरों की हिन्दीयता पर बल दिया। लगभग इसी युग में

लखनवी और देहलवी शाइरी की सीमाएँ, जो वैसे भी शुद्ध कम और पारम्परिक अधिक थीं, टूट गयीं और उर्दू शाइरी 'नज़्म' का पल्लू पकड़ कर आधुनिक युग में प्रवेश कर गयी।

आगे चल कर हम क्लासीकी उर्दू ग़ज़ल पर दृष्टिपात करेंगे कि उसने हमारी साझी गंगा जमुनी सभ्यता एवं संस्कृति से क्या प्रभाव स्वीकार किया और भारतीय स्वभाव और भाव तथा अनुभूति की अपेक्षाओं का साथ देने का उसमें कितना साहस है। इस विमर्श को हमने चार भागों में विभक्त किया है। प्रथम, इश्क़िया पक्ष; द्वितीय, सौंदर्य पक्ष; एवम तृतीय अध्याय में सैद्धान्तिक पक्ष या आध्यात्मिक पक्ष अर्थात ग़ज़ल की आन्तरिक दुनिया से सम्बन्धित सिद्धान्तों पर विचार विमर्श किया जायेगा। (यद्यपि यह विषय वस्तु एवं प्रसंग पूर्व के भागों में भी प्रवाहित है और उसी के विस्तार हैं)। अंत में चतुर्थ अध्याय में ग़ज़ल के कलात्मक पक्ष के अंतर्गत मिथकों, कहावतों, मुहावरों, रूपकों और उपमाओं इत्यादी पर दृष्टिपात किया जायेगा। ध्यान रहे कि इनमें से प्रत्येक पक्ष, हमारी दृष्टि में उतना ही महत्वपूर्ण और उत्कृष्ट है, और यह प्रसंग और विमर्श इतने विस्तृत हैं कि प्रत्येक भाग पर पृथक-पृथक ग्रन्थ और खंड लिखे जा सकते हैं तथापि यहाँ स्वीकृत सीमाओं के दृष्टिगत जो कुछ भी निवेदन किया जायेगा उसका स्वरूप केवल इंगित मात्र ही होगा।

सन्दर्भ

1. आबिद हुसैन 'हिन्दुस्तानी क़ौमियत और क़ौमी तहज़ीब', पृ. 309
2. इक़बाल,'रिकँस्ट्रक्शन ऑफ रिलीजियस थॉट इन इस्लाम' पृ. 7
3. सर अहमद हुसैन, 'नोट्स ऑन इसलाम' पृ. 12 और 26
4. 'हिन्दुस्तानी क़ौमियत', पृ. 344
5. निकल्सन,'लिटरेरी हिस्ट्री ऑफ़ दि अरब्स', पृ. 83
6. अमीर अली, 'स्प्रिट ऑफ़ इस्लाम, पृ. 172
7. ताराचन्द, 'हिन्दुस्तानी कलचर पर इस्लाम का असर', पृ. 69
8. 'लिटरेरी हिस्ट्री ऑफ़ अरब्स', पृ. 225
9. आर्बरी, 'सूफ़ीज़्म', पृ. 33
10. हिल्मी, 'तारीख़े-तसव्वुफ़े-इस्लाम', पृ. 144
11. ब्राउन, पृ. 299
12. निकल्सन, पृ. 384
13. ताराचन्द, पृ. 68
14. आर्बरी पृ. 23
15. निकल्सन पृ. 383
16. ताराचन्द पृ. 69

17. निकल्सन, पृ. 384
18. मोहम्मद हबीब, प्रस्तावना, Elliot & Dowson's History of India, खण्ड-2, पृ. 32
19. निकल्सन, पृ. 385
20. आरबरी, पृ. 54
21. हिल्मी, 'तारीख़े-तसव्वुफ़े-इस्लाम', पृ. 305
22. वही, पृ. 314
23. 'हिन्दुस्तानी क़ौमियत और क़ौमी तहज़ीब', पृ. 399
24. 'हिन्दुस्तानी क़ौमियत', पृ. 408
25. वही, पृ. 410
26. 'तारीख़े-मशाइख़े चिश्त', पृ. 129
27. 'हिन्दुस्तानी क़ौमियत', पृ. 403
28. 'हिन्दुस्तानी क़ौमियत' पृ. 403
29. A Literary History of the Arabs, पृ. 390
30. आरबरी, 'तारीख़े-तसव्वुफ़', पृ. 11
31. वही, पृ. 53
32. 'Studies in Early Mysticism'
33. आरबरी, पृ. 15
34. वही, पृ. 33
35. 'Literary History of the Arabs'
36. आरबरी, पृ. 20
37. 'Literary History of the Arabs' पृ. 390
38. 'Oriental Mysticism', पृ. 11
39. आरबरी, पृ. 24
40. आरबरी, पृ. 25
41. वही
42. आरबरी, पृ. 22
43. आरबरी, पृ. 38
44. आरबरी, पृ. 35 एवम् 37
45. 'तारीख़े-मशाइख़े-चिश्त', पृ. 20
46. 'A Steingass' पृ. 1514
47. डॉ. सैयद अतहर अब्बास रिज़्वी (आस्ट्रेलियन नेशनल यूनिवर्सिटी, कैनबरा) की अत्यन्त विस्तृत व विश्वस्त पुस्तक 'A History of Sufism in India' जो दो खंडों में मुंशी राम मनोहर लाल द्वारा दिल्ली से 1978 एवम 1983 में प्रकाशित हुई, भारत में सूफ़ीवाद के विषय पर वृहत ग्रन्थ का दर्जा रखती है। यह पुस्तक मेरे शोध कार्य के लगभग बीस पच्चीस वर्षों के बाद उपलब्ध हुई, वरन स्थान-स्थान पर इससे लाभ उठाया जाता। बहरहाल यह सन्तोष की बात है कि मेरे अक्सर शोध की इस किताब से पुष्टि हो जाती है और ख़ुद डॉ. रिज़्वी ने दो अध्याय

The Interaction Between Medieval Hindu Mystic
Traditions and Sufism, Pp. 322-396 (Vol. I)
The Sufi Response to Hinduism, Pp. 390-432 (Vol. II)
उन्हीं विषय-वस्तु पर लिखे हैं जो हमारा मौज़ू हैं। उनके विषय-वस्तु से इस तथ्य की पुष्टि हो जाती है कि अबू यज़ीद बस्तामी ने नज़रिया-ए-फ़ना (माया) का पाठ एक नव-मुस्लिम हिन्दुस्तानी अबू अली अल-सिंधी से लिया था जिसको वह मुर्शिद का दर्जा देता है। इसके अलावा अबू यज़ीद बुस्तामी के बहुत से कथन अपनी असल के एतबार से वेदांती हैं। उन्होंने अबू यज़ीद, जुनैद, मंसूर और समकालीन सूफ़ियों के बहुत से ऐसे कथनों का हवाला भी दिया है जो मुंडकिया और कठोपनिषद्, गीता और शंकराचार्य के ख़यालात की प्रतिध्वनि हैं। (देखिये ऊपर के दोनों अध्याय)

48. सैयद सुलेमान नदवी, अरब व हिन्द के तअल्लुक़ात, पृ. 19
49. डॉ. सैयद अब्दुल्ला, फ़ारसी अदबीयात में हिन्दुओं का हिस्सा, पृ. 2
50. हिन्दुस्तानी क़ौमियत, पृ. 428
51. विस्तृत अध्ययन के लिये देखिये लेखक की पुस्तक 'अमीर ख़ुसरौ का हिन्दवी कलाम', 1987
52. हिन्दुस्तानी क़ौमियत, खंड-2
53. हिन्दुस्तानी क़ौमियत, पृ. 478
54. देखिये डॉ. मोहम्मद उमर की महत्वपूर्ण पुस्तक, ''हिन्दुस्तानी तहज़ीब का मुसलमानों पर असर'', जो इस पुस्तक के लगभग दो दशक के पश्चात, दिल्ली से 1975 में प्रकाशित हुई।
55. देखिये, 'नादिराते-शाही', संकलनकर्ता, इम्तियाज़ अली अर्शी, रामपुर
56. तारीख़े-मशाइख़े-चिश्त, ख़लीक़ अहमद निज़ामी, पृ. 22
57. वही, पृष्ठ 85, 86, 87
58. देखिये, 'ज़िक्रे-मीर', पृ. 17, 30, 39
59. मआरिफ़ खंड 45, अंक 40, पृ. 309-310 (हिन्दू, मुसलमानों के तमद्दुनी तअल्लुक़ात)
60. अमीर अली, पृ. 419
61. 'Annals of Rajasthan', जिल्द 3, पृ. 78
62. ''ज्ञान से ख़ाली नहीं है। वेदांत का ज्ञान जो कि तसव्वुफ़ का ज्ञान है, उसमें ख़ूब डूबा हुआ है, उसके वाक्य भी बहुत ख़ूब हैं, चुनांचे मेरे दिल पर बहुत असर हुआ''।
63. तुज़ुक, पृ. 185, 329
64. "Dara Shikoh and Upanishads", इस्लामिक कल्चर अक्टूबर 1943, पृ. 397 एवं प्रस्तावना, 'मजमउल बहरैन'-महफ़ूज़ुलहक़
65. डॉ. सैयद अब्दुल्ला, पृ. 240
66. 'कलमाते-तैयब्बात', पृ. 37, 40
67. 'बशारते-अहमदी', पृ. 11, 117
68. अदबीयाते-फ़ारसी में हिन्दुओं का हिस्सा, देहली 1942
69. ''हिन्दू-मुसलमानों के तमद्दुनी तअ्आलुक़ात...', मआरिफ़, खंड 45 पृ. 303, 309
70. वही, पृ. 228, 229

71. वही, पृ. 231

72. इसके पश्चात् ग़ालिब ने कलकत्ता जाते हुये बनारस की सांस्कृतिक गुणवत्ता और सौंदर्य की प्रशन्सा करते हुये जब अपनी सर्वश्रेष्ठ मसनवी 'चिराग़े-दैर' लिखी तो बनारस को 'शंख बजाने वालों का इबादत-ख़ाना' और 'काबा-ए-हिन्दोस्तान' कहा:

    मगर गोई बनारस शाहिदे-हस्त
    ज़ गंगश सुबहो-शाम आइना दर दस्त

    (बनारस गोया कोई बदमस्त माशूक़ है जो गंगा का आईना हाथ में लिये, सुबह शाम अपनी सुंदरता को निहारता रहता है)

द्वितीय अध्याय

उर्दू ग़ज़ल का इश्क़िया पक्ष (1)

(इश्क़ सम्बन्धी अनुभूति और परिकल्पना)

इश्क़ जीवन का केन्द्र एवं धुरी है। रंग और रूप के संसार में जो कुछ दृष्टिगोचर होता है वह विभिन्न तत्त्वों के पारस्परिक सम्बन्ध एवं आकर्षण से निर्मित होता और क़ायम रहता है, परन्तु विभिन्न वस्तुओं में इस सम्बन्ध एवं आकर्षण के विभिन्न स्तर हैं। इश्क़ का यह आकर्षण कहीं विवेकमय है, कहीं अर्ध विवेकी है और कहीं विवेक रहित है। मनुष्य क्योंकि विवेकमय प्राणी है, इसमें इश्क़ के आकर्षण की सम्बुद्धि किसी हद तक विवेकमय भी है, जिसका प्रभाव भावना एवं अनुभूति के रूप में होता है।

भावना वस्तुत: मनोआवेग का मनोवैज्ञानिक पक्ष है जिससे हमारी भौतिक प्रवृत्तियाँ अस्तित्व में आती हैं, अतएव इश्क़ की भावना, अपना आहार, कामेच्छा के महत्वपूर्ण मनोआवेग से प्राप्त करती है। मनोआवेग, क्योंकि चिन्तन और विवेक से स्वतन्त्र होते हैं, उनको हद में रखने के लिये समाज उन पर भाँति-भाँति के नैतिक नियंत्रण निर्धारित करता रहता है। यह नैतिक लक्ष्मण-रेखाएँ अपने-अपने स्थान पर राष्ट्रों की मनोभूमि एवं स्वभाव और उनकी सभ्यता एवं संस्कृति के उस स्तर से प्रभावित होती हैं जिस पर कोई समाज पहुँच जाता है, क्योंकि विभिन्न समाज विभिन्न नैतिक स्तर रखते हैं, अतएव उनके इश्क़ सम्बन्धी सिद्धान्तों में भी इस दृष्टिकोण से कुछ न कुछ अन्तर पाया जाता है।

अतएव उर्दू ग़ज़ल की इश्क़ सम्बन्धी परिकल्पना पर विचार-विमर्श करते हुए उसकी सांस्कृतिक एवं सामाजिक पृष्ठभूमि पर दृष्टि रखना अत्याधिक आवश्यक है। इस सन्दर्भ में हमारे अधिसंख्यक समालोचक, क्योंकि शब्दों के जाल में खो जाते हैं और ऐतिहासिक तथा सांस्कृतिक दृष्टि से काम लेते हुए, इश्क़ के सांस्कृतिक एवं सामाजिक सम्बन्धों का पता चलाने का प्रयत्न नहीं करते, अत: उर्दू की इश्क़िया शायरी का स्वभाव समझने में असफल रहते हैं। ऐसे लोगों के मस्तिष्क, क्योंकि पहले से विशेष परिकल्पनाओं का शिकार होते हैं, वह ग़ज़ल को पाक इश्क़ और नापाक इश्क़ के प्राचीन और निरर्थक तर्क-वितर्क में उलझा कर अपनी आलोचना से

केवल ख़ुद आनन्द प्राप्त करते हैं।

ग़ज़ल सम्बधित किसी प्रकार की वार्ता करने से पूर्व यह तथ्य भली-भाँति समझ लेना चाहिए कि ग़ज़ल की मानसिक धारणाओं का सम्बन्ध उस तहज़ीबी शोले से है जो इस्लामी और भारतीय संस्कृतियों के संसर्ग से उत्पन्न हुआ था। इस चिंगारी की तेजस्विता बनाये रखने में सर्वाधिक सहयोग सूफ़ी आध्यात्मवाद अर्थात तसव्वुफ़ से प्राप्त हुआ। उर्दू ग़ज़ल ने तसव्वुफ़ की गोद में आँख खोली और वह आत्मप्रमत्ता एवं विचार-विमर्श (हाल और क़ाल) की गोष्ठियों और सूफ़ियों तथा दरवेशों के सान्निध्य में पुष्पित एवं पल्लवित हुई। अतएव ग़ज़ल से सम्बन्धित इश्क़ की परिकल्पना का महत्त्व समझने के लिए सर्वप्रथम हमें यह देखना चाहिए कि तसव्वुफ़ में सर्वाधिक महत्ता इश्क़े-हक़ीक़ी को प्राप्त थी, परन्तु इसके लिये लौकिक-प्रेम (इश्क़े-मजाज़ी) की अहमीयत पर जो बल दिया जाता है, उसका तहज़ीबी और सैद्धान्तिक आधार क्या है।

तसव्वुफ़ जहाँ, धर्म की रूढ़िवादी परिकल्पना के विरुद्ध क्रान्तिकारी पक्ष रखता है वहीं उसने पारम्परिक नैतिक रिवाजों से भी अच्छा ख़ासा विद्रोह किया था।

इस्लाम में गहरे मज़हबी एहसास के आधार पर नैतिक विधियाँ भी अत्यन्त कठोर बनायी गयीं और मानवीय भावनाओं को नियंत्रण में रखने के लिये उन पर तरह-तरह की सख़्त पाबन्दियाँ भी लगायी गईं। काम-वासना के शमन हेतु विवाह का मार्ग था, परन्तु व्यवहारतः उसकी स्वीकृति एवं अस्वीकृति व्यक्ति के हाथ में न होकर परिवार के बड़ों की इच्छा पर निर्भर करती थी। विवाह प्रत्येक दृष्टि से एक सामाजिक एवं आर्थिक संस्था थी, जिसमें व्यक्ति के अधिकार की सामर्थ्य लगभग नहीं के समान थी, अतएव इन तहज़ीबी परिस्थितियों में अतृप्ति की भावनाओं का उत्पन्न होना अवश्यंभावी था। अतृप्ति की स्थिति में वेश्याओं और घरेलू कनीज़ों की गुंज़ाइश थीं, परन्तु यह समाज में आदर एवं प्रतिष्ठा का वह स्तर नहीं रखतीं थीं जो निकाह का था। अगरचः चार निकाहों की इजाज़त थी जबकि ऐसा हमेशा सम्भव न था।

काम, इश्क़ की उन्मुक्त भावनाएँ, इस्लाम के गहरे मज़हबी मिज़ाज के विपरीत थीं और उन्हें नियन्त्रण में रखने के लिए पर्दे की पाबन्दी थी। पर्दे का सख़्त रिवाज था। विवाह की संस्था से इतर काम सम्बन्धी (मजाज़ी इश्क़ की) भावनाएँ इस्लामी सोसायटी के सामाजिक मूल्यों में उन्मुक्त रूप नहीं रखतीं थीं, अपितु उन्हें 'शजरे ममनुआ' (Forbidden Fruit) क़रार दिया गया। ऐसा Semitic सोसाइटी में पहले से चला आ रहा था। उच्च-वर्ग के घरानों में इस प्रकार की आसक्ति को कड़ी नज़रों से देखा जाता था और उसकी कटु से कटु निन्दा की जाती थी। पुरुषों और स्त्रियों के लिए दुहरा मापदंड ऐशियाई देशों में हमेशा से रहा है। पारिवारिक प्रतिष्ठा एवं इज़्ज़त

की समस्या अलग थी। अतः इस मानसिक एवं भावनात्मक दबाव की प्रतिक्रिया तसव्वुफ़ के द्वारा इश्क़े मजाज़ी इख़्तियार करने, एवम रुसवाई (खुली निन्दा), रिन्दी व सरमस्ती (नैतिक मूल्यों की अनदेखी) एवं नास्तिकता के एलान की शक्ल में हुई। जिसने शनैः शनैः तसव्वुफ़ की आध्यात्मिकता (रूहानियत) के पर्दे में समाजिक स्वीकृति प्राप्त कर ली, और इश्क़ में दीवानगी, ज़िल्लत और रुसवाई (तिरस्कार एवं निन्दा) गर्व की सूचक बन गयी। इश्क़े हक़ीकी के लिए इश्क़े मजाज़ी (भौतिक-प्रेम) और उसकी विभिन्न अनुभूतियों पर बल देना समाज का एक सामान्य चलन बन गया। सामान्य धार्मिक रस्मो रिवाज की अनदेखी करना, नास्तिकता एवं रुसवाई पर गर्व करना, अहं का अपमान तथा मदन-भाव को स्वच्छन्द रूप से स्वीकार करना एक प्रकार के कठोर नैतिक-विधान के दबाव के विरुद्ध एक तरह से खुला विद्रोह था।

तसव्वुफ़ में, धार्मिक वर्ग की ज़ाहिर परस्ती (आचार) और सख़्त नैतिक शिकन्जों की कठोरता के विरुद्ध जो आवाज़ उठाई गई आगे चल कर वह 'शरीयत' (धर्मशास्त्रीय विधान) और 'तरीक़त' (अध्यात्मिक विधान) के टकराव के रूप में प्रकट हुई। यह कशाकश मुसलमानों के हिन्दुस्तान में आगमन के पश्चात यहाँ के वातावरण के प्रभाव में और भी अधिक तीव्र हो गई।

हिन्दुस्तानी मुल्की रूह अपने अनुभूतियों और भावनात्मक-उद्वेलन के कारण, बलात नैतिक नियंत्रण को, चाहे वह कैसा कठोर क्यों न हो, .कुबूल नहीं करती। हिन्दुस्तान में नैतिकता का मूलभूत ढाँचा लचीला और स्वैछिक प्रकार का रहा है, अतएव हिन्दुस्तानी स्वभाव के प्रभाव से तसव्वुफ़ में पारम्परिक नैतिकता से विद्रोह की भावना ख़ासी बलवती हो गयी। क़व्वाली (समाअ) में शरीक होने और मस्तो बेखबर होकर अपना आपा भूल जाने की मज़हबी उलेमा ने जितनी मुख़ालफ़त की, उतना ही ज्यादा क़व्वाली (समाअ), और साज़ संगीत दरगाहों में इबादत का हिस्सा बनते चले गए। उलेमा ने मजाज़ी इश्क़ के ग़ैर शरई होने पर जितना अधिक बल दिया, जन-साधारण के स्तर पर सूफ़ीवाद ने उसे उतना ही अंगीकार किया। हिन्दुस्तानी ख़ानक़ाहें, क़व्वालों और गाने बजाने वालों से प्रायः भरी रहती थीं। क़व्वाली का प्रचलन न अरब में था न ईरान में, इसका चलन हिन्दुस्तान में विशेष रूप में हुआ। क़व्वाली और 'हाल व क़ाल' की महफ़िले एवं स्थानीय भजन कीर्तन में जो निहित अन्तः सम्बन्ध हो सकता है उसकी कल्पना करना असम्भव नहीं है।

तस्व्वुफ़ में हिन्दुस्तानी तहज़ीबी फ़िज़ा के प्रभाव से जो परिवर्तन आये, विचारणीय है कि वह सौन्दर्य के स्तर पर अत्यधिक शक्तिमान एवं सम्पूर्ण आकार में प्राप्त होते हैं। हम प्रथम अध्याय में यह इंगित कर चुके हैं कि सौन्दर्य-विवेक की अनुभूतियाँ मज़हबी मान्यताओं की अपेक्षा देश और काल के प्रभावों को कहीं ज्यादा

स्वीकार करती हैं। अतएव भौतिक प्रेम (मजाज़ी इश्क़) के माध्यम से आध्यात्मिक प्रेम (हक़ीक़ी इश्क़) की परिकल्पना तसव्वुफ़ के धार्मिक स्तर की अपेक्षा काव्य एवं साहित्य के सौन्दर्य-स्तर पर भारतीय स्वभाव से इतनी गहनता से प्रभावित हुई कि बड़ी हद तक उसकी मूलभूत अनुभूतियों से आलिंगनबद्ध हो गयी। हिन्दुस्तानी वातावरण में कैवल्य (मारिफ़ते-हक़) के लिए अहं (ख़ुदी) को स्व से इतर में आत्मसात कर देने (अर्थात बेख़ुद हो जाने) का रुज्हान पूर्व से ही उपलब्ध था। ललित कलाओं से सत्यापित होता है कि भारतीय मानस ने काम-भावनाओं की गुंजाइश निकालने के लिए इनको कलात्मक रूप दे दिया था। भारतवर्ष में इस बात की अनुभूति आरंभ से ही कर ली गयी थी कि लौकिक और आलौकिक अलग अलग नहीं हैं। चुनांचे यह भी समझ लिया गया था कि किसी तरह की तीव्र काम-भावना किसी प्रकार की बलात नैतिकता के नियंत्रण में नहीं लायी जा सकती। अतएव उसके भावनात्मक पक्ष को आध्यात्मिक रूप देकर उसे क़ाबिले क़बूल और श्रेष्ठ बना दिया गया। भौतिकता एवं आध्यात्मिकता का यह तादात्म्य हिन्दू धर्म और यहाँ की ललित कलाओं का मौलिक लक्षण है। यहाँ भौतिक प्रेम की परिकल्पना किसी भी काल में निन्दनीय अथवा आपत्तिजनक नहीं समझी गयी। अपितु उसके सामाजिक व्यक्तित्व के साथ-साथ उसकी आध्यात्मिक अर्थवत्ता की धारणा को भी सदैव उन्मुक्त रखा गया जो अहम को स्व से इतर में आत्मसात करने की आलौकिकता (Transcendental) सम्बन्धी सम्भावनाओं को उत्पन्न करती है। तांत्रिक पूजा, शिव-शक्ति, राधा और कृष्ण का रूपक और बौद्धों के सहजा सम्प्रदाय में नारी केन्द्रियता प्रेम के इस लाक्षणिक चरित्र की संवाहक है। भारतीय चित्रकला और मूर्त्तिकला का मूलभूत प्रेरक तत्त्व भी प्रेम का यही दृष्टिकोण है। मन्दिरों एवं विहारों की मूर्त्तियाँ हों अथवा अजन्ता, एलौरा, बाघ, खजुराहो और इरावती की चित्रकला और मूर्त्तिकला के नमूने हों, नारी की कल्पना कहीं भी नग्नता की नहीं अपितु हर जगह उसकी उपस्थिति, प्रकृति के उस पवित्र प्राकट्य की है जिसके सौन्दर्य का आकर्षण स्व को स्व से इतर में आत्मसात करने के लिए एक कारक की भूमिका निभाता है। इस्लामी तसव्वुफ़ में भी मजाज़ी इश्क़ की कल्पना इस दृष्टि से शनैः-शनैः दृढ़ हो गयी कि स्वयं केन्द्रित अहं को 'स्व'-से इतर की ओर आकर्षित करके आत्म प्रमत्तता की अवस्था में लाया जाये। इस्लाम में पर्दे का कठोर नियंत्रण था और नारी का उन्मुक्त वर्णन निन्दनीय समझा जाता था, इसलिए तसव्वुफ़ में किशोर (अमरद) ही को मिसाली 'मज़हर' (आध्यातिम माशूक़) निर्धारित किया गया। फलस्वरूप फ़ारसी ग़ज़ल की सौन्दर्य अनुभूति बड़ी हद तक इस नौईयत के प्रेम (मज़हर परस्ती) का प्रतिफल है।

भारतवर्ष में आगमन के पश्चात तसव्वुफ़ में मज़हर परस्ती की परम्परा तो

कुछ–कुछ शेष रही, परन्तु सौन्दर्य–विवेक से समलैंगिक प्रेम बड़ी हद तक ख़ारिज हो गया क्योंकि भारतीय मानस स्त्री प्रेम को निन्दनीय अथवा निषिद्ध क़रार नहीं देता। अतएव उर्दू ग़ज़ल में इश्क़ की जो परिकल्पनाएँ प्रचलित रही हैं उनके विषय में मूलभूत बात यह है कि वह परिकल्पानाएँ चाहे इश्क़े हक़ीक़ी की हों, चाहे मजाज़ी की, उनका सम्बन्ध समलैंगिकता से बहुत कम और इश्क़े मजाज़ी की नैसर्गिक मानवीय प्रवृत्ति से अधिक है। आगे चल कर जब हम उर्दू ग़ज़ल का विश्लेषण करते हुए उसके तसव्वुरे इश्क़ के विभिन्न स्तरों पर विमर्श प्रस्तुत करेंगे तो यह बात भी पूर्ण रूप से स्पष्ट हो जायेगी कि फ़ारसी शायरी की तुलना में उर्दू ग़ज़ल का तसव्वुरे इश्क़ इस हद तक हिन्दुस्तानी है कि उर्दू की उत्कृष्ट से उत्कृष्ट सूफ़ियाना शायरी भी अपना रूप रंग नारी सौन्दर्य से प्राप्त करती है।

उर्दू के प्रेम काव्य की सांस्कृतिक व्याख्या करने के लिए ग़ज़ल के उस भाग को पृथक कर दीजिए जो रस्मी और रिवायती या केवल शेर कहने की ज़रूरत पूरी करने के लिए कहा गया है। शाइर का कहा हुआ हर शेर उसकी नैसर्गिक प्रवृत्ति का प्रतिनिधित्व नहीं करता। ग़ज़ल में बहुत कुछ औपचारिकता मात्र भी कहा जाता है। उस्तादी जुटाने अथवा दाद पाने के लिए जो शेर कहे जाते हैं वह प्राय: आडम्बर और कृत्रिमता का शिकार होते हैं। अत: प्रेम–काव्य के सामाजिक एवं सांस्कृतिक सम्बन्धों को समझने के लिए ग़ज़ल के केवल उस पक्ष को अपने समक्ष रखिये जिसमें शाइर की अपनी ध्वनि और उसकी विशेष शैली दृष्टव्य है। फिर उन नाना प्रकार की ध्वनियों की गहराई में डूब कर ध्यान पूर्वक सुनिये कि विभिन्न शाइरों की इश्क़ीया लय में तसव्वुफ़ और उसके हिन्दुस्तानी प्रभावों की समन्वित प्रतिध्वनि कहाँ गहरी है, कहाँ हल्की और कहाँ मद्धम है। उर्दू शाइरी की इस प्रकार की ध्यानपूर्वक व्याख्या करने से ज्ञात होगा कि उसमें इश्क़ की परिकल्पना की चार विभिन्न मनोदशाएँ क्रियाशील रही हैं। पहला रूप वह है जहाँ शाइर का व्यक्तित्व और उसकी शाइरी तसव्वुफ़ के असली और सच्चे रंग में डूबी हुई है। शाइर न केवल सूफ़ियाना सिद्धांतों में पूरा विश्वास रखता है अपितु अपने स्व–नियंत्रण और आन्तरिक सुव्यवस्था के कारण उन आध्यात्मिक दर्जों को प्राप्त कर चुका है या कर सकता है, जिनके परिणामस्वरूप संसार और सांसारिकता पर उसे एक विस्तृत अन्तर्दृष्टि प्राप्त हो जाती है और इश्क़ की परिधि इतनी विस्तार रूप ग्रहण कर लेती है कि आशिक़ और माशूक़ का भेद समाप्त हो जाता है। वाह्य जगत की प्रत्येक वस्तु इश्क़ के एक विस्तृत रिश्ते में डूबी हुई नज़र आती है। इस प्रकार की शाइरी में, दृष्टि, क्योंकि वाह्य जगत से अन्तर्जगत की ओर उन्मुख होती है, माशूक़ कहीं–कहीं मानसिक नव्यता या वैचारिक बिम्ब में परिवर्तित होकर सामने आता है। इश्क़ का यह तस्व्वुर अपने अन्दर अत्यधिक विस्तार एवं गहराई रखता है, क्योंकि इसमें शाइर

के आन्तरिक अनुभव से उसकी शाइरी का सम्बन्ध कहीं पृथक नहीं होने पाता, सौन्दर्य के दृष्टिकोण से भी उसके कुछ भाग अपनी भरपूर शाइराना अनुभूति के कारण उत्कृष्ट कविता की श्रेणी प्राप्त कर लेते हैं, क्योंकि गहन-प्रेम के अवलोकन और अन्तः संवाद को लक्षण एवं इंगित की शब्दावली में प्रेषित किया जाता है जिससे शेर की सौन्दर्यपरक प्रभावोत्पादकता ख़ासी बढ़ जाती है। सच्ची बात यह है कि उर्दू में इस तरह के शाइर बहुत कम हैं।

उर्दू ग़ज़ल में अधिकतर संख्या उन शाइरों की है जो तसव्वुफ़ के शुद्ध यथार्थ से नहीं अपितु उसके पारम्परिक दैहिक पक्ष से प्रभावित हुए। यह दूसरे प्रकार के शाइर जो ज्यादातर तसव्वुफ़ के पारम्परिक पक्ष से प्रभावित हुए, वह प्रकट रूप में तसव्वुफ़ का दम तो भरते हैं परन्तु वस्तुतः अस्तित्वों की सीमा अर्थात अपने माशूक़ के दैहिक अस्तित्व से आगे नहीं बढ़ सकते और उसके प्रेम और पीड़ा तथा उष्णता को जीवन-वैभव मान कर अपने सीने से लगाये रखते हैं। इन शाइरों के यहाँ तसव्वुफ़ के विषयों की चर्चा तो मिलेगी परन्तु उनकी ज़िन्दगी से इन विषयों का सम्बन्ध नाम मात्र का ही है। वह दूसरों की देखा-देखी पारम्परिक रूप से दैहिक प्रेम को अध्यात्मिक प्रेम की सीढ़ी स्वीकार तो करते हैं परन्तु वास्तवकिता यह है कि उनका प्रेम-चिन्तन मात्र दैहिक अथवा भौतिक है। मीर और सौदा के समकालीन दिल्ली के शाइरों में इश्क़ की यह पारम्परिक वृत्ति विशेष रूप से स्पष्ट है। तसव्वुफ़ का इतना प्रभाव इन शाइरों पर अवश्य हुआ कि दैहिक सौन्दर्य के रूप रंग एवं घातों का वर्णन करते हुए ये शालीनता एवं रख रखाव को हाथ से जाने नहीं देते। उनकी महत्वपूर्ण विशेषताएँ उनकी निःकलुषता, चोट खाये हुए हृदय का हाव-भाव और पीड़ा एवं ऊष्मा में डूबी हुई धीमी ध्वनि है। उनके इश्क़ में काम की झलक है। उनका तसव्वुरे इश्क़ मनुष्य की नैसर्गिक अपेक्षाओं का आदर करता है, परन्तु उपद्रवयुक्त राजनैतिक एवं सामाजिक वातावरण के प्रभाव से उनका क्रिया क्षेत्र विशेष रूप से सीमित होकर रह गया है, और यह शाइर प्रिय के तत्काल भौतिक चिन्तन से उत्कर्ष पाकर जीवन एवं ब्रह्मांड को अपनी सीमाओं में बांध नहीं सकते अपितु जीवन के प्रत्येक दुःख को व्यक्तिगत दुःख में आत्मसात कर लेते हैं। अतएव प्रेम का यह तसव्वुर विस्तृतम इश्क़ के सभी पक्षों को आच्छादित नहीं करता अपितु उसके केवल एक पक्ष अर्थात विरहावस्था और हृदय सन्ताप का वर्णन करता है। परन्तु यह वर्णन इस गुणात्मक विशिष्टता के साथ हुआ है कि यह शाइरी अच्छी इश्क़ीया शाइरी के क़रीब पहुँच गयी है।

उर्दू की आला इश्क़िया शाइरी, तसव्वुफ़ से अवश्य ही प्रभाव ग्रहण करती है परन्तु उसको दैहिक एवं आध्यात्मिक की पारम्परिक शब्दावलियों में सीमित नहीं किया जा सकता। इसमें इश्क़ की समस्त भव्यताएँ प्राप्त होती हैं, और तसव्वुफ़ के

प्रभावों का महत्व पारम्परिक नहीं अपितु आस्तिकता (ईमान) और नास्तिकता (कुफ़्र) के नियंत्रणों एवं परम्पराओं से उच्चतर यह इश्क़ीया शाइरी विशुद्ध रूप से तहज़ीबी और सृजनात्मक नौईयत की है। यद्यपि इश्क़ का भाव यहाँ मूल रूप में दैहिक एवं मानवीय है, इसमें काम की सुगन्ध भी है और इन्सानी इश्क़ो मोहब्बत की आरज़ूँए और तमन्नाएँ भी, परन्तु यहाँ तसव्वुफ़ का प्रभाव पारम्परिक अथवा सीमित नौईयत का नहीं है, अपितु शाइर का व्यक्तित्व अपनी एकात्मकता के बल पर तसव्वुफ़ के पारम्परिक सिद्धान्तों से ऊपर उठकर उन्हें अपनी सृजनात्मक प्रकृति में आत्मसात कर लेता है और इश्क़ की उस सम्बुद्धि का विवेक प्राप्त कर लेता है जो केवल व्यक्तित्व तक सीमित नहीं। यहाँ 'इश्क़' की परिकल्पना, अपने ज़मीनी पहलू के साथ-साथ एक असीमित और नामहीन आध्यात्मिक संरचना भी रखती है और जीवन के भौतिक और अभौतिक अर्थात आलौकिक एवं आध्यात्मिक, सभी पहलुओं पर छा जाने का हौसला रखती है। इश्क़ (प्रेम) की यह परिकल्पना न केवल सर्वव्यापी है, अपितु जीवन एवं ब्रह्मांड पर विवेक की दृष्टि भी डालती है और पराजय एवं निराशा का भाव उत्पन्न नहीं होने देती। दु:ख का तत्त्व यहाँ भी है परन्तु यह सीमित प्रकार का व्यक्तिगत दु:ख (ग़म) नहीं अपितु इसमें प्रिय का दु:ख (ग़मे-जानां) और संसार का दु:ख (ग़मे-दौराँ) सबका भेद मिट जाता है। हमारे शाइरों में इस प्रकार का सर्वव्यापी और सार्वभौमिक प्रेम मीर और ग़ालिब के यहाँ मिलता है। मीर का सृजनात्मक स्त्रोत तसव्वुफ़ ही है (जो बहुत कुछ वेदान्त से मिलता जुलता है और जिसकी चर्चा आगे आएगी) ग़ालिब यद्यपि अपना अलग अन्दाज़ रखते हैं परन्तु गहन चिन्तनमय अन्तर्दृष्टि और अनुपमेय बुद्धिमानी एवं अन्तश्चेतना के कारण प्राय: एक अनोखे आध्यात्मिक स्तर पर मिलते हैं।

चौथी प्रकार की इश्क़िया शाइरी वह है जो तसव्वुफ़ के प्रभाव से पूर्ण रूपेण स्वतन्त्र है। इसमें इश्क़ का भाव आशिक़ाना कम और कामुकतापूर्ण ज्यादा है। यह रंग प्राय: हमारे लखनवी शाइरों की ग़ज़ल में अत्यधिक है। यहाँ के वैभवपूर्ण जीवन में 'इश्क़' के नैसर्गिक चिन्तन के पनपने की बड़ी संभावनाएँ थीं परन्तु अपेक्षाकृत फ़ुरसत और ऐशो-इशरत की ज्यादती ने तबीयतों को सामान्य स्थिति से हटा दिया और कामुकतापूर्ण रंग रलियों का नक़्शा आम हो गया। हवस की रंग रलियाँ भी यदि सुघड़ ढंग से प्रस्तुत की जातीं तो आनंद एवं मज़े से रिक्त न होतीं परन्तु समय की कृत्रिमता और समाज के उथलेपन और यान्त्रिक आडम्बर के शौक़ ने इस नास्तिक प्रेम-परिकल्पना को ऐसा निरर्थक किया कि वह शाब्दिक आडम्बर का शिकार हो कर न केवल निष्प्रभावी और आत्माहीन अपितु बड़ी हद तक भोंडी हो गयी। इसके विपरीत उस युग में दिल्ली के कई शाइर उदाहरणार्थ मोमिन और शेफ़्ता नैसर्गिक प्रेम के प्रस्तुतीकरण में नफ़ासत और सलीक़े को बड़ी हद तक निभाते रहे।

यह आवश्यक नहीं कि हम तसव्वुरे इश्क़ की इन चार अवधारणाओं का वर्णन इसी क्रम से करें। प्रयास यह किया जायेगा कि उर्दू शाइरी के ऐतिहासिक विकास क्रम और उसकी सामाजिक प्रेरणाओं पर दृष्टि रखते हुए विभिन्न शाइरों की आवाज़ों में अर्थगत सामन्जस्य तलाश किया जाये और बताया जाये कि इश्क़ से सम्बन्धित अवधारणा की यह विभिन्न धाराएँ उर्दू शाइरी में कहाँ से कहाँ तक कैसे और किस स्तर पर बहती रही हैं। यह भी दृष्टि में रहे कि काव्य एवं साहित्य में रुज्हान और प्रवृत्तियाँ इतनी अलग-अलग नहीं होतीं जितनी कि नज़र आती हैं। उनमें गहरी सृजनात्मक प्रक्रिया होती है। कहीं उनमें स्पष्ट सृजनात्मक ताल-मेल होता है, कहीं ये साथ-साथ चलती हैं और कहीं एक दूसरे की काट भी करती हैं। शाइरी के सृजनात्मक बहाव के तत्त्वों को अलग अलग करके देखना दिखाना कभी-कभी समालोचना एवं विश्लेषण के लिए भी आसान नहीं होता।

(1)

उर्दू शाइरी का प्रारम्भ तसव्वुफ़ के उन रुज्हानों से हुआ था जिनमें शारीरिक प्रेम (इश्क़े-मजाज़ी) को आलौकिक प्रेम (इश्क़े-हक़ीक़ी) की सीढ़ी माना जाता था और जिनमें तसव्वुफ़ का रंग अपनी असलियत के साथ-साथ दिखाई देता है। अंत:शक्तियों की प्रक्रिया से आध्यात्मिक रहस्यों के सोपानों को पार करना और ऐसा विवेक उत्पन्न कर लेना कि समस्त सृष्टि, एकता के एक सूत्र में बन्धी हुई दिखाई पड़े, यह स्तर प्राप्त करना हर व्यक्ति के बस की बात नहीं। उर्दू शाइरी में ऐसी बुज़ुर्ग हस्तियाँ गिनी-चुनी ही हैं। हमारी दृष्टि में, सिराज दकनी, ख़्वाजा मीरदर्द, शाह नियाज़ बरेलवी और आसी ग़ाज़ीपुरी मुख्य रूप से ऐसे शाइर हैं जिनकी शाइरी के बारे में कहा जा सकता है कि इस का असली रंग आलौकिक प्रेम (इश्क़े-हक़ीक़ी) का है। उनके यहाँ भी अपनी-अपनी विशिष्टता के आधार पर आलौकिक-प्रेम की आध्यात्मिक-प्रमत्ता और उससे सम्बन्धित रहस्यों का वर्णन करने की शैलियाँ भिन्न हैं। ख़्वाजा मीरदर्द इस रंग के सिरमौर हैं। उनके कलाम में मूल्यों एवं आलोक तथा अध्यात्मिक-प्रेम का सच्चा गुणानुवाद प्राप्त होता है। शब्दों के कोमल सुर अन्त:स्तल के अनुभव की गहराई और रूहानी तथा सृजनात्मक प्रमत्ता को प्रस्तुत करते हैं। देखिये-

ख़्वाजा मीर दर्द

जग में आकर इधर उधर देखा
तू ही आया नज़र जिधर देखा
जान से हो गये बदन ख़ाली

जिस तरफ़ तूने आँख भर देखा
नाला फ़रियाद, आह और ज़ारी
आप से हो सका सो कर देखा
उन लबों ने न् की मसीहाई
हम ने सौ-सौ तरह से मर देखा
ज़ोर-आशिक़ मिज़ाज है कोई
दर्द को क़िस्सा मुख़्तसर देखा

———

जान पे खेला हूँ मैं, मेरा जिगर देखना
जी न रहे या रहे मुझ को इधर देखना
गरचे वो ख़ुर्शीद-रू[1] नित है मेरे सामने
तो भी मुयस्सर नहीं, भर के नज़र देखना
सो भी न तो कोई दम, देख सका ऐ फ़लक[2]
और तो याँ कुछ न था एक मगर देखना

———

बात जब आनदान पड़ती है
तब कहीं तेरे कान पड़ती है
आतिशे इश्क़ क़हर-आफ़त है
एक बिजली सी आन पड़ती है
आख़िरुलअम्र[3] आह क्या होगा
कुछ तुम्हारे भी ध्यान पड़ती है
बात चढ़ती है दिल पे जो आख़िर
ख़ल्क़[4] की फिर ज़बान पड़ती है
मेरे अहवाल पर न हँस इतना
यूँ भी ऐ मेहरबान पड़ती है

———

ग़ाफ़िल तू किधर बहके है टुक दिल की ख़बर ले
शीशा जो बग़ल में है उसी में तो परी है

———

तुझ को नहीं है दीदये-बीना[5] वगरना याँ
युसूफ़ छुपा है आन के हर पैरहन[6] के बीच

———

हिजाबे-रुख़ो-यार[7] थे आप ही हम

खुली आँख जब, कोई पर्दा न देखा

———

न पूछो कुछ हमारे हिज्र[8] की और वस्ल[9] की बातें
चले थे ढूँढने जिस को सो वो है आप खो बैठे

———

अर्ज़ो-समा[10] कहाँ तेरी वुसअत[11] को पा सके
मेरा ही दिल है वो, कि जहाँ तू समा सके
ग़ाफ़िल ख़ुदा की याद पे मत भूल ज़ीनहार[12]
अपने तईं भुला दे, अगर तू भुला सके

———

क़ासिद[13] नहीं ये काम तेरा अपनी राह ले
उसका प्याम दिल के सिवा कौन ला सके

———

सिराज औरंगाबादी

नहीं है ताब[14] मुझे सामने तेरे जानाँ[15]
कहाँ 'सिराज', कहाँ आफ़ताबे-आलमताब[16]

———

मुद्दत से गुम हुआ दिले-बेगानए-सिराज
शायद कि जा लगा है किसी आशना[17] के हाथ

———

ख़बरे-तहय्युरे-इश्क़[18] सुन, न जुनूं रहा न परी रही
न तो तू रहा न तो मैं रहा, जो रही सो बेख़बरी रही
शहे-बेख़ुदी[19] ने अता किया मुझे अब लिबासे-बरहनगी[20]
न ख़िरद[21] की बख़िया गिरी रही, न जुनूं की परदा दरी रही
चली सिम्ते-ग़ैब[22] सीं क्या हवा कि चमन ज़हूर[23] का जल गया
मगर एक शाख़े-निहाले-ग़म[24], जिसे दिल कहो सो हरी रही
वो अजब घड़ी थी कि जिस घड़ी, लिया दर्स[25] नुस्ख़ए-इश्क़ का
कि किताब अक़्ल की ताक़ में जूं धरी थी त्यों ही धरी रही
तेरे जोशे-हैरते-हुस्न[26] का असर इस क़दर सीं यहाँ हुआ
कि न आइने में रही जिला[27], न परी कूं जलवागरी रही
किया ख़ाक, आतिशे-इश्क़ ने दिले-बेनवाए-सिराज[28] कूँ
न ख़तर[29] रहा, न हज़र[30] रहा, मगर एक बेख़तरी रही

शाह नियाज़ बरेलवी

तू ने अपना जलवा दिखाने को जो निक़ाब मुँह से उठा दिया
वहीं महवे-हैरते-बेख़ुदी, मुझे आइना सा बना दिया
वो जो नक़्शे-पा की तरह रही थी नमूद[31] अपने वजूद[32] की
सो कशिश[33] ने दामने-नाज़[34] की, उसे भी ज़मीं से मिटा दिया
क्या ही चैन, ख़्वाबे-अदम[35] में था, न था ज़ुल्फ़े-यार का कुछ ख़याल
सो जगा के शोरे-ज़हूर[36] ने, मुझे किस बला में फंसा दिया
रगो-पै में आग भड़क उठी, फुँके है पड़ा ये सभी बदन
मुझे साक़िया मये-आतशीं[37] का ये जाम कैसा पिला दिया
जभी जा के मकतबे-इश्क़[38] में, सबक़े-मक़ामें-फ़ना[39] लिया
जो लिखा पढ़ा था नियाज़ ने, सो वो साफ़ दिल से भुला दिया

———

ख़ाक के पुतले ने देख, क्या ही मचाया है शोर
जिन्नो-मलक[40] के ऊपर, कर रहा है अपना ज़ोर
इश्क़ के मैदां में आ, सूरते-इंसां बना
आशिक़े-मौला हुआ, चाँद का जैसे चकोर
सीने में क़ुलज़ुम[41] को ले, क़तरे का क़तरा रहा
बल बे समाई तेरी, ओ रे समन्दर के चोर

अब्दुल अलीम आसी

उसी के जलवे थे, लकिन विसाले-यार न था
मैं उस के वास्ते, किस वक़्त बेक़रार न था
ख़िरामे- जलवा के नक़्शे-क़दम थे लाल-ओ गुल
कुछ और इस के सिवा मौसमे-बहार न था
वफ़ूर-बेख़ुदी-ए-बज़्मे-मै[42], न पूछो रात
कोई, बजुज़ निगहे-यार,[43] होशियार न था

———

पसन्द आये, तो ले लो दिल हमारा
मगर फिर दिल भी किस क़ाबिल हमारा
छुरी भी तेज़ ज़ालिम ने न कर ली
बड़ा बेरहम था क़ातिल हमारा
नहीं होता कि बढ़ कर हाथ रख दें
तड़पता देखते हैं दिल हमारा

न आना हम तुम्हारा देख लेंगे
जो निकला जज़्बे-दिल[44] कामिल[45] हमारा
दिले-गरदूं[46] से लेकर ता दिले-दोस्त
गया नाला[47], कई मंज़िल हमारा

———

मिलने की यही राह, न मिलने की यही राह
दुनिया जिसे कहते हैं अजब राहगुज़र है

———

तुम्हीं सच-सच बता दो कौन था शीरीं की सूरत में
कि मुश्ते-ख़ाक[48] की हसरत में कोई कोहकन क्यूं हो

———

इन्हीं कानों से अनलहक़[49] के सुने हैं नारे
आदमी इश्क़ में क्या जानिए क्या होता है

तसव्वुफ़ में इस प्रकार इश्क़े हक़ीक़ी (आलौकिक प्रेम) की सीढ़ी इश्क़े मजाज़ी (शारीरिक प्रेम) को माना गया है। इस सम्प्रदाय का सैद्धान्तिक पक्ष यह है कि ईश्वरीय व्यक्तित्व (ज़ाते-अहदियत) नाम एवं विशेषणों (असमा व सिफ़ात) से ऊपर तथा सृष्टि एवं भौतिकता (ख़ल्क़ व मजाज़) से इतर है। इश्क़े हक़ीक़ी का शीर्षस्थ उद्देश्य सत्य का साक्षात्कार (मारिफ़त) है परन्तु ईश्वरीय सत्य (वजूदे-महज़) मात्र व्यक्तित्व से इश्क़ सम्भव नहीं है। इश्क़ वास्तव में एक भावना है और भावना केवल ख़याली नहीं हो सकती। जिस प्रकार घृणा किसी की घृणा होती है उसी प्रकार इश्क़ भी किसी का इश्क़ होता है, जिसके लिए किसी न किसी सम्बन्ध की कल्पना ज़रूरी है, जिससे कि आत्म बोध, अन्यात्म से सम्बद्ध होकर स्वयं से इतर हो सके। कहा जा सकता है कि यदि यह सम्बन्ध केवल कल्पनात्मक बिम्ब अथवा मानसिक-चित्र है, तो सम्बद्धता की भावना भी अधिक समय तक टिकाऊ नहीं रहेगी। इस प्रकार तसव्वुफ़ में 'इश्क़े-मजाज़ी' पर ज़ोर इसलिये दिया जाता है कि प्रिय (मज़हर) के प्रेम के सम्बन्ध से सामीप्य भी अधिक गहरा होगा और आत्म बोध (ख़ुदी) कैवल्य का विवेक उत्पन्न करने के लिये अपनी पूर्णता के सोपानों को शीघ्रातिशीघ्र प्राप्त कर सकेगा। फिर ये भी एक तथ्य महत्वपूर्ण है कि रूप और सौन्दर्य का वास्तविक स्त्रोत तो वास्तविक प्रियतम (शाहिदे-हक़ीक़ी) अर्थात ईश्वर ही है। भौतिक लक्ष्य (मजाज़ी-मज़हर) तो दृष्टि भ्रम है और उसमें सौन्दर्य के जिस रस की अनुभूति होती है वह आदि-प्रियतम (शाहिदे-अज़ली) के सौन्दर्य की छाया मात्र है, परन्तु इस मार्ग के अपने उलझावे हैं। प्राय: ऐसे लोग जो

अपनी वासनाओं पर नियंत्रण नहीं रख सकते भौतिक उपासना की अपेक्षा शारीरिक लिप्सा (मज़हर-बाज़ी) में लिप्त हो जाते हैं और अपने लक्ष्य से हट जाते हैं। इसलिए उलेमाए-इस्लाम (धर्म-शास्त्रीयों) ने इसका विरोध प्रायः किया है। तसव्वुफ़ के सदैव दो पक्ष रहे हैं; प्रथम वह जो शरीयत (सिद्धांतबद्ध धार्मिक आचार) को तरीक़त (आध्यात्मिक आचार) से पृथक नहीं जानता और हर प्रकार के शरई (मज़हबी) आदेशों का पालन अनिवार्य समझता था और द्वितीय, वह जो तरीक़त को श्रेष्ठ समझता था। यदि वह शरीयत के निर्देशों का विरोध नहीं करता था तो उनमें कोई विशेष रुचि भी नहीं रखता था। हिन्दुस्तान में अधिकतर इसी द्वितीय प्रकार के तसव्वुफ़ का विकास हुआ। भारतीय प्रकृति, अपनी बहुमूलता के कारण क्योंकि कठोर अनुशासन और लादी हुई नैतिक बन्दिशों का समर्थन नहीं करती है, इसलिए उर्दू ग़ज़ल भी द्वितीय प्रकार ही के तसव्वुफ़ से अधिक प्रभावित रही और उस में इश्क़े-हक़ीक़ी के लिये इश्क़े-मजाज़ी पर हमेशा बल दिया गया। उर्दू के सूफ़ी शाइरों में से मीर दर्द के यहाँ मजाज़ का रंग अपेक्षाकृत अधिक स्पष्ट है और इसी कारण उनकी शाइरी में आनन्द और प्रभाव तथा रस एवं प्रमत्ता भी अधिक मिलेगी। शाइर का संसार केवल कल्पनाओं का नहीं अपितु भावनाओं का संसार है। चिन्तन से सम्बन्धित अनुभव जितना अधिक अनुभूति में सम्मिलित किया जायेगा उतना ही उसकी प्रभावोत्पादकता में वृद्धि होगी। यही कारण है कि मीर दर्द की शाइरी का अधिकांश भाग, शाइराना अनुभूति के दृष्टिकोण से श्रेष्ठतम इश्क़िया शाइरी के समतुल्य है। कई समालोचक भारतीय भौतिक प्रकृति से अपरिचित होने के कारण दर्द की इश्क़िया शाइरी को उनकी सूफ़ियाना शाइरी से पृथक स्वीकर करते हैं, जिससे दर्द के व्यक्तित्व का विरोधाभास परिलक्षित होता है। यद्यपि ध्यानपूर्वक देखा जाये तो दर्द की इस शाइराना अनुभूति से, जो उनकी सम्पूर्ण शाइरी में प्रवाहित है इस परिकल्पना का खंडन हो जाता है। दर्द के व्यक्तित्व का सम्बन्ध उनकी शाइरी से कहीं भी पृथक नहीं होने पाता। यह बात ध्यान देने योग्य है कि उनकी शाइरी का गहरा मजाज़ी रंग वास्तव में उनके इश्क़े-हक़ीक़ी ही का एक पक्ष है।

हमने पहले कहा था कि कसरत (विभिन्नता) में वहदत (एकता) और मजाज़ (भौतिकता) में हक़ीक़ी (यथार्थ) की झलक देखना भारतीय स्वभाव की विशेषता है। यहाँ आध्यात्मिक सुकुमारताएँ (रूहानी लताफ़तें), भौतिक कुमारताओं (माद्दी कसाफ़तों) ही से छांटी जाती हैं। तसव्वुफ़ में इश्क़े-हक़ीक़ी और इश्क़े-मजाज़ी की मिली-जुली परिकल्पना यदि भारतीय स्वभाव से मेल न खाती तो यहाँ इस हद तक लोकप्रिय होकर यह उर्दू ग़ज़ल का विशेष तत्त्व न बन पाती। हिन्दुस्तान में मजाज़ी-इश्क़ की आध्यात्मिक दिशा से कभी इन्कार नहीं किया गया, अपितु सदैव इसके रूहानी पहलू को भी सामने रखा गया है। दर्द की सूफ़ियाना शाइरी से ये उदाहरण

देखिये और मजाज़ (दैहिक-प्रेम) की विस्तृत सम्भावनाओं पर दृष्टि रखिये-

दर्द

यारो! मेरा शिकवा ही भला कीजिए उससे
मज़कूर[50] किसी तरह का जा कीजिए उससे
सौ मर्तबा यूँ ठहर चुकी अब के न मिलिए
यूँ भी तो नहीं बनती है क्या कीजिए
उ स स `
ज्यूँ-ज्यूँ वो कहे है तो यही आती है जी में
फिर छेड़िये और बातें सुना कीजिए उससे
हम,'दर्द' मियाँ कहते न थे, छोड़ ये बातें
पायी न सज़ा और वफ़ा कीजिए उससे

———

आतिशे[51]-इश्क़ जी जलाती है
ये बला जान ही पे आती है
तू है और सैरे-बाग़ है हर वक़्त
दाग़ हैं और मेरी छाती है
शाम भी हो चुकी कहीं अब तो
आ शिताबी कि रात जाती है
कुछ मुनासिब नहीं है क्या कहिए
जी में जो कुछ कि अपने आती है
टुक ख़बर ले कि हर घड़ी हम को
अब जुदाई बहुत सताती है
'दर्द' उसकी भी दीद कर ली जे
नौजवानी ये मुफ़्त जाती है

———

हर घड़ी ढाँपना छुपाना है
अलग़रज़ नौ ब नौ दिखाना है
वस्ल से भी तो सेरी[52] होती है
कहीं इस बात का ठिकाना है
दिल लगाओ कि या गले ही लगो
दाँव ही लगिए जो लगाना है
तिरछी नज़रों से देखना हर दम
ये भी इक बांकपन का बाना है

यही अपनी भी गौं[53] की बातें हैं
आ ही जाना किधर को आना है
वाह री ये ज़बान की तेज़ी
हर तरह कुछ न कुछ सुनाना है
देखियो, कीजियो न बेदर्दी
'दर्द' को भी तो मुंह दिखाना है

———

दिल तुझे क्यूं है बेकली ऐसी
कौन देखी है अचपली[54] ऐसी
सब बुरा कहते हैं तो कहने दो
बात लाये हो तुम भली ऐसी
वो मिलेगा तो हम भी मिलते हैं
आप लग चलिए क्या चली ऐसी
ख़ून होता है दिल का याँ आओ
मेहंदी पावों में क्या मली ऐसी
उसके घर में किधर से पहुँचिये जा
दिल बता दे कोई गली ऐसी
मुस्कुराया ख़ुशी से वो जिस तरह
बाग़ में कब खिली कली ऐसी
'दर्द' घबरा के तू जो यूँ चौंका
क्या उठी जी में खलबली ऐसी

———

यही पैग़ाम 'दर्द' का कहना
गर कोई कूए-यार में गुज़रे
कौन सी रात आन मिलिएगा
दिन बहुत इन्तज़ार में गुज़रे

———

दिल भला ऐसे को ऐ 'दर्द' न दीजे क्यूँ कर
एक तो यार है और उस पे तरहदार[55] भी है

दिल्ली के पूर्ववर्ती शाइरों के युग में सूफ़ियाना विश्वास जन-साधारण तथा उच्च वर्ग में अति विस्तार से प्रचलित था। तसव्वुफ़ उस युग में नैतिक एवं चिन्तन की उच्चता का स्तर समझा जाता था। उच्च विचार, उच्च दृष्टि और विद्वता सब पर

इसकी गहरी छाप थी। वहदतुलवजूद, हमाओस्ती अथवा वेदान्ती, फ़नाफ़िल्बक़ा (अर्थात माया), तज़कियए नफ़्स (इन्द्रिय-निग्रह) इत्यादि दृष्टिकोण हिन्दू मुसलमान दोनों धर्मों के लोगों में लोक प्रिय थे। धर्म और नैतिकता के साथ-साथ शाइरी और साहित्य भी इस रंग में रंगे हुए थे।

(2)

यद्यपि तसव्वुफ़ जीवन के हर पक्ष पर छाया हुआ था, तथापि ख़्वाजा मीर दर्द और उन जैसे कुछ शीर्षस्थ शाइरों को छोड़कर अधिकतर शाइरों का सम्बन्ध तसव्वुफ़ से परम्परागत ही था। हसन शाह 'मलूल', मिर्ज़ा इश्क़, शाह फ़सीह, अब्दुल क़ादिर 'कलीम' देहलवी, फ़ज़्ले अली 'दाना', फ़रहतुल्लाह 'फ़रहत' इत्यादि ने अधिकतर तसव्वुफ़ से केवल रिवायती लगाव रखा, परन्तु सच्ची बात यह है कि तसव्वुफ़ उस युग में फैशन के रूप में भी धारण किया जाता था और अधिकतर शाइर इस विषय का अनुसरण व्यवहारिक या रिवायती ढंग से करते थे। यह कहावत प्रसिद्ध थी कि कविता लिखने के लिये तसव्वुफ़ ख़ूब है (तसव्वुफ़ बराए शेर गुफ़्तन ख़ूब अस्त)। तसव्वुफ़ को आध्यात्मिक रूप में अपनाने के लिये विशेष प्रकार की मानसिक शिक्षा और आन्तरिक प्रशिक्षण की आवश्यकता होती है, जिसे हर व्यक्ति नहीं निभा सकता। उस युग के कई शाइर तसव्वुफ़ से लगाव तो रखते थे परन्तु यह उनके आध्यात्मिक जीवन का अंग नहीं था। अतएव उनकी ग़ज़ल में तसव्वुफ़ की झलक तो है लेकिन ख़्वाजा मीर 'दर्द' या 'सिराज' के समान यह इन शाइरों का असली रंग नहीं है। उनकी प्रेमपरक शाइरी का वास्तविक संसार ठेठ दैहिक प्रेम (मजाज़ी) है। इस का मार्ग नैसर्गिक है। इसमें मानवीय प्रेम का आकर्षण, निष्छलता की आँच और प्रेम के रहस्य हैं, प्रेम करने की आकांक्षा है और देह और सौन्दर्य की अनुभूति है। प्रिय मिलन (विसाल) की आकांक्षा अपितु तड़प है और किसी के लिये दिल खोकर उसका हो रहने का दैहिक इन्सानी या ज़मीनी भाव है। उदाहरणत:

हातिम

हमारा जान गया, हम ने आह भी न किया
ये क्या ग़ज़ब है कि तुम ने निगाह भी न किया
मैं अपने दिल को बड़ा कार-दाँ समझता था
पर एक काम मेरा सरबराह भी न किया

———

इस दर्जा हुए ख़राबे-उल्फ़त
जी से अपने उतर गये हम

सौदा

नावक ने तेरे सैद[56] न छोड़ा ज़माने में
तड़पे है मुर्ग़े क़िबलानुमा[57] आशियाने में
क्यूँ कर न चाक-चाक, गरेबाने-दिल करूँ
देखूं जो तेरी ज़ुल्फ़ को मैं दस्ते[58] शाने में

———

कैफ़ीयते-चश्म[59] उसकी, मुझे याद है सौदा
साग़र को मेरे हाथ से लीजो कि चला मैं

———

नगरी आबाद है बसे हैं गाँव
तुझ बिन, उजड़ी पड़ी है अपनी ठाँव

———

अब के भी दिन बहार के यूँ ही चले गये
फिर फिर गुल आ चुके, प सजन तुम भले गये

फ़ुग़ाँ

न खोलिए, तेरे बन्दे-क़बा[60] को क्या की जे
दिले-गिरिफ़्ता[61] को ज़ालिम कभी तो वा[62] की जे

———

ये था ख़याल, ख़्वाब में देखेंगे रोज़े-वस्ल
आँखें जो खुल गयीं, वही रातें थीं कालियाँ

———

यार अगर जफ़ा करे चाहिए दिल वफ़ा करे
ये न करे तो क्या करे, वो न करे तो क्या करे

———

ऐसी निगाह की कि मेरा जी निकल गया
झगड़ा मिटा, अज़ाब से छूटे, ख़लल गया

क़ाइम

यार गर चाहता है दे क़ाइम
जान कुछ दिल से तो ज़ियाद नहीं
तेरे दामन तलक ही पहुँचूँ और
ख़ाक होने से कुछ मुराद नहीं

———

आना है तो आ वगर्ना प्यारे
हम आप से आज जा रहे हैं

———

सुने को देखे प हम देवें किस तरह तरजीह
ख़ुदा को हमने सुना है, तुम्हें बुताँ[63] देखा

———

दिल न देना ही ख़ूब था पर हैफ़[64]
हम ने ये सोच पेश्तर न किया
दोस क्या कीजै, चोर को क़ाइम
बन्द घर का मैं आप दर न किया

———

कौन सा दिन कि मुझे उन से मुलाक़ात नहीं
लेक[65] जी चाहे है ज्यूँ मिलने को वो बात नहीं

———

निगाहों से निगाहें सामने होते ही जब लड़ियाँ
यकायक खिल गयीं दोनों तरफ़ से दिल की फिर कलियाँ

ताबां

हात में उसके हात था हैहात[66]
दिल मेरा गुम हुआ है हाथों हात

———

तू भली बात से मेरी भी ख़फ़ा होता है
आह ये चाहना ऐसा ही बुरा होता है

———

जफ़ा[67] से अपनी पशेमां[68] न हो हुआ सो हुआ
तेरी बला से मेरे जी पे जो हुआ सो हुआ

———

हरम को छोड़ रहूँ क्यूँ न बुतकदे में शैख़
कि याँ हर एक को है मरतबा ख़ुदाई का

———

गुलशन में बहसने को तुम्हारे दहन[69] के साथ
खोला था मुँह गो[70] कलियों ने पर कुछ न बोलियाँ

यक़ीन

ख़लवत[71] हो और शराब हो माशूक़ सामने
ज़ाहिद![72] तुझे क़सम है जो तू हो तो क्या करे

———

न हुआ हाय 'यक़ीं' वर्ना दिवाना होता
आज इस तरह का देखा है परीज़ाद[73] कि बस

———

हक़ मुझे बातिल-आशना[74] न करे
मैं बुतों से फिरूँ, ख़ुदा न करे
नासिहो![75] ये भी कुछ नसीहत है
कि यक़ीं यार से वफ़ा न करे

———

अपने बंदों को जला कर ख़ाक करते हैं यक़ीं
इन बुतों की ज़िद से हो जाऊँ मुसलमाँ तो सही

सोज़

मेरा जान जाता है यारो बचा लो
कलेजे में काँटा गड़ा है निकालो
ख़ुदा के लिये मेरे ऐ हमनशीनों[76]
वो बांका जो जाता है उस को बुला लो
अगर वो ख़फ़ा हो के कुछ गालियाँ दे
तो दम खा रहो कुछ न बोलो न चालो
न आवे अगर वो तुम्हारे कहे से
तो मिन्नत करो घेरे-घेरे मना लो
कहो एक बंदा तुम्हारा मरे है
उसे जान-कंदन[77] से चल कर बचा लो
जलों की बुरी आह होती है प्यारे
तुम इस सोज़ की अपने हक़ में दुआ लो

असर

चश्मे-बद दूर हो नज़र न कहीं
है निपट ही बहार आँखों में
क्या कहूँ, कुछ कही नहीं जातीं

बातें हैं बेशुमार आँखों में
जिस घड़ी घूरते हो .गुस्से से
निकले पड़ता है प्यार आँखों में,

———

पहले सौ बार इधर-उधर देखा
जब तुझे डर के इक नज़र देखा

———

हाथ अपने से बात जाती है
बातों ही बातों रात जाती है

———

क्या कीजे अख़्तियार नहीं दिल की चाह में
हैं सब वगर्ना[78] तेरी ये बातें निगाह में

———

राह पर उनको लगा लाये तो हैं बातों में
और खुल जायेंगे दो चार मुलाक़ातों में

बेदार

हम पे सौ ज़ुल्मो-सितम कीजेगा
एक मिलने को न कम कीजेगा
गर यही ज़ुल्फ़ यही मुखड़ा है
ग़ारते[79]-दैरो-हरम[80] कीजेगा

———

उठ के लोगों से किनारे आइए
कुछ हमें कहना है प्यारे आइए
कुछ तो की तासीर नाले ने मेरे
आये तुम मुद्दत में बारे आइए

मिन्नत

है मेरी तर्ह जिगर ख़ून, तेरा मुद्दत से
ऐ हिना[81] किस की तुझे ख़्वाहिशे-पाबोसी[82] है
तोहमते - इश्क़[83] अबस[84] करते हैं तुझको 'मिन्नत'
वो ये सच मिलने की ख़ूबां[85] से तो इक ख़ू[86] सी है

———

'मिन्नत' ऐसे को दिल दिया तूने
ऐ मेरी जान क्या किया तूने

जाफ़र अली हसरत

किस का है जिगर, जिस पे ये बेदाद[87] करोगे
लो दिल तुम्हें दे देते हैं क्या याद करोगे
ताराज[88] किया सब्रे-दिलो जाँ, फिर आये
क्या ख़ाक है मुझ में जिसे बर्बाद करोगे

———

दिल में सौ बात थी, पर उस ने जो पूछा अहवाल
मुझ से कुछ दर्दे-दिल इज़हार हुआ कुछ न हुआ

बयान

जादू थी, सेहर[89] थी, क्या थी?
प्यारे वो तेरी निगाह थी

———

ग़ुंचों को सबा से कहो कि आहिस्ता खिलें
ज़ानू पर मेरे, वो शोख़ सोता हैगा

ममनून

गुमां न क्यूँ कि करूँ तुझ पे दिल चुराने का
झुका के आँख सबब क्या है मुस्कराने का

सनाउल्ला फ़िराक़

किस ज़ुल्फ़ का शैदा है, मेरा दिल नहीं मालूम
किस चश्म का ज़ख़्मी है ये बिसमिल[90] नहीं मालूम
समझाये किसी के भी समझते हैं दिवाने
क्यूँ पाँव में पड़ती है सलासिल[91] नहीं मालूम
मजनूँ के सिवा, देखिए अब दश्ते जुनू[92] में
हो कौन फ़िराक़ अपने मुक़ाबिल[93], नहीं मालूम

इस युग की आशिक़ाना शाइरी पर तसव्वुफ़ का परोक्ष रूप से यह प्रभाव हुआ है कि शाइर दैहिक प्रेम के रहस्यों का वर्णन करते हुए तहज़ीब की एक हद से आगे

क़दम नहीं रखते और शालीनता और रख रखाव को किसी मूल्य पर भी हाथ से जाने नहीं देते। प्रिय के दैहिक रंग-रूप और नखशिखा का बयान उनके यहाँ न होने के समान है, सब कुछ इशारों इशारों में वर्णन किया जाता है जिसका अपना सौन्दर्य है।

इस युग के तसव्वुरे इश्क़ की एक साधारण शान ये है कि वह दिल की वारदात के भावनात्मक और रचनात्मक पक्ष तक ही सीमित है। हृदय की भावनाओं का राग इस युग का नग़मा है। शाइर मुहब्बत की पीड़ामय मनःस्थितियों से बाहर बहुत ही कम पाँव रखता है। इस प्रकार का हर शाइर, इश्क़ की मजबूरियों, दिल की बेक़रारी और अंतःस्तल की पीड़ा को एक विशेष दर्दमंदी, कसक और दबे दबे दर्द की कैफ़ियत के साथ वर्णन करना चाहता है। उनकी प्रेमपरक लय भाव में डूबी हुई है। उनकी शाइरी का सम्बन्ध उतना प्रिय के रंग रूप से नहीं जितना दुःख और अन्दर ही अन्दर सुलगने वाली जलन से है जो इश्क़ में वियोग के भाव और आकांक्षा की असफलता से पैदा होती है। हृदय की दुःखद कोमलता और दबी-दबी टीस इस युग की इश्क़ीया शाइरी की सबसे बड़ी ख़ूबी है और कमी भी। कमी इसलिए की हद से बढ़ी हुई इस कैफ़ियत की वजह से इन शाइरों की दृष्टि, इश्क़ के केवल एक पक्ष तक सीमीत रहती है और इश्क़ की दूसरी बहुत सी कैफ़ीयतों और रंगों तक उनकी पहुँच नहीं हो सकती। इस इश्क़िया शाइरी में इश्क़ का केवल एक ही पहलू बार-बार सामने आता है और वह है वियोग और विरह, दर्द और पीड़ा, कामना की आपूर्ति और खेद तथा लक्ष्य को न पा सकने की तड़प, एहसास एवं अभाव। अधिकांश ग़ज़लों में वियोग-प्रारब्ध अर्थात हिज्र व फ़िराक़ का एक जैसा वातावरण है। एक जैसे जज़्बात और अनुभूतियाँ हैं। इस शाइरी में यद्यपि दैहिक इश्क़ की कसक एवं लावण्य और सौन्दर्य-परक कैफ़ीयात की झलक तो मिलती है परन्तु एक विशेष सीमा के पश्चात यकसानियत और तकरार की फ़ज़ा पैदा होने लगती है। जीवन, वियोग की एक लम्बी रात के रूप में सामने आता है; जिसकी कोई सुबह नहीं। दर्दमंदी के हाथों, हृदय ऐसा गुदाज़ हो गया है कि हर तरफ़ निराशा और अभाव का आभास होता है; जिस में जीवन का सारा मानचित्र धुंधला हो गया है। निराशा और अपूर्ति के इन जज़्बात का सबसे बड़ा कारण उस युग का राजनैतिक और आर्थिक पतन हो सकता है। पूरे उत्तरी भारत में एक तहलका मचा हुआ था और जीवन, विनाश के आतंक में था। प्रायः हो रहे आक्रमणों, लूट-खसोट और दरबारदारी षड्यंत्रों ने दिल्ली में जीना हराम कर रखा था। बड़े बड़े अमीरों के यहाँ आये दिन फ़ाक़े पड़ते थे, फ़ौज भूखों मरती थी। शाइर भी दस्तकारों, कामगारों, पेशावरों इत्यादि की तरह रोज़गार के हाथों सताये हुए थे। देश में एक सिरे से दूसरे सिरे तक अस्थिरता और बद-अमनी के बादल छाये हुए थे। शताब्दियों की तहज़ीब

की बुनियादें हिल रही थीं और दूर-दूर तक जीवन में तृप्ति अथवा आशा का कोई संदेश नहीं था। ऐसी परिस्थितियों में पराजय की भावना, हृदय शून्यता, और निराशा के भावों का पैदा हो जाना अनिर्वाय था। इस युग के अधिकांश शाइर विशेष कर 'क़ाइम', 'यक़ीन', 'फ़ुग़ां' 'सोज़', 'असर', 'बयान' और 'बेदार' के यहाँ कहीं उद्घोष के रूप में, कहीं दबे शब्दों में और कहीं खुलकर जिन्दगी की शिकायत और उससे बेज़ारी की निशानियाँ मिलती हैं।

दु:ख और निराशा की यह स्थिति मीर के यहाँ भी है। परन्तु मीर की शाइरी की शान दूसरी है। मीर के सृजानात्मक ज़हन की उड़ान आम शाइरों की अपेक्षा भिन्न और अत्यधिक ऊँची थी। वह अपने वातावरण में पले-बढ़े होने पर भी अपनी उच्च सम्बुद्धि और अन्तर्दृष्टि से जीवन की पीड़ा और दु:ख को रचनात्मक तौर पर सहनीय बना कर उसे आला दर्जे की इश्क़ीया शाइरी में ढाल सकने का कौशल रखते थे। इस पर चर्चा आगे की जाएगी।

सौदा के स्वभाव का ढंग अगरचे दूसरे कवियों की तरह दु:ख मय नहीं था, तथापि वह भी अपने ज़माने के दिल बुझा देने वाले वातावरण के प्रभाव से बच नहीं सके। सौदा के शहर-आशोब[94] अपने युग से अत्यधिक असन्तोष व्यक्त करते हैं। यह दूसरी बात है कि उनके यहाँ अपने ज़माने का दु:ख व्यंग और परिहास की शैली में ढल जाता है।

मीर और सौदा तो अन्तत: बड़े शाइर थे, परन्तु इस युग के अन्य अधिकांश शाइर ज़िन्दगी के पै-ब-पै सदमों का शिकार प्रतीत होते हैं। वे हर घटना को एक ही दृष्टि से देखते हैं; और अपनी मजबूरी और बेबसी के आधार पर व्यक्तिगत दु:ख को ही सब कुछ समझते हैं, जिससे उनके यहाँ दर्दमन्दी के साथ निराशा के स्वर उभर आए हैं। अतएव वह स्वयं भी रोते हैं और दूसरों को भी रुलाते हैं। इसके बावजूद इस युग की दु:खमय इश्क़ीया शाइरी जज़्बात की नरमी और कोमलता तथा शैली एवं वर्णन की लताफ़त व धुलावट के कारण तग़ज़्ज़ुल[95] से रिक्त रही हैं। दुखमय सम्बुद्धि वैसे भी तग़ज़्ज़ुल से ख़ास निस्बत रखती है। फिर जब वर्णन भी आप बीती का हो तो वह दिल पर प्रभाव छोड़ता ही है। दिल्ली के पूर्ववर्ती शाइरों का युग यानि 18वीं, 19वीं शताब्दी जो ग़ज़ल का स्वर्णिम ज़माना समझा जाता है, उसके निर्माण में इस हिज्र व फ़िराक़ की मारी हुई शाइरी का बड़ा हाथ है।

(3)

इश्क़िया शाइरी का वह रंग जिसकी ऊपर चर्चा की गई यानी जो दु:ख दर्द से इबारत है, लखनवी युग में तक़रीबन तक़रीबन ग़ायब हो गया। यद्यपि लखनऊ में शाइरी का प्रारम्भ इन्हीं शाइरों से हुआ जो अपनी आयु का एक भाग दिल्ली में व्यतीत कर

चुके थे और वहाँ के मानसिक और सांस्कृतिक वातावरण में पले-बढ़े थे परन्तु लखनऊ में सभ्यता एवं रहन सहन की स्थिति ही दूसरी थी। काव्य-व्यक्तित्व के संवर्धन में विरासत के अतिरिक्त तहज़ीबी और समाजिक वातावरण का भी गहरा हाथ होता है, अतएव वह शाइर जो आयु के एक विशेष स्तर पर पहुँच चुके थे और जिनके काव्य-व्यक्तित्व का रंग दिल्ली में स्थापित हो चुका था, वह तो लखनऊ आने के बाद भी नहीं बदले और शाइरी में पहले की दुःखमय देहलवी शैली से विमुख नहीं हुए। उदाहरणार्थ मीर, सौदा (किसी सीमा तक), सोज़, मीर हसन, मुसहफ़ी, परन्तु वे शाइर जो अभी नौजवान थे अथवा जिनकी तबीयत, दिल्ली के रंग में पूरी तरह रंगी हुई नहीं थी, वह लखनऊ के सामाजिक वातावरण से गहरे तौर पर प्रभावित हुए। इन शाइरों में जुर्रत, इंशा और रंगीन विशेष रूप से उल्लेखनीय हैं। उनकी शाइरी का ध्यानपूर्वक अध्ययन कीजिए तो ज्ञात होगा कि ज़िन्दगी किस प्रकार एक ढंग को छोड़कर शनैः शनैः दूसरे संसार में प्रवेश कर रही है। फीकी-फीकी और धुंधली फ़ज़ा नूर की चादर में तबदील होती हुई नज़र आती है। हर वस्तु का हुस्न निखरने लगता है। एक नया संसार, गोया प्रकाश में आने लगता है और ज़िन्दगी से आनंदित होने का भाव उत्पन्न होता है। लखनऊ में सबसे बड़ी बात, यहाँ की राजनैतिक स्थिरता और आर्थिक वैभव था। पहली चीज़ ने शाइरों को दरबार से सम्बद्ध होने के अवसर प्रदान किये और दूसरी ने उन्हें दिल की आँख बन्द करने और बाहर की आँख खोलकर रंगीनियों को देखने की राह खोल दी। दिल्ली की ज़िन्दगी का नक़्शा इससे अधिकांशतः भिन्न था। वहाँ तसव्वुफ़ और शाइरी में एक चिन्तनमय सम्बन्ध था। आध्यात्मिक मूल्यों की अनुभूति, सूफ़ियाना निस्पृहता, दुनिया के फ़ानी होने का एहसास, सब्र व तवक्कुल यानि (ईश्वरीय इच्छा के प्रति समर्पण) वहाँ के मानसिक और नैतिक जीवन के ऐसे तत्त्व थे जिनका मूल्य समाज में शेष था। लखनऊ में एक ओर वैभव के जीवन और आर्थिक बेफ़िक्री ने दिल व दिमाग़ की शक्तियों को विलासिता का रास्ता दिखाया तो दूसरी ओर, दरबारदारी की मान्यताओं के प्रभावों का अधिक्य भी बढ़ गया। दिल्ली में आर्थिक चिन्ता और राजनौतिक अशान्ति के कारण, सामान्य जीवन, मनुष्य की उचित आरजूएँ और आकांक्षाएँ पूरी करने का माध्यम नहीं रखता था। इसके विपरीत लखनऊ की ख़ुशहाली और सम्पन्नता ने न केवल निश्चिंतता के माध्यम उपलब्ध करा दिये अपितु किसी नैतिक दर्शन की अनुपस्थिति के कारण से वह वातावरण भी पैदा हो गया जिस में जीवन का सामान्य नक़्शा जाम और दिल- आराम (सुरा और सुन्दरी) के स्तर पर रुक जाता है।

दिल्ली की राजनैतिक एवं आर्थिक अस्थिरता एक हद तक अभाव से सम्बन्धित थी। इस युग की शाइरी में इश्क़ के नैसर्गिक भावों के पनपने की संभावनाएँ कम

थीं। दुर्दशा और संताप पग-पग पर आकांक्षाओं और उमंगों का गला घोटते थे। 18वीं, 19वीं शताब्दी की देहलवी ग़ज़ल, उन्हीं डूबी-डूबी आरज़ूओं और कामनाओं का चित्रण मात्र है। जैसे कि कहा गया कि ये शाइर स्वयं भी रोते हैं, दूसरों को भी रुलाते हैं। उनके लिए बाहरी रंगीनियाँ न होने के बराबर थीं। अतः प्रायः उनकी शाइरी इश्क़ के फ़िराक़ज़दा भाव तक सीमित रहती है। प्रिय के व्यक्तित्व और उसके औरतपन का हल्का सा एहसास तो होता है परन्तु उसकी दैहिकता और शारीरिक सौन्दर्य आखों से अदृश्य रहता है। शाइर अधिकतर आन्तरिक मनोदशाओं और भावनाओं की तीव्रता पर सिर धुनता नज़र आता है। उसके विपरीत लखनऊ में सम्पन्नता और ख़ुशहाली ने खुलेआम दैहिक प्रेम (इश्क़े-मजाज़ी) की सम्भावनाएँ पैदा कर दी थीं। परन्तु ये सम्भावनाएँ इस तीव्रता से उभरीं कि समाज, उसको पूरी तरह संभाल नहीं सका। यदि उस समय के सारे उत्तरी भारत के राजनैतिक पतन पर विचार कीजिए तो लखनऊ के समाज की यह मनोवैज्ञानिक प्रतिक्रियाएँ पूरी तरह समझ में आ सकती हैं। मुग़ल शासन की जड़ें एक मुद्दत से खोखली हो चुकी थीं। एक ओर नादिर शाही आक्रमणों, मराठों, रूहेलों और जाटों ने सल्तनत की ईंट से ईंट बजा दी थी, तो दूसरी ओर अंग्रेज़ों का पंजा, उत्तर-पूर्व से भारत का ख़ून निचोड़ता हुआ आगे बढ़ रहा था। पूरे भारत पर पतन छाया हुआ था। ऐसे समय में देश के एक उपजाऊ क्षेत्र (अवध) का, जो कई वर्षों से कुप्रबंध और कुशासन का शिकार था, एक नयी स्वायत हुकूमत के अंतर्गत आ कर देखते ही देखते सम्पन्न हो जाना बड़ी बात थी। उस समय अचानक उन प्रवृतियों का उभर आना अवश्यंभावी था। यही कारण है कि उस युग के लखनऊ में तवाइफ़बाज़ी, ऐशो-इशरत, विलासिता और हर प्रकार के भोग-विलास का अत्यधिक विकास हुआ। इश्क़िया शाइरी की देहलवी शैलियाँ त्याग की जाने लगीं। इश्क़-व मोहब्बत दैहिक सम्बन्ध, छेड़छाड़, चूम्मा-चाटी और हाथा-पाई का नाम हो गया, हृदय की संवेदनाएँ, शरीरिक रंगीनियों और वासनाओं की उच्छृखंलताओं में विलीन होने लगीं। दिल्ली में प्रिय की निकटता अगर आसान न थी तो लखनऊ में बाज़ारी औरतों से खुल्लमखुल्ला दिल्लगी और भोग विलास की सम्भावनाएँ उतनी ही बढ़ गयीं। और शाइरी का रंग रूप बिलकुल बदल गया।

दिल्ली की शाइरी, वातावरण की निराशा और तसव्वुफ़ के प्रभाव से इश्क़ज़दा थी। लखनऊ की शाइरी सम्पन्नता और वैभव के आम नक़्शे से हवसज़दा (विलासपूर्ण) हो गयी। यहाँ इश्क़ की कैफ़ियत हृदय की भावनाओं से प्रस्तुतीकरण से कम और चूम्मा-चाटी की उथले माहौल से ज्यादा उभारी जाती है। दिल्ली की इश्क़िया शाइरी में दुःखमय एकरूपता और तकरार के बावजूद एक रखरखाव और शालीनता थी। प्रेम में सहन का जज़्बा एवं गर्व था। लखनऊ में मोहब्बत सस्ती और

बाज़ारी हो गई। जो वस्तु जितनी सुविधाजनक हो जाये उसके मूल्य में उतनी ही कमी आ जाती है।

लखनऊ की इश्क़िया शाइरी में शारीरिक प्रेम व्यवहार और चूम्मा-चाटी का प्रारम्भ 'जुर्रत' और 'इंशा' से होता है। नमूने के रूप में जुर्रत की वह ग़ज़लें देखिए जिनके 'मतले' (मुखड़े) नीचे प्रस्तुत किये जा रहे हैं।

जुर्रत

इमशब[96], किसी काकुल[97] की हिकायत है वल्लाह
क्या रात है, क्या रात है, क्या रात है वल्लाह.....

———

इस ढब से किया कीजे मुलाक़ात कहीं और
दिन को तो मिलो हमसे, रहो रात कहीं और.....

———

मिल जा गले से ताब अब ऐ नाज़नीं[98] नहीं
है है ख़ुदा के वास्ते मत कर नहीं नहीं.....

इंशा

शब को मैं उन से राह में लिपटा
बीमे-हाकिम[99] रहा न ख़ौफ़े असस[100]
हाथा पाई हुई यहाँ तक तो
उनकी उँगली की मुड़ गयी चट नस
लगे कहने, कि मेरे दामन को
नहीं अब तक किया किसी ने मस[101]
मु.फ़्त जल जायेगा, परे भी सरक
अरे मैं आग और तू है ख़स[102]
जब ये देखा कि छोड़ता ही नहीं
तब ये ठहरी कि बोसे[103] देंगे दस
ले के दस बोसे, ग्यारहवां न सही
हम को पीटे करे जो ज्यादा हवस
एक, दो, तीन, चार, पाँच, छः, सात
आठ, नौ, दस हुए बस इंशा बस

'इंशा' की भाषा की काट और चुलबुलापन बहरहाल शाइराना मज़ा रखता है। परन्तु उनके परवर्ती शाइरों ने तो बेबाकी और खुले डुलेपन में ऐसी कृत्रिमता, बनावट और अश्लीलता पैदा कर दी कि शाइरी शब्दों की कारीगरी में तब्दील हो गयी। इस

कारीगरी और कृत्रिमता का कारण राजनैतिक माहौल और सम्पन्नता की स्थितियाँ भी थीं, जिन्होंने अन्य कलाओं के समान शाइरी में भी दिल्ली की शैलियों से विमुख होने पर बाध्य किया। वैसे भी जब सभ्यता एवं संस्कृति में पतन के लक्षण पैदा होते हैं तो शाइरी भी शब्दों की बंदी हो जाती है। फिर यहाँ तो दिल्ली की अपेक्षा ज़बानदानी (भाषाई श्रेष्ठता) को जताना भी एक लक्ष्य था और इस हीन भावना का निवारण केवल अरबी फ़ारसी के आधिक्य से किया जा सकता था। कहावत प्रसिद्ध है कि 'नासिख़' ने 'हिन्दी की चिन्दी' की, और भाषा को अधिक से अधिक कृत्रिम और बनावटी बना दिया। इश्क़िया शाइरी के लिए यह भाषा बेजोड़ थी। फिर उत्प्रेक्षा आदि अलंकारों के यान्त्रिक प्रयोग का शिकार होकर यह बड़ी हद तक शुष्क और आत्माविहीन हो गयी। तुकांत (क़ाफिया) की व्यवस्था, परिपक्व कथन, मेकान्कीपन और शेर घड़ने की उस्तादी दिखाने के शौक़ ने इन प्रवृत्तियों को और अधिक विकसित किया। अतिश्योक्ति, असम्भव सीमाओं तक प्रयोग में लायी जाने लगी; और इश्क़िया शाइरी शाब्दिक आडम्बरों, कृत्रिम बन्दिशों और यान्त्रिक बारीकियों का शिकार होकर मानवीय आन्तरिक संवेदनाओं से बड़ी हद तक दूर हो गयी। इस शाइरी से कुछ उदाहरण प्रस्तुत किये जाते हैं, जिनसे इन समस्त विशेषताओं का अनुमान होगा। यह उदाहरण जान-बूझकर कम दिये गये हैं, क्योंकि लखनऊ की शाइरी के इस पहलू पर विस्तृत वार्ता रूप और सौन्दर्य की परिकल्पना के अन्तर्गत अगले अध्याय में आयेगी। नग्नता के नमूने के रूप में भी केवल वही शेर अंकित किये गये हैं जो अधिक अश्लील नहीं हैं:-

नासिख़

बोसा न क्यूँ कि शेर ले मेरे मज़ार का
हूँ मैं शहीद, आहुए-चश्मे-निगार[104] का

———

ऐ परी! तूने जो पहनी है सुनहरी अँगिया
आज आयी है नज़र, सोने की चिड़िया मुझ को

———

रात को चोरी छिपे पहुँचा जो मैं
ग़ुल मचाया उस ने दौड़ो चोर है

अमानत

बेपर्दा हो गये वो, लगावट के ध्यान में
भेजीं गिलोरीयाँ मुझे अँगिया के पान में

ग़ैरों के दिल में नाख़ुने-ग़म से पड़े जो नील
किस गुलबदन ने चुटकियाँ ली मेरी रान में
बिजली गिरे न ख़िरमने-दिल[105] पर इलाही ख़ैर
कुछ कहती हैं वो बालियाँ झुक-झुक के कान में

बहर

ऐसी है फ़िक्रे-बोसए-ख़ाले-सियाहे-यार[106]
जिस तर्ह अनकबूत[107], ख़याले-मगस[108] में है

———

दोपट्टे को आगे से दुहरा न ओढ़ो
नमूदार[109] चीज़ें, छुपाने से हासिल
मज़ा है जो साथ उसके बोसा भी दीजे
ये सादी गिलौरी, खिलाने से हासिल

———

हुस्ने-रोज़ अफ़जूं[110] ने गुंजाइश न पायी जिस्म में
बन गया अँगिया के पर्दे में सिमट कर छातियाँ

सहर

लूटिएगा धड़ी-धड़ी करके
मस्सी होंठों पे आज गहरी है

क़लक़

सोते हैं फैल फैल के सारे पलंग पर
हम चुप अलग पड़े हैं किनारे पलंग पर
क़िस्मत है आगे, वस्ल मुयस्सर हो या न हो
आये तो मिन्नतों से वो बारे पलंग पर

रश्क

पहन के टूल के कपड़े न टालिए वादा
नहीं पसन्द हमें टाल-टोल की बातें

रिन्द

क्या आसमान फाड़ के थिगली लगायेगी
साहब उभर चली है बहुत गात आपकी

———

खोलिए शौक़ से बंद अँगिया के
लेट कर साथ न शर्माइएगा

सबा

बेतकल्लुफ़ उस से होकर क्यूँ न हों महज़ूज़[111] हम
तोड़ कर परहेज़ होता है बहुत बीमार ख़ुश

वज़ीर

आँख से रूमाल सरका बादे-मर्ग[112]
चश्मे-तर का आज पर्दा खुल गया

———

बदन में उस सही क़द के हो क्या तिल
अलिफ़ में देख लो नुक़्ता कहाँ है

———

नहाने में जो लहरायी है ज़ुल्फ़े-यार दरिया में
तड़पने लगती हैं पानी पे मौजें मछलियाँ होकर
यही कह कह के शब भर यार को पेशे नज़र रख्खा
दिखायेंगी तमाशा तुम को आँखें पुतलियाँ होकर
छुड़ाई चूस कर हम ने मसी तो क्या ही शर्माया
लब उस महबूब का छुपने लगा, मुँह में ज़बाँ होकर

मुनीर

दोपट्टा उन का मसका देख कर जब मुझ को शक गुज़रा
तो बोले क्या इजारा है तेरे चाके-गरेबां[113] का

'आतिश' का मामला दूसरे लखनवी शाइरों से कुछ भिन्न है। 'आतिश' के पूर्वज भी मीर के पूर्वजों की तरह सूफ़ियों के सम्प्रदायों से सम्बन्धित थे, और तसव्वुफ़ का प्रभाव उनके मानसिक प्रशिक्षण में क्रियाशील था; तथापि उनके यहाँ इश्क़ का मूल भाव मजाज़ी (दैहिक) है। परन्तु यह अन्य लखनवी शाइरों से भिन्न इसलिये हैं कि न सिर्फ़ उसमें ओछापन, बनावट और अश्लीलता नहीं है, अपितु यह बेहतर शाइर भी है। 'आतिश' की ग़ज़ल आश्चर्यजनक तौर पर इश्क़ के पारम्परिक मानवीय सम्बन्ध एवं अनुपात को प्रकट करती है। यदि एक ओर इस में चाहने का भाव है तो दूसरी ओर इस में चाहे जाने की आकांक्षा भी है। वियोग और विछोह के

साथ-साथ यहाँ कामना की लय और विशेष प्रकार की प्रमत्ता एवं आनन्द की दशा भी है जो दूसरे लखनवी शाइरों के यहाँ नहीं हैं:

पासे-रुसवाई[114] का दोनों जानिबों से शर्त है
मैं तुम्हें, तुम मुझ को समझाओ, ख़ुदा के वास्ते

———

तुझ सा हसीं हो यार तो क्यूँ कर न उस के फिर
नाज़े-बजा व ग़मज़ए-बेजा[115] उठाइए

———

ख़ुदा सर दे तो सौदा दे तेरी ज़ुल्फ़े-परीशां का
जो आंखें हों तो नज़्ज़ारा हो ऐसे सुम्बुलिस्तां[116] का

———

ये आरज़ू थी तुझे गुल के रूबरू करते
हम और बुलबुले-बेताब गुफ़्तगू करते
पयामबर न मुयस्सर हुआ तो ख़ूब हुआ
ज़बाने-ग़ैर से क्या शर्हे-आरज़ू करते
मेरी तरह से महोमेहर[117] भी हैं आवारा
किसी हबीब की ये भी हैं जुस्तजू करते
वो जाने जां नहीं आता, तो मौत ही आती
दिलो-जिगर को कहाँ तक भला लहू करते

———

तू रोशनी-ए-आलम-ईजाद[118] हो गया
वीराना तेरे जलवे से आबाद हो गया

———

हुस्न की नैरंग-साज़ी[119] से अजब इस का नहीं
मस्त हो हुश्यार तुझ को देख कर हुश्यार मस्त
मैकदे में नश्शे की ऐनक दिखाती है मुझे
आसमां मसतो ज़मीं मस्तो, दरो-दीवार मस्त

इसी युग की देहलवी शाइरी में भी सभ्यता एवं संस्कृति में परिवर्तन के प्रभाव से शनैः शनैः इश्क़ का नया अंदाज सामने आने लगा। तसव्वुफ़ के विचार, दिन प्रतिदिन कम होते गये। दिल्ली के अंग्रेज़ी अधिपत्य में आ जाने से यद्यपि शताब्दियों की ग़ुलामी की नींव पड़ गयी, परन्तु कहने को शान्ति अवश्य ही प्राप्त हो गयी और

प्रायः होने वाले आक्रमणों और उपद्रवों से मुक्ति मिल गयी। इश्क़ की दुःखमय लय और दीवानगी दिन प्रतिदन कम होने लगी। हृदय स्पर्शी भावों की तीव्रता अब सामान्य होने लगी और इश्क़ में राज़ो न्याज़ और प्रमत्ता तथा पारस्परिक आकर्षण का रंग चोखा होने लगा। उसने कुछ प्रभाव लखनवी शाइरी से भी स्वीकार किया। वैसे तो सिवाय शाह नसीर के दिल्ली का कोई भी शाइर लखनऊ के रंग से पूरी तरह प्रभावित नहीं हुआ, परन्तु परोक्ष रूप से इसका थोड़ा बहुत प्रभाव सभी पर हुआ। एक ओर 'मोमिन' और उनके वास्ते से 'शेफ़्ता' और 'हाली' ने 'जुर्रत' और दूसरी ओर 'ज़ौक़' और 'ज़फर' ने शाह नसीर के वास्ते से 'नासिख़' की शाइरी से प्रभावति होने का प्रमाण दिया। (ग़ालिब के यहाँ भी 'नासिख़' की ग़ज़लों पर ग़ज़लें मिलती हैं, परन्तु ग़ालिब की मानसिक प्रतिभा सभी पूर्ववर्ती एवं परवर्ती शाइरों से पृथक है।)

बाह्य रूप में 'मोमिन' का 'जुर्रत' से प्रभावित होना अद्‌भुत सा प्रतीत होता है, परन्तु यदि उनकी शाइराना अनुभूति को पूरी तरह समझने की कोशिश की जाये तो अन्दाज़ा होगा कि उनके यहाँ प्रेम परक सुकुमार भावनाओं का जो कोमलतम रंग है, उसके तार 'जुर्रत' की प्रेमपरक मुआमिलाबंदी से जुड़ जाते हैं, परन्तु 'जुर्रत' अपने स्वभाव के चोंचलेपन के कारण अपने संवेदनात्मक अनुभव को भाव में नहीं उतार पाते, इसके विपरीत 'मोमिन' के यहाँ यह आन्तरिक व्यथा (सोज़े-दरुं) का अंग है। इसलिए 'जुर्रत' का तस्सवुरे इश्क़ किसी हद तक 'ख़ारजीपन' (बाह्य चित्रण) और 'मोमिन' की 'दाख़लीयत' (आन्त्रिक भाव वर्णन) का पक्ष लिये हुए है। 'मोमिन' मोहब्बत की सुकुमारताओं को जुर्रत के समान नग्न नहीं करते उनकी सद्‌प्रकृति उन्हें लिये दिये रखती है। इसके विपरीत जुर्रत की मुआमिलाबन्दी लखनऊ के प्रभाव से दैहिक प्रेम के सोपान से निकल कर भोग लिप्सा के मार्ग में पाँव रखते हुए हिचकिचाहट नहीं करती। 'मोमिन' की मुआमिलाबन्दी को संजीदा मुआमिलाबन्दी का नाम दे सकते हैं, जो सभ्य रख-रखाव एवं गौरव रखती है। 'हाली' ने भी इसी गम्भीर और शालीन शैली को निभाया है अपितु उसे कुछ और सुकुमार बना दिया है। 'हाली' ने 'शेफ़्ता' का अनुसरण किया था और 'शेफ़्ता' 'मोमिन' के शिष्य थे। 'मोमिन' हों, 'शेफ़्ता' हों या 'हाली', इश्क़ में यह तीनों शाइस्ता शायरी के अपने-अपने विशिष्ट स्तरों पर दिखायी देते हैं। ये न तो कहीं दिल के हाथों बेक़रार होकर वासना ग्रस्त होते हैं, और न ही दैहिक इश्क़ के दायरे से ऊपर उठ कर हयात व कायनात के भेदों तक जाने का प्रयास करते हैं। इनके इश्क़िया दृष्टिकोण का विशिष्ट गुण यही है कि इश्क़ की नैसर्गिक-धारा के मामलों में ये किसी भी प्रकार किसी अवसर पर अनुशासनहीन नहीं होते, तथा सभ्यता एवं शालीनता का पहलू हाथ से नहीं जाने देते।

मोमिन

हँस हँस के वो मुझ से ही मेरे क़त्ल की बातें
इस तरह से करते हैं कि गोया न करेंगे

———

ग़ैरों[120] पे खुल न जाये कहीं राज़ देखना
मेरी तरफ़ भी ग़मज़ए[121]-ग़म्माज़ देखना

———

तुम भी रहने लगे ख़फ़ा साहब
कहीं साया मेरा पड़ा साहब

———

असर उसको ज़रा नहीं होता
रंज, राहत-फ़ज़ा[122] नहीं होता
तुम, हमारे किसी तरह न हुए
वर्ना दुनिया में क्या नहीं होता
तुम मेरे पास होते हो गोया
जब कोई दूसरा नहीं होता
चारए-दिल, सिवाये सब्र नहीं
सो तुम्हारे सिवा नहीं होता

———

कल तुम जो बज़्में-ग़ैर में आँखें चुरा गये
खोये गये हम ऐसे कि अग़यार[123] पा गये

———

वो जो हम में तुम में क़रार था, तुम्हें याद हो कि न याद हो
वही, यानी, वादा निबाह का, तुम्हें याद हो कि न याद हो
(पूरी ग़ज़ल)

———

ठानी थी दिल में अब न मिलेंगे किसी से हम
पर क्या करें कि हो गये नाचार जी से हम
(पूरी ग़ज़ल)

शेफ़्ता

कहूँ मैं क्या कि क्या दर्दे-निहाँ[124] है
तुम्हारे पूछने ही से अयाँ[125] है

———

किस लिये लुत्फ़ की बातें हैं फिर
क्या कोई और सितम याद आया

———

हाय वो शे.फ्ता की बेताबी
थाम लेना वो तेरे मेहमिल[126] को

हाली

जिस को ग़ुस्से में लगावट की अदा याद रहे
आज दिल लेगा अगर कल न लिया याद रहे

———

या रब इस इख़्तिलात[127] का अंजाम हो बख़ैर
था उन को मुझ से रब्त, मगर इस क़दर कहाँ

———

बे.क़रारी थी सब उम्मीदे-मुला.क़ात के साथ
अब वो अगली सी दराज़ी[128], शबे-हिजरां[129] में नहीं

———

इश्क़ कहते हैं जिसे सब, वो यही है शायद
ख़ुद ब ख़ुद दिल में है इक शख़्स समाया जाता

———

अब वो अगला सा इल्तिफ़ात[130] नहीं
जिस पे भूले थे हम वो बात नहीं

———

उस के जाते ही हुई क्या मेरे घर की सूरत
अब वो दीवार की सूरत है न दर की सूरत

'ज़ौक' और 'ज़फ़र' लखनवी शाइरी की तरह शेर की अर्थवत्ता की अपेक्षा उसकी अलंकारिक विशेषताओं पर अत्यधिक ध्यान देते हैं। 'ज़ौक़' की शाइरी के बारे में कहा जाता है कि दिल की अपेक्षा दिमाग़ी कारीगरी की शाइरी है, जिसमें निष्कलुषता एवं हृदय-स्पंदन की कमी है। 'ज़ौक़' के यहाँ प्रेम, परम्परागत, औपचारिक तथा लफ़्ज़ी है। बहादुरशाह ज़फ़र का हृदय, राजनैतिक पतन और क्रमशः होने वाले सन्तापों से बुझ चुका था। उनकी शाइरी का स्वर बुझा-बुझा और पीड़ा युक्त है; परन्तु इश्क़िया शाइरी में कहीं-कहीं लाल क़िले के वातावरण के प्रभाव से यौवन की भावनाएँ और बेबाकियों के चित्र भी दिखाई देते हैं। परन्तु यह वास्तविकता है कि यह उनका स्वभाव नहीं है। प्रायः वह इस मार्ग में फिसल जाते

हैं और कई जगह तो वह हल्के भी पड़ जाते हैं।

'दाग़' की तबीयत के चुलबुलेपन, शोख़ी और रोज़मर्रा पर क़िल-ये-मुअल्ला (लाल-क़िला) की संस्कृति की गहरी छाप थी। उन्हें रोज़मर्रा (प्रतिदिन बोलचाल की नैसर्गिक भाषा), मुवाहरों का सुघड़ प्रयोग और दिल्ली की कढ़ी हुई भाषा की समझ अपने उस्ताद ज़ौक़ से विरासत में प्राप्त हुई थी। उनकी तबीयत का झुकाव उन्हें बिना किसी प्रत्यक्ष प्रभाव के, स्वच्छंद वादिता और भोग के उन्हीं विषयों की ओर ले गया जो लखनवी शाइरी के सिरमौर थे। दाग़ के प्रेम की परिकल्पना अन्तिम काल की जागीरदारी संस्कृति की तरह उथली है। इसमें दिखावे की चमक-दमक और रंगीनी तो है, जिसे शोख़ी, शरारत, छेड़छाड़, लाग डांट, और वाकपटुता ने दिलचस्प बना दिया है; लेकिन उसमें वह धीमा दर्द नहीं है जिससे अंत:स्तल की आग प्रज्वलित हो जाती है। यहाँ प्रेम की परिकल्पना, उद्घोषित भोग लिप्सा से भरी हुई है; जिसे नास्तिकता एवं स्वच्छंदवादिता और अधिक पुष्पित एवं पल्लवित करती है। इसमें और लखनवी ग़ज़ल के तसव्वुरे इश्क़ में केवल इतनी भिन्नता है कि यहाँ नग्नता और अश्लील विषयों पर भाषाई मुहावरे एवं स्वच्छता के रेशमी पर्दे पड़े हुए हैं और शाइर चूंकि टकसाली भाषा, क़िल-ए-मुअल्ला के रोज़मर्रा, मुहावरे और बात से बात पैदा करने की ऊर्जा रखता है, अत: शेरों में ज़बान का चटख़ारा एवम चटकीलापन है, इसलिये इसका अपना एक मज़ा है। 'दाग़' की शाइरी पर विस्तृत चर्चा अगले अध्याय में होगी।

(4)

उर्दू की प्रेमपरक (इश्क़िया) शाइरी के विभिन्न पहलुओं पर चर्चा के बाद, अब हम उसके उस भाग की ओर आते हैं जो सच्चे अर्थों में उत्कृष्ट इश्क़िया शाइरी के अन्तर्गत आता है। इसके लिए हमारे नज़दीक केवल 'मीर' और 'ग़ालिब' के नाम लिये जा सकते हैं। उनकी इश्क़िया शाइरी से बहस करने से पहले ये बात स्पष्ट कर देना आवश्यक है कि उत्कृष्ट इश्क़िया शाइरी का स्वर, इश्क़ की उस अनन्त और प्रभावोत्पादक अन्तर्दृष्टि से पैदा होता है जिसे आध्यात्मिक (हक़ीक़ी) या 'दैहिक' (मजाज़ी) जैसे विशेषणों से कोई सम्बन्ध नहीं है। यह शाइरी जीवन और ब्रह्मांड दोनों में व्याप्त है। इससे यह तात्पर्य नहीं है कि उत्कृष्ट इश्क़िया शाइरी में प्राकृतिक इश्क़ और दैहिक प्रेम की अनुभूति नहीं पायी जाती अथवा यह कि उसमें विशुद्ध प्रेम की वह सुकुमारताएँ एवं प्रभेद नहीं होते जिन्हें केवल चाहने और चाहे जाने की आकांक्षा के रूप में स्वीकार किया जाता है। इश्क़िया शाइरी की बुनियाद प्राकृतिक इश्क़ एवं दैहिक भावनाओं की बू-बास से पृथक होकर कोई शाइरी महान शाइरी नहीं हो सकती। अतएव उर्दू ग़ज़ल की महान इश्क़िया शाइरी भी अपनी ऊर्जा,

दैहिक एवं भौतिक प्रेम के आनन्द, उन्मत्तता और पीड़ा तथा उष्णता से प्राप्त करती है; परन्तु यह केवल इसी पर संतोष नहीं करती। अर्थात यह केवल यौवन का शिकार होकर नहीं रह जाती अपितु सम्वर्द्धता प्राप्त कर अपने अनुभवों और अनुभूतियों का रुख़ संपूर्ण ब्रह्मांड की ओर फेर देती है। परम्परागत रिवायती इश्क़िया शाइरी में शाइर का अधिकतम झुकाव स्वयं अपने भावों की ओर रहता है। वह अपने व्यक्तित्व के आवरण में ऐसा बँध जाता है कि जीवन एवं सृष्टि की रहस्य भरी समस्याओं से उसका कोई सम्बन्ध नहीं रहता। वह हर दुःख को व्यक्तिगत इश्क़ का दुःख समझता है और भीतर ही भीतर सुलगता और कुढ़ता रहता है। परन्तु महान इश्क़िया शाइरी में शाइर इश्क़ की राह में ऐसा नहीं मारा जाता कि कहीं का न रहे, अपितु अपने उच्च प्रयासरत व्यक्तित्व के प्रभाव से, अर्थात अपने मस्तिष्क एवं सम्बुद्धि तथा सौन्दर्य प्रतिभा से अपनी इश्क़िया अनुभूतियों एवं भावों में ऐसा विस्तार पैदा करता है कि उसकी शाइराना अनुभूति में प्रिय के दुःख (ग़मे-जानां) और संसार के दुःख (ग़मे दौराँ) की औपचारिक सीमाएँ इस तरह मिट जाती हैं कि उनमें भेद करना मुश्किल हो जाता है। इस स्तर पर पहुँच कर इश्क़िया शाइरी में अनन्तता, उत्कृष्टता, जीवन के रहस्यों को खोलने की क्षमता और इश्क़ का औपचारिक आह्लाद और दुःख से ऊपर उठने और निस्पृहता की वह शान पैदा हो जाती है जिसमें 'तग़ज़्ज़ुल' (ग़ज़ल का आन्तरिक सौन्दर्य) और तसव्वुफ़ अलग-अलग नही रहते और शाइरी में सामानयतः प्रतिभापूर्ण आध्यात्मिक (मैटाफ़िज़िकल) शान पैदा हो जाती है।

इसका अर्थ यह नहीं कि उत्कृष्ट इश्क़िया शाइरी के लिए तसव्वुफ़ का प्रभाव अनिर्वाय है, अपितु प्रत्येक अज़ीम शाइर, चाहे वह किसी भी भाषा का हो, अपने व्यक्तित्व और सौन्दर्यपरक ध्यानावस्था के कारण आध्यात्मिक सुकुमारता और आलौकिकता का वह वातावरण सृजित करता है, जिसमें इश्क़ का विस्तार और उसकी सम्भावनाओं की निःस्सीमता की अनुभूति होती है, लेकिन सृजनात्मक व्यक्तित्व अथवा सौन्दर्यपरक अनुभूति की श्रीवृद्धि शून्य में नहीं होती। पग-पग पर उन पर सांस्कृतिक परिकल्पनाओं और सामाजिक तत्त्वों की छूट पड़ती है। 'मीर' और 'ग़ालिब' के युग में तसव्वुफ़ अपने समय की संस्कृति में व्याप्त था; और उनके व्यक्तित्व की श्रीवृद्धि में आध्यात्मिक तत्त्वों का प्रभाव मामूली नहीं था। 'मीर' के व्यक्तित्व का प्रथम चित्र उनके पिता ही के हाथों निर्मित हुआ था, जो स्वयं एक दरवेश स्वभाव के थे। उन के साथ मीर को अन्य दरवेशों और सूफ़ियों इत्यादि से मिलने और उनकी बातों को सुनने के अवसर प्राप्त होते रहे। स्वयं मीर के पिता उनसे प्रायः कहा करते थे:

''ऐ पिसर! इश्क़ बिवर्ज़, इश्क़ अस्त कि दरीं कारख़ाना मुतसर्रिफ़ अस्त'' (ऐ

बेटे, इश्क़ इख़्तियार करो। इश्क़ ही इस कारख़ाने (दुनिया) को चलाने वाला है और इस पर छाया हुआ है)

ग़ालिब यद्यपि एक दुनियादार और वैभव सम्पन्न घराने में पैदा हुए लेकिन संस्कृति के प्रभाव से तसव्वुफ़ के सिद्धान्तों का प्रसार उनके दृष्टि एवं विचारों पर भी गहरा है; तथापि 'मीर' अथवा 'ग़ालिब' में से किसी ने भी रिवायती तसव्वुफ़ या सूफियाना रूढ़िता को अपना लक्ष्य नहीं बनाया। 'मीर' और 'ग़ालिब' ने यद्यपि तसव्वुफ़ का प्रभाव स्वीकार किया परन्तु वह वस्तुत: 'अमली' तौर पर सूफ़ी नहीं थे। ख़्वाजा मीर दर्द अथवा 'सिराज' की तरह 'मीर' और 'ग़ालिब' विधिवत सूफ़ी शाइर नहीं कहे जा सकते। तथापि यह तसव्वुफ़ से अनभिज्ञ भी नहीं थे। यद्यपि मीर ने, न ग़ालिब ने, किसी ने भी तसव्वुफ़ को फ़ैशन के अन्तर्गत आँखें बन्द करके पूर्ण रूप से स्वीकार नहीं किया, लेकिन अपने उत्कृष्ट सृजनात्मक चिन्तन से सवाल भी उठाये और आध्यात्मिक तौर पर तसव्वुफ़ की सोच में विस्तार भी किया। उनके यहाँ सूफीवाद का प्रभाव है, लेकिन उनका तसव्वुफ़ परम्परागत या औपचारिक नहीं है। उन्होंने तसव्वुफ़ के कई सिद्धान्तों का निषेध किया और कुछ को अपना कर अपने चिन्तन में आत्मसात कर लिया। अतएव मीर या ग़ालिब में से किसी की शाइरी तसव्वुफ़ की परम्परागत, रीतियों और औपचारिकताओं तक सीमित नहीं है। कहीं वह उससे मेल खाती है और कहीं उससे पूर्णत: विमुख हो जाती है। अत: कहा जा सकता है कि मीर और ग़ालिब के यहाँ तसव्वुफ़ के प्रभावों की नौईयत न तो परम्परागत है और न ही औपचारिक, अपितु इसको 'सांस्कृतिक' एवं सृजनात्मक' कहा जा सकता है क्योंकि इसमें कवि की अपनी प्रतिभा और अनुभूति का ज्यादा योगदान है।

इस बात के स्पष्ट हो जाने के बाद अब इन दोनों की इश्क़िया शाइरी के उस हिस्से की ओर दृष्टिपात कीजिए जिसमें उनका अपना विशेष सृजनात्मक स्वर मुखरित होता है। अब यह देखिए कि ये शाइर अपनी सौन्दर्य-अनुभूति के माध्यम से सामान्य इश्क़िया भावनाओं की सीमाओं को विस्तृत करते हुए किस प्रकार उनमें पुष्पन और पल्लवन करते हैं; और व्यक्तिगत दु:खों और सन्तापों का सामना करने में तसव्वुफ़ की सम्बुद्धि और आत्म-बोध से क्या मदद लेते हैं।

उनके बारे में पहली बात यह है कि मोहब्बत का मूलभूत व्यवहार नैसर्गिक है। उनकी इश्क़ सम्बन्धी परिकल्पना, मूलभूत मानवीय अपेक्षाओं का आदर करती है, और उसमें चाहने और चाहे जाने की आकांक्षा है। ये शाइर इश्क़ के उस पक्ष से अनजान नहीं हैं, जो दैहिक मोहब्बत का सिलसिला, इश्क़े हक़ीक़ी (विवेकात्मिक प्रेम) से जोड़ता है। इस दृष्टिकोण की अनुगूंज, इन दोनों के कलाम में सुनायी देती है, लेकिन वह उसे व्यवहारिक रूप में स्वीकार नहीं करते, अर्थात इश्क़े हक़ीक़ी

अथवा कैवल्य को बतौर लक्ष्य निर्धारित नहीं करते; अपितु आरिफ़ाना दृष्टि (कैवल्य-विवेक)[131] के स्थान पर आशिक़ाना (प्रेमपरक) अर्न्तदृष्टि से काम लेते हैं, एवं संसार में जीने और उसकी रहस्यमय संभावनाओं से आनन्द प्राप्त करने की आकांक्षाओं और कामनाओं का दम भरते हैं।

'मीर' की शाइरी को दैहिक-प्रेम या आध्यात्मिक-प्रेम की परम्परागत मैकानकी शब्दावली से समझना, उस पर अन्याय करने के सदृश है। इश्क़िया शाइरी के लिये यह ज़रूरी नहीं कि शाइर ने उसी तीव्रता से प्रेम किया हो जैसा कि उसके कलाम से प्रकट होता है; परन्तु 'मीर' के बारे में यह बात ज्ञात है कि उनका मस्तिष्क और कल्पना हृदय की संवेदनाओं (दिली वारदात) से अपरिचित नहीं था। गहरी शाइराना अनुभूति अन्तःताप और सौन्दार्य-विवेक की सहायता से उन्होंने अपने अनुभवों को ऐसे पीड़ामय और प्रभावकारी मीठे स्वर में प्रकट किया है कि आपबीती, जगबीती मालूम होती है। 'असर' लखनवी के कथनानुसार ''मीर इश्क़ के मुआमलात को अत्यधिक शिद्दत के साथ महसूस करते हैं। और दूसरों को भी महसूस करा देना चाहते हैं। वह चाहते हैं कि जिस अनुभूति की तीव्रता के कारण मेरा हृदय रक्त-रंन्जित हो गया है उस घाव की अनुभूति उसी प्रकार दूसरों को भी हो जाये, इस तीव्रता को यथावत बयान कर ले जाना मीर का अपना विशेष फ़न है।'' उनका प्रेम चूंकि भौतिक और नैसर्गिक है, उनके यहाँ प्रेम सम्बन्धी वाक़्यात का चित्रण और जिस्मानी प्रेम-वर्णन की झलक भी है परन्तु उसका सौन्दर्य सम्बन्धी स्तर बहुत ऊँचा है।

इश्क़ का मूलभूत भाव 'मीर' के समान ग़ालिब के यहाँ भी दैहिक है। परन्तु इन दोनों के यहाँ प्रेम के मानवीय-संवेगों के स्तर उनके अलग-अलग व्यक्तित्व और सृजनात्मक विवेक की दृष्टि से परस्पर भिन्न हैं। 'मीर' के यहाँ मोहब्बत एक पवित्र अग्नि है और प्राय: उसमें वंचित रहने की दशा और वियोग व्यथा का पक्ष अधिक स्पष्ट रहता है। 'ग़ालिब' का इश्क़ 'मीर' की तरह मोहब्बत के हाथों बेइख़्तियार दिखायी नहीं देता। उनका इश्क़ एक प्रकार से 'फरज़ाना' इश्क़[132] है। जबकि मीर के इश्क़ को 'दीवाना' कह सकते हैं। ग़ालिब के यहाँ मोहब्बत का भाव ख़ासा अनुशासित है। ग़ालिब की इश्क़िया शाइरी में ऐसे पल न होने के बराबर हैं जहाँ दिल पर क़ाबू न रहे। उनका स्वाभिमान उन्हें हर समय लिये-दिये रहता है। उनके यहाँ इश्क़ एक नैसर्गिक तृष्णा है, जिसका शमन, आवश्यक है। इसमें भावनात्मकता की अपेक्षा बुद्धिमत्ता अधिक है, और आध्यात्मिकता की अपेक्षा भौतिकता अधिक है। परन्तु यह भौतिकता भोग लिप्सा अथवा विलासप्रियता का शिकार नहीं होती अपितु यह मूलभूत मानवीय चेतना के तौर पर है जो मनुष्य की स्वभाविक इच्छा के रूप में उभरती है। इस पारस्परिक फ़र्क़ के बावजूद इन दोनों की

इश्क़िया शाइरी की बुनियाद एक ही है; और वह है मोहब्बत की नैसर्गिक मानवीय भावना। वे न तो लखनऊ के शाइरों की तरह विलासप्रियता पर उतर आते हैं न ही रूढ़ीबद्ध सूफ़ी शाइरों की तरह इश्क़े हक़ीक़ी का कल्पना करते हैं, अपितु उनकी इश्क़िया शाइरी, अपना आबोरंग नैसर्गिक इच्छाओं से प्राप्त करती है जिसकी सृजनात्मक श्रीवृद्धि उनके यहाँ अपने अपने ढंग से हुई है। उदाहरणार्थ:

मीर

सुबह वो आफ़त उठ बैठा था, तुम ने न देखा सद अफ़सोस
क्या-क्या फ़ितने, सर जोड़े पलकों के साये साये गये

———

जी चाहता है ऐश करें एक रात हम
तू होवे, चाँदनी हो, गुलाबी शराब हो

———

मौसमे-अब्र[133] हो, सुबू[134] भी हो
गुल हो, गुलशन हो और तू भी हो

———

दिल से शौक़े-रुख़े-निकू[135] न गया
झांकना, ताकना कभू न गया

———

ऐ नुकीले, ये थी कहाँ की अदा
खुब गयी दिल में तेरी बांक़ी अदा
जादू करते हैं इक निगाह के बीच
हाय रे चश्में-दिलबरां की अदा
दिल चला जाये है ख़िराम[136] के साथ
देखी चलने में, उन बुतां की अदा

———

सब्र कहाँ, जो तुम को कहिये, लग के गले से सो जाओ
बोलो न बोलो, बैठो न बैठो, खड़े-खड़े टुक हो जाओ

———

जब मिलने का सवाल करूँ हूँ, ज़ुल्फ़ो रुख़ दिखलाते हो
बरसों मुझ को यूँ ही गुज़रे, सुब्हो-शाम बताते हो

ग़ालिब

फिर मुझे दीदये तर याद आया

दिल, जिगर तिश्नए-.फ़रियाद आया
दम लिया था न .क़यामत ने हनूज़
फिर तेरा व.क़्ते-स.फ़र याद आया
सादगी-हाय तमन्ना यानी
फिर वो नैरंगे-नज़र याद आया
क्या ही रिज़वाँ[137] से लड़ाई होगी
घर तेरा ख़ुल्द[138] में गर याद आया
ज़िन्दगी यूँ भी गुज़र ही जाती
क्यूं तेरा राहगुज़र याद आया
फिर तेरे कूचे[139]को जाता है ख़याल-दिल
दिले गुमगश्ता मगर याद आया
कोई वीरानी सी वीरानी है
दश्त को देख के घर याद आया
मैं ने मजनूँ पे लड़कपन में असद
संग उठाया था कि सर याद आया

———

दिले-नांदा तुझे हुआ क्या है
आख़िर इस दर्द की दवा क्या है
हम हैं मुश्ता.क़ और वो बेज़ार
या इलाही! ये माजरा क्या है
हम को उनसे व.फ़ा की है उम्मीद
जो नहीं जानते व.फ़ा क्या है
जान तुम पर निसार करता हूँ
मैं नहीं जानता दुआ क्या है

———

इश्क़ से तबीयत ने ज़ीस्त[140] का मज़ा पाया
दर्द की दवा पायी, दर्दे बेदवा पाया
कहते हो न देंगे हम, दिल अगर पड़ा पाया
दिल कहाँ कि गुम कीजे, हम ने मुद्दुआ[141] पाया
हाले-दिल नहीं मालूम, लेकिन इस क़दर यानी
हम ने बारहा ढूँढा, तुम ने बारहा पाया

———

वो फ़िराक़[142] और वो विसाल[143] कहाँ

वो शबो, रोज़ो, माहों, साल कहाँ
फ़ुर्सते-कारोबारे - शौक किसे
ज़ौक़े नज़्ज़ारए - जमाल[144] कहाँ
थी वो इक शख़्स के तसव्वुर[145] से
अब वो रानाइए - ख़याल[146] कहाँ

———

दिल से तेरी निगाह जिगर तक उतर गयी
दोनों को इक अदा में रज़ामंद कर गयी
वो बादए - शबाना[147] की सरमस्तियाँ कहाँ
उठिए बस अब कि लज़्ज़ते-ख़्वाबे-सहर[148] गयी
देखो तो दिलफ़रेबिए - अंदाज़े - नक़्शे- पा[149]
मौजे - ख़िरामे- यार भी, क्या गुलकतर गयी[150]
हर बुलहवस[151] ने हुस्न परस्ती शिआर की
अब आबरूए शेवए-अहले[152] नज़र गयी
नज़्ज़ारे ने भी काम किया वाँ निक़ाब का
मस्ती से हर निगह तेरे रुख़ पर बिखर गयी

मीर के यहाँ जो आसक्ति और विह्वलता है, उसके कारण उन्हें ज़मीन से आसमान तक इश्क़ ही इश्क़ भरा हुआ दिखाई देता है। उनके यहाँ इश्क़ जीवन का मूलभूत तत्त्व है; परन्तु इश्क़ की यह परिकल्पना, ख़ानकाही नहीं। मीर का कमाल यह है कि उन्होंने इस सामान्य रस मय सम्पन्दना को जो कि मूल मानवीय आकांक्षाओं से पैदा होती है, उसका अद्‌भुत उत्कृष्टता से परिचय कराया और उसे ऐसी पवित्रता और प्रभाव प्रदान किया कि उसका कोई दृष्टांत उससे पूर्व नहीं मिलता। यद्यपि यहाँ प्रेम केवल आध्यात्मिक सुकुमारता अथवा परा भौतिकता का नाम नहीं है, अपितु उसमें धरातलीय अपेक्षाएँ और नैसर्गिक तक़ाज़े भी शामिल हैं। 'ग़ालिब' के यहाँ इश्क़ के चारों ओर पवित्रता का वह प्रभामंडल तो दिखायी नहीं देता जो 'मीर' के यहाँ है परन्तु इन दोनों की शाइरी की मूलभूत प्रेरणा यद्यपि दैहिक प्रेम की भावना है; इसके बावजूद दोनों के यहाँ परिपक्वता, सौंदर्यपरक उत्कर्ष और रचाव की अपनी-अपनी कैफ़ियत है। दोनों की अन्तःप्रेरणा के केन्द्र बिन्दु अलग हैं।

आला इश्क़िया शाइरी केवल 'मावराई' नहीं होती, यानी धरती की जड़ों से कट कर नहीं चलती। उसकी निर्मिति, जैसा कि हम ऊपर के उदाहरणों में देख चुके हैं, मानवीय आकांक्षाओं और भावनाओं से होती है, तथापि यह शाइरी केवल प्रिय के लबो रुख़सार या ज़ुल्फ़ों की बन्दी नहीं होती। अपितु संवेदनाओं की रुचियों

और रंगीनियों से आगे बढ़ कर पूरे जीवन को समेटने और सृष्टि के भेदों में उतरने का उत्साह रखती है। महान इश्क़िया शाइरी की मूर्ति के 'पाँव ज़मीन पर और सिर आसमान में होता है'; उसकी निचली परत मानवीय इश्क़ो-मोहब्बत ही की भावनाओं की होती है, लेकिन ऊपरी परत में मोहब्बत के भाव तह दर तह बढ़ते और फैलते हैं और आत्मकैवल्य की ज्योति, जीवन एवं ब्रह्मांड के अवगुंठित रहस्यों पर पड़ती है। निचली परत से उभर कर ऊपरी परत तक पहुँचने की अवधि कालिक या देशीय नहीं है। 'मीर' की शाइरी में शरीर और सौन्दर्य की अनुभूति से सौन्दर्य-विवेक तक अथवा भौतिक स्थूलताओं से आध्यात्मिक सुकुमारताओं तक भावना की यात्रा सम्बुद्धि के माध्यम से इश्क़ की एक जस्त में तय हो जाती है। सृजनात्मक सौन्दर्य सम्बन्धित ध्यानावस्था के इस स्तर पर, जिसका कालिक अथवा देशीय निर्धारण सम्भव नहीं, शाइर सम्बृद्धि और प्रज्ञा के ज़रिए ब्रह्मांड के गहरे रहस्यों में डूब कर उनसे संभाषण करता है। कुछ अवसरों पर यह स्थिति क्षणिक होती है, इसकी प्रस्तुति केवल एक ही शेर में हो जाती है; परन्तु कभी-कभी अन्त:प्रेरणा से अद्‌भुत रसमय अवस्था और आध्यात्मिक आनंदमय ध्यानावस्था की यह स्थिति कुछ समय तक उपस्थित रहती है। ऐसी ग़ज़लों में एक नामहीन आनन्द और उन्मत्ता की स्थिति और स्वप्नावस्था की कैफ़ियत मिलती है।

'गुमशुदगी' यानी तिरोधान हो जाने की यह कैफ़ियत 'ग़ालिब' के यहाँ कम और 'मीर' के यहाँ प्राय: मिलती है। 'ग़ालिब' की इश्क़िय शाइरी की विशेषता 'चैतन्यता' है, लोप होना नहीं। ग़ालिब का भाव 'दीवानगी' नहीं 'बुद्धिमत्ता' अपितु बुद्धिरंगिता है। वह निरोधान होने के बजाय आत्मबोध के रहस्यों के ज्ञाता होने का प्रयत्न करते हैं; और मस्तिष्क एवं विवेक की शक्ति और प्रज्ञा के बल पर अपना सम्बन्ध जीवन, मनुष्य की आकांक्षाओं एवम ब्रह्मांड की रहस्यात्मक समस्याओं से जोड़ते हैं। ग़ालिब की शैली दर्शनयुक्त एवं चिन्तनमय है। ग़ालिब के यहाँ 'नाकर्दा गुनाहों की हसरत की दाद' पाने की तड़प और उत्साह तथा कामना का आनन्द है, मीर का सा समर्पण और तिरोधान की कैफ़ियत नहीं। 'मीर' की 'शोर-अंगेज़ी' (दीवानगी) अन्त:व्यथा का कुछ न कुछ सम्बन्ध उनके व्यक्तिगत दु:ख तथा मानसिक पीड़ा से है। मीर के अधिकतर शेरों से जो कौंधे से लपक जाते हैं, वह उसी स्थल से होते हैं। उनके कलाम में खोये-खोये रहने की अवस्था गहरी है। उनकी भावना इस सीमा तक तीव्र है कि उनका सौन्दर्य-विवेक और प्रज्ञा उस मंज़िल का पता देती है जहाँ कल्पना आध्यात्म और भौतिकता को एक-रूप देखती है और सम्पूर्ण संसार में एक ही भाव की क्रियाशीलता दिखायी पड़ती है। 'मीर' कहते हैं'-

इश्क़ से नज़्मे-कुल है यानी इश्क़ कोई नाज़िम[153] है ख़ूब

हर शै जो याँ पैदा हुई है, मौज़ूँ[154] कर लाया है इश्क़
ज़ाहिर, बातिन, अव्वल, आख़िर[155], पाईं बाला, इश्क़ है सब
नूरो-.ज़ुल्मत, मानी ओ सूरत, सब कुछ आप हुआ है इश्क़
मौज ज़नी है, मीर फ़लक तक हर लुज्जा[156] है तुफां ज़ा[157]
सर ता सर है तलातुम[158] जिस का वो आज़म दरिया है इश्क़

———

लगा न दिल को कहीं, क्या सुना नहीं तू ने
जो कुछ कि मीर का इस आशिक़ी ने हाल किया

———

क़ैसो-फ़रहाद के वो इश्क़ के शोर
अब मेरे अहद[159] के फ़साने हैं
इश्क़ करते हैं उस परी रू से
मीर साहब भी क्या दीवाने हैं

———

आरज़ू उस बुलन्दो - बाला की
क्या बला मेरे सर पे लायी है
दीदनी है शिकस्तगी[160] दिल की
क्या इमारत ग़मों ने ढायी है
है तसन्नो[161] कि लाल हैं वो लब
यानि इक बात सी बनायी है।
मर्गे-मजनूँ से अक़्ल गुम है मीर
क्या दिवाने ने मौत पायी है।

———

आलम-आलम इश्क़ो जुनूं है दुनिया दुनिया तोहमत है
दरिया-दरिया रोता हूँ और सहरा-सहरा वहशत है
सुब्ह से आँसू नौमीदाना जैसे विदायी[162] आता था
आज किसू ख़्वाहिश की शायद, दिल से हमारे रूख़्सत है

———

परसतिश की ऐ बुत, यहाँ तक तेरी
नज़र में सभों की ख़ुदा कर चले

———

लाये थे जाकर अभी तो, उस गली में से पुकार
चुपके-चुपके मीर जी तुम उठ के फिर कीधर चले

———

कहता था किसू से कुछ, तकता था किसू का मुंह
कल मीर खड़ा था याँ, सच है कि दिवाना था

आपने देखा कि इश्क़िया शाइरी की इस मंज़िल पर भी इश्क़ का स्रोत वही है जो इससे पहले के हिस्से अर्थात सांसारिक प्रेम के मामले में था; परन्तु अब अनुभूतियों और अनुभवों की स्थिति और अंदर के तजुर्बे से सृजनात्मक रवैया बदल गया। इन शेरों की रस-अवस्था को अपनी आत्मा में उतरने दीजिए, फिर देखिए कि इन शेरों में प्रत्यक्ष और अप्रत्यक्ष तथा आदि एवं अनंत इत्यादि का कोई औपचारिक वर्णन नहीं है परन्तु इनमें एक नामहीन आध्यात्मिक और अन्त: प्रेरणात्मक उन्मत्ता एवं ध्यानावस्था है। यही ध्यानावस्था भारतीय मस्तिष्क को एकाग्र चिन्तन के आधिक्य के कारण विशेष रूप से प्रिय है।

ग़ालिब इन ऊँचाइयों की यात्रा, चिन्तन एवं प्रज्ञा की उड़ान शक्ति से तय करते हैं। वह भाव को आत्म विस्मृत होने नहीं देते। वह इश्क़ के व्यक्तिगत स्वर से उसके ब्रह्मांडीय स्वर तक अपने दार्शनिक विवेक और अर्थवत्ता के माध्यम से पहुँचते हैं। उनकी इश्क़िया शाइरी की अर्थवत्ता और सौन्दर्य इसमें है कि उन्होंने प्रेम की पीड़ा और संसार के दु:ख के आगे ढाल न डालने का उत्साह सिखाया और जीवन की सफलताओं असफलताओं से एक ही प्रकार से मज़ा लेने का हौसला पैदा किया। ग़ालिब जीवन के संकटों और दु:खों से टकराते हैं तो शिकस्ता दिल होकर निराशा के भंवर में डूब नहीं जाते, अपितु संकटों और अतिरेकों का मुक़ाबला करने के लिए उत्साहवर्द्धक विचार पैदा करते हैं और उनकी आवाज़ 'आरज़ू और शिकस्ते आरज़ू' की आवाज़ बन जाती है।

न गुले - नग़मा हूँ न पर्दए - साज़
मैं हूँ अपनी शिकस्त की आवाज़
तू और आराइशे ख़मे - काकुल
मैं और अंदेशाहाए - दूर दराज़

———

तबा[163] है मुश्ताक़े-लज़्ज़तहाए-हसरत क्या करूँ[164]
आरज़ू से है शिकस्ते - आरज़ू मतलब मुझे

———

नाकर्दा गुनाहों की भी हसरत की मिले दाद
या रब! अगर इन कर्दा गुनाहों की सज़ा है

———

मुहब्बत में नहीं है फ़र्क़ जीने और मरने का
उसी को देख कर जीते हैं, जिस काफ़िर पे दम निकले

———

ये फ़ितना आदमी की ख़ाना वीरानी को क्या कम है
हुए तुम दोस्त जिस के, दुश्मन उस का आसमां क्यूँ हो

———

ये न थी हमारी क़िस्मत कि विसाले-यार होता
अगर और जीते रहते, यही इन्तज़ार होता
तेरे वादे पर जिये हम, तो ये जान झूट जाना
कि ख़ुशी से मर न जाते, अगर एतबार होता
कोई मेरे दिल से पूछे तेरे तीरे-नीम-कश[165] को
ये ख़लिश कहाँ से होती, जो जिगर के पार होता
हुए मर के हम जो रूसवा, हुए क्यूँ न ग़र्क़े-दरिया
न कभी जनाज़ा उठता न कहीं मज़ार होता

———

आह को चाहिए इक उम्र असर होते तक
कौन जीता है, तेरी ज़ुल्फ़ के सर होते तक
दामे-हर मौज में है, हलक़ए-सद काम-निहंग[166]
देखें क्या गुज़रे है क़तरे पे, गुहर होते तक
आशिक़ी सब्र तलब, और तमन्ना बेताब
दिल का क्या रंग करूँ ख़ूने - जिगर होते तक
हम ने माना कि तग़ाफ़ुल न करोगे लेकिन
ख़ाक हो जायेंगे हम तुम को ख़बर होते तक
यक नज़र बेश नहीं फुर्सते-हस्ती ग़ाफ़िल
गर्मिये-बज़्म है, इक रक़्से-शरर होते तक

———

मुद्दत हुई है यार को मेहमां किये हुए
जोशे-क़दह[167] से बज़्म-चिराग़ाँ किये हुए
करता हूँ जमा फिर जिगरे-लख़्त-लख़्त को
अर्सा हुआ है दावते-मिज़गां किये हुए
बाहम दिगर हुए हैं दिलो दीदा फिर रक़ीब
नज़्ज़ारा ओ ख़्याल का सामाँ किये हुए
दिल फिर तवाफ़े-कूए-मलामत[168] को जाये है

पिंदार[169] का सनमकदा, वीरां किये हुए
दौड़े हैं फिर हर इक गुलो लाला पर ख़याल
सद गुल्सितां निगाह का सामां किये हुए
माँगे है फिर किसी को लबे-बाम पर हवस
ज़ुल्फ़े-सियाह, रूख़ पे परेशां किये हुए
चाहे है फिर किसी को मुक़ाबिल में आरज़ू
सुरमे से तेज़, दशनए-मिज़गां[170] किये हुए
इक नौबहारे-नाज़ को ताके है फिर निगाह
चेहरा, फ़रोग़े-मै[171] से गुलिस्तां किये हुए
जी ढूँढता है फिर वही फ़ुर्सत के रात-दिन
बैठे रहें तसव्वुरे - जानाँ[172] किये हुए

———

ग़ालिब के यहाँ शौक की बेक़रारी का विषय बार-बार मिलता है। वह ज़िन्दगी को एक व्यथित जीवन संकल्प की प्रतिमूर्ति ठहराते हैं, ''शौक़े इनां गुसेख़्ता दरिया कहें जिसे''[173]। ग़ालिब के निकट जीवन कष्ट नहीं, वह दुःख को बुद्धिमानी एवं विवेक से ओत-प्रोत करते हैं। उनकी ज़िन्दगी को दृष्टि में रखा जाये तो मालूम होगा कि वह किसी न किसी विपत्ति से ग्रस्त रहे। इष्ट मित्रों और सम्बन्धियों की बेवफ़ाई, संतान का दुःख, अपने युग का उपेक्षापूर्ण व्यवहार, मुक़द्दमों में बार-बार हारना, जेल यात्रा, कर्ज़ देने वालों के तक़ाज़े इत्यादि वह कौन सी विपत्ति थी जिसका उन्हें सामना नहीं करना पड़ा, परन्तु वह संकटों और पै ब पै दुःखों से कभी विचलित नहीं हुए। ग़मों-अलम से मुक़ाबला करने के लिए उन्होंने दार्शनिक, सांस्कृतिक एवं मनोवैज्ञानिक सभी हथियारों से काम लिया है। सांस्कृतिक हथियारों में उन्होंने तसव्वुफ़ का सहारा लिया और ब्रह्मांड को ख़याल का चमन मान कर अपने अभावों को गौरव के योग्य माना है और मनोवैज्ञानिक हथियारों में उनकी जीवंतता और आधुनिकता है, जो दुख को पुष्पित और सहनीय बना सकती है। जिस प्रकार 'मीर' ने ग़में-इश्क़ की असफलताओं से काम लेकर मोहब्बत में एक सलीक़ा (शिष्टता) निभाया था, ग़ालिब ने अपनी नाकामियों को प्रफुल्लता और कामना की याचना का पासंग बना लिया।

मीर के यहाँ यह मनोवैज्ञानिक गहराई और दार्शनिक शोख़ी नहीं। मीर का मिज़ाज और मानसिक उठान भिन्न थी। वह सरापा इश्क़ के ऋणी और दुःख के मारे हुए थे। उन्होंने इश्क़ की अन्दर ही अन्दर सुलगने वाली हृदयाग्नि और पीड़ा को अपने अंत:स्तल में भर लिया था। बुझे-बुझे और खोये-खोये रहने की मनोदशा उनके स्वभाव का अंग है; परन्तु अपने महान व्यक्तित्व और गहरे सौन्दर्य विवेक से

उन्होंने इश्क़ और ज़िन्दगी के विस्तृतमय संभावनाओं की अनुभूति को प्राप्त किया। जबकि यह अनुभूति उस दार्शनिक स्तर पर नहीं जहाँ ग़ालिब की गहन दृष्टि और अन्तर्दृष्टि पहुँच जाती है। मीर के यहाँ जीवन का गहरा अनुभव दुःख का कैवल्य बनकर प्रकट हुआ है जिसका महत्व सार्वभौमिक और विवेकमय है।

सूफ़ियाना संस्कार, गहरी करुणा और रग-रग में बसे हुए दुःख के सहारे मीर भौतिक अनेकता में एक मूलभूत एकता को क्रियाशील देखते हैं। यह एकता चाहे इश्क़ की हो, चाहे कुछ हो, यह केवल शिवत्व है या पूर्ण रूप से कृपा की अनुभूति है। यही पूर्ण शिवत्व की अनुभूति, शाइर को प्रेम की सीमितता और निससीमितता में जीवन की विशेषताओं और न्यूनताओं में अथवा उसकी जय एवं पराजय में एक सम्बन्ध खोजने पर बाध्य करती है, जिससे शाइर अपने अनुभवों में बजाये कटुता के एक आन्तरिक प्राणवत्ता और गौरव की अनुभूति करता है। इश्क़ीया शाइरी में यह जीविषा बाहरी मुश्किलों से टकरा कर भिन्न-भिन्न प्रकार के रंग पैदा करती है। उदाहरणार्थ वह जब संसार पर एक संसार ही के रहने वाले मनुष्य के रूप में नज़र डालता है तो अपने व्यक्तित्व में जीने की बाधाओं और कठिनाइयों पर नियन्त्रण पाने की सामर्थ्य का अनुभव करता है; और उसे जीवन जीने और सौन्दर्य चाहने योग्य मालूम होता है।

मीर की शाइरी को ध्यान से पढ़िये तो ज्ञात होगा कि मूल शिवत्व की यही भावना उनके अभाव और करुणा में ठहराव पैदा कर देती है। उन के दुःख की भावना और पराजय की अनुभूति वाह्य रूप में निराशा युक्त प्रतीत होती है। परन्तु वास्तव में ऐसा नहीं।

मीर के युग में एक पूरी तहज़ीब का चिराग़ बुझ रहा था। उन्नति व प्रगति की शक्तियाँ समाप्त हो चुकी थीं और जीवन की थकी हारी शक्तियों के पास ले दे कर केवल मज़हब का सहारा रह गया था। औपचारिक तसव्वुफ़ आम रिवाज के तौर पर प्रचलित था। 'मीर' ने भी बचपन में 'इश्क़ ब साज़द' और 'इश्क़-बसोज़द' (इश्क़ ही बनाता इश्क़ ही बिगाड़ता है) की सूफ़ियाना शिक्षा पायी थी, जिसे 'मीर' की व्यक्तिगत निराशाओं और असफलताओं ने और भी भड़का दिया। मीर ने अपने ज़माने के सूफ़ियाना मूल्यों को अपनी अन्तः अग्नि में तपा कर उन्हें एक नई शक्ल दी और शाइराना अनुभूति के स्तर पर गोया इश्क़ के एक नये सम्प्रदाय की नींव रखी। यह सम्प्रदाय जीवन के व्यक्तिगत और सामाजिक, दोनों पक्षों के रहस्यों का भागीदार है और चरम स्वाभिमान और शालीनता के साथ अपने युग की पीड़ा एवं व्यथा और दुःख तथा सन्ताप का मुक़ाबला करने में सक्षम है। मीर के ज़माने के अधिकतर शाइर 'ग़मे-इश्क़' और 'ग़मे-रोज़गार' के हाथों हाय वाय करते दिखाई देते हैं, लेकिन मीर इस समस्त पीड़ा और व्यथा को अपनी आत्मा में डूब जाने देते हैं

और फिर पूरी गम्भीरता और आत्म सम्मान के साथ शिवत्व एवं अंत: सत्य पर विश्वास करते हुए दु:ख से सृजनात्मक व्यवहार करते हैं।

मीर का इश्क़ आदर्श इश्क़ नहीं है। वह मजनूँ पर आपत्ति करते हैं कि उसने जीवन के दु:खों और संतापों से मुँह मोड़ कर प्रिय के लिए जान दे दी। इश्क़ का वफ़ा–आमोज़ पक्ष तो वह है जहाँ व्यक्तिगत घावों के साथ–साथ आशिक़ समाज और संसार के भी चरके सहे और अपनी आन्तरिक ऊष्मा और सब्रो–ज़ब्त से जीवन की पहाड़ सी रात बग़ैर किसी शिकायत के काट दे।

मीर की इश्क़िया शाइरी का आधार मोहब्बत निभाने का वह सलीक़ा (कौशल) है जो सम्पूर्ण ज़िन्दगी की नाकामियों से काम लेने से पैदा होता है। जज़्बात को क़ाबू में करके जीवन व्यतीत करना हर व्यक्ति के बस की बात नहीं। मीर दु:ख से बच भी नहीं सकते थे क्योंकि वह अपने युग को भोग रहे थे। परन्तु वास्तविकता यह है कि मीर ने दु:खों को 'होनी' की तरह स्वीकार करने के बजाय, दु:ख को जीवन की शक्ति में परिवर्तित करने की कोशिश की। मीर की शाइरी को ध्यान से देखें तो उसमें वह पराजय जो निराशा का परिणाम है वह कहीं भी नहीं मिलेगी; अपितु उसकी तहों में वह मूक अग्नि और सभ्य विद्रोह दिखायी देगा जो सब्रो–ज़ब्त एवं अनुशासन तथा आत्म–कैवल्य के सोपान से गुज़रने के बाद पैदा होता है। मजनूँ गोरखपुरी मीर की शाइरी की शान, एक प्रकार की सांस्कृतिक सहनशीलता को क़रार देते हैं।

''यह वह सहनशीलता नहीं जो कुछ न करने का दूसरा नाम है। यह वह क्रिया है जो मनुष्य की दाशर्निक और कर्ममय शक्ति में संतुलन और स्वाभिमान पैदा करती है। 'मीर' के शब्दों में एक ठहराव है। ऐसा प्रतीत होता है कि वह व्यथा और बेक़रारी की लगाम थामे हुए हैं जो यदि मचल गयी तो न जाने कितनों को मिटा कर रख देगी''।

'मीर' अत्यधिक दु:खों एवं संतापों में भी मानवीय गौरव की अनुभूति जगाते हैं और धैर्य के साथ जीवन के बड़े से बड़े दु:ख को सुविधाजनक और सहनीय बना लेते हैं। 'मीर' के इन शेरों को ठहर कर पढ़िये, आपको एहसास होगा कि इन में ख़ामोश आग की वह लपट है जो कभी ठंडी नहीं पड़ती।

पासे–नामूसे–इश्क़[174] था वर्ना
कितने आँसू पलक तक आये थे

———

दूर बैठा, ग़ुबारे–मीर उस से
इश्क़ बिन ये अदब नहीं आता

———

मेरे सलीक़े से मेरी निभी मुहब्बत में
तमाम उम्र मैं नाकामियों से काम लिया

———

ऐ शोरे-क़यामत हम, सोते ही न रह जायें
इस राह से निकले तो हम को भी जगा देना

———

होगा किसु-दिवार के साये में पड़ा मीर
क्या काम मोहब्बत से उस आराम तलब को

———

जो हो मीर भी उस गली में सबा[175]
बहुत पुछियो तू मेरी ओर से

———

किन नीन्दों अब तू सोती है ऐ चश्मे-गिरियाँनाक[176]
मिज़गाँ तो खोल शहर को सैलाब ले गया

———

दिले-पुर-ख़ूं[177] की इक गुलाबी से
उम्र भर हम रहे शराबी से

———

शिकवए-आबला[178] अभी से मीर
है पियारे हनूज़ दिल्ली दूर

———

हमारे आगे तेरा जब किसू ने नाम लिया
दिल-सितमज़दा को हमने थाम-थाम लिया

———

मुझी को मिलने का ढब कुछ न आया
नहीं तक़सीर उस नाआश्ना की

———

उस के ईफ़ाए-अ्हद[179] तक न जिये
उम्र ने हम से बेवफ़ाई की

———

नामुरादी की रस्म मीर से है
तौर ये इस ज़बान से निकला

———

दिल की तह की कही नहीं जाती नाजुक है असरार बहोत
अंछर तो है इश्क़ के दो ही लेकिन है बिस्तार बहुत।

———

फ़ुर्सते ख़्वाब नही ज़िक्रे बुताँ में हमको
रात दिन राम कहानी सी सुना करते हैं।

———

तमन्नाए-दिल के लिए जान दी
सलीक़ा हमारा तो मशहूर है

———

ले सांस भी आहिस्ता कि नाजुक है बहोत काम
आफ़ाक़ की इस कारगहे-शीशागरी[180] का

———

कहता था कसू से कुछ तकता था कसू का मुँह
कल मीर खड़ा था याँ सच है कि दिवाना था

———

आलम-आलम इश्क़ो जुनूँ है, दुनिया-दुनिया तुहमत है
दरिया-दरिया रोता हूँ मैं, सहरा-सहरा वहशत है

———

ख़ाक में मिल के मीर अब समझे
बेअदाई थी आसमां की अदा

———

दिल, कि इक क़तरए-ख़ूं नहीं है बेश
एक आलम के सर बला लाया

———

माहियते- दो आलम[181] खाती फिरे है ग़ोते
यक क़तरा ख़ूने-दिल ये तूफ़ान है हमारा

———

उल्टी हो गईं सब तदबीरें कुछ न दवा ने काम किया
देखा इस बीमारी-ए-दिल ने आख़िर काम तमाम किया

———

अहदे जवानी रो-रो काटा पीरी में लीं आँखें मूँद
यानी रात बहुत थे जागे सुबह हुई आराम किया

———

मीर के दीनो-मज़हब को अब पूछते क्या हो उनने तो
क़श्क़ा[182] खैंचा दैर में बैठा कब का तर्क इस्लाम किया

मीर और ग़ालिब के अलग-अलग विशिष्ट रंग के बावजूद इन दोंनों की इश्क़िया शाइरी की जो संयुक्त विशेषता ऊपर के विश्लेषण में बार-बार सामने आती है, यह है कि वह दैहिक सौन्दर्य के घटनाक्रम तक सीमित नहीं रहते अपितु इश्क़ो-मोहब्बत के सामान्य स्तर से बुलन्द हो कर इश्क़िया शाइरी का सम्बन्ध असीमित जीवन से जोड़ते हैं। उनकी शाइरी में महानता के तत्त्व, वास्तव में वहीं से चमकना प्रारम्भ हो जाते हैं जब उसका रुख़ पूरे ब्रह्मांड की ओर हो जाये या उसकी थरथराहटों में वह स्वर सुनायी देने लगे जिसे सार्वभौमिक कहा जा सकता हैं। इस स्थल से यह शाइर अपने असली रूप में हमारे सामने आते हैं और अज़ीम मालूम होने लगते हैं, अपने सृजनशील व्यक्तित्व के एतबार से भी और अपने इश्क़ की परिकल्पना की दृष्टि से भी। उर्दू शाइरी को रुढ़िबद्ध रिवायती गति से स्वतन्त्र कराने और अप्राकृतिक अथवा अफ़लातूनी इश्क़ की परिकल्पना से पृथक करने में मीर और ग़ालिब का बड़ा हाथ है। उन्होंने उर्दू शाइरी को न केवल नैसर्गिक मानवीय एहसास से जोड़ा, अपितु उसे बुलन्दी, गम्भीरता और महानता भी प्रदान की। मीर और ग़ालिब जैसी हस्तियाँ हिन्दोस्तान के वातावरण में ही पैदा हो सकती हैं। इनकी इश्क़िया शाइरी, फ़ारसी के पारम्परिक मार्ग से हट कर है। इन की शाइरी अपने विस्तार, सार्वभौमिकता और विवेक का आधार, अपने व्यक्तिगत सौन्दर्य-विवेक पर रखती है, जिसका तकाज़ा भारतीय आत्मा करती है। हमने पहले कहा था कि भारतीय प्रकृति की अनुभूति मानवीय प्रेम के सम्बन्धों को किसी भी रूप में निशिद्ध नहीं घोषित करती है; और इसका महत्व सदैव स्वीकार किया गया है। काम-भावना की यह स्वतन्त्रता, पतन के समय में विलासिता और इन्द्रिय स्वच्छन्दता की प्रवृत्तियों का रूप भी धारण कर लेती हैं, जैसा कि लखनवी-काल की उर्दू ग़ज़ल में हुआ। भारतवर्ष के शताब्दियों के इतिहास में ऐसी असामान्यताओं के उदाहरण और भी हैं। परन्तु भारतवर्ष में प्रेम की सर्वश्रेष्ट प्रवृत्ति, नैसर्गिक काम भावनाओं की पवित्रता और स्वच्छता की रही है जैसा कि विशेष रूप से मीर और ग़ालिब की शाइरी में मिलता है। भारतीय मस्तिष्क, दैहिक प्रेम/लौकिक प्रेम को न तो घृणास्पद मानता है न तो उसे अध्यात्म से पृथक मानता है, अपितु उस के नैसर्गिक आधार को स्वीकार करते हुए उसकी अनिवार्यता एवं सच्चाई पर दृष्टि रखता है जिससे कि व्यक्ति, इच्छाओं के दबाव और भावनाओं के आवेग में संतुलन के मार्ग से हटकर इन्द्रियों के वशीभूत न हो जाय। काम की परिकल्पना में पवित्रता की इस छूट से प्रेम का स्तर कमोबेश

उपासना का हो जाता है। यह पक्ष मीर की शाइरी में बारम्बार सामने आता है, जहाँ इश्क़ या माशूक़ स्वयं उपासना के योग्य बन गया है और यत्र-तत्र उसका आलोक दिखायी देता है। उसकी बदौलत काम की कल्पना एक ओर निम्न स्तरीय नहीं होने पाती और दूसरी ओर प्रिय का व्यक्तित्व, अन्त:प्रेरणा का स्तर प्राप्त कर लेता है। ग़ालिब की चेतना सार्वभौमिक संगीत के रहस्यों की ज्ञाता है; परन्तु उसके माध्यम पूर्णरूपेण दूसरे हैं, जबकि मीर का प्रिय गोया जहाँ तहाँ कारफ़र्मा है। मीर की शाइरी मानो प्रेम के सत्य और सार्वभौमिकता की तफ़सीर है। वह प्रेम के सामान्यतम अनुभवों और उसकी विशेषताओं का आश्चर्यजनक कौशल रखते हैं जो किसी दूसरे के यहाँ इस सीमा तक सम्भव नहीं है। मीर के मस्तिष्क की यही संरचना उन्हें भारतीय आत्मा और स्वभाव से अत्यधिक निकट ले आती है। इश्क़िया शाइरी के स्तर पर भारतीय मानस और आत्मा से एकरूपता की जैसी क्षमता मीर रखते हैं; वह बेजोड़ है। मीर की भाषा की कोमलता और घुलावट, उनका प्रेममय स्वर, मन्द दु:खभरी लय, स्वभाव की नम्रता एवम धैर्य, हृदयाग्नि, अन्दर ही अन्दर घुलने की गति, तसव्वुफ़ एवं तग़ज़्ज़ुल को एक कर देने का ढंग, तथा ध्यान की कैफ़ियत में समर्पण एवं गुमशुदगी, ऐसी विशेषताएँ हैं जो मीर के सृजनात्मक व्यक्तित्व को भारतीय मानस एवं स्वभाव के लिये अधिक से अधिक क़ाबिल-ए-क़ुबूल बना देती हैं। उर्दू की इश्क़िया शाइरी के सम्राट और 'ख़ुदाये-सुख़न[183], मीर तक़ी मीर ही कहे जाते हैं, जबकि ग़ालिब की महानता का कोण दूसरा है। उनकी प्रज्ञा और विवेक, अर्थवत्ता, गहन दृष्टि, प्रगल्भता, स्वतंत्र-आचारिता और शोख़ी व ज़राफ़त विशेषत: उनकी पहचान है, जिस तक कोई दूसरा नहीं पहुँचता। ग़ालिब के मानस की संरचना का अगर कोई सम्बन्ध भारतीय मानस एवं स्वभाव से हो सकता है तो वह ग़ालिब का चिन्तनमय एवं दार्शनिक आधार है, जिसकी बदौलत भारतीय मानस को चिन्तन मनन और दर्शन से असाधारण लगाव रहा है, और जो भारतीय मानस की जड़ों में रचा बसा है। इस दृष्टि से देखा जाये तो ग़ालिब की सृजनात्मक शक्ति का सम्बन्ध उपनिषदों एवं बौद्धों की चिन्तनशील जुस्तजू और आलौकिक चिन्तनमय गहनता से जुड़ जाता है, जबकि मीर की सृजनशक्ति की अन्त:प्रेरणा, भक्ति के प्रेमाधिक्य और पीड़ा में डूबी हुई है। अन्तत: उर्दू की इश्क़िया शाइरी के सिरमौर जिन्हें हर युग के शाइरों ने सराहा है और जिनकी पैरवी को गौरव का दर्जा दिया है, केवल दो ही हैं अर्थात मीर और ग़ालिब।

सन्दर्भ

1. सूर्य जैसे मुख वाला प्रिय
2. आकाश

3. अन्ततः
4. दुनिया, लोग
5. विवेक, दृष्टि
6. वस्त्र
7. प्रिय के मुख का पर्दा
8. विरह
9. संयोग, मिलन
10. धरती और आकाश
11. विस्तार, बड़ाई
12. हरगिज़, कदापि
13. दूत
14. शक्ति
15. प्रिय
16. ज्योति प्रदान करने वाला सूर्य
17. दोस्त
18. इश्क़ की हैरान कर देने वाली ख़बर
19. बेख़ुदी का बादशाह
20. नग्नता का वस्त्र
21. अक़्ल
22. अदृश्य की दिशा
23. दृश्य
24. दुःख की शाख़ा
25. पाठ
26. सौन्दर्य की हैरानी का उन्माद
27. रौशनी
28. सिराज का बेआवाज़ दिल
29. ख़तरा
30. डर
31. प्राकट्य
32. अस्तित्व
33. आकर्षण
34. सौन्दर्य (प्रिय) का दामन
35. अदृश्य का स्वप्न
36. प्राकट्य का कोलाहल
37. आग जैसी शराब
38. इश्क़ की पाठशाला
39. फ़ना (लीन हो जाने) का पाठ

40. जिन और फ़रिश्ते
41. समुद्र
42. शराब की बज़्म की मस्ती
43. सिवाय प्रिय की निगाह के
44. दिल का जज़्बा
45. पूर्ण
46. आकाश के अंदर से
47. पीड़ा की आवाज़
48. मुट्ठी भर मिट्टी
49. मैं हक हूँ (अहम् ब्रह्मास्ति)
50. ज़िक्र करना
51. आग
52. पूर्ती; तृप्ति
53. ढब
54. चंचल नारी
55. अति सुन्दर
56. शिकार
57. वायु की दिशा बताने वाला मुर्ग़-नुमा यन्त्र
58. कन्घी के दांते
59. प्रिय की निगाह की कैफ़ियत
60. सीना बन्द
61. दु:खी दिल
62. खोलिये, खोला कीजिये
63. बुत की जमा, अर्थात माशूक़; बुत का बहुवचन
64. अफ़सोस
65. लेकिन
66. अफ़सोस
67. जुल्म, प्रिय की बेवफ़ाई
68. पछतावा
69. मुँह
70. यद्यपि
71. एकान्त (माशूक़ के साथ)
72. मज़हबी शख़्स, पाकबाज़
73. परी जैसा प्रिय
74. झूठा, बेवफ़ा
75. नसीहत करने वालों
76. संगी, साथी

77. घुल-घुल कर मरना
78. वर्ना
79. तबाह करना, नकारना
80. मन्दिर, मस्जिद
81. मेहंदी
82. पैर चूमने की इच्छा
83. इश्क़ की तोहमत
83. झूठ-मूठ, बेकार
85. सुन्दरियाँ
86. आदत
87. अत्याचार
88. बर्बाद
89. ऐसा जादू जिसका पता न चले
90. तड़पता हुआ (दिल)
91. ज़ंजीर
92. इश्क़ में दीवानगी का जंगल, रेगिस्तान
93. मुक़ाबला करने वाला
94. उर्दू शाइरी की वह विधा जिसमें ज़माने की ख़राबी और बुराई का ज़िक्र किया जाए
95. ग़ज़ल की दिल को छू लेने वाली वह कैफ़ियत जो ग़ज़ल की जान समझी जाती है
96. आज रात
97. ज़ुल्फ़
98. सुन्दरी
99. हाकिम/अधिकारी का भय
100. थानेदार
101. स्पर्श
102. तिनका, एक प्रकार की घास
103. चुम्बन
104. प्रिय की हिरन जैसी आँखों का शहीद (मारा हुआ) हूँ
105. दिल का खलिहान
106. प्रिय के काले तिल के चुम्बन की चिन्ता
107. मकड़ी
108. शहद की मक्खी
109. प्रकट
110. दिन प्रतिदिन वृद्धि पाने वाला सौन्दर्य
111. आनन्दित
112. मृत्यु के बाद
113. कुर्ते का फटा हुआ दामन

114. शर्म व हया, बदनामी का डर
115. अनुचित नख़रा
116. सुम्बुल का बाग़ (सुम्बुल प्रिय की ज़ुल्फ़ों की उपमा)
117. चाँद सूरज
118. तेरे जलवे ने इस दुनियाँ को रौशन कर दिया
119. जादू की सी रंगा-रंगी
120. ग़ैर, रक़ीब, पराया
121. आँख का चोर इशारा
122. सुख देने वाला
123. अग़यार, ग़ैर का बहुवचन
124. गुप्त पीड़ा
125. स्पष्ट
126. प्रिय की पालकी
127. मोहब्बत, मेल-जोल
128. लम्बाई
129. विरह की रात
130. मेहरबानी, प्यार
131. मोक्ष प्राप्त करने वाला दृष्टिकोण
132. सम्भला हुआ इश्क़ (फ़रज़ाना विपरीत है दीवाना का)
133. बरसात का मौसम
134. शराब का प्याला
135. सुन्दर चेहरे को देखने का शौक़
136. मटक चाल
137. जन्नत का दरोग़ा
138. जन्नत
139. गली
140. ज़िन्दगी
141. अभिप्राय, उद्देश्य
142. जुदाई, विरह
143. मिलन, संयोग
144. सौंदर्य, देखने की लालसा
145. कल्पना, ख़याल
146. ख़याल की सुकुमारता
147. रात की शराब
148. सुबह सवेरे की नींद का मज़ा
149. प्रिय की दिलफ़रेब चाल के निशान
150. प्रिय की चाल की मौज भी गोया धरती पर फूल बिखेर गई

151. वासनिक व्यक्ति
152. सच्चे आशिक़ की चाहत की इज़्ज़त
153. प्रबन्धन, संयोजक
154. औचित्यपूर्ण
155. वाह्य, अन्तर आदि, अन्त
156. भंवर
157. तूफ़ान पैदा करने वाला
158. लहरों का प्रकम्पन
159. युग
160. दिल का टूटना
161. आडम्बर, कृत्रिमता
162. निराशा से जाने वाला
163. तबीयत
164. मेरी तबीयत दु:खों की लज़्ज़त की मुश्ताक़ है
165. आधा खींचा हुआ तीर
166. (समय की) हर मौज के जाल में सैंकड़ों मगरमच्छ मुँह खोले हुए हैं।
167. शराब के जाम की ख़ुशी
168. बदनामी की गली का फेरा
169. स्वाभिमान, अहंकार
170. पलकों की तेज़ अनी
171. शराब के नशे की रौनक़
172. प्रिय का स्मरण
173. शौक़ (इश्क़ या जिन्दगी से आनन्दित होने का जज़्बा) जो दरिया के बहाव की तरह बेक़ाबू हो
174. इश्क़ की इज़्ज़त का लिहाज़
175. सुबह की हवा
176. रोती हुई आँख
177. गुलाबी शराब का प्याला, मीर कहना चाहते हैं कि दु:खों से दिल ख़ून हो गया, अर्थात पीड़ा की इस 'गुलाबी' से वह जीवन भर मस्त रहे)
178. पैरों के छालों की शिकायत
179. वादा वफ़ा करने तक
180. यह दुनिया एक काँच-घर के समान है
181. लोक-परलोक की असलीयत
182. तिलक
183. शाइरी के बादशाह

तृतीय अध्याय

उर्दू ग़ज़ल का इश्क़िया पक्ष

तस्व्वुरे हुस्नो जमाल

(रूप व सौन्दर्य सम्बन्धी अनुभूति एवम परिकल्पना)

इश्क़ की परिकल्पना के समान उर्दू ग़ज़ल के रूप और सौन्दर्य की परिकल्पना भी बड़ी हद तक हिन्दुस्तानी वातावरण के द्वारा पुष्पित एवं पल्लवित हुई है। उर्दू ग़ज़ल के बारे में यह भ्रम अफ़सोसनाक हद तक आम है कि उसका महबूब फ़ारसी ग़ज़ल या ईरानी ग़ज़ल से ज्यों का त्यों ले लिया गया है और सौन्दर्य अनुभूति विदेशी है।

इसमें सन्देह नहीं कि उर्दू ग़ज़ल में औपचारिक और परम्परागत ढंग से महबूब की ईरानी परिकल्पना का चलन रहा है; परन्तु शनैः शनैः यह परिकल्पना परिदृश्य में चली गयी। उर्दू-ग़ज़ल उस समय परीक्षणों के उतार-चढ़ाव से गुज़र रही थी; उसकी लय और मिज़ाज निर्धारित नहीं हुआ था। उस से पूर्व वह दक्षिण में महबूब की भारतीय परिकल्पना को आज़मा चुकी थी। उत्तरी भारत में, क्योंकि ईरानी संस्कृति का प्रभाव और फ़ारसी शाइरी का रिवाज अपेक्षाकृत अधिक था अतएव उर्दू ग़ज़ल में रूप और सौन्दर्य की ईरानी परिकल्पना राह पा गई। उधर उसे 'मज़हर परस्ती' की सूफ़ियाना परम्परा से भी सहायता मिली थी परन्तु यह परिकल्पना, देशी मानसिक प्रकृति और स्वभाव के सन्दर्भ में बेजोड़ थी। इसलिये यह स्थायी हैसियत नहीं प्राप्त कर सकी; और मीर व सौदा के बाद प्रचलन में नहीं रही।

वास्तविकता यह है कि उर्दू ग़ज़ल ने सौन्दर्य-अनुभूति की भारतीय और ईरानी दोनों राहों पर चल कर देखा और उनमें से कोई भी राह उसे रास नहीं आई। भारतीय अन्दाज़ का परित्याग इसलिए करना पड़ा कि उसमें काफ़ी खुला-डुलापन था और वह मिलेजुले हिन्द-ईरानी तौर-तरीक़ों अर्थात पर्दे इत्यादि के चलन के विरुद्ध थी और ईरानी अथवा फ़ारसी अंदाज़ इसलिए स्वीकृति-योग्य नहीं ठहरा क्योंकि वह बड़ी हद तक अप्राकृतिक था; और भारतीय मानस की सौन्दर्य सम्बन्धी अपेक्षाओं को पूरा करने के योग्य नहीं था (क्योंकि उसमें 'मज़हर' (महबूब) की परिकल्पना 'नौजवान सुन्दर लड़के' की थी)। अतएव उर्दू ग़ज़ल ने बीच का रास्ता इख़्तियार किया और बड़ी हद तक ईरानी तथा भारतीय परिकल्पनाओं के सम्मिश्रण से एक नयी परिकल्पना निर्धारित की। यह न विशुद्ध रूप से देशी है और न शत-प्रतिशत

ईरानी, अपितु इसकी प्रकृति दोनों के रचनात्मक ख़मीर से बनी है। इस का उत्तरदायित्व एक ऐसे मिले जुले समाज की अपेक्षाओं को पूरा करना था जिसमें हिन्दू भी सम्मिलित थे और मुसलमान भी। देशी सौन्दर्यानुभूति, समलैंगिक सौन्दर्य को स्वीकृति नहीं प्रदान करती (चाहे वह भाषा के अलंकारिक तौर-तरीक़ों के कारण क्यों न हो), अतएव रूप और सौन्दर्य की भारतीय-ईरानी परिकल्पना के अन्तर्गत, उर्दू ग़ज़ल में महबूब का जो मानसिक चित्र प्रस्तुत किया जाता है उसका सम्बन्ध ईरानी अमरद्-परस्ती (नौजवान सुन्दर लड़के का चित्रण) से न होकर देशी नारी-संसार से है। परन्तु क्योंकि रूप की दैहिकता से सम्बन्धित मामलों और विशेषताओं का उन्मुक्त वर्णन हिन्द-ईरानी मिलेजुले समाज में बुरा समझा जाता था, अतः उसके वर्णन मे पुल्लिंग क्रियाओं का निर्धारण जारी रहा, ताकि माशूक़ की ज़ात पर पर्दा पड़ा रहे, और वह सामने न आये। इसका एक भाषायी कारण यह भी था कि फ़ारसी में क्रिया का पुल्लिंग एवं स्त्रीलिंग है ही नहीं, अतः उर्दू में भी महबूब के लिये पुल्लिंग क्रिया का प्रयोग औपचारिकतावश जारी रहा। ग़ज़ल का स्वभाव वैसे भी प्रतीकात्मक एवं लाक्षणिक है जो वर्णनात्मकता की अनुमति कम ही देता है। परिणामतः पुल्लिंग व्याकरणिक ढाँचा उर्दू ग़ज़ल को रास आ गया और शैनः शनैः यह व्यवस्था सदैव के लिये निर्धारित हो गयी। परन्तु पुल्लिंग क्रियाओं का मतलब लिंग प्रधान नहीं है, अर्थात माशूक़ एक व्यक्ति-मात्र है, यूनीवर्सल एब्सट्रैक्ट (आसानी से पकड़ में न आने वाला) चिह्न जो माशूक़ से ज्यादा माशूक़ का इमेज-मात्र है। लेकिन ये इमेज हर एतबार से माननीय है, और कभी-कभी अपनी ईरानी सज-धज के बावजूद सर-तासर हिन्दुस्तानी है। इसका विस्तारपूर्वक वर्णन आगे आयेगा।

महबूब की यह हिन्दुस्तानी परिकल्पना सर्वप्रथम 'वली' के यहाँ मिलती है। 'वली' की शाइरी का एक भाग ऐसा भी है जिसमें भारतीय और ईरानी परिकल्पनाओं के सामंजस्य से एक नया रंग पैदा हो गया है, जिसका प्रभाव दिल्ली के प्रारम्भिक शाइरों पर भी पड़ा। यह रंग श्लेष (ईहाम गोई) को प्रयुक्त करने वालों और हातिम तथा मज़हर जाने-जानाँ के युग में ईरानी तत्त्वों की अधिकता के कारण कुछ दब सा जाता है, परन्तु मीर और सौदा के समय से अपने स्थान को स्थाई रूप से प्राप्त कर लेता है। उसके बाद से यह मिला-जुला हिन्दुस्तानी रंग उर्दू ग़ज़ल के हर युग में बराबर मौजूद रहा है।

अब पहले हम भारतीय और ईरानी परिकल्पना का संक्षिप्त वर्णन करेंगे। बाद में उर्दू ग़ज़ल की बुनियादी सौन्दर्य कल्पना की विस्तृत चर्चा करेंगे।

दकनी शाइरी में महबूब की हिन्दी यानी देशी परिकल्पना का आधिक्य है, दकन और गुजरात के उर्दू शाइर अधिकतर, अहमदाबाद, गोलकुन्डा, बीजापुर और

औरंगाबाद के इलाकों के निवासी थे। इन इलाकों के मिले-जुले समाज में ईरानी तत्त्वों का वह आधिक्य नहीं था जैसा कि उस समय के देहलवी मुग़ल-अधीन समाज में था। बहमनी, आदिलशाही और क़ुतुबशाही सम्राटों के युग में दकन में समन्वयवाद की जो फ़ज़ा तैयार हुई थी; उसमें भारतीय देशी मूल्यों और स्थानीय परम्पराओं को पग-पग पर मान्यता प्राप्त थी। अतएव अतः इस युग की दकनी शाइरी में भी इश्क़ व आशिक़फ़ के वही विषय और सौन्दर्य के वहीं स्तर अपना लिये गये जो क्षेत्रीय गुजराती, मराठी अथवा तेलंगी शाइरी में उपलब्ध थे। फ़ारसी ग़ज़ल में महबूब या तो किशोर था या लिंग विशेष की प्रमुखता नहीं थी। इसके विपरीत दकनी ग़ज़ल में खुले तौर पर उसे नारी के रूप में पेश किया गया। जैसा कि पहले कहा गया है फ़ारसी क्रियाओं में स्त्रीलिंग और पुल्लिंग में कोई भेद नहीं है परन्तु उर्दू में, हिन्दी एवं दूसरी इन्डिक भाषाओं की तरह यह व्यवस्था है। अतएव दकनी शाइर, महबूब के लिए स्त्रीलिंग क्रियाओं का प्रयोग करने लगे; और स्थानीय महबूब अपने सौन्दर्य सम्बन्धित समस्त सभी विषयों एवं सजधज के साथ दकनी ग़ज़ल में आलोकित दिखाई देने लगा। यह प्रवृत्ति, मुहम्मद क़ुली क़ुतबशाह से ग़व्वासी तथा नुसरती तक बराबर जारी रही।

मुहम्मद क़ुली की कल्पना, पूर्णरूप से भारतीय थी। डॉ. ज़ोर के कथनानुसार हिन्दुस्तान से बाहर उस के लिए बहुत कम 'मोहनी' थी। चूँकि वह एक तैलंग स्त्री के पेट से पैदा हुआ था, अतः स्थानीय संस्कार एवं अनुभूतियाँ उत्तराधिकार में मिली थीं। उस के हरम में मुसलमान बेगमों के अतिरिक्त दकनी हिन्दू रानियों की भी बड़ी संख्या थी। चिचलम की हिन्दू नृत्याँगना भागमती से उसके प्रेम की कहानियाँ आज तक प्रसिद्ध है। वह स्वयं कहता था कि वह बना ही इश्क़-व-आशिक़ी के लिए था। अपनी शाइरी में भी उसने अपने संस्कारों एवं प्रवृत्ति का ख़ूब-ख़ूब पता दिया है।

मुहम्मद क़ुली की दक्षता यह है कि उसने अपनी शाइरी में स्थानीय भौतिकता एंव दैहिकता को प्राथमिकता दी है। वह सौन्दर्य की सुखान्त अन्तःप्रेरणा को शेर के साँचे में ढालने का असीमित कौशल रखता है, इससे रंग और रस की ऐसी फ़ज़ा तैयार करता है कि दीदा-ओ-दिल दोनों उसमें आत्मसात हो जाते हैं।

मुहम्मद क़ुली का महबूब, कमसिन या कम उमर नहीं है। यह सौन्दर्य एवं भरपूर यौवन की एक प्रमत्त धारा है जिसकी रंगीनी और रसवत्ता से सारा वातावरण आप्लावित है। यह बेदर्द सही परन्तु दर्द-आशना भी है। उसकी निस्पृहता में नैकट्य और उसकी क्रूरता में विवेक-कर्म है। मुहम्मद क़ुली ने उस के रसमय श्रेष्ट चित्र 'बारह पियारियाँ' में प्रस्तुत किये हैं। उस की ग़ज़ल का मैख़ाना भी महबूब की इसी कल्पना से आबाद है। कहीं यह दकन की 'कोनली' सखी है, जिस का रंग कुंदनी है, दांत नौरत्न जड़े हैं, बात कटारी है और चोटी नागिन है, और कहीं यह भारतीय

गोरी है..., मृगनैनी, अमृत वचनी, गुणभरी। यह रंग रूप के बाग़ की कली है। उस की मदमस्त चाल, हाथी को शर्माती है। उस का मुख सूरजमुखी है। कपोल, कमल हैं और भौंहें उन पर झुके हुए भौंरे। साड़ी बेल की तरह उस के शरीर से लिपटी हुई है और यौवन की शाखा पर जोबन के मदमाते फल लगे हैं। उस के 'उतावलेपन' में, उस की कोंपली कुच में, उसके चरण, उसके चलन और उसके हिलन-डुलन में ऐसी प्रमत्ता एवं मादकता पायी जाती है कि उसका विश्लेषण आसान नहीं। कुछ शेर प्रस्तुत हैं:

तुझ मुख कंवल पे फिरता है भौंरा होकर अकास
दीवे पे जूँ पतंग फिरे बेख़ाबर अकास

———

चढ़ी है नेह की मस्ती सखी कूँ पिऊँ के संग ते
चरन सरख़ुश, चलन सरख़ुश, हिलन सरख़ुश, डुलन सरख़ुश

———

तेरे क़द सिदरह-ओ-तूबा नमन सचला सुहाता जो
लगे नवरस भरे मेवे रंगीली तुज कूँ ओ दो कुच

———

तू सोला सिंगारा कूँ जब पैन आये
तुझे देख कर पाये ऐशां आनन्द

———

बाली सुन्दर आली अहे गुलाल की डाली अहे
बालां की महकारी सुहें, जिस मुख गुलाली अहे

———

कोनली बाली नेह में उतावली खड़ी
इश्क़ उताली सूँ पिया तें मद भरी

———

बचन बोले रंगीली जैसे मोती
कि जिस मोतियाँ सूं जियू दमसाज़ बाइस

———

नबी सदक़े क़ुतुब शा कूँ छंदाँ सूँ
रंगीली, मोहनी, सुन्दर रिझाई

———

भारतीय शाइरी में इश्क़ के भावों की प्रस्तुति प्राय: नारी की ओर से होती है। मुहम्मद क़ुली क़ुतुब शाह के यहाँ यह अंदाज़ उपलब्ध है:

अंगन काच पर मोती चोती बिछाऊँ
कि साईं के फुल पग उस ऊपर बनाई

———

गगन के तबक़ मोतियाँ सूँ भरी हूँ
पियार आरती ताईं पिउ कूँ बुला मुंज

———

खव्वा फड़के आवेंगे मन हरना
लगूगी आज पिया के चरना

———

तुमन बिन देस मुंज निस है, तुमन सूँ रैन मुंज दिन है
खड़ी इक पाँव पर हूँ जूँ सरो मिलने की उतावली में

———

छबीली है सूरत हमारे सजन की
किया पोतली उस कहूँ अप नयन की
क्यूँ पड़िया गर्द चमन का तेरे दामन पर पिया
ढ़लें वो गर्द की ख़ातिर अंझवाँ नैन ते बाहर

दकनी शाइरी में महबूब की भारतीय परिकल्पना के कुछ और उदाहरण इस प्रकार हैं:-

वजही

ताक़त नहीं दूरी की अब तूं बेगी आ मिल रे पिया
तुज बिन मुझे जीना बहोत होता है मुश्किल रे पिया
खाना बिरह कीती हूँ मैं, पानी अंझू पीती हूँ मैं
तुज ते पिछड़ जीती हूँ मैं क्या सख़्त है दिल रे पिया
हर दम तू याद आता मुझे, अब ऐश नैं भाता मुझे
बिरहा लो संताता मुझे, तुज बाज तिल तिल रे पिया

———

ग़व्वासी

पिया बाज प्याला पिया जाये ना
पिया बाज यक तिल जिया जाये ना
कैते हैं पिया बिन सबूरी करूँ
किया जाये जा ना किया जाये ना
सजन यूं मेरा मुज सूं बेदिल हुआ

हर इक तल मुझे यूँ कहा जाये ना

———

नुसरती

मग़रूर बेख़बर है हद सूं मदन की बाली
आलम के जियो लेने, लोचन में है सो लाली
कड़वे बचन हँसी में यूँ ओ छुपा लजावे
करते हैं मुख मिठा ज्यूँ दारू पिला कसाली

हाशिमी

सजन आवें तो पर्दे के निकल कर बाहर बैठूँगी
बहाना करके मोतियाँ का पिरोती हार बैठूँगी
ऊनों यहाँ आओं कहेंगे, तो कहूँगी काम करती हूँ
इठलती होर मठलती चुप घड़ी दो चार बैठूँगी

———

वली

मत .गुस्से के शोले सूँ जलते कूँ जलाती जा
टुक मेहर के पानी सूं यो आग बुझाती जा
तुझ चाल की क़ीमत सूं नईं दिल है मेरा वाक़िफ़
ऐ नाज़ भरी चंचल टुक भाव बताती जा
इस रात अंधारी में मत भूल पड़ूं तिज सूं
टुक पाँव के झांझे का आवाज़ सुनाती जा
तुझ मुख की परसतिश में गई उम्र मेरी सारी
ऐ बुत की पुजनहारी इस बुत को पुजाती जा
तुझ इश्क़ में दिल जल कर जोगी की लिया सूरत
यक बार इसे मोहन छाती सूँ लगाती जा

———

धनाले बाल बाले के बला की बेल हैं गोया
जनम आशिक़ कुशी करना सखी के खेल हैं गोया

———

उस गुन भरी चंचल ने लिया मुख पे जब आँचल
.कुरबान किया उस पे शहे – ख़ावरी[1] के तईं

———

तेरे बिन मुजकूं ऐ साजन यू घर और बार करना क्या
अगर तू न अछे मुजकूं तो यो संसार करना क्या

तुम्हीं मिलने सूं गर अपने सुहागन न करोगे मुझ
तो जूड़ा गजगरी का और करेला धार करना क्या

———

वली के युग में मुग़ल विजयों के कारण दकन के समाज में हिन्द-ईरानी तत्त्वों का प्रभाव बढ़ने लगा था। 'वली' ने न केवल दकन में यह प्रभाव स्वीकार किये अपितु उत्तरी-भारत की यात्रा के दौरान भी उनसे परोक्ष रूप से प्रभाव ग्रहण किया। जैसा कि किंवदन्ती है दिल्ली में उन्हें शाह सादुल्ला 'गुलशन' ने जो सलाह दी थी,[2] उन्होंने इस का पूर्णरूपेण अनुपालन किया और स्थानीय देशी विचारधाराओं के साथ-साथ फ़ारसी विषयों को भी ग़ज़ल में बांधना प्रारम्भ किया। फ़ारसी विषय 'वली' से पूर्व भी दकनी शाइरी में प्रयुक्त होते थे, परन्तु उनकी हैसियत प्रभावी तत्त्व की नहीं थी। 'वली' के बाद उर्दू शाइरी में फ़ारसी प्रभावों का अधिक्य होने लगा।

'वली' के प्रभाव से दिल्ली में जो शाइरी प्रारम्भ हुई उसमें देसी शब्द और विचारधाराएँ बड़ी सीमा तक दब गयीं। फ़ारसी शीर्षकों एवं विषयों की ऐसी बाढ़ आयी कि देसी तौर-तरीक़े समाप्त होने लगे। उर्दू ग़ज़ल में हिन्दी नारी का स्थान अब उस किशोर (अमरद) ने ले लिया जो ईरान की मधुशालाओं में साक़ी-गिरी का काम करता था। पिया, पिउ, पीतम, साजन और मनहरन जैसे शब्द 'मीर' और 'सौदा' के युग तक प्रयुक्त तो होते रहे[3], लेकिन उनके पहले वाले अर्थ समाप्त हो गये; और उनमें प्राप्त होने वाली महबूब की वह परिकल्पना नहीं रही जो मुहम्मद क़ुली और दूसरे दकनी शाइरों के यहाँ थी।

'हातिम' और 'आबरू' का युग वास्तव में उर्दू शाइरी में प्रतिक्रिया का युग है। वली की शाइरी के प्रभाव दिल्ली पहुँचने से पूर्व दिल्ली के शाइर एक मानसिक द्वन्द्व के शिकार थे। ये रेख़्ता को निम्न श्रेणी की चीज़ समझते थे और फ़ारसी में शाइरी करने की कोशिश करते थे, परन्तु ईरानी शाइर उनकी फ़ारसी-दानी को मान्यता नहीं देते थे। जिस कारण ये एक प्रकार की हीन भावना से ग्रस्त थे। 'वली' की ग़ज़ल ने पहली बार उर्दू की क्षमताओं को प्रकाशित किया, अत: विद्वज्जन एवं जनसाधारण फ़ारसी को त्याग कर उर्दू को अपनाने लगे। अब ईरान से आने वालों के समक्ष अपनी श्रेष्ठता और गुरूता को प्रदर्शित करने का केवल यही रास्ता था कि फ़ारसी के विषयों और शीर्षकों को वैसी ही सुकुमारताओं और कोमलताओं से उर्दू में बांध कर प्रस्तुत किया जाये। यह प्रवृत्तियाँ दिल्ली के पूर्ववर्ती शाइरों के प्रथम काल में तीव्रता से क्रियाशील रहीं। ग़ज़ल की सौन्दर्य सम्बन्धी रुचि पर इसका प्रभाव यह हुआ कि देशी महबूब के हुस्नो शबाब (रूप एवं यौवन) के स्थान पर अब ईरानी किशोर की कमसिनी और सादा-रवी का वर्णन होने लगा; परन्तु इन परिकल्पनाओं को जिस चीज़ ने स्थापित किया वह पारम्परिक तसव्वुफ़ का चलन था।

जैसा कि पहले कहा जा चुका है, तसव्वुफ़ उस युग में संस्कृति और नैतिकता का स्रोत समझा जाता था। शाइरी पर भी उसका गहरा प्रभाव था। वैसे तो उर्दू शाइरी के हर युग में तसव्वुफ़ का प्रभाव रहा है परन्तु क़दीम शाइरों यानि, वली से मीर और सौदा के युग तक शाइरी और दरवेशी का चोली दामन का साथ था।

तसव्वुफ़ में ख़ुदा तक पहुँचने का एकमात्र माध्यम इश्क़ है। इश्क़े-हक़ीक़ी के लक्ष्य तक पहुँचने के लिये मन की शुद्धता और हृदय की निर्मलता आवश्यक है जो दैहिक प्रेम (मजाज़) ही के मार्ग से सम्भव समझी जाती थी। दैहिक प्रेम का अस्तित्व इसलिए समक्ष रहता था कि उसकी अनुभूति से दिल चोट खाता रहे और प्रेम की आला एवम उच्च स्तरीय भावनाएँ पैदा होती रहें। डॉ. नूरुल हसन हाशिमी के कथनानुसार:

> ''इस साधना में उमूमन तीन बातें समक्ष आती हैं। प्रथम तो यह कि कुछ साधक उपासना और इन्द्रिय निग्रह के कारण उसमें सफल हुए और उन्होंने संसार और उसकी सांसारिकता पर एक अनन्त विवेक प्राप्त कर लिया। उनके इश्क़ का दायरा ऐसा विस्तृत हो गया कि न आशिक़ की क़ैद रही न माशूक़ की और अन्ततः ख़ुदा से लौ लग गयी। ऐसे श्रेष्ठ और ख़ुदा का सामीप्य ग्रहण करने वाले बुज़ुर्गों की संख्या बहुत ही कम है। दूसरे ये के कतिपय साधक अपने दैहिक प्रिय के अस्तित्व से आगे नहीं बढ़ सके; और उसकी उष्णता एवं उसका प्रेम, उनके जीवन और ज़ौको-शौक़ का आधार बना। उनकी संख्या भी बहुत अधिक नहीं है। तीसरे, वह लोग जो अपने-आपको क़ाबू में नहीं रख सके और दैहिक प्रेमोपासना के स्थान पर दैहिक-भोग पर उतर आये। इन्द्रियों को वश में करना चूँकि अति दुष्कर कार्य है, अतः यह गिरावट बहुत आम हो गयी, अपितु एक फैशन सा बन गयी।''[4]

पूर्ववर्ती कवियों में से कई कवि दैहिक प्रेम में व्यवहारिक रूप से लिप्त थे। उनमें से ताबाँ, अहमद यार, रुसवा, ज़िया, सलाहुद्दीन पाकबाज़ और मीर हसन के नाम उल्लेखनीय हैं। दैहिक रुपोपासना की इस परम्परा के सिरमौर 'आबरू' हैं। मुहम्मद मक्खन से उनकी मित्रता प्रसिद्ध थी। उर्दू शाइरों की एक बड़ी संख्या ऐसी भी थी जो केवल औपचारिकतावश अथवा परम्परानुसार इस प्रकार के विषयों को कविता में बांध लेते थे; परन्तु यह परम्परा स्थानीय हिन्दुस्तानी, सौन्दर्यानुभूति से सम्बन्ध नहीं रखती थी; इसलिये शनैः शनैः समाप्त हो गयी। ईरानी मधुशालाओं के 'साक़ी' की यह अनुकृति और तसव्वुफ़ के बिगड़े हुए किशोर प्रेम का यह रूप, 'मीर' और 'सौदा' के बाद से समाप्त होने लगा। 'मुसहफ़ी', 'इंशा', और 'जुर्रत' के युग तक यह रंग पूर्ण रूप से समाप्त हो गया। वैसे मध्यवर्ती एवं बाद के कवियों

के यहाँ कहीं- कहीं इसकी झलक दिखायी देती है; परन्तु यह परम्परागत और औपचारिक है और अतीत की अनुगूंज मात्र है, वास्तविक शाइरी से इसका कोई सम्बन्ध नहीं।

सौन्दर्य और यौवन की जिन दो शैलियों का ऊपर वर्णन किया गया है यह दोनों अधिक समय तक ग़ज़ल का साथ नहीं दे सकीं। हिन्दुओं और मुसलमानों के आपसी सम्पर्क और मेल-जोल से जो नया समाज अस्तित्व में आया था उसकी भावनात्मक और सौन्दर्यात्मक सन्तुष्टि इन दोनों में से किसी से नहीं हो सकती थी। सौन्दर्य की उन्मुक्त विचारधारा पर्दे के विरुद्ध थी; और उसका ईरानी रंग, भारतीय स्वभाव के अनुकूल नहीं था। नयी सांस्कृतिक और सामाजिक परिस्थितियाँ नयी परिकल्पनाओं की माँग कर रही थीं। उस समय वही विचारधारा और कल्पना सफल हो सकती थी जिसमें दोनों सांस्कृतिक परम्पराओं का आदर हो। इसका पहला स्पष्ट प्रमाण वली के कलाम में मिलता है।

वली की शाइरी, क़ुतुबशाही और आदिलशाही सल्तनतों के प्रादुर्भाव के युग में अस्तित्व में आती हैं। सत्तरहवीं शताब्दी के अन्त तक दकन, मुग़ल साम्राज्य में सम्मिलित हो चुका था। इसके बाद दिल्ली और दकन के सम्बन्ध पुनः जीवित हुए और सूरत, अहमदाबाद और औरंगाबाद पर दिल्ली की संस्कृति और जीवन पद्धति का गहरा प्रभाव पड़ने लगा। उर्दू शाइरी पर इसका यह असर हुआ कि दकनी के स्थान पर उत्तरी हिन्दुस्तान में बोली जाने वाली उर्दू प्रचलित होने लगी। देशी शब्दावली एवं विचारधाराओं का प्रभाव कम हो गया और नये ईरानी प्रभाव क्रियाशील होने लगे। वली की शाइरी का अधिकांश भाग पुराने और नए के इस समन्वय का परिणाम है। 'वली' का कौशल यह है कि उसने ग़ज़ल में भारतीय एवं ईरानी विचारधाराओं के इन दो प्रवाहों को जो अब तक अलग-अलग बह रहे थे मानो एक कर दिया।

भाषा की तरह विचारधाराओं की दृष्टि से भी 'वली' की शाइरी में तीन रंग विशेष रूप से स्पष्ट हैं। इस का प्रारम्भिक भाग ठेठ दकनी रंग में है। ऐसे शेरों में, सामान्यतः महबूब की स्थानीय परिकल्पना दृष्टिगोचर होती है, जिसकी ओर पहले संकेत किया गया। दूसरा भाग फ़ारसी के अनुसरण और तसव्वुर की अपेक्षाओं को प्रकाशित करता है। इसमें 'वली' ने अपने ख़ास-ख़ास किशोर मित्रों का वर्णन प्रायः किया है; परन्तु शाइरी के विकास के साथ-साथ 'वली' की भाषा जैसे-जैसे उत्तरी हिन्दुस्तान की उर्दू-ए-मुअल्ला से निकटतम होती गयी, महबूब की यह परिकल्पना भी एक अत्यधिक परिमाजित हिन्द-ईरानी विचारधारा के लिए स्थान रिक्त करने लगती है। 'वली' का विशुद्ध और स्थाई रंग इसी परिकल्पना का द्योतक है। उसके अंतर्गत महबूब के नारी-गुण और सौन्दर्य के वैभव का वर्णन तो किया जाता है परन्तु

उसके लिये पुल्लिंग क्रियाएँ प्रयुक्त की जाती हैं (जैसा कि रिवाज था), और वर्णन में कहीं भी हिन्द-ईरानी सुकुमारता एवं कोमलता हाथ से जाने नहीं पाती। चूँकी यह रंग ऐतिहासिक और सांस्कृतिक आवश्यकताओं ने पैदा किया था, अतः आगे चल कर उर्दू ग़ज़ल में यह एक महत्वपूर्ण तत्त्व के रूप में स्थापित हुआ। पहले 'वली' के कलाम से इसके उदाहरण देखिए -

सजन तुम मुख सती खोलो निक़ाब, आहिस्ता आहिस्ता
कि ज्यों गुल सूं निकसता है गुलाब, आहिस्ता आहिस्ता
अया निकहत की गर्मी सूं पसीना जब ज़नख़दां पर[5]
कि ज्यूं ख़ुम[6] से निकसती है शराब, आहिस्ता आहिस्ता
हज़ारों लाख ख़ूबा[7] में सजन मेरा चले यूँ कर
सितारों में चले ज्यूं माहताब, आहिस्ता आहिस्ता
सलोने, सांवरे पीतम, तेरे मोती की झलकाँ ने
किया अक़्दे सुरैय्या[8] कूँ ख़राब आहिस्ता आहिस्ता
अजब कुछ लुत्फ़ रखता है, शबे-ख़लवत में गुलरू सूँ
ख़िताब आहिस्ता आहिस्ता जवाब आहिस्ता आहिस्ता

———

क्यूं कि हासिल हो मुझ कूँ जम-ईयत[9]
ज़ुल्फ़ तेरी क़रार खोती है

———

वली उस गौहरे - काने - हया[10] की क्या कहूँ ख़ूबी
मेरे घर इस तरह आता है ज्यूँ सीने में राज़ आवे

———

गुल हुए ग़र्क़े-आब शबनम में
देख उस साहिबे-हया[11] की अदा

———

वो है गुलज़ारे-आबरू का गुल
हक़ ने जिस को दिये हया के नैन

सिराज औरंगाबादी

मुश्ताक़ हूँ मैं तेरी फ़साहत[12] का वलेकिन
रांझा के नसीबों में कहाँ हीर की आवाज़

———

पुतली हमारी नैन के झरोके में बैठ के
बेकल हो झांकती है पियारा कब आयेगा

———

रुख़्सारे – यार हलक़ाये – काकुल में है अयाँ[13]
या चाँद है सिराज अमावस की रात का

———

है तेरे क़द पे ज़ुल्फ़ ख़म दर ख़म
नख़्ले-संदल पे नाग जूँ लटके

———

तेरा रुख़ देख के जल जाये जल में
कहाँ ये रंग ये ख़ूबी कंवल में

———

फाइज़ देहलवी

वो चिराग़ाँ, वो चाँदनी की रात
सैर, हत फूलो फुलझड़ी है याद
हो दिवाना जंगल में क्यूँ न फिरे
जिसको वो साय-ए-परी है याद

———

मेरा दिल बंद है उस नाज़नीं पर
अजब उस ख़ुशलक़ा[14] में एक आं[15] है

———

मेरे दिल बीच नक़्शे नाज़नीं[16] है
मगर ये दिल नहीं यारो नगीं है

———

तुझ बदन पर जो लाल साड़ी है
अक़्ल उस ने मेरी बिसारी है
बाल देखे हैं जब सूँ मैं तेरे
ज़ुल्फ़ सी दिल को बेक़रारी है
ओढ़नी ऊदी पर किनारी ज़र्द
गिर्द शब के सूरज की धारी है
कहरो लुत्फ़ो तबस्सुमो ख़ंदा[17]
तेरी हर एक अदा प्यारी है
तिरछी नज़रों सूँ देखना हँस हँस
मोर से चाल तुझ नियारी है

———

पहले कहा जा चुका है कि पूर्ववर्त्तियों के यहाँ किशोर के सौन्दर्य और किशोरोपासना का वर्णन फ़ारसी शाइरी की नक़्क़ाली और तसव्वुफ़ की गर्मागर्मी का परिणाम था; जिस की तीव्रता एक विशेष अवधि के बाद शेष नहीं रही। यह एक तरह का सामयिक और अस्थायी सिलसिला था। उर्दू ग़ज़ल की सौन्दर्य सम्बन्धी परिकल्पना का वास्तविक रंग वही था जो 'वली' की शाइरी में स्थापित हो चुका था। श्लेष के सर्जकों के युग में और 'मीर' तथा 'सौदा' के कई समकालीन शाइरों के यहाँ, वाह्य रूप से सौन्दर्य की ईरानी परिकल्पना मिलती है। परन्तु भीतर ही भीतर सौन्दर्य की वह परिकल्पनाएँ जो हिन्दी और ईरानी विचारधाराओं के मिश्रण से पैदा हुई थीं, दृढ़ हो रही थीं। अतएव 'मीर' और 'सौदा' के युग में जब उर्दू ग़ज़ल ने अपना संतुलन पा लिया और उसका स्वर और लय तथा काव्यात्मक धारणाएँ स्थापित हो गयीं, तो रूप एवं सौन्दर्य की गंगा-जमनी परिकल्पना की वह धारा जो 'वली' की ग़ज़ल से फूटी थी, और कुछ अवधि तक अन्दर ही अन्दर बहती रही अब पूर्णत: स्थायी रूप से प्रत्यक्ष रूप से बहने लगी। इसके सोते उस संस्कृति से फूटे थे जो हिन्दुओं और मुसलमानों के समन्वय से पैदा हुई थी। सौन्दर्य की इस परिकल्पना में वही समन्वय एवं सुकुमारता है जो 'जायसी' की शाइरी में या सीकरी और ताज के आर्ट में है। नीचे पूर्ववर्ती शाइरों के कलाम से उसके कुछ उदाहरण प्रस्तुत किये जाते हैं:

आबरू

जब चमन में जा के प्यारे, तुम ने ज़ुल्फ़ें खोलियाँ
ले गयी बादे-सबा ख़ुशबू की भर-भर झोलियाँ

———

आया है सुब्ह, नीन्द से उठ रसमसा हुआ
जामा गले में रात का फूलों बसा हुआ

———

गली अकेली है और ये अन्धेरी रातें हैं
अगर मिलो तो सजन सौ तरह की बातें हैं

———

लटक चलना सजन का भूलता नईं अब तलक मुझको
तरह वो पाँव धरने की, मेरी आँखों में फिरती है

———

देखो तो जान तुम को मनाता हूँ कब सती
बोलो ख़ुदा के वास्ते टुक लाल लब सती

———

हातिम

मिल मिल के रुठ जाना और रुठ रुठ मिलना
ये क्या ख़राबियाँ हैं, क्या जग हंसाइयाँ हैं
टुक टुक सरक सरक कर आ बैठना बग़ल में
क्या अचपलाइयाँ हैं और क्या ढिटाइयाँ हैं
ज़ुल्फ़ों का बल बना के आँखें चुरा के चलना
क्या कजअदाइयाँ हैं क्या कम निगाइयाँ हैं
आंचल उठा के तुम ने जो ढाँक लीं ये छतियाँ
किस को दिखाइयाँ हैं किस से छिपाइयाँ हैं

———

तू सुब्ह दम न नहा बेहिजाब दरिया में
पड़ेगा शोर कि है आफ़ताब दरिया में

———

हर दम करूँ मैं क्यूँ न गरेबां को अपने चाक
आता है याद यार का जामा चसा हुआ

———

यकरंग

ज़बाने-शिकवा है मेहंदी का हर पात
कि ख़ूबाँ ने लगाये हैं मूझे हात

———

लगे हैं ख़ूब कानों में बुतों के
सुख़न यकरंग के गोया गुहर हैं

———

टेकचन्द 'बहार'

साँवरे सब एक से हैं जुल्म करने में 'बहार'
कम नहीं कुछ दिल के ले जाने में काकुल चश्म से

———

'बहार' उस गुलबदन का जो दिवाना हो तो क्या अचरज
फ़रिश्ते का भी दिल अब उस परी ऊपर लुभाता है

———

सौदा

सौदा के आशिक़ाना रंग से बहस करते हुए शेख़ चाँद ने सही कहा है कि सौदा का माशूक़ फ़ारसी शाइरी के सूफ़ियाना महबूब की अनुकृति नहीं। उसका सौन्दर्य

मानवीय है; और नैसर्गिक अपेक्षाओं से एकात्म है। किंचित ध्यानपूर्वक देखने से ये भी ज्ञात हो जाता है कि इसकी चमक दमक और रंग रूप अपने देश से इबारत है। इसकी विशेषताएँ और गुण स्थानीय ही हैं।

लबो लहजा तेरा सा है कहीं ख़ूबाने-आलम[18] में
ग़लत है ये ज़बानों पर कि सब मिसरी की हैं डलियाँ
तबस्सूम यूं नुमायाँ है मसी-आलूदा-दन्दा[19] में
न हो अब्रे सियह में इस तरह बिजली की अचपलियाँ
खन्जन से तुझ नयन को तशबीह[20] क्यूंकि दीजे
वो तो चुना करे है इन के सदा ममोले

———

अब के भी दिन बहार के यूँ ही चले गये
फिर फिर गुल आ चुके प सजन तुम भले गये

———

उस जुल्फ़ को जब देखा मैं हाथ में 'सौदा' के
बिफरे हुए हाथी की ज़ंजीर नज़र आयी

———

दिल को मेरे है आहे-सहर से शिगुफ़्तगी
ग़ुंचे को गुलसिताँ में हया से सुरूर है

———

कैफ़ियते- चश्म उसकी मुझे याद है सौदा
साग़र को मेरे हाथ से लीजो कि चला मैं

———

गुल फेंके है औरों की तरफ़ बल्कि समर भी
ऐ ख़ानाबरअन्दाज[21] चमन कुछ तो इधर भी

———

नावक ने तेरे सैद[22] न छोड़ा ज़माने में
तड़पे है मुर्ग़े-क़िबलानुमा[23] आशियाने में

———

मस्ती से उस निगाह की ले मोहतसिब ख़बर
दुनिया, तमाम, बज़्मे- ख़राबात[24] हो गयी

———

गहे बोलें अक़ीक़ और गह नगीने-लाल ठैरावें
ये नाशाइर तेरे होंठों को क्या क्या नाम धरते हैं

———

मीर

'मीर' सच्चे अर्थों में 'शमए-अंजुमने-इश्क़-बाज़ाँ' (प्रेमियों की अंजुमन के दीपक) थे उनकी सौन्दर्य सम्बन्धी परिकल्पना अत्यधिक सुकुमार और रची संवरी हुई है। मीर के यहाँ यह परिकल्पना इबारत है हृदय के घाव से और इस लिहाज़ से उसमें वही लालित्य और पीड़ा है जो हृदय की चोट में होती है। यह जीवन की निराशा से मायूसी, एवं क्षोभ से उसकी भयानकता छीन लेती है, और ऐसा प्रभाव छोड़ जाती है जिसमें हर शय सुंदर और चित्ताकर्षक दिखायी देने लगती है। मीर के यहाँ करुणामय अर्न्तदृष्टि और अन्तरंगता शीर्ष पर है। दिल की 'गुलाबी' में उन्होंने जिस हिन्दुस्तानी परी के सौन्दर्य का प्रतिबिम्ब उतारा है, उसका दूसरा उदाहरण उर्दू शाइरी में नहीं मिलता। 'मीर' ने काम-भावना को सुकुमार पवित्रता प्रदान कर उसे कोमलतम बना दिया है। उनके प्रिय की परिकल्पना से केवल दीदा-ओ-दिल ही शादाब नहीं होते, अपितु आत्मा में भी एक प्रकार की अन्तरंगता की अनूभूति होने लगती है। ये शेर देखिए:

इन गुलरुख़ों की क़ामत लहके हे यूँ हवा में
जस रंग से लचकती फूलों की डालियाँ हैं

———

पड़ती है आँख हर दम जाकर सफ़ाए-तन पर
सौ जी गये थे .कुरबाँ उस शोख़ के बदन पर
नामे-ख़ुदा निकाले क्या पाँव रफ़्ता-रफ़्ता
तलवारें चलतियाँ हैं उस के तो अब चलन पर

———

गूंध के गोया पत्ती गुल की वो तरकीब बनायी है
रंग बदन का तब देखो जब चोली भीगे पसीने
म

———

तंग-क़बाई का समाँ यार की
ग़ुंचा क्या पैरहन तह कर गया

———

क्या ख़ूबी उसके मुंह की ऐ ग़ुंचा नक़ल करिए
तू तो न बोल ज़ालिम बू आती है दहां से

———

आरज़ू उस बुलन्दो बाला की
क्या बला मेरे सर पे लायी है

———

है तसन्नो कि लाल हैं वो लब
यानी इक बात सी बनायी है

———

नाज़ुकी उस के लब की क्या कहिए
पंखड़ी इक गुलाब की सी है
'मीर' इन नीमबाज़ आँखों में
सारी मस्ती शराब की सी है

———

खिलना कम कम कली ने सीखा है
उस के आँखों की नीमख़्वाबी[25] से

———

गुलबर्ग से है नाज़ुक ख़ूबी-ए-पा[26] तो देखो
क्या है चमक कफ़क[27] की, रंगे-हिना तो देखो
साये में हर पलक के ख़्वाबीदा है क़यामत
उस फ़ितनए-ज़माँ को, कोई जगा तो देखो

———

साअदे-सीमी[28] दोनों उस के हाथ में लाकर छोड़ दिये
भूले उसके क़ौलो-क़सम पर हाय ख़याले-ख़ाम किया
ऐसे आहुए-रम-ख़ुर्दा[29] की वहशत खोनी मुश्किल थी
सेहर[30] किया, एजाज़[31] किया जिन लागों ने तुझको राम किया

———

बू किये कुम्हलाये जाते हो नज़ाकत हाय रे
हाथ लगते मैले होते हो लताफ़त हाय रे

———

क़द खींचे है जिस वक़्त तो है तुर्फ़ा बला तू
कहता है तेरा साया परी से कि है क्या तू

———

शौक़े-क़ामत में तेरे ऐ नौनिहाल
गुल की शाख़ें लेती हैं अंगड़ाइयाँ

———

मीर ने जिस महबूब के चेहरे से नक़ाब सरकाई है उसका सम्बन्ध फ़ारसी शाइरों की तरह किशोर से नहीं है। न ही मीर का महबूब, कोई बाज़ारी वस्तु है 'तज़किरा

बहारे-बेख़िज़ां' का कथन है कि मीर एक परी चेहरा को दीवाना-वार चाहते थे; और उसको पाने के लिये उन्होंने बहुत कुछ खोया भी था[32] काफी मुद्दत तक विक्षिप्तता और जुनून की सी मनोदशा रही। इसका प्रभाव उनकी शाइरी पर असाधारण रूप से हुआ है। उनकी शाइरी में काम की महक है और उनकी सौंदर्य सम्बन्धी परिकल्पना दिल की वारदात और गहरे घाव पर आधारित है। डॉ. ख़्वाजा अहमद फ़ारूक़ी के कथनानुसार, ''मीर ने अपने मानसिक व रचनात्मक चित्रों में जिन मूल्यों को उभारा है वह वही हैं जो शरीफ़ मध्यवर्गी घरानों में पाये जाते हैं।'' इस सन्दर्भ में 'मीर' ने जिस सर्जनात्मक कलात्मकता, सलीक़े और रब्तो-ज़ब्त से काम लिया है, वह आम शाइरों की पहुँच से बाहर है। मिसाल के तौर पर ये शेर देखिए:

चलते हैं नाज़ से जब ठोकर लगे है दिल को
आतीं नहीं समझ में इन दिलबरों की चालें

———

सर्वो शमशाद ख़ाक में मिल गये
तूने गुलशन में क्यूँ ख़िराम किया

———

क्या चाल ये निकाली तुम ने जवान होकर
अब जब चलो हो दिल को ठोकर लगा करे है

———

लग निकली है किसू की मगर बिखरी ज़ुल्फ़ से
आने में बादे-सुब्ह को याँ इक दिमाग़ है

———

लेते करवट हिल गये ज्यूँ कान के मोती तेरे
शर्म से सिर दर गरेबाँ सुब्ह के तारे हुए

———

याक़ूत कोई उन को कहे है कोई गुल-बर्ग
टुक होंठ हिला तू भी कि इक बात ठहर जाए

———

गुल ने हज़ार रंग सुख़न सर किया वले
दिल से गयीं न बातें तेरी प्यारी प्यारियाँ

———

जलवाए-माह तहे-अब्र तिनक भूल गया
उन ने सोते में दोपट्टे से जो मुँह को ढाँका

———

बुर्क़ा उठते ही चाँद सा निकला
दाग़ हूँ उस की बेहिजाबी का

———

पर्दा ही हमने देखा चेहरा पे गाह बेगह
इतना भी मुँह छुपाना कुछ ख़ुशनुमा नहीं है

———

डूबे उछले है आफ़ताब हनूज़
उस ने देखा है तुझ को दरिया पर

———

है जुम्बिशे-लब मुश्किल जब आन के वो बैठे
जो चाहें सो यूँ कह लें लोग अपनी जगह बैठे
क्या रंग में शोख़ी है उस के तने-नाज़ुक की
पैराहन अगर पहने तो उस पे भी तहे बैठे

———

निम्नांकित शेरों में नारी शरीर की कोमलता और सौन्दर्य मानो शब्दों में रच बस गया है:

उस गुले-तर की क़बा के कहीं खोले थे बन्द
रंगों गुलबर्ग के नाख़ुन है मुअत्तर अपना

———

लाले-ख़मोश अपने देखो हो आरसी में
फिर पूछते हो हँस कर मुझ बेनवा ही ख़्वाहिश

———

वो सीमतन हो नंगा तो लुत्फ़े-तन पे उस के
सौ जी गये थे सदक़े इक जानोमाल क्या है

———

वो नहोने लगा तो सायये-ज़ुल्फ़
बहर में तू कहे कि जाल पड़ा

———

साथ उस हुस्न के देता था दिखायी वो बदन
जैसे झमके है पड़ा गौहरे-तन पानी में

———

उस कुंजे-लब पे चुपके हुए मुँह को रख के हम
दिलचस्प उस मुक़ाम में हर्फ़ो-कलाम क्या

———

खैंचा बग़ल में मैं जो उसे मस्त पा के रात
कहने लगा कि आप को भी अब नशा हुआ

———

इस युग के कुछ अन्य शाइरों के यहाँ से उदाहरण प्रस्तुत हैः-

ताबां

कट गया देख, रंग-बर्गे-कंवल
क.फ़े-पाये-निगार की सूरत

———

लटपटी चाल, खुले बाल, ख़ुमारी आंखियाँ
मैं तसद्दुक़ हूँ मेरी जान ये क्या आन है आज

———

जामा ज़ेबों में सजीली है मेरे यार की सज
तंग चोली की ये धज और फटय-ए-बलदार की सज

———

सुर्ख़ जोड़े पे तेरे हैगी कनारी की झलक
बर्क़ सां अब्र के होती है निसारे-दामन

———

मुहम्मद अमान निसार

खोल के बंदे-क़बा यूं न फिरा कीजै
गुल की हँसी पर भी टुक ध्यान रखा कीजै

———

चेहरे से मत निक़ाब उठा तू कि आफ़ताब
बेताब हो के गिर न पड़े आसमान से

———

यक़ीन

उठा उस मुँह से ऐ बादे-सबा घुँघट के आँचल को
तवज्जो से तेरी हम भी टुक इक ये गुलसितां देखें

———

ग़ुंचा रंगीनी को अपनी चाहिए तह कर रखे
उस को क्या निस्बत है उन लबहाए-उन्नाबी[33] के साथ

———

अब्र जैसे मस्त को शोरिश में लावे दिल के बीच

मच गयी इक बार उन बालों के खुल जाने में धूम

———

क्या बदन होगा कि जिस के खोलते जामे का बन्द
बर्गे-गुल की तर्ह, हर नाख़ुन मुअत्तर हो गया

———

हमें रूख़सत न हो घुँघरू बुतों के पाँव को चूमें
यक़ीं यें लोग क्या डरते नहीं दिल हाये-नालां से

———

दर्द

ख़्वाजा मीर दर्द का दृष्टिकोण, हक़ीक़ी सौन्दर्य था परन्तु इसमें क्या संदेह है कि 'शोलये तूर' का यह आलोक (तजल्ली) सर्वप्रथम हृदय के दर्पण में ही प्रकट होता है।

दिल, तुझे क्यूँ है बेकली ऐसी
कौन देखी है अचपली ऐसी
ख़ून होता है दिल का याँ आओ
मेहंदी पाँवों में क्या मली ऐसी
उस के घर में किधर से पहुँचिए जा
दिल बात दे कोई गली ऐसी
मुस्कराया ख़ुशी में वों जिस तर्ह
बाग़ में कब ख़िली कली ऐसी

———

सोज़

ग़ुर्फ़े की ताक देखो कैसी चमक है अल्लाह
है नूर या तजल्ली ख़ुर्शीद या सितारा

———

रुख़सत जो दे तू मुझ को, तो मैं तेरे पाँव का
बोसा लूं इस तरह कि हिना को ख़बर न हो

———

नथ के मोती पुकारते हैं पड़े
तेरे आशिक़ का नाक में दम है

———

खुब गया हुस्ने-यार आँखों में
क्या ही फूली बहार आँखों में

———

फ़ुग़ाँ

न खोलिए तेरे बंदे-कबा को क्या कीजे
दिले गिरिफ़्ता को ज़ालिम कभी तो वा कीजे

———

क़ाइम

उस हुस्ने-नीम-रंग के सदक़े कि जिस के बीच
हल्की सी एक शोख़ी की तह हो हया के साथ

———

बंदा हूँ उस अदा का क़ाइम
देखा कि वहीं लजा गयी चश्म

———

रखता है जो तू सफ़ाए-आरिज़
मोती ने कहाँ ये पाये आरिज़[34]

रासिख़ अज़ीमाबादी

हया के पर्दे में मारा है एक आलम को
शहीद मैं तो हूँ उन शर्मगीं निगाहों का

———

मीर मुहम्मदी 'बेदार'

महशरे-फ़ितना है उस शोख़ की रफ़्तार के साथ
जी चला जाये है पाज़ेब की झनकार के साथ

मीर असर

'असर' सही मानों (अर्थों) में दैहिक प्रेम से सरशार थे। उनकी मसनवी 'ख़्वाबो-ख़याल' से उनके गुप्त प्रेम सम्बन्ध को समझने में सहायता मिलती है। ज्ञात होता है कि उन्हें किसी 'बुते-नाआशना' (अपरिचित प्रियतमा) से प्रेम था, परन्तु ज़माने की हवा के साथ यह 'निगाहे आशना' भी बदल गयी। उनकी सौन्दर्यानुभूति में वास्तविकता एवं मौलिकता का तत्त्व विशेष रूप से स्पष्ट है। इसका सर्वश्रेष्ठ उदाहरण, उनकी मसनवी 'ख़्वाबो-ख़याल' का वह नखशिख वर्णन (सरापानिगारी) है, जिसमें उन्होंने अपने महबूब का चित्र अंकित किया है। उनकी ग़ज़ल में भी प्रेम का रंग रूप, सौन्दर्य के इसी वातावरण से स्थापित हुआ है:

चश्मे-बददूर हो नज़र न कहीं
है निपट ही बहार आँखों में

क्या कहूँ कुछ कही नहीं जातीं
बाते हैं बेशुमार आँखों में

———

नज़र आता है गिरह ज़ुल्फ़ से खोल
हर तरफ़ फ़ित्ना बपा कीजिएगा

———

तेरे मुखड़े को यूँ तके है दिल
चाँद के ज्यूँ रहे चकोर लगा

———

पहले सौ बार ईधर ऊधर देखा
जब तुझे डर के इक नज़र देखा

———

लखनऊ में शाइरी के प्रारम्भ से एक प्रकार की आशावादिता का युग प्रारम्भ होता है। उस युग में लखनऊ 'जन्नते निगाह फ़िरदौसे गोश' वैभव सम्पन्न शहर बना हुआ था। बाग़ों के जलसे, बरसातों के मेले, हसीनों के जमघटे और नृत्य तथा संगीत की महफ़िलें जीवन का अंग बन गयी थीं। इससे पहले इशारा किया जा चुका है कि लखनऊ में सम्पन्नता एवं वैभव तथा विलासिता के कारण प्रेम के ढंग और सौन्दर्य के अन्दाज़ भी बदल गये। अब यहाँ रूप और सौन्दर्य की केवल वही परिकल्पना पनप सकती थी जिस में नास्तिकता और विलासप्रियता की भावनाओं को संतुष्टि मिल सके। अतएव 'इंशा', 'जुर्रत', 'अमानत', 'रंगीन' इत्यादि द्वारा पूर्ववर्त्ती शाइरों की शालीन शैली को त्याग दिया जाता है और ग़ज़ल की सौन्दर्यानुभूति को निम्न स्तरीय विषयों से परिचित कराया जाता है। उनके यहाँ सौन्दर्य का वह स्तर नहीं मिलता जिसकी झलक हम पूर्ववर्त्ती देहलवी शाइरों के कलाम में देख आये हैं।

दिल्ली में सौन्दर्य की परिकल्पना की सीमाएँ अनुशासन एवं शालीनता, गम्भीरता और नफ़ासत से निर्धारित होती थी। इसके विपरीत, 'जुर्रत', और इंशा', और 'रंगीन' इत्यादि के यहाँ यह निम्न स्तरीय और बाज़ारी बन कर रह गयी। यहाँ चूँकि सौन्दर्य की अनुभूति चूमा चाटी और सतही प्रेम के विषयों से सम्बन्धित थी। इसलिए प्रेम और निर्लिप्त भाव की उत्कृष्ट एवं उच्च-भावनाओं से उस का पूर्व जैसा सम्बन्ध नहीं। यह बड़ी सीमा तक निम्न स्तरीय, अश्लील और नग्न बन गयी। 'मुसहफ़ी' तथापि ऐसे शाइर हैं जिन्होंने अपनी पुरानी डगर क़ायम रखी। यद्यपि कई जगहों पर हल्के विषय उनके यहाँ भी मिलते हैं परन्तु पूर्ण रूप से उन्होंने ग़ज़ल की टकसाली और गम्भीर पूर्व परम्पराओं को हाथ से जाने नहीं दिया।

मुसहफ़ी

मुसहफ़ी नैसर्गिक रूप से सौन्दर्य के लिए नरम गोशा रखते थे वह दिल्ली के 'नील के कटड़े वालियों' और लखनऊ के नूर के बुक़्कों (चकाचौंध पैदा करती सुन्दरियों) की नज़रों के तीर से घायल थे।[35]

महबूब की रची और निखरी हुई परिकल्पना को प्रस्तुत करने में 'मुसहफ़ी', 'मीर' और 'ग़ालिब' के अतिरिक्त, उर्दू के अधिकांश ग़लगो शाइरों से आगे हैं। उनकी शाइरी में रंग, ख़ुशबू और बदन से सम्बन्धित जो रसवत्ता मिलती है वह बहुत कुछ संस्कृत शाइरी की परम्पराओं के सदृश्य है। 'मुसहफ़ी' की शाइरी सौन्दर्यानुभूति की रंगीनी और सुकुमारता से ओत-प्रोत है।

यूँ है डलक बदन की उस पैरहन की तह में
सुर्ख़ी बदन की झलके जैसे बदन की तह में

———

पैरहन से है झलकता बदने-सुर्ख़ तेरा
ज़ेरे-शबनम नहीं छुपता चमने-सुर्ख़ तेरा

———

आसतीं उस ने जो कुहनी तक चढ़ाई वक़्ते-सुब्ह
आ रही सारे बदन की बेहिजाबी हाथ में

———

भीगे से तेरे रंगे-हिना और भी चमका
पानी में निगारीं कफ़े-पा और भी चमका
ज्यूँ ज्यूँ कि पड़ीं मुँह पे तेरे मेंह की बूंदें
ज्यूँ लालये-तर हुस्न तेरा और भी चमका

———

तनहा न वो हाथों की हिना ले गयी दिल को
मुखड़े के छुपाने की अदा ले गयी दिल को
बातों में इधर लाले-फ़ुसुंगर ने लगाया
दे पेंच उधर ज़ुल्फ़ उड़ा ले गयी दिल को

———

तेरी रफ़्तार से इक बेख़बरी निकले है
मस्तो, मदहोश कोई जैसे परी निकले है

———

गह दोश पे पाती है तो गह दोश-कमर पर
ढूँढे है तेरी ज़ुल्फ़े-परेशान ठिकाने

उर्दू ग़ज़ल का इश्क़िया पक्ष :: 167

———

जादू तो मैं कहता नहीं पर समझूँ हूँ इतना
वल्लाह तेरी नर्गिसे-फ़ित्तान[36] में कुछ है

———

उस नाज़नीं की बातें क्या प्यारी प्यारियाँ हैं
पलकें हैं जिस की छुरियाँ, आँखें कटारियाँ है

———

मेहंदी है कि क़हर है ख़ुदा का
होता है ये रंग कब हिना का

———

इस जोशिशे-बहार[37] में हम लोग मर न जायें
सीमीं बरों का सीनए-बालीदा[38] देखना

———

दिल ले गया है सारा वो सीमतन चुरा कर
शर्मा के जो चले हैं सारा बदन चुरा कर

———

कौन आया है नहाने, लुत्फ़े-बदन ने किस के
लहरों से सारा दरिया आग़ोश कर दिया है

———

शब इक कलक दिखा कर वो मह चला गया था
अब तक वही समाँ है ग़ुरफ़े की जालियों पर

———

ख़ुर्शीद झुका पड़े था जिस जा
क्या जानिए किस का वो महल था

———

अब 'जुर्रत' और 'इन्शा' को सन्तुलन और नफ़ासत के मार्ग से हटता हुआ देखिए:

जुर्रत

अंखड़ियाँ जादू हैं, पलकें बर्छियाँ, भाला निगाह
बांकी चितवन हाय तेरी दिल को क्या क्या भाये है

———

बला जूड़े की बन्दिश, और क़यामत, क़द्दे बाला है

ग़ज़ब चितवन, सितम मुखड़ा, बदन साँचे में ढाला है

———

आशिकों के दिल, बुलाक़े यार के मोती की तरह
बोसे की ख़्वाहिश में उस लब पर लटकते रह गये

———

याद आता है तो क्या फिरता हूँ घबराया हुआ
चंपई रंग और बदन उसका वो गदराया हुआ

———

इम–शब किसी काकुल की हिकायात है वल्लाह
क्या रात है, क्या रात है, क्या रात है वल्लाह
दिल छीन लिया उसने दिखा दस्ते हिनाई
क्या हात है, क्या हात है, क्या हात है वल्लाह
आलम है जवानी का जो उभरा हुआ सीना
क्या गात है, क्या गात है, क्या गात है, वल्लाह[39]

———

इन्शा

भभुका रूप, सजधज, क़हर आफ़त, चुलबुलाहट है
झमक्ड़ा नूर का मुखड़ा ग़ज़ब उस की सजावट है।

———

क्या सर्व अकड़ रहा है खड़ा जूए–बार[40] पर
टुक आप भी तो इस घड़ी सीना उभारिए

———

चम्पा में, मोगरे में मदन बान में कहाँ
है नाजुकी की तह सी जो इक उस के तन के साथ

———

माँगा जो मैंने बोसा, उन से चमन के अन्दर
बोले कि याँ नहीं चल मच्छी भवन के अन्दर

———

हूँ कुश्ता उन के गुझे इशारों की चोट का
था जिन के सर दुपट्टा तमामी की गोट का

———

नज़ीर अकबराबादी

नज़ीर का सम्बन्ध भी बेफ़िक्री और खिलंडरेपन के उसी युग से है, मगर इनका

उर्दू ग़ज़ल का इश्क़िया पक्ष :: 169

सम्बन्ध लखनऊ से नहीं आगरे से था। लखनवी शाइरी का उथलापन और कृत्रिमता उन के यहाँ नहीं है। उनका स्वभाव दूसरा है जिसके कारण उनकी सौन्दर्यनुभूति, विशेष रूप से ग़ैर परम्परावादी और उन्मुक्त है। माशूक़ का ज़िक्र उनके यहाँ खुला डला और चुलबुलाहट भरा है। वह देसी परम्परा से ज्यादा जुड़े नज़र आते हैं, महबूब के वर्णन में वह कहीं-कहीं स्त्रैण क्रियाओं को भी अपनाते हैं। उनके यहाँ कई शेरों में इश्क़ की भावनाओं की प्रस्तुति देसी शाइरी की तरह नारी की ओर से भी मिलती है।

खिलंडरापन और ख़ुश मिज़ाजी नज़ीर की घुट्टी में पड़ी थी। आगरा की नगर वधू 'मोती' से उनके सम्बन्ध का वर्णन इतिहासकारों ने किया है। 'मोती' की प्रशन्सा में नज़ीर ने एक ख़मसा (पाँच-पाँच मिसरो की कविता) की भी रचना की थी। उनका रंगीन स्वभाव, आज़ाद-रवी और हुस्न परस्ती का प्रभाव उनकी ग़ज़ल पर गहरा है। यही कारण है कि उनकी सौन्दर्यानुभूति में विशेष प्रकार की मस्ती और उन्मुक्तता मिलती है और खिलंडरा सुखान्त रंग विशेष रूप से प्रभावी है। देखिए ये शेर:

जो घर से निकले तो ये क़यामत कि चलते-चलते क़दम-क़दम पर
किसी को ठोकर किसी को झिड़की किसी को गाली, निपट लड़ाका
लड़ावे आँखें वो बेहिजाबी कि फिर पलक से पलक न मारे
नज़र जो नीची करे, तो गोया खिला सरापा चमन हया का

———

सनम के लब में पान, हाथों में मेहंदी, पैरहन रंगीं
किनारी है, धनक है, हार है, क्या क्या बहारें हैं

———

सफ़ा[41] जो उसकी झलकती है गोरे सीने में
झमक कहाँ है वो अल्मास[42] के नगीने में

———

दिल तो न देते हम आह ले गयी लेकिन 'नज़ीर'
उसकी जबीं की हया, और वो आँखों की लाज

———

बांकी सजधज, आन अनूठी, भोली सूरत, शोख़ मिज़ाज
नज़रो में खुल खेल लगावट, आँखों में शरमाना है

———

हमने पूछा, कल न आये किस लिये
पाँव की मेहंदी दिखा कर हँस दिया

———

महबूब के वर्णन में नग्नता और निम्न स्तरीय कथनों की जो प्रवृति 'जुर्रत' और 'इंशा' के कलाम से प्रारम्भ हुईं, 'नासिख़' ओर उनके शागिर्द उन्हें, मन्दता और स्तरहीनता की चरम सीमा तक ले गये। उर्दू ग़ज़ल का महबूब जो चिलमन और पर्दे को छोड़कर गली-कूचे और बाज़ार तक आ गया था, अब लज्जाहीन और बे-हया हो गया। अतिशयोक्ति और शब्दाडम्बर की प्रवृत्ति दरबारी प्रभाव के कारण आरम्भ हो चुकी थी। महबूब की परिकल्पना पर इसका यह प्रभाव हुआ कि वह 'रियाअते लफ़्ज़ी' 'ज़िला जगत' अर्थात विभिन्न प्रकार के शब्दाडंबरों एवं कृत्रिमता से वशीभूत होकर भानुमती का पिटारा बन गया।

दोग़ज़ले, सहग़ज़ले कहने और मुश्किल क़ाफियों को बाँधने के शौक़ में लखनवी शाइरों ने न केवल महबूब के शरीर का एक एक अंग गिन डाला अपितु उसे चोटी से एड़ी तक निर्वस्त्र कर डाला[43]। महबूब की दिलकशी और सौन्दर्य, जो कम-कम खुलने और उन्मुक्त होते हुए कुछ कुछ छिपा रहने में है, इस युग में समाप्त हो गया। यद्यपि कि नक़ाब और चिलमन की पुनरावृत्ति, लखनवी शाइरों के यहाँ अत्यधिक है और स्थानीय रंग भी है परन्तु यह श्रीहीन और याँत्रिक है। आन्तरिक परीक्षण और सृजनात्मक अनुभूति से उस का सम्बन्ध बहुत कम है।

लखनवी ग़ज़ल की कृत्रिमता, उसकी स्तरहीनता और शब्दाडम्बर, शून्य की पैदावार नहीं। इसका गहरा सम्बन्ध उस युग के समाज और रहन-सहन से है। यह समाज ही वास्तव में ऐसा था जिसमें हर वस्तु मुलम्मा की सी स्थिति में थी और लोग बाहरी चमक-दमक पर जान छिड़कते थे। इस समाज ने जहाँ ग़ज़ल में बहुत सी ख़राबियाँ पैदा कीं वहीं यह कुछ गुणों का कारण भी रहा है। भाषा में जहाँ अलंकारिकता आयी वहाँ रंगीनी एवं लोच भी पैदा हुआ। ग़ज़ल ने दृष्टि-भ्रम और रंगीनी की नयी-नयी रीतियाँ प्रस्तुत कीं और अपनी विद्या सम्बन्धी सीमाओं को विस्तृत किया। दु:खमय अर्न्तदृष्टि की वह क्रियाशीलता जो दिल्ली की विशेष परिस्थितियों के कारण ग़ज़ल में राह पा गयी थी, समाप्त हो गयी और उसके स्थान पर सुखान्त खिलंडरापन और ऐश परस्ती के लिये रास्ता खुल गया। अब ग़ज़ल की प्रवृत्ति, आन्तरिक अनुभूति से हट कर वाह्य की ओर हो गयी। शाइर, दिल की दुनिया में बसने वाले महबूब को भूल कर उस महबूब की घातों का शिकार होने लगे; जो प्राय: होने वाले मेलों, नृत्य और संगीत की महफ़िलों और रात-दिन की रंगीनियों में सम्मिलित होता था, और जिस से लखनऊ का गली कूचा हुस्न परस्ती और विलासता से भरा हुआ था। लखनवी ग़ज़ल के शाइरों ने इसकी विशेष कृत्रिम, अनुकृति की है। यद्यपि इस में शब्दाडम्बर प्रभावी है, परन्तु इससे जो चित्रछाया उभरती है वह लखनऊ की तवायफ़ों और नाचने गाने वालियों की है। इसकी तुलना

जब हम देहलवी शाइरों के महबूब से करते हैं तो साफ़ मालूम पड़ता है कि रंग रूप की दृष्टि से लखनवी महबूब का यह चित्र, विशेष रूप से स्थानीय रंग और छवि रखता है। यद्यपि कि यह अधिकतर निम्न स्तरीय और यान्त्रिक है। उदाहरण के लिये कुछ शेर देखिये:

नासिख़

अजी ये अर्शे-मुअ़ल्ला के गोशवारे का
गुहर[44] कहाँ से तुम्हारे बुलाक़ में आया

———

चम्पा के फूल में है न गुल की कली में है
जैसी तेरे गले की है चम्पाकली में बू

———

करते हैं आलम को जिसके पाँव के बिछुए शहीद
उस सितमगर की बला लेता है ख़न्जर हाथ में

———

क्या कोई उन लबों का ले बोसा
मिस्सी है पासबान[45] होठों पर

———

दमकता है जो कुन्दन सा बदन हर एक हलक़े[46] से
तेरी जाली की कुर्ती में है आलम कामदानी का

———

आतिश

सिलसिला अपनी गिरफ़्तारी का कब क़त्अ[47] हुआ
पहनी पाज़ेब उन्होंने तो उतारे तोड़े

———

छल्ले जड़ाऊ रखते हैं वो पोर पोर में
दिखला रहे हैं हम को जवाहर निगार हाथ

———

ज़िद से ध्यान उसको ततकल्लुफ़ का न आया हर्गिज़
रही लग चलने को दामन से किनारी तैयार

———

चुनी अफ़शां जो पेशानी पे उसने चांदनी छिटकी
मली मस्सी तो आईने में फूला तख़्ता सौसन का

———

बर्क़

चाँदनी बन गयी कुर्ती जो नहा कर पहनी
गाज के फूल हुए उनके बदन में महताब

———

चाँद सूरज नहीं बालों में तिलिस्मे नौ[48] है
एक जा जमा हैं मेहरो-मह-ताबाँ[49] सर पर

———

बहर

पहने जो मोतियों के किरनफूल यार ने
तारों पे ओस पड़ गयी ख़ोशा ठिठर गया

———

लख़्ते-जिगर से मेरे क़ीमत में बढ़ चले थे
छोटे-बड़े नगीने सब उसके नौरतन में

———

सिंगार उसने किया है, इसलिये आँखों से ओझल है
हमारे वास्ते गोया अलोप अन्जन वो काजल है

———

जलाल

किसी ने खोल के जूड़ा बन्धा हुआ अपना
हमारे सोग के पर्दे में क्या सिंगार किया

———

तेरा लाखा हो कि मस्सी की धड़ी हो ऐ शोख़
रंग दोनों के नहीं जम के उखड़ने वाले

———

रिन्द

ऐ परी! याद है वो नाज़ से आना तेरा
मुँह को शर्मा के दोशाले में छिपाना तेरा
आँखें नीची किये शर्माते हुए मुँह फेरे
मुस्कुरा कर वो गिलौरी का चबाना तेरा

———

शहीदी

हरा-भरा रहे तेरा सुहाग लाख बरस
दिखा हमें भी ज़रा चूड़ियों का धानी रंग

———

सहर

साँप से अज़दहा बनी चोटी
पाया मूबाफ़[50] ने रिवाज अच्छा

———

शबनम की दुलाई में बसर होते हैं जाड़े
बूटा सा है क़द, उनसे दुशाला नहीं उठता

———

रश्क

मुँह नहीं करता कोई तस्वीरे–यूसुफ़ की तरफ़
हुस्न का ऐ बुत, तेरे माथे पे टीका हो गया

———

सदमा हुआ कमाल, पसे–मर्ग, रुह को
लाशे पे मेरे आये जो वो नथ उतार के

———

शऊर (मुसहफ़ी के शिष्य)

जो मिस्ले–शोलये–फ़ानूस धुगधुगी चमके
गिरे चिराग़ समझ कर पतंग सीने पर

———

अफ़सोस (शेर अली)

ये बालों का बंधा जूड़ा मियाँ और शाल की गाती
अजब काफ़िर अदा है वाछड़ी क्या वज़्अ है बांकी

———

गोया (फ़क़ीर मुहम्मद)

चिराग़े–ज़ेरे–दामन[51] क्यूँ बने हो
दुपट्टा मुँह से सरकाया तो होता

———

मोहसिन (मोहसिन अली)

गर्मिए–रफ़्तार से घुँघरू के दाने भुन गये
बन गयी है शोलए–जव्वाला[52] छागल पांव में

———

हम से कांधा जो बदल लें तरी डोली के कहार
अर्शे–आला से भी ऊँचा हो हमारा शाना

———

कौन कहता है ये बालों का है जूड़ा सर पर
बुते-काफ़िर ने है काली को उठाया सिर पर

———

इश्क़ी (रश्क के शिष्य)

नहीं है डाब के फ़ीते में फूल ऐ गुलरू[53]
दिखा रही है अदम की हमें बहार कमर

———

उधर लखनऊ में जब 'नासिख़' तथा नासिख़ व 'आतिश' के शिष्य, शाइराना अतिशयोक्तियों से शेर की ज़मीन को 'बाग़े-आतिश बार'[54] बना रहे थे गंगा-जमनी मिली जुली संस्कृति की टकसाली तथा गम्भीर परम्पराओं का विकास, ग़ालिब और मोमिन के द्वारा दिल्ली में हो रहा था। यहाँ कविता के रंगे-सुख़न की दृष्टि से शाइरों के दो समूह थे। एक तो शाह नसीर, 'ज़ौक' और 'ज़फ़र' का और दूसरा 'ग़ालिब', 'मोमिन' और 'शेफ़्ता' का। प्रथम समूह की शाइरी का सम्बन्ध ज्यादातर भाषा की सफ़ाई, मुहावरा-बन्दी और काफ़ियों के गठन से था, जिसके कारण उनकी सौन्दर्यानुभूति गहरी और नवीन नहीं है। इतना अवश्य है कि महबूब के सौन्दर्य के वर्णन में ये लखनऊ के शाइरों की तरह सन्मार्ग से विचलित नहीं होते, यद्यपि इन पर भी कुछ न कुछ कृत्रिमता एवं स्तरहीनता का प्रभाव है, जैसा कि इन उदाहरणों से स्पष्ट है:-

शाह नसीर

बुर्क़े को उलट मुँह से जो करता है तू बातें
अब मैं हमातन गोश बनूँ या हमातन चश्म

———

नहा के अफ़्शां चुनो जबीं पर, निचोड़ो ज़ुल्फ़ों को बाद उसके
दिखाओ आशिक़ को इस हुनर से फ़लक पे बिजली, ज़मीं पे बाराँ[55]

———

शब को क्यूँ कर तुझ को है फबता, सर पर तुर्रा, हार गले में
ज्यों परवीं[56] वो हालय-मह था, सर पर तुर्रा, हार गले में

———

जौक़

चुनी तूने अफ़शाँ जो ऐ महजबीं है
सितारों में क्या-क्या चुनाँ और चुनीं है

———

छेड़ता है किस लिये तेरा तसव्वुर रात दिन
तू तो है पर्दानशीं फिर क्यूँ नज़र आ जाये है

———

माथे पे तेरे चमके है, झूमर का पड़ा चाँद
ला बोसा चढ़े चाँद का वादा था चढ़ा चाँद

———

बलबे कमर कि ज़ुल्फ़े-मुसलसल के बीच में
खाती है तीन तीन बल, इक गुदगुदी के साथ
है उनकी सादगी भी तो किस किस फबन के साथ
सीधी सी बात भी है तो इक बाँकपन के साथ

———

नाज़ है गुल को नज़ाकत पे चमन में ऐ ज़ौक़!
उसने देखे ही नहीं नाज़ो-नज़ाकत वाले

———

ज़फ़र

शमशीर बरहना माँग ग़ज़ब, बालों की महक फिर वैसी है
जूड़े की गुंधावट, क़हरे-ख़ुदा, बालों की झमक फिर वैसी है
हर बात में उस की गर्मी है, हर नाज़ में उस के शोख़ी है
कामत है क़यामत, चालपरी, चलने में भड़क फिर वैसी है
महरम[57] है हबाबे-आबे-रवाँ[58], सूरज की किरन है उस पे निपट
जाली की कुर्ती है वो बला, गोटे की धनक फिर वैसी है

———

उसी रश्के-परी पर जान देता हूँ मैं दीवाना
अदा जिसकी है बांकी, तिरछी चितवन, चाल मस्ताना

———

कूचे से ज़ुल्फ़े-यार के गुज़री है गर कभी
अम्बर फ़िशाँ[59], नसीमे-सहर हो गयी तो है
लायेगी और जुम्बिशे-मिज़गाँ[60] वो क्या बला
दुनिया तमाम ज़ेरो-ज़बर हो गयी तो है
क्या होगा देखिए कि दिया हम ने दिल उसे
तक़सीर[61] अब ये हम से 'ज़फ़र' हो गयी तो है

ग़ालिब

'ग़ालिब' का तसव्वुरे हुस्न ग़ज़ल की सौन्दर्य-परिकल्पना का अत्यधिक

परिमार्जित और शालीन पक्ष प्रस्तुत करता हैं; परन्तु इसमें वह गुमशुदगी, संवर्द्धन अथवा समर्पण नहीं है जो 'मीर' की सौन्दर्यानुभूति में है और न वह रंगीनी और रसमसाहट जो 'मुसहफी' का खास रंग है। 'ग़ालिब' की सौन्दर्यानुभूति सब से अलग अपनी विशिष्ट भव्यता और शान रखती है। उसका बिम्ब सृजन, सौन्दर्य प्रवर्धन और सौन्दर्य-बोध अपनी मिसाल आप है।

'मोमिन' के यहाँ 'महबूब' की परिकल्पना, एक धुंधले बुलबुले जैसी है, जिस पर वह सदैव मीनाकारी करते रहे। इसके विपरीत 'ग़ालिब' उसे एक 'जामे-सिफ़ाल' (मिट्ट का प्याला) कहते हैं, जिसके टूट जाने पर वह नया ख़रीद सकते हैं, लेकिन इस 'जामे-सिफ़ाल' को वह 'जामे-जमशेद'[62] से भी अधिक प्रिय मानते हैं। 'ग़ालिब' की सौन्दर्यानुभूति, बड़ी ही 'सादा-व-पुरकार' है। यह ज़ुल्फ़े-यार की तरह पेंच दर पेंच है। इसमें संदेह नहीं कि 'ग़ालिब' का महबूब तमन्ना की बेताबी, आनन्द की उत्कंठा एवं सौंदर्य की परिणति है, उसकी मनोभूमि स्वयं 'ग़ालिब' की है। उसकी लगावट में अदावत और बेन्याज़ी में न्याज़ है। उसे 'ज़मीनी' अथवा 'आसमानी' की सीमित और औपचारिक शब्दावलियों के माध्यम से उसको अभिहित करना, उसका अपमान करना है। उसकी तरदामनी (पाप) में जो सुकुमार पवित्रता और नास्तिकता में जो आस्तिकता है, उसके बारे में अब्दुर्रहमान बिजनौरी हैं अथवा अब्दुल्लतीफ़ दोनों उसको पा नहीं सके। बिजनौरी का कथन है-

''मिर्ज़ा ग़ालिब की माशूक़ा एक ज़मीनी औरत है। उनका इश्क़ भोग-लिप्सा और कामना से परे है। उनको उसके असीम सौन्दर्य को देखने से एक आध्यात्मिक प्रकंप और ईश्वरीय प्रमत्तता पैदा होती है, जिसमें सफलता की भावनाएँ और लिप्सा से सम्बन्धित इच्छाओं का कोई तत्त्व नहीं है। उसके मुख का आलोक एक प्रमत्ता का संवेग पैदा कर देता है और शरीर के तार तार में एक प्रेममय नृत्य पैदा हो जाता है परन्तु यह आवश्यकता मानवीय आकांक्षा और दैहिक कामना से असम्बन्धित होती है।[63]

परन्तु इसके विपरीत स्वयं ग़ालिब अपनी 'ख़ूए-आदम' (आदम की इच्छा) का ज़िक्र करते हैं और अपने को 'आदम ज़ादा' (आदम की संतान) कहते हैं, अर्थात अपनी नैसर्गिक इन्सानी आकांक्षाओं और कामनाओं पर पर्दा नहीं डालते। वह 'बुते-बेदादगर' (ज़ालिम माशूक़) को पूजने के हक़ में नहीं[64]। आन्तरिक और वाह्य दोनों प्रकार के साक्ष्यों से यह प्रमाणित होता है कि ग़ालिब डोमनी को मार रखने, और 'चुन्ना जान' न सही तो 'मुन्ना जान' से अन्तरंगता स्थापित करके ज़िन्दगी गुज़ारने को मान्यता देते थे। उनके महबूब का जो मर्सिया, उनके कलाम में मिलता है, उससे भी प्रमाणित होता है कि वह इश्क़ की इस 'वादिए-ख़ूँ' (खून के दरिया) और 'ख़ारज़ारे-उम्मीदो-बीम' (आशा और घोर निराशा) से गुज़रे थे और

इश्क़ की प्रमत्ता के यह ढंग जिंदगी भर उनसे नहीं छूट सके। ग़ालिब तसव्वुफ़ का दम ज़रूर भरते थे लेकिन उनका तसव्वुफ़ औपचारिकता मात्र है। उनका माशूक़ दरअसल केवल ज़मीनी और इन्सानी है। जैसे जितनी अतिशयोक्ति बिजनौरी ने की है, उतनी ही बात को घटा कर अब्दुल लतीफ़ ने दिखाया है। उनका कथन कि ग़ालिब का महबूब 'ख़याली' और 'ज़हनी इश्क़' है, उतना ही हक़ीक़त से दूर और ग़लत है। उनके शब्द हैं:

"जो भी सत्य हो और ग़ालिब के वास्तविक जीवन में उसके इश्क़ का जैसा भी रंग झलकता हो, उसका महबूब, जिसको वह अपनी ग़ज़लों में आलोकित करता है, एक औपचारिक अपितु नाक़ाबिले ज़िक्र बाज़ारी चीज़ है।[65]

ग़ालिब का महबूब घर वधु न सही, सच्ची बात यह है कि वह गहरी इन्सानी मोहब्बत और बेताब तमन्नाओं का तड़पता हुआ प्रतिबिम्ब है जिसका ग़ालिब के आन्तरिक तजर्बे और पीड़ा से गहरा सम्बन्ध है। यह उस समाज की चीज़ है जिसके मूल्य उस ज़माने के समाज ने निर्धारित किये थे। 'ग़ालिब' के यहाँ उसका वर्णन परम्परागत तथा औपचारिक नहीं अपितु हृदय की चोट और सच्चाई से सम्बन्धित है।[66]

पर्दे के बन्धन और कुछ अन्य तहज़ीबी रुकावटों के कारण तवायफ़ें उस युग में समाज का एक अंग बन गयी थीं। घर की चारदीवारी में बंद रहले वाली औरतों की अपेक्षा नगर-वधुओं में चाल ढाल और बोलचाल का आश्चर्यजनक आकर्षण पैदा हो जाना अनिवार्य था। प्रतिदिन जीवन में उनका रिवाज इतना बढ़ गया था कि कोई बज़्म, कोई त्यौहार, कोई महफ़िल उनके बिना पूर्ण ही नहीं समझी जाती थी। अत: ख़्वाजा मीर 'दर्द'[67] और ख़्वाजा ग़ुलाम ग़ौस 'बेख़बर'[68] जैसे टकसाली और संजीदा बुजुर्गों तक के यहाँ भी उनके आने जाने का सिलसिला था।[69]

'ग़ालिब' का महबूब कौन था, अथवा वास्तविकता क्या थी, शोधकर्ताओं में इस बिन्दु पर तर्क-वितर्क होता रहेगा, परन्तु 'ग़ालिब' की ग़ज़ल से इतना तो प्रमाणित है कि इस चित्र से जो कल्पना उभरती है वह हीन, औपचारिक या मामूली नहीं है। उसका नाज़ोअन्दाज़ और आकर्षित व्यक्तित्व दिलों को छूए बिना नहीं रहता। उस की शालीनता और भव्यता हिन्द-ईरानी है; लेकिन उसकी चंचलता, हास-परिहास और बांकपन स्वयं ग़लिब का है, और इस सामन्जय से वह प्रियतमा, मदिरा की तरह इतनी आनन्दमय, आलौकिक, रंगीन, मनोहर और आकर्षक हो गयी है कि सौन्दर्य सम्बन्धी सम्बुद्धि पर उसका प्रभाव अत्यधिक गहरा होता है और एक सुकुमार बिम्ब आँखों में तैर जाता है।

दिल से तेरी निगाह जिगर तक उतर गयी
दोनों को इक अदा में रज़ामन्द कर गयी

देखो तो दिलफ़रेबिए-अन्दाज़े-नक़्शे-पा
मौजे-ख़िरामे-यार भी क्या गुल कतर गयी
नज़्ज़ारे ने भी काम किया वां निक़ाब का
मस्ती से हर निगह, तेरे रुख़ पर बिखर गयी
हर बुलहवस ने हुस्न परस्ती शिआर की
अब आबरूए-शेवए-अह्ले-नज़र गयी

———

असद बन्दे-क़बाए-यार है फ़िरदौस का गुंचा
अगर वा हो तो दिखला दूँ कि यक आलम गुलिस्ताँ है।

———

नींद उसकी है दिमाग़ उसका है रातें उसकी हैं
तेरी ज़ुल्फ़ें जिसके बाज़ू पर परेशाँ हो गयीं

———

उस नज़ाकत का बुरा हो, वो भले हैं तो क्या
हाथ आयें तो उन्हें हाथ लगाये न बने

———

चाल जैसे कड़ी कमान का तीर
दिल में ऐसे के जा करे कोई

———

ग़ैर को या रब, वो क्यूँ कर मना गुसताख़ी करे
गर हया भी उसको आती है तो शर्मा जाये है

———

थी वो इक शख़्स के तसव्वुर से
अब वो रानाइए-ख़्याल कहाँ

———

वो शोख़ अपने हुस्न पे मग़रूर है असद
दिखला के उसको आईना तोड़ा करे कोई

———

बाग़ तुझ बिन गुले-नर्गिस से डराता है मुझे
चाहूँ गर सैरे-चमन आँख दिखाता है मुझे

———

गुल खिले गुंचे चटकने लगे और सुब्ह हुई
सरख़ुशे-ख़्वाब है वो नर्गिसे-मख़मूर हनूज़

———

तमाशाए-गुलशन तमन्नाए-चीदन
बहार आफ़रीना! गुनहगार है हम

———

गुल ग़ुंचगी में ग़र्क़ए-दरियाए-रंग है
ऐ आगही फ़रेबे-तमाशा कहाँ नहीं

———

ख़मोशियों में तमाशा अदा निकलती है
निगाह दिल से तेरे सुर्मा सा निकलती है

———

बहार शोख़ो चमन तंगो रंगे गुल दिलचस्प
नसीम बाग़ से पा दर हिना निकलती है

———

इश्क़ से तबीयत ने ज़ीस्त का मज़ा पाया
दर्द की दवा पायी दर्दे बेदवा पाया
सादगी व पुरकारी, बेख़ुदी व हुश्यारी
हुस्न को तग़ाफ़ुल में जुर्रत-आज़मा पाया

———

है बसकि हर इक उनके इशारे मे निशाँ और
करते हैं मुहब्बत तो गुज़रता है गुमाँ और
या रब! वो न समझे हैं न समझेंगे मेरी बात
दे और दिल उनको जो न दे मुझ को ज़बाँ और
अबरू से है क्या उस निगहे-नाज़ को पैवन्द
है तीर-मुक़र्रर मगर उसकी है कमाँ और

———

दर्द से मेरे है तुझको बेक़रारी हाय-हाय
क्या हुई ज़ालिम तेरी ग़फ़लत शआरी हाय-हाय
क्यूँ मेरी ग़मख़्वारगी का तुझ को आया था ख़याल
दुश्मनी अपनी थी मेरी दोस्तदारी हाय-हाय
उम्र भर का तूने पैमाने वफ़ा बाँधा तो क्या?
उम्र को भी तो नहीं है पायेदारी हाय-हाय
गुलफ़िशानीहाए-नाज़े-जलवा को क्या हो गया
ख़ाक पर होती है तेरी लालाकारी हाय-हाय

शर्मे-रूसवाई से जा छुपना निक़ाबे-ख़ाक में
ख़त्म है उल्फ़त की तुझ पर पर्दादारी हाय-हाय
हाथ ही तेग़ आज़मा का काम से जाता रहा
दिल पे इक लगने न पाया ज़ख़्मे-कारी हाय-हाय
इश्क़ ने पकड़ा न था 'ग़ालिब' अभी वहशत का रंग
रह गया था दिल में जो कुछ ज़ौक़े ख़्वारी हाय-हाय

मोमिन

मोमिन भी ग़ालिब के समान जलवा-ए-नाज़ के मारे हुए थे। उनकी सौन्दर्यानुभूति की यह आलोक-किरणें केवल मानसिक सृजन नहीं हो सकतीं।

उस बुत की इब्तिदाए-जवानी मुराद है
'मोमिन' कुछ और फ़ितनए-आख़िर ज़माँ नहीं

———

या रब! विसाले-यार में क्यूँ कर हो जिन्दगी
निकली ही जान जाती है इक-इक अदा के साथ

———

न जाये क्यूँ दिले-मुर्ग़े-चमन कि सीख गयी
बहार वज़्अ तेरे मुस्कुरा के आने की

———

आँखों से हया टपके है अंदाज़ तो देखो
है बुलहवसों पर भी सितमे-नाज़ तो देखो
उस ग़ैरते-नाहीद की हर तान है दीपक
शोला सा लपक जाये है आवाज़ तो देखो

———

शोलए-दिल को नाज़े-ताबिश है
अपना जलवा ज़रा दिखा जाना

———

पामाल इक नज़र में क़रारो-सबात[70] है
उसका न देखना निगहे-इल्तिफ़ात है

———

जहाँ तक 'मोमिन' की प्रियतमा के अस्तित्व का सम्बन्ध है, यह एक सरबस्ता रहस्य है। उनके महबूब के चेहरे पर एक ऐसी नक़ाब पड़ी हुई है जिसके उस पार नज़र जा ही नहीं सकती, क्योंकि तमाशा कामयाब नहीं इसलिए तमन्ना की बेक़रारी बढ़ जाती है। मोमिन के दीवान में शब्द 'पर्दानशीं' बीस बार से भी अधिक प्रयुक्त

हुआ है। इस लक्षणा और इंगित की सहायता से मोमिन एक अलग जादू जगाते हैं –

हिज्रे – पर्दानशीं में मरते हैं
ज़िंदगी परदा-दर न हो जाये

———

चाके-पर्दा से ये ग़मज़े हैं तो ऐ पर्दानशीं
एक मैं क्या कि सभी चाक-गरेबां होंगे

———

मोमिन के पर्दानशीं प्रेम के विषय में अधिकारिक सन्दर्भ केवल 'गुलशने-बेख़ार' का है। 'शेफ़्ता' न केवल मोमिन के शिष्य अपितु उनके अन्तरंग भी थे। वह उम्मतुल फ़ातिमा बेगम उर्फ़ 'साहब जी' के विषय में लिखते हैं:

"ब तक़रीबे मुदावा बामोमिन ख़ाँ कारश उफ्ताद, माहे चन्द कार बा दर्दे व दवा बूद... मसनवी 'क़ौले-ग़र्मी' नाम कि ज़ि मुसन्निफ़ाते-ख़ाने मुइज़्ज़े इलाय अस्त शरह-ए-नुस्ख़ए हुस्नो जमाल हमाँ मौज़ूँ क़द अस्त"।[71]

(अर्थात उस बेगम को मोमिन ख़ाँ से इलाज सम्बन्धी काम पड़ा, कुछ महीने इलाज हुआ, मसनवी 'कौले-ग़मी' जो मोमिन की रचना है, दरअसल उस हुस्नो जमाल वाली बेगम के सौन्दर्य के वर्णन के बारे में है)

उस युग की एक और तवाइफ़ 'रम्ज़ू' तख़ल्लुस 'नज़ाकत' को भी मोमिन का शिष्य बताया जाता है।[72] हकीम आज़ाद अंसारी और जोश मलीहाबादी का कथन है कि 'मोमिन' मौलवी मुहम्मद हुसैन आज़ाद की फूफी अर्थात मौलवी बाक़र की बहन पर आशिक़ थे; और सम्भवतः उस से कुछ सम्बन्ध भी था[73]। इस क्रम में एक शेर भी मोमिन से यादगार है :

दिल ऐसे शोख़ को मोमिन ने दे दिया कि जो है
मुहिब्ब हुसैन का और दिल रखे शिमर का सा

मुहिब हुसैन, मौलवी मुहम्मद हुसैन आज़ाद के फूफा का नाम था और यह लोग शिया सम्प्रदाय के थे। अनुमान यह है कि इस नाराज़ी के कारण 'आज़ाद' ने 'आबेहयात' में 'मोमिन' का वर्णन नहीं किया।

इन बातों से बहरहाल इतना अवश्य सिद्ध होता है कि 'मोमिन' इश्क़ की ख़ासी चोट खाए हुए थे। उनके निम्नांकित अशआर में आप बीती का रंग गहरा है। उनके यहाँ महबूब के वर्णन में यथार्थता की जो झलक पायी जाती है उसका कुछ सम्बन्ध दिल के इन्ही दाग़ों से हो सकता है –

मुझ पे तू.फाँ उठाये लोगों ने
मु.फ्त बैठे बिठाये लोगों ने

वस्ल की बात कब बन आयी थी
दिल से दफ़्तर बनाये लोगों ने

———

अगर न हाथ में उस दिलरूबा के दिल देते
तो दिल पे हाथ सदा धर लिया न करते हम
न होश खोते अगर उस परी की बातों पर
तो आप ही आप ये बातें किया न करते हम
अगर न हँसना हँसाना किसी का भा जाता
तो बात बात में यूँ रो दिया न करते हम

———

शेफ़्ता

महबूब की इस गंगा-जमनी कल्पना के बारे में शेफ़्ता के भी कुछ शेर प्रस्तुत है:

लगती नहीं पलक से पलक जो तमाम शब
है एक शोब्दा, मिज़हे-नीम-बाज़[74] का

———

हर शेवे से टपके है अदा, नाज़ तो देखो
हर बात में इक बात है अन्दाज़ तो देखो

———

आज ही टीका लगाने से लगे क्या चार चाँद
बेतकल्लुफ़, बेतकल्लुफ़ महजबीं तू कब न था

———

क्या करते हैं, क्या सुनते हैं, क्या देखते हैं हाय
उस शोख़ के जब खोलते हैं बन्दे क़बा हम

———

हाय वो शेफ़्ता की बेताबी
थाम लेना वो तेरे महमिल को

———

दाग़

'ग़ालिब' और 'मोमिन' के बाद ग़ज़ल का प्रतिनिधित्व 'अमीर' और 'दाग़' के हिस्से में आता है। 'दाग़' दिल्ली की निर्मल और सुसंस्कृत शैलियों से अपरिचित तो नहीं थे, परन्तु उनका नैसर्गिक झुकाव उन्हें विलासिता और हवस परस्ती की ओर ले गया। मुन्नी बाई 'हिजाब' से उनका गहरा इश्क़ उनकी मसनवी 'फरियादे-दाग़' से ज़ाहिर है[75] लेकिन उनकी सौन्दर्यानुभूति, रोज़ माशूक नया, 'रोज़ मुलाक़ात

नयी' से सम्बन्धित है। अतएव उसके प्राणवान अथवा सुकुमार होने का प्रश्न नहीं, हाँ भाषा और मुहावरे की सान पर चढ़ कर उसमें बड़ा आकर्षण पैदा हो गया है। यह दिलनवाज़ तो है परन्तु दिलबरी उसके बस की बात नहीं। संवेदनाओं को यह जागृत कर सकता है और सुस्वादु भी है परन्तु उसका प्रभाव क्षणिक और चमक-दमक दिखावे का है-

कुछ निराला है जवानी का बनाव
शोख़ियाँ ज़ेवर हैं इस सिन के लिए

———

भर दी हैं क्या अदायें उस शोख़ सीमतन[76] में
इक टेढ़ सादगी में इक सीध बाँकपन में

———

सब लोग जिधर वो हैं उधर देख रहे हैं
हम देखने वालों की नज़र देख रहे हैं

———

क़यामत की तजल्ली है तुम्हारे रूए-रौशन पर
मुझे डर है कि देखो आग लग जाये न चिलमन में

———

उज्र आने में भी है, पास बुलाते भी नहीं
बाइसे-तर्के-मुलाक़ात बताते भी नही
ख़ूब पर्दा है कि चिलमन से लगे बैठे हैं
साफ़ छिपते भी नहीं सामने आते भी नहीं

———

वो दुपट्टे का सरकना, वो किसी का कहना
आँखें फूटें जो कोई सीना हमारा देखे

———

ख़ातिर से या लिहाज़ से मैं मान तो गया
झूठी क़सम से आप का ईमान तो गया
देखा है बुतकदे में जो ऐ शेख़ कुछ न पूछ
ईमान की तो ये है कि ईमान तो गया

———

हर अदा मस्ताना सर से पाँव तक छायी हुई
उफ़ तेरी काफ़िर जवानी जोश पर आयी हुई

———

अमीर मीनाई

'अमीर मीनाई', 'असीर' के माध्यम से 'मुसहफ़ी' के शिष्य थे; लेकिन लखनवी प्रभाव के कारण उन की सौन्दर्य-परिकल्पना में एक प्रकार की निम्न स्तरीयता और कृत्रिमता है। उनके कलाम का अधिकांश भाग नातिया (पैग़म्बर साहब की प्रशस्ति) में है लेकिन ग़ज़ल का सौन्दर्य ज़्यादा आलोकित नहीं है।

रोज़ आने को जब कहा बोले
इक तुम्हीं मुझ को प्यार करते हो!

———

बाक़ी न कोई दिल में इलाही हवस रहे
चौदह बरस के सिन में वो लाखों बरस रहे

———

हम बहुत लाग़र हैं, पहनाओ न हमको हथकड़ी
डाल दो छल्ला कोई अपना हमारे हाथ में

———

हाय वो देख के उभरा हुआ जोबन उनका
दोनों हाथों से मेरा शब को दबाना दिल का

———

हाली

शाइरी में नवीनता और आत्म-सवर्धन, आन्तरिक मूल्यों के फ़रोग़ से आता है। 'नासिख़' और 'अमीर' तथा 'दाग़' के युग में यह चीज़ ग़ायब थी। ज़ुल्फ़ व काकुल और चश्म-व-नक़ाब के वही पुराने विषय बार-बार बाँधे जाते थे। महबूब के रूप रंग का वर्णन, उस युग में शब्दों के चमत्कार, रोज़मर्रा और मुहावरे की बन्दिशों और भाषा तथा वर्णन की सुकुमारताओं एवं परस्पर होने वाले मुक़ाबलों के कारण पहेली बन कर रह गया था।

यह वह युग है जब अंग्रेजी प्रभाव हमारी सामाजिक एवं सांस्कृतिक संस्थाओं को छू रहा था। हर वस्तु में एक ख़ामोश परिवर्तन आ रहा था। बंगाल से पुनर्जागरण की किरण फूट चुकी थी। विभिन्न भाषाओं के साहित्य में जीवन की नयी लहर दौड़ने लगी थी। उर्दू शाइरी में भी परिवर्तन की निशानियाँ पैदा हो रही थीं। बौद्धिक नवजागरण की आत्मा तो ग़ालिब के यहाँ मिलती है, लेकिन सुधार का बीड़ा ग़ालिब के शिष्य 'हाली' ने उठाया।

हाली उर्दू शायरी में नये युग और सुधार के अगुवा हैं। उन्होंने ग़ज़ल को रूढ़िवाद और घिसे-पिटे विषयों और तौर-तरीक़ों से छुटकारा दिलाया, अपितु उसे एक साफ़-सुथरी, सादा और संजीदा राह दिखाई। इस सिलसिले में उनका निम्नलिखित

कथन बेजोड़ न होगा।

"ग़ज़ल में हमेशा माशूक़ को बेवफ़ा, बेमुरव्वत, बेरहम, ज़ालिम, क़ातिल, सय्याद, जल्लाद, हरजाई, अपनों से नफ़रत करने वाला, औरों से मिलने वाला, सच्ची मुहब्बत पर यक़ीन न लाने वाला, हवसपरस्ती को सच्चा इश्क़ जानने वाला, बदगुमान, बदख़ू, बदज़ुबान, बदचलन, अर्थात केवल रूप और सौन्दर्य अथवा नाज़ व अदा एवं ऐसे ही कुछ लक्षणों के अतिरिक्त और समस्त ऐसी बुराईयों के साथ उसको अभिहित करना जो एक इन्सान दूसरे इन्सान के साथ कर सकता है... इस तरह के कुछ और विषय हैं जो ग़ज़ल के अभिन्न तत्त्व और अंग हो गये हैं। उदाहरणार्थ, माशूक़ की सूरत को हूर, परी, चाँद, सूरज, गुल, लाला, बाग़, और जन्नत इत्यादि से; उसकी आँख को नरगिस, हिरण, बादाम, जादूगर, मस्त, बीमार, इत्यादि से; ज़ुल्फ़ को सुम्बुल, मुश्क, अम्बर, काफ़िर, जादूगर, रात, ज़ुलमात, जाल, ज़ंजीर, कमन्द इत्यादि से; निगाह व मिज़ह व ग़मज़ा व अदा को तीर व सिनान और शमशीर (तलवार) इत्यादि से; अबरू (भौं) को कमान (धनुष) से; ज़क़न (चिबुक) को कुएँ से; दांतों को मोतियों से, होंठों को लाल (मणि) याक़ूत, फूल की पत्ती, नबात (वनस्पति), आबे-हयात इत्यादि से; मुँह को ग़ुंचा से, कमर को बाल से या दोनों को अदम से, क़द को सरो, सनोबर, शमशाद, क़यामत इत्यादि से; रफ़्तार को फ़ितना, क़यामत, बला, आफ़त, आशोब इत्यादि से और इस प्रकार और कुछ अंगों को कुछ मुख्य-मुख्य चीज़ों से उपमा देना; प्रियतमा की शृंगार-सामग्री में से मश्शाता (रूप सज्जा करने वाली स्त्री) शाना (कंघी), आईना, हिना (मेहंदी) सुर्मा, काजल, ग़ाज़ा, मस्सी, पान, कभी क़बा (एक प्रकार का वस्त्र) बन्दे-क़बा, कुलाह, चीरा, दस्तार और कभी बुर्क़ा, नक़ाब, महरम (अंगिया) चादर, चोटी, चूड़ियाँ और मुख्य-मुख्य ज़ेवरों का वर्णन करना और उनको ख़ास-ख़ास चीज़ों से उपमा देना.... ग़ज़ल में ऐसे शब्द प्रयोग करना जो औरतों से सम्बन्धित सामग्रियों और विशेषताओं को प्रदर्शित करे, उस जाति की हालत के लिए पूर्णतः अनुचित है जो पर्दा-व्यवस्था की पाबंद हो, क्योंकि यदि प्रियतमा, घरेलू स्त्री है तो उसके रूप एवं सौन्दर्य की प्रशन्सा करना और उसके नाज़ो अन्दाज़ के चमत्कार का चित्रांकन मानो अपनी प्रतिष्ठा को अपनों और परायों से परिचित कराना है और यदि कोई बाज़ारी बेसवा है तो अपनी नालायक़ी अथवा उसके रंडीपन का ढिंढोरा पीटना है... यदि प्रियतमा को किसी हद तक अवर्णित छोड़ दिया जाए और मर्द या औरत की किसी दैहिक विशेषता का वर्णन ग़ज़ल में न किया जाय तो इस स्थिति में क्रियाओं और विशेषणों का पुल्लिंग लाना पूर्णरूपेण नियम के अनुकुल होगा।"[77]

हाली के इस मशवरे ने उर्दू ग़ज़ल की सौन्दर्यानुभूति को पुनः संयमित और संतुलित मार्ग पर लाने में ख़ासा रोल अदा किया, हालांकि हाली के कुछ मशवरे

ग़ज़ल की बहुत सी विधा संगत रीतियों और अनुभूतियों के ख़िलाफ़ थे। अतः उस वक़्त रूढ़िवादिता और औपचारिकता की जो फ़ज़ा थी, और इनके प्रभाव से ग़ज़ल जिस तरह नीरस हो चली थी और गिरावट आ गयी थी, उसमें कुछ संतुलन पैदा हुआ और संजीदगी नज़र आने लगी। उदाहरणार्थ हाली के कुछ शेर देखिये:

हम जिस पे मर रहे हैं वह है बात ही कुछ और
आलम में तुझ से लाख सही, तू मगर कहाँ

———

नया है लीजिए जब नाम उसका
बड़ी वुसअत[78] है मेरी दास्ताँ में

———

मिलते ही उनके भूल गयीं कुलफ़तें तमाम
गोया हमारे सिर पे कभी आसमां न था

———

इश्क़ सुनते थे जिसे हम, वो यही है शायद
ख़ुद बख़ुद दिल में है इक शख़्स समाया जाता

———

दिल से ख़याले-दोस्त भुलाया न जायेगा
सीने में दाग़ है कि मिटाया न जायेगा
तुमको हज़ार शर्म सही, मुझ को लाख ज़ब्त
उलफ़त वो राज़ है कि छुपाया न जायेगा

———

दिखाना पड़ेगा मुझे ज़ख़्मे-दिल
अगर तीर उसका ख़ता हो गया
नहीं भूलता उसकी रूख़सत का वक़्त
वो रो रो के मिलना बला हो गया

———

उर्दू शाइरी पर 'हाली' का यह अनुग्रह है कि उन्होंने उसे अश्लीलता, अतिशयोक्ति और शब्दाडम्बर के उन तत्त्वों से जो बाद के शाइरों में अत्यधिक प्रचलित हो चुके थे, साफ़ करने का प्रयत्न किया तथा उसे संयमित मार्ग पर लाने एवं सुकुमारता पर ध्यान देने का पाठ पढ़ाया। प्रियतमा के सौन्दर्य की विशेषताओं के खुले वर्णन को निषिद्ध करने से उनका अभिप्राय, ग़ज़ल को अश्लीलता और हल्केपन से मुक्ति दिला कर उसे सन्जीदा और शालीन मार्ग पर लाना था; और अपने इस मिशन में वह सफल भी हुए, अन्यथा यदि प्रियतमा के नाज़ो अन्दाज़ व करिश्मे के चित्रांकन करने

को ''अपनी मान मर्यादा को अपने परायों से परिचित करने और अपनी नालायक़ी का ढिन्ढोरा पीटने के समान'' घोषित किया जाये, तो साहित्य के एक बड़े हिस्से को 'दरिया बुर्द' करना होगा। वास्तविकता यह है कि यह बात ग़ज़ल की समालोचना में बहुत बाद में समझ में आयी कि ग़ज़ल में वक्ता से तात्पर्य शाइर का अपना व्यक्तित्व नहीं है, अपितु आशिक़ (प्रेमी) से अभिप्राय है। इसी प्रकार प्रियतमा (माशूक़) भी व्यक्तिगत माशूक़ नहीं होती। इस दृष्टि से उसके रूप एवं सौन्दर्य का संयमित और शालीन वर्णन करना न केवल आवश्यक है अपितु श्रेष्ठ भी है। उर्दू ग़ज़ल में भी कुछ सीमाओं के बावजूद प्रारम्भ से आज तक ऐसा होता आया है। उसका एक कारण भारतीय परम्पराओं का प्रभाव भी है। भारतीय काव्य एवं साहित्य में नारी के सौन्दर्य की कभी उपेक्षा नहीं की गयी। जैसाकि पहले स्पष्ट किया जा चुका है, साहित्य, कला, ललित कलाएँ और अन्य सांस्कृतिक विधाओं में नारी सौन्दर्य का तरह-तरह से वर्णन होता रहा है। हिन्दू धर्म में काम की परिकल्पना नग्नता और विलासिता की नहीं अपितु उपासना और इबादत की है। परोक्ष रूप से इसका प्रभाव उर्दू ग़ज़ल पर भी हुआ, अगरचः बहुत कम। यद्यपि परम्परागत रूप से उर्दू ग़ज़लकार प्रियतमा के वर्णन में पुल्लिंग क्रियाओं का प्रयोग करते हैं या प्रियतमा के व्यक्तित्व को स्वच्छन्दता की हालत पर छोड़ दिया जाता है तथापि उसके सौन्दर्य की परिकल्पना का सम्बन्ध यहाँ की मिट्टी और वातावरण से गहरा है। प्रियतमा के रूप एवं सौन्दर्य का गुणानुवाद अलग चीज़ है और उसके वर्णन से स्वाद, विलासिता और वासना की भावनाएँ पैदा करना बिल्कुल दूसरी बात। एक का परिणाम सौन्दर्य अनुभूति और भावनात्मक संवर्धन है, और दूसरी का वासना और अश्लीलता। हाली के मशवरे का सही महत्व समझने के लिए इन दोनों के अन्तर को सामने रखना आवश्यक है। हाली का उद्देश्य वास्तव में ग़ज़ल को उसकी विलासिता एवं स्तरहीनता से छुटकारा दिलाना था; जो वासना एवं हवस की सीमा से बढ़ती हुई प्रवृत्ति से इसमें राह पा गयी थी। हाली के बाद ग़ज़ल की सौन्दर्य-परिकल्पना में एक नयी संजीदगी, प्रफुल्लता और परिपक्वता आ गयी और आइंदा प्रियतमा के 'नारी-गुण' और 'नाज़ो अदा के चमत्कार' का सौन्दर्य पोषक और आनन्दमय चित्रण बराबर प्रस्तुत होता रहा। इस का श्रेष्ठतम प्रमाण, 'हसरत और फ़िराक़' का कलाम है।

हसरत

वैसे तो 'फ़ानी', 'असग़र', 'सफ़ी', 'साक़िब', 'अज़ीज' और 'शाद' की ग़ज़ल भी पारम्परिक बेराह-रवी से स्वतन्त्र है, परन्तु हसरत से उर्दू ग़ज़ल की सौन्दर्य-अनुभूति में एक नये अध्याय की वृद्धि होती है। उनकी सौन्दर्य-परिकल्पना की रंगीनी और तरहदारी पर कुछ-कुछ 'मुसहफ़ी' का भी प्रभाव पड़ा है, परन्तु

उसका घरेलूपन और शराफ़त, हसरत की अपनी देन है। इसमें जो शालीनता और गम्भीरता है उसका सम्बन्ध मध्य वर्गीय समाज का घरेलू वातावरण है। हसरत की सौन्दर्य-परिकल्पना की अनुभूति और उसका शबनमी स्पर्श उर्दू ग़ज़ल की प्रिय धरोहर है। सितारों की छाँव में मिलने, जलती धूप में नंगे पाँव आने और चुपके-चुपके रोने की परिकल्पना, उर्दू ग़ज़ल में नया घरेलू वातावरण लेकर आई। यह चित्रण जीवन की सुकुमारतआओं की अनुभूति बढ़ाता है और जीने की उमंग पैदा करता है।

बर्क़ को अब्र के दामन में छुपा देखा है
हमने उस शोख़ को मजबूरे-हया देखा है

———

चादर जो कहीं हुस्ने-रुख़े-यार से सरकी
क़ाबू में तबीयत न रही ज़ौक़े-नज़र की

———

रंग, सोते में चमकता है तरहदारी का
तुर्फ़ा आलम है तेरे हुस्न की बेदारी का

———

मुहताजे-बूए-इत्र न था जिस्मे-ख़ूबे-यार
ख़ुशबूए-दिलबरी थी जो उस पैरहन में थी

———

सर कहीं, बाल कहीं, हाथ कहीं, पाँव कहीं
उनका सोना भी है किस शान का सोना देखो
घर से हर वक़्त निकल आते हो खोले हुए बाल
शाम देखो न मेरी जान सवेरा देखो

———

ग़ैर की नज़रों से बच कर सबकी मर्ज़ी के ख़िलाफ़
वो तेरा चोरी-छुपे रातों को आना याद है
दोपहर की धूप में मेरे बुलाने के लिए
वो तेरा कोठे पे नंगे पाँव आना याद है

———

रोशन जमाले-यार से है अन्जुमन तमाम
दहका हुआ है अतिशे-गुल से चमन तमाम
अल्लाह रे जिस्मे-यार की ख़ूबी कि ख़ुद बख़ुद
रंगीनियों में डूब गया पैरहन तमाम

———

जमाले-यार की रंगीनियाँ अदा न हुईं
हज़ार काम लिया हमने ख़ुश-बयानी से

———

अल्लाह रे काफ़िर तेरे उस हुस्न की मस्ती
जो ज़ुल्फ़ तेरी ता ब कमर ले के गयी है

———

फ़िराक़ गोरखपुरी

फ़िराक़ की सौन्दर्यानुभूति इस दृष्टि से हसरत से भिन्न है कि भारतीय परम्पराओं के रचाव से उस में रंग और रस की आश्चर्यजनक आनंदमय कैफ़ियत पैदा हो गयी है। इस की सर्वश्रेष्ठ प्रस्तुति 'रूप' की रुबाईयों में हुई है। ग़ज़ल में भी उन्होंने रूप और यौवन की एक नयी रंगीली, रसीली, सुकुमार और संगीतमय फ़ज़ा क़ायम की है। वह ठेठ हिन्दी शब्दों और मुहावरों से भी काम लेते हैं जिन की कलात्मक प्रस्तुति 'रूप' की रुबाईयों में हुई है। उनका कारनामा यह है कि ग़ज़ल के परम्परागत साँचे को स्वीकार करते हुए उन्होंने उसकी सौन्दर्यानुभूति में ऐसा विस्तार पैदा किया है कि शरीर और सौन्दर्य की रंगीनी और अनुभूति की कैफ़ियत अत्यधिक गहरी हो गयी है।

फ़िराक़ की शाइरी में एक ऐसा सौन्दर्य, ऐसा रस और ऐसी सुकुमारता है जो हर शाइर को नसीब नहीं होती। भारतीय स्वर और सौन्दर्यानुभूति उर्दू शाइरी में पहले भी थी परन्तु फ़िराक़ की उपलब्धि यह है कि उन्होंने ख़ुदाये-सुख़न मीर तक़ी मीर की काव्य-परम्परा को पुनर्जीवित किया और सदियों की भारतीय आत्मा से संवाद स्थापित कर उसे सृजनात्मक प्रस्तुति का नया स्तर प्रदान किया। उनकी शाइरी में हमारी संस्कृति की शताब्दियाँ बोलती हैं। उनका कथन है कि "शाइर के नग़में वह हाथ हैं जो रह-रह कर आफ़ाक़ (सृष्टि) के मन्दिर की घन्टियाँ बजाते हैं।" वह जहाँ अंग्रेज़ी के रूमानी शाइरों से प्रभावित हैं, वहीं संस्कृत-काव्य और शृंगार-रस की परम्परा का भी उनके सौन्दर्य अनुभूति पर गहरा प्रभाव है। फ़िराक़ का मूल विषय सौन्दर्य और प्रेम की आनन्दमय अनुभूति और सौन्दर्य है। वह भावों की थरथराहटों, शरीर और रूप की सुकुमारताओं और आनन्द तथा पीड़ा की हल्की गहरी कैफ़ियतों के शाइर हैं। उनकी आवाज़ में एक ऐसा रस, सुकोमलता, लोच और धीमापन है जो उनका विशेष अधिकार है। कुछ अशआर प्रस्तुत हैं -

किस लिए कम नहीं है दर्द-फ़िराक़
अब तो वो ध्यान से उतर भी गये

———

तुम मुख़ातब भी हो, क़रीब भी हो
तुम को देखें कि तुम से बात करें

———

फ़ज़ा तबस्सुमे-सुबहे-बहार थी लेकिन
पहुँच के मंज़िले जानाँ पे आँख भर आयी

———

हज़ार बार ज़माना इधर से गुज़रा है
नयी नयी सी है कुछ तेरी रहगुज़र फिर भी

———

ख़याले-गेसूए-जानां की वुसअतें मत पूछ
कि जैसे फैलता जाता हो शाम का साया

———

सितारे जागते हैं रात लट छिटकाए सोती है
दबे पाँवों ये किसने आ के ख़्वाबे-ज़िन्दगी बदला

———

ये सिर से ता ब-क़दम महवियत का आलम है
कि गहरी सोच में डूबा हुआ है जैसे बदन

———

जैसे सुकून थरथराए, जैसे सुकूत कुछ सुनाए
जैसे सुगन्ध मुस्कुराये, हुस्न की तुरफ़गी तो देख

———

चुपक चुपके उठ रहा है मध भरे सीनों में दर्द
धीमे-धीमे चल रही हैं इश्क़ की पुरवाइयाँ

———

ये तेरा शोलए-आवाज़ है कि दीपक राग
क़रीबो-दूर, चिराग़ आज हो गये रौशन

———

दिलों को तेरे तबस्सुम को याद यूँ आयी
कि जगमगा उठें, जिस तर्ह मन्दिरों में चिराग़
जो छुप के तारों की आँखों से पाँव धरता है
उसी के नक़्शे-कफ़े-पा से जल उठे हैं चिराग़

———

ये सितारे तेरे पसीने के
शब का दहका हुआ शबाब है तू
अक्स है मकर-चाँदनी तेरा
दहकी रातों का माहताब है तू
रंग, रस, अधखिले शगूफ़ों का
मुस्कुराता हुआ शबाब है तू

———

आग भभूका गोरा मुखड़ा
ज़ुल्फ़ें काले काले नाग
क़ातिल उस को कौन कहे
हँस मुख आँखें कोमल गात
यूँ लहराती हैं वो ज़ुल्फ़ें
गत चलता हो जैसे नाग
चंचल चंचल जोबन जैसे
अधखिली कलियाँ अध सुने राग
प्रेम कामिनी रस की पुतली
भीतर ठंडक बाहर आग

———

झलाझल सजल रूप का रसमसाना
तहे शबनमिसताँ चिराग़ाँ चिराग़ाँ
है सीना कि संगीत पिछले पहर का
वो चेहरा कि ऊषा पशेमाँ पशेमाँ

———

इक उदासी भी लिये है क्यूँ निगाहे-नाज़े-यार
ये पयामे-ज़िन्दगी, शायद कोई सुनता नहीं

———

ये ज़िंदगी के कड़े कोस, याद आता है
तेरी निगाहे-करम का घना-घना साया

———

फ़िराक़ की सौन्दर्यानुभूति की यह वार्ता, रुबाइयों के बिना पूरी नहीं हो सकती। प्रस्तुत हैं :

दोशीज़ा फ़िज़ा में लहलहाया हुआ रूप
आईनए-सुब्ह मे झलकता हुआ रूप

ये नर्म निखार, ये सजल धज, ये सुगन्ध
रस में कुँवारेपन के डूबा हुआ रूप

———

ढलका आँचल, दमकते सीने पे अलक
पलकों की ओट, मुस्कुराहट की झलक
वो माथे की कहकशाँ, वो मोती भरी माँग
वो गोद में नन्हा सा हुमकता बालक

———

है ब्याहता, पर रूप अभी कुँवारा है
माँ है, पर अदा जो भी है दोशीज़ा है
वो मोदभरी माँग भरी गोद भरी
कन्या है सुहागन है जगत माता है

———

आँसू भरे-भरे वो नैनां रस के
साजन कब ऐ सखी थे अपने बस के
ये चाँदनी रात ये बिरह की पीड़ा
जिस तर्ह उलट गयी हो नागन डस के

———

मोती की कान[79] रस का सागर है बदन
दरपन आकास का सरासर है बदन
अँगड़ाई में राजहंस तोले हुए पर
या दूध भरा मानसरोवर है बदन

———

इस विश्लेषण से स्पष्ट है कि उर्दू ग़ज़ल के महबूब का सम्बन्ध हिन्दुस्तानी परिकल्पना और तहज़ीब से गहरा है। इसको फ़ारसी ग़ज़ल की चित्र छाया समझना ग़लत है। इसका गहरा सम्बन्ध भारतवर्ष की मिट्टी की सुगंध और यहाँ के वातावरण से है। इस का रंग व आहंग भारतवर्ष से ही प्राप्त किया गया है[80]। उसकी धरातलीय स्थिति, उसकी सुकुमारता और उसका भौतिक स्वरूप भारतीय मिले-जुले हिन्दू-मुस्लिम समाज का चित्र प्रस्तुत करता है। इस परिकल्पना में जो आश्चर्यजनक विस्तार लोच और रंगारंगी है, सौहार्द्र का जो ढंग है, वह गंगा-जमनी संस्कृति ही के अन्तर्गत पैदा हो सकता है। हिन्दुस्तानी मिली जुली तहज़ीब के समान इसमें भी अत्यधिक रंगारंगी और विभिन्नता है। प्रत्येक रंग दूसरे से भिन्न है। कहीं प्रियतमा की परिकल्पना भौतिक है तो कहीं आलौकिक है। कहीं यह केवल

प्रियतमा है, कहीं ईश्वरीय प्रतीक है, कहीं यह किशोर के रूप में है; कहीं नारी है और कहीं वैयाकरणिक से इतर है। परिकल्पनाओं की यह रंगारंगी और उनका यह वाह्य विरोधाभास, भारत जैसे बड़े और विस्तृत देश में अवश्यंभावी है। लेकिन भारतीय स्वभाव, इस रंगारंगी और विभिन्नता में एक आन्तरिक सम्बन्ध अथवा एक प्रकार की एकता को निशान-ज़द कर उसे विखराव से बचाये रखता है। उर्दू ग़ज़ल की सौन्दर्य-परिकल्पना में भी वाह्य-विभिन्नता एवं अनेकता के बावजूद हमेशा से एक मूलभूत एकता भी उपस्थित रही है। उसने विभिन्न परम्पराओं के दरम्यान सन्तुलन और सौहार्द्र का वातरवरण बनाए रखा। इस वातावरण से तात्पर्य है सौन्दर्य की उस अनुभूति से, जिसमें परिकल्पना तो नारी की बनी रहती है परन्तु उसका वर्णन वैयाकरणिक पुल्लिंग क्रियाओं में इस प्रकार किया जाता है कि लिंग की मान-मर्यादा अक्षुण्ण रहे। सौन्दर्य परिकल्पना का यह मूलभूत रंग सबसे पहले 'वली' की शाइरी में प्रकट होता है। 'मज़हर' और 'हातिम' के युग में यह कई कारणों से दब सा जाता है। लेकिन मीर और सौदा के बाद से अपना स्थान दोबारा प्राप्त कर लेता है और उस युग से आज तक यह उर्दू ग़ज़ल के हर दौर में मूल रूप से उपस्थित रहा है। इसमें सन्देह नहीं है कि लखनवी शाइरों के यहाँ यह अश्लीलता और कृत्रिमता का शिकार हो गया परन्तु यदि ध्यान से देखें तो ज्ञात होगा उसके साथ-साथ इसकी शालीन और टकसाली परिकल्पना भी मौजूद रही। नासिख़ और उनके शिष्यों के युग में दिल्ली में 'मोमिन', 'ग़ालिब' और 'शेफ़्ता' इत्यादि शालीन परम्पराओं को निभाते रहे और उन्हें किसी मूल्य पर हाथ से नहीं जाने दिया।

ग़ज़ल संकेतात्मक विधा है। इसमें हर चीज़ इशारों इशारों में संकेत मात्र बयान होती है यर्थाथ के क्रम के साथ रूप और सौन्दर्य का विवरण प्रस्तुत करना इसका काम नहीं है। वैसे भी ग़ज़ल में व्यक्तित्व स्वच्छन्दता की स्थिति में रहता है; और स्वर की सार्वभौमिकता को प्राथमिकता हासिल है। अतएव ग़ज़ल में सौन्दर्य का वैविध्य निशानज़द करने वालों को सामान्यतः निराशा होती है। इस आधार पर वह ग़ज़ल की सौन्दर्यानुभूति को कुछ दबी दबी, धुंधली और अस्पष्ट सा बताते हैं; और उसकी तुलना भारतीय शाइरी से करते हुए उसे औपचारिक एवं सीमित मानते हैं। इतनी बात तो ख़ैर ठीक है कि उर्दू ग़ज़ल की सौन्दर्यानुभूति इतनी यर्थाथ प्रधान नहीं जितनी कि संस्कृत, हिन्दी और अन्य देशी भाषाओं की वर्णनात्मक विधाओं की है। परन्तु इस प्रकार की आपत्तियाँ प्रायः ग़ज़ल के काव्यशास्त्र से अनभिज्ञता के कारण की जाती हैं। ग़ज़ल अत्यधिक व्यंजनात्मक कविता है। इसमें वस्तुओं का उन्मुक्त वर्णन उसके स्वभाव के विरुद्ध है। ग़ज़ल अपनी संरचना के कारण व्याख्या एवं विवरण को सहन नहीं कर सकती। वह सौन्दर्य के धटनाक्रम और उसकी मनोदशाओं के अत्यधिक लाक्षिणिक एवं व्यंजनात्मक वर्णन को ही स्वीकार करती है। ग़ज़ल

विस्तार के बजाए क्रमबद्धता और व्याख्या के बजाए संक्षेप से काम लेती है। लक्षण का प्रसाद गुण और व्यंजना की चाँदनी, ग़ज़ल का सौन्दर्य है। ग़ज़ल रूप और सौन्दर्य के यथार्थ चित्रण के स्थान पर सौन्दर्य के प्रभाव और उसकी सौन्दर्य सम्बन्धी तीव्रता और आकर्षण को प्रस्तुत करती है। उसकी सौन्दर्यात्मकता, चित्रांकन (Miniature) के समान 'रेज़ाकारी' में 'मीनाकारी' है और इस मीनाकारी को बढ़ावा दिया और बनाए रखा पर्दा एवं नक़ाब के रिवाज और ग़ज़ल के व्यंजनात्मक काव्यशास्त्र ने, जिसका वर्णन ऊपर आ चुका है।

इस सबके बावजूद उर्दू ग़ज़ल का महबूब बहरहाल पारम्परिक अथवा औपचारिक नहीं। इसमें शरीर और सौन्दर्य की गहरी अनुभूति पायी जाती है। उसका धरतीपन सौन्दर्य और प्रेम की सुकुमारताओं और कोमलताओं से परिपूर्ण है। यह कोई पराभौतिक परछाईं नहीं अपितु उस का सम्बन्ध हमारे चिर-परिचित संसार से है। इसमें काम की सुगन्ध और यौवन की लहक है। उसकी रंगीनी और रसमसाहट, चित्ताकर्षण और सुन्दरता, तहदारी, सम्भाषण की अल्पता एवं अल्प उन्मुक्तता, दिलरुबाई, हयापरवरी और कमनुमाई मानवीय इच्छाओं को दर्पण दिखाती है और 'तमाशाए-गुलशन'[81] व 'तमन्नाए-चीदन'[82] का एहसास दिलाकर जीवन की अर्थवत्ता बढ़ाती है।

सन्दर्भ

1. सूर्य जैसा सुन्दर
2. ''ईं हमां मज़ामीने-फ़ारसी कि बेकार उफ़तादह अन्द, दर रेख़्ता बकार बबुर, अज़ तो कि मुहासिबा ख़्वाहद ग़िरफ़्त'' (निकातुश्शुअरा पृष्ठ 90) (अर्थात, यह सारे फ़ारसी विषय जो बेकार पड़े हैं, इन्हें अपनी रेख़्ता (उर्दू) शाइरी के प्रयोग में लाओ, तुम से कौन पूछेगा।)
3. फाइज़ देहलवी :

   दुनिया में ऐ 'सरीजन'
   तुझ सा नहीं है 'मोहन'

   ख़ाने आरज़ू :

   भर कर नज़र न आया हम को 'सजन' हमारा
   गोया कि था छलावा वो 'मन हरन' हमारा

   आबरू :

   जुदाई के ज़माने की 'सजन' क्या ज़्यादती कहिए
   कि उस ज़ालिम की हम पर जो घड़ी गुज़री सो जुग बीता

   नाजी :

   नमकीं हुस्न देख कर 'पी' का
   रंग गुल का लगे मुझे फीका

यकरंग :

यक रंग पास और 'सजन' कुछ नहीं बिसात
रखता है ये दो नैन कहो तो नज़र करे

बहार (टेक चन्द) :

दिल हमारा ले के क्यूं इन्कार करते हो 'सजन'
किस से सीखे हो ये तुम लेकर मुकर जाने की तर्ह

मज़हर :

कोई आज़र्दा करता है 'सजन' ऐसे को ऐ ज़ालिम
ये दौलत-ख़्वाह अपना, मज़हर अपना, जाने-जाँ अपना

सौदा :

अब के भी दिन बहार के यूँ ही चले गये
फिर-फिर गुल आ चुके प 'सजन' तुम भले गये

क़ाइम :

क़ासिद को दे न ऐ दिल उस गुलबदन की पाती
चल ख़ुद ही ले चलें हम अपने 'सजन' की पाती

हातिम :

जिसको 'पी' का ख़याल होता है
उस को जीना मुहाल होता है

बाद में हातिम ने शब्द 'पी' को 'तेरा' से बदल दिया। दीवान ज़ादा (संकलन 1179 हि.) में ये शेर इस सन्शोधित दशा में मिलता है। इससे स्पष्ट है कि उस युग में महबूब की हिन्दी कल्पना कितनी तेज़ी से बदल रही थी।

4. देहली का दबिस्ताने-शाइरी, पृष्ठ 315
5. चिबुक, ठोढ़ी
6. मदिरा का मटका
7. प्रियतमाएँ, सुंदरियाँ
8. नक्षत्रों का समूह
9. दिल का चैन
10. लज्जा
11. लज्जा
12. वचनों का-गुण, वह शैली जिसमें अलंकार की बहुतात न हों।
13. ज़ाहिर; प्रकट
14. दर्शनीय
15. गर्व, घमंड, ख़ुशी, लज्जा
16. सुन्दर नारी; दुनिया की सुन्दर बाला
17. हँसता हुआ
18. सुन्दर नारी
19. मस्सी मले हुए दाँत

20. उपमा
21. घर उजाड़ने वाला
22. शिकार
23. वायु यन्त्र
24. मधुशाला
25. अधखुली
26. पाँव
27. हथेली
28. चाँदी जैसी कलाई
29. भागता हुआ हिरन
30. जादू
31. चमत्कार
32. ''ब शहरे-ख़ेश, बा परी तमसाले कि अज़ अज़ीज़ांनश बूद, दरपर्दा तअश्शुक व मेले ख़ातिर दाश्त। आख़िर इश्क़े-ऊ ख़ास्सा-मुश्क पैदा कर्दा... अज़ नंगे इफ़शाए- राज़ अज़ वतन व अक़रबा बादिले बग़ल परवर्दए हसरतो हिरमानों बाख़ातिरे-नाशाद दस्तो गरेबां कतए रिश्ता-ए-हुब्बे वतन साख़्ता अज़ अकबराबाद''

(तज़किरा-बहारे-बेख़िज़ां पृष्ठ 97) (अर्थात अपने नगर की एक अप्सरा जैसी रूपवती से, जो उनकी निकट सम्बन्धी थी, उससे दिल का रिश्ता पैदा हो गया। अन्ततः इश्क़ की कैफ़ियत कस्तूरी की महक की तरह हर तरफ़ फैल गई और इस शर्म से कि कहीं इस रहस्य से पर्दा न उठ जाये, घर वालों और निकट सम्बन्धियों को दुःख के साथ मजबूरन छोड़ते हुए अपने वतन अकबराबाद (आगरा) से कूच कर जाना पड़ा)

मसनवी 'ख़्वाबो-ख़याल' में सम्भवतः इसी दुःखमय घटना की परछाईं मिलती है :

ज़माने ने रख्खा मुझे मुत्तसिल
परागन्दा रोज़ी परागन्दा दिल
वतन में न इक सुब्ह में शाम की
न पहुँची ख़बर मुझ को आराम की
ज़माने ने आवारा चाहा मुझे
मेरी बेकसी ने निबाहा मुझे
चला अकबराबाद से जिस घड़ी
दरो बाम पर चश्मे-हसरत पड़ी
कि तर्के-वतन पहले क्यूँ कर करूँ
मगर हर क़दम दिल को पत्थर करूँ
जिगर, जौरे- गरदूँ से ख़ूँ हो गया
मुझे रुकते रुकते जुनूँ हो गया
नज़र आयी इक शक्ल महताब में
कमी आयी जिस से ख़ुरो ख़्वाब में
उसे देखूँ जीधर करूँ मैं निगह

वही एक सूरत हज़ारों जगह
सरापा में जिस जा नज़र कीजिए
वहीं उम्र अपनी बसर कीजिए
तबीबों को आख़िर दिखाया मुझे
न पीना जो कुछ था पिलाया मुझे
लगी जान सी आने आज़ा के बीच
कोई रोज़ रहना था दुनिया के बीच
न देखा कभू 'मीर' फिर वो जमाल
वो सोहबत थी गोया कि ख़्वाबोख़याल

'जिक्रे मीर' में है : ''फ़ख़रुद्दीन खाँ कि मर्दे-दुरवेश बूद, कराबते-करीबा दाशत, ज़रे-बिसियारी ख़र्च नमूद, परी ख़्वानाने-अफ़सूँ दमीदंद, तबीबाँ ख़ून कशीदन्द, बिलआख़िर सेहतयाब''

लेकिन 'बहारे-बे-ख़िज़ाँ' के लेखक ने लिखा है कि मीर जब तक ज़िन्दा रहे, दीवानगी और जुनून की कैफ़ियत बाक़ी रही, ''ता बक़ैदे रिश्ताए-हयात बूद, सिलसिलए-दीवानगी बपा दाश्त''।

(अर्थात फ़ख़रूद्दीन ख़ां जो कि एक दरवेश थे और जिनसे निकट सम्बन्ध था, उन्होंने काफ़ी धन व्यय ख़र्च किया, परी जमालों के जादू का इलाज कराया, तबीबों ने ख़ून निकलवाया, तब कहीं जाकर सेहतयाब हुए)

33. सुर्ख़ होंठ
34. कपोल
35. ज़ेरे नक़ाबे-आबगूं हाय रे उनकी जालियाँ
    हम को तो बस डुबो गयीं नील के कटड़े वालियाँ

    ———

    जमुना में कल नहा कर जब उस ने बाल बाँधे
    हमने भी अपने दिल में क्या-क्या ख़याल बाँधे

    ———

    ये नाज़ो-अदा ये हुस्नो सूरत है कहाँ
    क्यूँ कहिए न लखनऊ को फिर जाने- जहाँ
    दिल्ली में न आगरे में देखे हम ने
    जो नूर के बुक़्क़े नज़र आते हैं यहाँ (मुसहफ़ी)
36. उपद्रव भरी आँख
37. वसन्त का उद्रेक
38. सुगठित-वक्ष
39. जुर्रत ने बाज़ (कुछ) पूरी पूरी ग़ज़लों में महबूब की नखशिख वर्णन (सरापा) प्रस्तुत किया है। देखिए 'जुर्रत' का समग्र (कुल्लियात) पृष्ठ 216-217)
40. ऐसी नहर जिसमें बहुत सी नहरें आकर मिल जाती हैं, नदी किनारे।

41. स्वच्छता

42. एक प्रकार का हीरा

43. नासिख़ :

ऐसी नीची हैं न हैं ऐसी बशर की एड़ियाँ
पन्जए-ख़ुर्शीद के नीचे क़मर की एड़ियाँ

वज़ीर :

चश्म में सुर्मे का दुम्बाला[1] बना कर बोले
क्यूँ असा[2] टेक के हो जाये खड़ी मेरी आँख
(1. पूँछ 2. छड़ी)

बर्क़ :

उसके हुज़ूर अबीर हुआ रंगे-यासमन
रंगत गुलों की बन गयी बुक़्क़ा गुलाल का

बहर :

यार की मीठी निगाहों से ये मालूम हुआ
नक़्ले-बादाम हैं आँखें तो नैशकर[1] पलकें
(1. गन्ना)

जलाल :

बनाओ फ़ख़्रे सर चर्ख़े-अख़ज़री[1] चोटी
गयाहे-सुम्बुला[2] से भी रही बढ़ी चोटी
(1. नीला आकाश 2. एक प्रकार की सुगंधित घास)

जलाल :

जब तुम ने इधर माँग निकाली सरे-महफ़िल
चल जाने को सिर प उधर आरे निकल आय

शरफ़, 'रश्क' के शिष्य :

लिये जो बोसे 'शरफ़' तूने पड़ गये हैं नील
नहीं दिखाया किसी को हया के मारे गाल

मुहम्मद रज़ा 'मुजिज़', 'वज़ीर' के शिष्य :

देखने से वो नीले होते हैं
करने देते नहीं नज़ारे होंठ

बहर :

देखना क्या हुस्न की दौलत का कोठा तोड़कर
निकली हैं सिर पर लिये दो बदरये-ज़र[1] छातियाँ
(पूरी ग़ज़ल छातिया...)
(1. हज़ार अशर्फ़ियों की थाली)

'मोहसिन', वज़ीर के शिष्य

वो तो आँचल से दोपट्टे के छिपाते हैं बहोत
है ये जोबन, निकली ही पड़ती हैं बाहर छातियाँ

नासिख़

किस क़दर साफ़ है तुम्हारा पेट
साफ़ आईने का है सारा पेट

शरफ़, 'रश्क' के शिष्य

समझूँ न हबाब[1] आपके पिस्तानों[2] को क्यूँकर
दरिया, शिकमे-साफ़[3] है, दरिया का भँवर नाफ़[4]
(1. बुलबुला 2. कुच 3. पेट 4. नाभि)

'सैर, नासिख़ के शिष्य

कंगन चमकते हैं जो दमे-रक़्स[1] हाथों के
हैं अहले-बज़्म के लिये बिजली कलाइयाँ
(1. नृत्य के समय)

'वज़ीर'

चल रहे हैं पाँव के बिछुए अजी हंगामे-रक़्स
करती हैं ख़ूँरेज़ियाँ, हर हर क़दम पर उंगलियाँ

नासिर सआदत ख़ाँ

क्या चिकने हैं, क्या साफ़ हैं, क्या गोल सुरीं[1] हैं
बेजुर्म हैं, नायाब हैं, अनमोल सुरीं हैं
(1. नितम्ब)

नासिख़

ज़ानू[1] की तरह साफ़ हैं उस हूर की साक़ें[2]
आईने की रानें हैं तो बिल्लौर की साक़ें
(1. घुटना 2. पिंडलियाँ)

मेहर, 'नसीम' के शिष्य

पाजामा, गुलबदन का पहन कर दिखाते हो
मारें कटारियाँ न सितमगार बन के पाँव

44. मोती
45. रक्षक
46. घेरा
47. पृथक
48. नया जादू
49. चमकते हुए चाँद सूरज
50. बालों को बाँधने वाला
51. दामन में छुपा हुआ दीपक
52. भड़का हुआ अंगारा
53. फूल जैसे चेहरे वाला
54. अग्नि वर्षा करने वाली वाटिका
55. वर्षा

56. कुछ तारों का समूह, चँद्रमा का प्रभा-मंडल
57. अँगिया, चोली
58. प्रवाहित जल का बुलबुला
59. ख़ुश्बू बिखेरने वाली
60. पलकों का झपकना
61. अपराध
62. ईरान के जमशेद नामक सम्राट का मदिरा का प्याला
63. महासिने-कलामे-ग़ालिब (पृष्ठ 63)
64. ख़ूए-आ़दम दारम आदम ज़ादा अ़म
आशिकारा दम ज़ा इसियाँ मी ज़नम
(अर्थात, आदम का स्वभाव रखता हूँ, मैं आदम की संतान हूँ। मैं गुनहगार हूँ और स्पष्ट रूप से गुनाह करता हूँ)

ख़्वाहिश को अहमक़ों ने परसतिश दिया क़रार
क्या पूजता हूँ उस बुते-बेदादगर को मैं

65. ग़ालिब (अंग्रेज़ी), पृष्ठ 87
66. आसारे ग़ालिब, पृष्ठ 127
67. आबे हयात, पृष्ठ 186
68. इन्शाए-बेख़बर (प्रस्तावना)
69. डॉ. नतालिया प्रिगारिना की पुस्तक 'मिर्ज़ा ग़ालिब' उर्दू में रुसी भाषा से अनूदित होकर हैदराबाद से 1997 में प्रकाशित हुई है, उनकी इस राय से शायद ही किसी को इख़्तिलाफ़ हो कि ग़ज़ल की शाइरी में, "इश्क़ का विषय भी उतना ही काल्पनिक और दैहिक हो सकता है जितना कि शेष सब कुछ।" इसलिये "शाइर के कलाम और उसकी जीवन की तुलना करना मानो अशआर के चेहरे से रहस्यमयी निक़ाब को हटाने की अवाछनीय हरकत करना है" तथापि काव्य के आन्तरिक आधार के कई बिन्दु या सामाजिक सांस्कृतिक प्रेरणाओं की ओर ध्यान दिलाने के लिए ऐसा करना कभी कभी अवश्यम्भावी भी हो जाता है। अपनी पुस्तक में 'इश्क़े-मजाज़ी' (दैहिक प्रेम) के शीर्षक से प्रिगारिना ने पूरा एक अध्याय विवेचित किया है; और 'डोमिनी' वाली घटना का उसके पूरे वातावरण के साथ वर्णन किया है (पृष्ठ 105 से 125 तक) वह इलाही बख़्श हाकिम अहमद ख़ाँ के सन्दर्भ से लिखती हैं कि, "मिर्ज़ा ग़ालिब की इलाही बख़्श 'मारूफ़' की पुत्री उमराव बेगम से शादी का जश्न मनाया जा रहा था, अचानक इस अवसर पर एक गायिका, जो अत्यधिक चित्ताकर्षक और सुन्दर थी, 'ग़ालिब' उसके इश्क़ में गिरफ़्तार हो गये।" 'ग़ालिब' ने अपने एक पत्र में स्वयं लिखा है कि वह एक 'डोमनी' पर आसक्त थे। कुछ, लेखकों का मत है कि वह 'डोमनी' नहीं, अपितु एक तवायफ़ से प्रेम करते थे। 'ग़ालिब' ने 'मुग़लजान' नाम की एक तवायफ़ का वर्णन अपने पत्रों में किया है। प्रिगारिना कहती हैं कि डोमिनियों और तवायफ़ों में यह अन्तर था कि डोमनियों का सम्बन्ध हिन्दुओं की नीची जाति से था और गाना-बजाना ही उनका व्यवसाय था, जबकि तवाइफ़ें, सामान्यत: मुसलमान और प्रशिक्षित गाने बजाने वालियाँ होती थीं और

समाज के उच्च वर्ग का दिल बहलाती थीं। मालिक राम का मत है कि 'ग़ालिब' ने वास्तव में दो भिन्न प्रियतमाओं का वर्णन किया है। उनमें से एक तो उच्च कुल की, सुकुमारता एवं शालीनता के मूल्य को समझने वाली सुशिक्षित महिला थी, जिसने अपने इश्क़ के कारण आत्म-हत्या कर ली। दूसरी, अवश्य ही एक गायिका थी, जिसकी गणना शीर्षस्थ गायिकाओं में होती थी और उसे मुसलमानों के विभिन्न घरों में बुलाया जाता था। प्रिगारिना के कथनानुसार, उस अप्सरा जैसी डोमिनी ने एक मुद्दत तक मिर्ज़ा की प्रार्थनाओं पर ध्यान नहीं दिया। अनुमान है कि वह स्वभावत: बड़ी हद तक स्वाभिमानी और लज्जाशील थी, और मिर्ज़ा प्रेम-भाव में मस्त, सब कुछ करने को, यहाँ तक कि रुसवाई तक मोल लेने को तैयार थे:

गलियों में मेरी नाश को खींचे फिरो कि मैं
जाँदादए-हवाए-सरे-रहगुज़ार था

मिर्ज़ा के लिए माशूक़ा का इन्कार अपेक्षा के विपरीत था, इससे उनका इश्क़ और भी भड़का उठा :

इश्क़ मुझ को नहीं, वहशत ही सही
मेरी वहशत तेरी शोहरत ही सही
क़त्अ कीजै न तअल्लुक़ हम से
कुछ नहीं है तो अदावत ही सही
कुछ तो दे ऐ फ़लके-नाइन्साफ
आहो फ़रियाद की रुख़सत ही सही
हम कोई तर्के-वफ़ा करते हैं
न सही इश्क़ मुसीबत ही सही
हम भी तस्लीम की खू डालेंगे
बेनियाज़ी तेरी आदत ही सही
यार से छेड़ चली जाये 'असद'
गर नहीं वस्ल तो हसरत ही सही

प्रिगारिना का विचार है कि उपर्युक्त ग़ज़ल का प्रारम्भिक रूप, उसी प्रेम-भावना का वास्तविक चित्रण करता है। बाद में जोड़े गये शेर, ग़ज़ल के प्रत्यक्ष और ठोस तथ्यों पर आधारित शैली में परिवर्तन का पता देते हैं। अन्तत: उक्त डोमनी ने बिना 'मुत्तआ' (एक निर्धारित मुद्दत के लिए निकाह) 'ग़ालिब' से किसी भी प्रकार का सम्बन्ध रखने से इन्कार कर दिया। यह भी इन्गित मिलता है कि उसे सुन्नी मुसलमानों और सूफ़ियों से घृणा थी।

उस जफ़ा-मशरब[1] पे आशिक़ हूँ कि समझे है 'असद'
माले-सुन्नी को मुबाह[2] और ख़ूने-सूफ़ी को हलाल
(1. अत्याचार करने वाला 2. विधि संवत्)

प्रिगारिना प्रश्न करती हैं कि ग़ालिब ने शिया धर्म कब स्वीकार किया? तज़किरा निगाार इस पर चुप हैं। सम्भव है कि यह ईरान से उनके हार्दिक सम्बन्ध के कारण हो अथवा सम्भव है कि शिया रीति के अनुसार 'मुत्तआ' की अपेक्षा और मिर्ज़ा की शियत में कोई

पारस्परिक सम्बन्ध हो। बहरहाल क्या मिर्ज़ा उसके लिये अपना धर्म बदलने के लिये तैयार थे।'' (पृष्ठ 115)

आख़िरेकार गिरफ़्तारे-सरे ज़ुल्फ़ हुआ
दिले-दीवाना कि वारुस्तए-हर मज़हब था

''ग़ालिब' का सारा कलाम, तीव्र आलोक और व्यथामय, प्रेमभाव के काल्पनिक बिम्ब से आलोकित है। इश्क़ के विषय से उनका प्रारम्भिक उर्दू कलाम भरा हुआ है; और बाद के उर्दू-फ़ारसी कलाम में उसकी दर्दनाक आवाज़ साफ़ सुनायी देती है।'' वारिस किरमानी अवश्य ही दूसरी बात कहते हैं और वह मिर्ज़ा के फ़ारसी कलाम में माशूक़ा के कल्पनात्मक बिम्ब में ज़रतुश्ती अग्नि-ज्वाला की विशेषताओं को रेखांकित करते हैं, और उसका आधार अजम (ईरान) से ग़ालिब के अत्यधिक लगाव को निर्धारित करते हैं। उनके निकट मिर्ज़ा के माशूक़ का कल्पनात्मक बिम्ब ग़ैर-इस्लामी विशेषताओं से पूर्ण ज़रतुश्ती विचार के सम्बन्धों के साथ उभरता है।

प्रिगारिना का विचार है कि सम्भवतः ज़रतुश्तवाद केवल उनकी 'क़ाफ़िर माशूक़ा' की ईरानी प्रतिमूर्त्ति के रूप में था।

जबकि यूसुफ़ हुसैन ख़ां के सन्दर्भ से यह व्याख्या भी ध्यान देने योग्य है कि, ''ग़ालिब के कलाम में शब्द 'इश्क़' से तात्पर्य न तो 'इश्क़े इलाही' (ईश्वर प्रेम) है और न ही विवाह सम्बन्धों से, जो पति-पत्नी के मध्य होने चाहिए।'''ग़ालिब', सामान्यतः निषिद्ध-प्रेम की प्रसन्नताओं और प्रतिस्पर्धा के कष्टों को प्रमुखता देते हैं जिनका रंग उनके यहाँ कुछ चोखा ही है।

रश्क कहता है कि उस का ग़ैर से इख़लास हैफ़
अक़्ल कहती है कि वो बेमह्र किसका आश्ना

बहरहाल, इस संघर्ष और पारस्परिक निकटता की ख़ुशियों में स्थायित्व नहीं लिखा था। डोमनी शीघ्र ही इस संसार से कूच कर गयी। 'ग़ालिब' हातिम अली बेग 'मेहर' को उनकी महबूबा की मृत्यु पर लिखते हैं:

''भई! मुग़ल बच्चे भी ग़ज़ब होते हैं जिस पर मरते हैं उसको मार रखते हैं। मैं भी मुग़लबच्चा हूँ, उम्र में एक बड़ी सितमपेशा डोमनी को मैंने भी मार रखा है। ख़ुदा उन दोनों को बख़्शे और हम दोनों को भी कि प्रिय की मृत्यु का घाव खाये हुए हैं, मग़फ़िरत (मुक्ति) करे। चालीस, बयालीस बरस की यह घटना है। अन्ततः यह कूचा छूट गया। इस शौक़ से मैं पूर्णरूपेण पृथक हो गया हूँ। लेकिन कभी-कभी वह अदायें याद आती हैं। उसका मरना ज़िन्दगी भर नहीं भूलूँगा।''

'मेहर' के नाम का यह पत्र 1859 तथा 1860 के मध्य का लिखा हुआ है अतएव डोमनी की मृत्यु की तिथि प्रकटतः 1817 तथा 1820 के मध्य हो सकती है। ग़ालिब के कलाम में महबूब का जो मर्सिया मिलता है प्रिगारीना की पुस्तक के समय, उसकी तिथि का निर्धारण नहीं हो सका था। 'दीवाने-ग़ालिब कामिल नुस्ख़ये-रिज़ा' के बाद अब प्रमाणित हो गया है कि यह मर्सिया 1816-21 के मध्य लिखा गया। अर्थात जब 'ग़ालिब' की आयु बीस से पच्चीस वर्ष के बीच थी। 'पंचआहंग'(1835) में मुज़फ़्फ़र हुसैन ख़ां के

नाम का एक पत्र भी उस दु:खद घटना के बारे में है जो डोमनी की मृत्यु के लगभग 20 वर्षों के बाद लिखा गया। ऐसा प्रतीत होता है कि जीवन भर उस घाव का रिसना बन्द नहीं हुआ। ''दुर्भाग्य ने कड़ुआहट से भरा हुआ एक जाम मेरे सामने रख दिया और उस चौराहे पर तड़पने के लिए मजबूर कर दिया जहाँ से मेरी महबूबए-ग़मगुसार का जनाज़ा गुज़र रहा था... कैसा जुल्म है कि उस कोमलांगी को सुपुर्दे-ख़ाक करना पड़ा, जिसे बिछुड़ते समय, ख़ुदा को सौंपने में भी मुझे डर लगता था, क्या ग़ज़ब है कि उस परी चेहरा माशूक़ा को क़ब्रिस्तान में छोड़ना पड़ा जिसे वाटिका में भी अकेला छोड़ने में झिझक होती थी कि- कहीं नरगिस की तिरछी निगाह से उसे कष्ट न पहुँचे।''(अनुवाद) मर्सिया वाली ग़ज़ल का 'मक़ता' बाद में 'ग़ालिब' ने बदल दिया परन्तु मूल मक़ता 'नुस्खए-हमीदिया' में उपलब्ध है :

गर मुसीबत थी तो ग़ुरबत में उठा लेता 'असद'
मेरी दिल्ली ही में होनी थी ये ख़्वारी हाय हाय

नि:स्संदेह प्रेम की पीड़ा की तीव्रता, मानव-स्वभाव की गहनता और सुकुमारता का लक्षण है। प्रिगारिना के निष्कर्ष से कौन सहमत न होगा कि नवयौवना गायिका, सदैव के लिए 'ग़ालिब' के सृजनात्मक विवेक पर अपना चिन्ह अंकित कर गयी और ''उसकी झलक कभी हमको चंचल प्रियतमा की छवि में, तो कभी कसे हुए परिधान से भावनाओं में व्यग्रता पैदा करने वाली, चित्ताकर्षक, शुक्र सदृश गायिका के रूप में दिखायी देती है, या फिर शेर का चुस्त और फड़कता हुआ स्वर हमें उस परी पैकर के अस्तित्व की याद दिलाता है।''

70. धीरज, सब्र, बर्दाशत
71. गुलशने-बेख़ार पृष्ठ 62
72. सरापा सुख़न, पृष्ठ 97
73. मालिक राम का कथन
74. अध खुली हुई पलकें
75. मिर्ज़ा दाग़ और मुन्नी बाई हिजाब (रफ़ीक़ मारहरवी) 'निगार', अगस्त 1948 : तथा फ़रियादे-दाग़ (प्रस्तावना)
76. चाँदी जैसे बदन वाली सुन्दरी
77. मुक़द्दमा शेरो-शाइरी, हाली
78. विस्तार
79. खान
80. यद्यपि, ग़ज़ल प्रत्यक्ष भाषा में वार्ता नहीं करती तथापि कहीं कहीं स्पष्ट वर्णन ज़बान पर आ ही जाता है :

फ़ाइज़ :

शहरे-दिल्ली में सानी अब नाहीं
'फ़ाइज़' उस दिलरुबा सरीजन का

हातिम :

है यहाँ हर एक की जादू निगाह

हिन्द है ये सेहरे-बंगाला नहीं

सौदा :

नज़र आ जाए जिस जैसी कि हिन्दुस्तान में सूरत
कभू काहे को ख़ल्क़ ऐसी हुइ किनआन[1] में सूरत
(1. ईरान)

मीर :

सुब्हे-चमन का जलवा हिन्दी बुतों में देखा
संदल भरी जबीं है होठों की लालियाँ हैं

ताबाँ :

क़ुतुब में सैर तेरे साथ जो की थी कर याद
अश्क जारी हैं मेरी चश्म से झरने की तरह

मुसहफ़ी :

ऐ मुसहफ़ी, तू उनसे मुहब्बत न कीजियो
ज़ालिम ग़ज़ब की होती हैं ये दिल्ली वालियाँ
ऐ मुसहफ़ी चल तू भी क़ुतुब को कि कहे हैं
आता है बहोत छड़ियों में मेवात का आलम

नज़ीर :

धूम है उस सब्ज़ रंग की चीन में
क्यूँ न हो आख़िर को हिन्दूस्तान है

जुर्रत :

ये सवादे-हिन्द और ऐसा कहाँ हुस्ने-मलीह
शश-जेहत में मुल्क देखा ही नहीं पंजाब सा

ज़ौक :

था ज़ौक़ पहले दिल्ली में पंजाब का सा हुस्न
पर अब वो पानी कहते हैं मुल्तान बह गया

नासिख़ :

याद है सब गुलउज़ारे-लखनऊ
है तसव्वुर में बहारे-लखनऊ

आतिश :

याद आया तौफ़े काबा में हिन्दोस्तां मुझे
कूए बुताँ का साया, लिबासे-हरम हुआ

हादी अली 'बेख़ुद' :

ख़ूब नौचन्दी में इक माह के नज़ारे हुए
दौलते-हुस्न लगी तालिबे-दीदार के हाथ

मुनीर :

आफ़त के हैं बुताने-फ़िरंगी महल हनूज़
हर वक़्त लखनऊ में दिखाते हैं शामे-ज़ुल्फ़

शहीदी :

मस्जिद में सजदा ख़ाक करें देखते हैं हम
सन्दल सनमपरस्तों की पेशानियों में हम

ऐशी :

कर चुका 'ऐशी' तवाफ़े-ख़ानए-काबा का क़स्द
जब तलक हिन्दोस्ताँ के मैकदे आबाद हैं

मेहर अली मेहर :

बुताने-हिन्द, पसन्द आये हैं ख़ुदाई में
रहेगी बादे-फ़ना भी उसी दयार में रूह
पुतली के एवज़ हों बुते-रानाए-बनारस
अल्लाह फिर इन आँखों को दिखलाये बनारस

दिगजगी सिंह'बश्शाश' :

लैला अरब में, क़ैस मुबारक रहे तुझे
दिल को हमारे हैं बुते-हिन्दोस्ताँ पसन्द

गुरुदयाल 'बेहोश' :

हर महजबीं का हुस्न है रश्के-जमाले-हूर
फ़िरदौस से अज़ीज़ है हिन्दोस्ताँ मुझे

रिन्द :

यूँ तो जाया किये हर साल महीनों लेकिन
अब की नौचन्दी में इक चाँद सा मुखड़ा देखा

दाग़:

वो फूल वालों का मेला वो सैर याद है 'दाग़'
वो रोज़ झरने पे जमघट परीजमालों का

81. गुलशन का तमाशा
82. फूल चुनने की तमन्ना

चतुर्थ अध्याय

उर्दू ग़ज़ल का आध्यात्मिक पक्ष

उर्दू ग़ज़ल में केवल भाव ही भाव या आशिक़ो माशूक़ की बातें ही बातें नहीं, इसका एक आध्यात्मिक पक्ष भी है, जिसमें ग़ज़ल कभी सर्वोच्च सृष्टा और कभी जीवन के रहस्यों से पर्दा उठाने का प्रयास करती है। कहीं ये प्रयास खुला डुला है कहीं ये संकेत मात्र है। वैसे तो ग़ज़ल हुस्नो इश्क़ के आकर्षण या प्रेम सम्बन्धों की रचनात्मक दास्तान है जो दूसरे तमाम इन्सानी विषयों पर हावी है। अतएव इसमें जगह-जगह जीवन के रहस्यात्मक भेदों को खोलने की कोशिश की गई है और शेर को दार्शनिक बिन्दुओं का आवरण बनाया गया है। ऐसे शेरों को पढ़ते हुए इस बात को नज़र में रखना ज़रूरी है कि ग़ज़ल की मूल पारम्परिक शब्दावली मसलन गुलो-बुलबुल, शमा-व-परवाना, जामो-मयख़ाना, मय-व-साक़ी, रिन्दी-व-सरमस्ती, रिन्दो शैख़, बुते हर्जायी, और जलवा-ए- मस्ताना, सबके सब दोहरा किरदार रखते हैं। एक परत तो बाह्य है यानी दैहिक और दूसरी जो आन्तरिक है यानी आध्यात्म के रहस्यों की फ़ज़ा में उड़ान भरती है। ये बहुत कुछ शाइर के मिज़ाज और सृचनात्मक तौर तरीक़ों पर निर्भर है कि उसका हावी विषय क्या है या उसकी असल उड़ान क्या है। ग़ज़ल के बारे में आम धारणा कि ये घिसेपिटे शब्दों की रिवायती या रस्मी शाइरी है, गुमराहकुन है। असल बात यह है कि ग़ज़ल का Metaphysical यानी आध्यात्मिक पक्ष उतना ही क्रियाशील है जितना इसका रिवायती या सामने का दैहिक पक्ष। यद्यपि इससे पर्दा उठाने, आनन्दित होने के लिए पाठक का सहृदय होना शर्त तो है ही उसका ग़ज़ल के दोहरे किरदार से परिचित होना भी ज़रूरी है। ऐसे शेर साधारणत: फ़रेबे नज़र का दृश्य भी पैदा करते हैं, लेकिन ज़रा रुक कर देखा जाए तो एक और ही आनन्द की दुनिया मिलती है। संस्कृत, ब्रज, अवधी, राजस्थानी और हिन्दी की प्रेम कविता की भी एक लम्बी परम्परा है जिसका सगुण पक्ष भी है और निर्गुण पक्ष भी। वहाँ कृष्ण भक्ति और राम भक्ति विषय के स्तर पर स्पष्ट पहचाने जाते हैं, यहाँ यह अन्तर न होने की वजह से ग़ज़ल की रहस्यात्मक फ़ज़ा और तरह

की है। यहाँ अवतारों के गुणों का सौंदर्य वर्णन मुमकिन ही नहीं, तख़य्युल की एक धूंधली धूंधली उड़ान है जो पूरे ब्रह्मांड में फैली हुई है जिसका कोई ओर छोर नहीं, रहस्य ही रहस्य है। शब्दों की वहाँ तक पहुँच नहीं, शब्द छोटे पड़ जाते हैं या भाषा एक तरह के मौन में बदल जाती है। ऐसे शेरों से लुत्फ़ अन्दोज़ होना या इनकी तह में उतरना पाठक की अपनी सहृदयी शक्ति और सृचनात्मकता पर निर्भर है। वैसे देखा जाए तो यह एक तरह की Symbolic और Abstract Poetry है। Abstract शाइरी केवल मानसिक इमेज बनाती है लेकिन Symbol की एक शान यह है कि इसका तात्पर्य यद्यपि रहस्यात्मक हो, एवं बाह्य इमेज भी बना रहे। ग़ज़ल में जहाँ जहाँ यह शाइरी उच्च स्तर पर मिलती है वहाँ दोनों इमेज साथ साथ चलते हैं यानी आध्यात्मिक पक्ष तो प्रधान होता है ही, बाह्य सौंदर्य पक्ष भी गुणात्मक अर्थवत्ता के साथ साथ चलता है। यह बहस तो पहले ऊपर आ चुकी है कि उर्दू ग़ज़ल में सूफ़ीवाद के वजूदी फ़लसफ़े ने बहुत कुछ भक्ति परम्परा से लिया, लेकिन ग़ज़ल के Direct कविता न होने बल्कि Oblique या Abstract कविता होने के कारण यह प्रभाव भिन्न भिन्न रूपों में मिलता है। ग़ज़ल के अक्सर शाइर एक लीक पर नहीं चलते, अपनी डगर भी खोजते हैं जो उनके अपने आन्तरिक और आध्यात्मिक तजुर्बे की देन होती है। कहना न होगा कि ग़ज़ल की यह दुनिया बेहद रंगारंगी और रहस्य की दुनिया है, और इसमें कोई सीधा सादा निष्कर्ष निकालना या उसकी शाब्दिक व्याख्या करना आसान नहीं। नीचे इसकी कुछ कोशिश की जाती है लेकिन पहले यह देखना होगा कि जिस मध्यकालीन हिन्दुस्तानी समाज में उर्दू ग़ज़ल परवान चढ़ी उसमें हिन्दुओं और मुसलमानों में आध्यात्म सम्बन्धी क्या धारणाएँ प्रचलित थीं।

उर्दू ग़ज़ल जिस समाज में वजूद में आई, उसमें हिन्दुओं और मुसलमानों दोनों की अपनी अपनी बौद्धिक और तहज़ीबी धारणाएँ क्रियाशील थीं। दुनिया के अधिकांश धर्मों के समान हिन्दू धर्म और इस्लाम दोनों ही इस बात पर सहमत हैं कि वास्तविक हस्ती, ख़ालिक़, अर्थात परमब्रह्म केवल एक है। परन्तु जब उस ऐक्य (ज़ात-ए-वाजिबुल वजूद) की बौद्धिक परिभाषा में मीमांसा की जाती है और उसके और सृष्टि के पारस्परिक सम्बन्धों का पता चलाने की चेष्टा की जाती है तो दो अलग-अलग परिकल्पनाएँ प्राप्त होती हैं।

उपनिषदों के अनुसार पारमार्थिक अस्तित्व केवल एक है और उसे ब्रह्म कहा है; जिस तक मानस बुद्धि एवं वहमों-गुमान की रसाई नहीं, उसका कैवल्य सीमित बौद्धिक शक्ति से नहीं अपितु धार्मिक विवेकमय स्तर पर ही हो सकता है। ब्रह्म हर प्रकार के गुणों एवं विशेषताओं से मुक्त है। वह पूर्ण सत्य है। उसके दो पक्ष विशेष हैं; सापेक्ष एवं निरपेक्ष, एक मानवीय आत्मा और दूसरा ब्रह्मांड की आत्मा; पहले को जीवात्मा तथा दूसरे को ब्रह्मा कहा गया है। आत्मा न तो इंद्रियों में है न मानस में

अपितु यह वह पूर्ण विवेक है जो प्रत्येक व्यक्ति के विवेक में क्रियाशील है। ऐसे ही ब्रह्मा का रूप बाह्य या भौतिक नहीं है। आत्मा और ब्रह्मा दोनों का मूल स्रोत परम ब्रह्म है। अतएव दृश्यमान एवं अदृश्य जगत में हर तरफ़ परम ब्रह्म अर्थात सार्वभौम सत्य क्रियाशील है; जिसे उपनिषद ने इन दो कथनों के माध्यम से समझाया है 'अहं ब्रह्मास्मि' (मैं ब्रह्म हूँ) तथा 'तत्वमसि' (यह सब तुम हो) अर्थात परम ब्रह्म, मनुष्य एवं सृष्टि के मध्य एक ही मूलभूत सम्बन्ध है। इन तीनों का अन्तर जो हमें दृश्यमान जगत में दिखाई देता है केवल आरोपित है, सत्य नहीं है। परम सत्य एक ही है जो हर जगह और हर वस्तु में क्रियाशील है। इसके अतिरिक्त सब मिथ्या है अर्थात नज़र का धोखा और भ्रम है।

इस्लाम सृष्टि के रचयिता की धारणा एक ऐसी हस्ती के रूप में करता है जो मानवीय व्यक्तित्व से भिन्न और उससे उच्च एवं सर्वश्रेष्ठ है। ख़ुदा सृष्टि के दैहिक और बाह्य गुणों से स्वतंत्र है; परन्तु इस सीमा तक नहीं कि उसकी कोई कल्पना ही मस्तिष्क में स्थापित न हो सके। ख़ुदा की ओर आला से आला विशेषताएँ सम्बद्ध की गई हैं; परन्तु साथ ही साथ यह भी कहा गया है कि ये विशेषताएँ मानवीय विशेषताओं के सदृश नहीं। .कुरआन शरीफ़ के अनुसार श्रेष्ठतम व्यक्तित्व (ज़ाते-बारी) और ब्रह्मांड में सृजनकर्त्ता और सृष्टि का सम्बन्ध है। ख़ुदा ने ब्रह्मांड को अपने विशेष संकल्प से पैदा किया। ख़ुदा एक है परन्तु उसकी सृष्टि में बहुत्य एवं वैभिन्य है। अपितु यह बहुत्य मिथ्या नहीं है। इस्लाम के अनुसार सृष्टि में हर वस्तु किसी न किसी लक्ष्य की पूर्ति कर रही है। दुनिया में जो कुछ दिखाई देता है, ठोस सत्य है, क्योंकि ख़ुदा जो कुछ पैदा करता है वह सत्य होता है और मिथ्या हो ही नहीं सकता, अर्थात सृष्टि में कोई वस्तु व्यर्थ अथवा मिथ्या नहीं है। सृष्टि ख़ुदा का प्राकट्य है; यद्यपि ख़ुदा सभी गुणों का मूल स्रोत है परन्तु उसपर किसी एक गुण अथवा गुणों का प्रयुक्त उसकी ज़ात को सीमित कर देता है। यद्यपि गुणों का ख़ुदा की ज़ात पर प्रयुक्त अनुचित है। इस दृष्टि से ख़ुदा की कल्पना केवल ऐक्य (वहदत) के अतिरिक्त और किसी रूप से की ही नहीं जा सकती, जो मनुष्य और सृष्टि से पृथक है।

ऊपर हमने देखा कि इस्लामी और भारतीय चिन्तन, दोनों अगरचे 'तौहीद' (एकैक्य) पर आधारित हैं; परन्तु दोनों की मीमांसा में महत्त्वपूर्ण मत-वैभिन्य है। एक परम सत्य अर्थात ब्रह्म को सृष्टि में रचाबसा बताता है, दूसरा इसके विपरीत, गुणों पर ख़ुदा की ज़ात के प्रयुक्त के विरुद्ध है। एक संसार के बहुत्य और रंगारंगी को भ्रम, माया अर्थात मिथ्या मानता है, और दूसरा उसे ख़ुदा का सृजन (तख़लीक़) बताता है। हिन्दू दर्शन के अनुसार सत्य का आरोपण केवल परम ब्रह्म पर हो सकता है। शेष जो कुछ दृष्टि गोचर होता है उपस्थित रूप में अनुपस्थित है (हस्त नुमा नीस्त

है)। नाम और रूप का बहुत्य वास्तव में आरोपित है। पारमार्थिक सत्य केवल ब्रह्म है जो सृष्टि के कण कण में रचा बसा हुआ है। ज़ाते बारी ऐक्य के चैतन्य के बारे में हिन्दू दर्शन से मिलती जुलती परिकल्पनाएँ इस्लाम में सूफ़ीवाद के माध्यम से लोकप्रिय होना प्रारम्भ हुईं। सूफ़ीवाद के विषय में प्रथम अध्याय में हम बता चुके हैं कि इसमें (वहदतुल-वजूद में) और वेदान्ती विचारों में गहरी समानता पाई जाती है। वास्तविकता यह है कि सामान्यत: प्रत्येक धर्म की धारणाओं व विचारों पर उस देश के मानस और स्वभाव का गहरा प्रभाव पड़ता है जिस देश में उस धर्म की बुनियाद पड़ी। वही धर्म जब दूसरे देशों में फैल जाता है और जब वहाँ के देशी लोग बड़े पैमाने पर उसे अपनाना शुरू करते हैं तो उनकी मानसिक प्रवृतियों का उस पर कुछ न कुछ असर ज़रूर पड़ता है। अर्थात धर्म के निर्देश भले ही एक हों, तहज़ीबी रंग विभिन्न देशों में कुछ न कुछ वहाँ की प्रवृत्ति को जज़्ब कर लेता है। आत्मिक निष्कलुता आर्याई मानस की विशेष प्रवृत्ति है। इस्लाम जब ग़ैर अरब (अजमी) देशों में फैला तो ग़ैर अरब स्वभाव के प्रभाव से उसमें कुछ न कुछ आत्मिक निष्कलुता अर्थात वजूदी प्रवृत्तियों का विकास हुआ। भारत में आने के बाद 'वहदतुल वजूद' की विचारधारा जो वेदान्ती परिकल्पनाओं से मिलती जुलती थी अत्यधिक लोकप्रिय हुई। अतएव कई विशेषज्ञों का कथन है कि वजूदी ख़यालात का फैलना वास्तव में इस्लाम में आर्याई मानस की अपने लिए गुंजाइश निकालने का चेष्टा मात्र था; परन्तु इसपर सबकी सहमति नहीं है। सम्भव है कि परिस्थितियों की जिस प्रक्रिया ने आत्मिक निष्कल से सम्बन्धित प्रवृत्तियों को आर्याई मानस की ख़ास पहचान बना दिया, वैसी ही परिस्थितियों ने ग़ैर अरब देशों में इस्लाम के विस्तार के बाद उनसे मिलते जुलते विचारों को प्रोत्साहित किया। अन्तत: यह बात अवश्य है कि हिन्दुओं के वेदान्ती दर्शन और सूफ़ीवाद के वजूदी ख़यालात में गहरी समरूपता पाई जाती है।

'वहदतुल वजूद' के अनुसार ऐक्य (वहदत) अर्थात निरपेक्ष सत्ता के अतिरिक्त किसी दूसरी शै का अस्तित्व नहीं है। सृष्टि स्वयं में कुछ नहीं है, केवल ख़ुदा के गुणों (सिफ़ात) की जलवागाह है। गुण ही वास्तव में सत्य का प्राकट्य है और ख़ुदा चूँकि निरपेक्ष ऐक्य है अतएव सम्पूर्ण चराचर सृष्टि और उसका अस्तित्व जो सादृश्य है असल में ख़ुदा का ही प्रतिबिम्ब है। सृष्टि की वैविध्य-सज्जा और बहरूपता ख़ुदा के एकैक्य ही का छवि प्रदर्शन है। जिस प्रकार दस, सौ, हज़ार, लाख, करोड़ संख्या में कितने ही अधिसंख्यक क्यों न हों, परन्तु उन सबका मूल वही इकाई है। इस सृष्टि की विविधता भी आरोपित है, सत्य नहीं है। पारमार्थिक सत्य केवल निरपेक्ष इकाई का है और इसके अतिरिक्त जो कुछ नज़र आता है वह आँखों का धोखा है। 'वहदतुल वजूद' का यह सिद्धांत 'हमा ओस्त' (सब कुछ वही

है) कहलाता है।

'वहदतुल वजूद' को मानने वाले दार्शनिक और सूफ़ी इस आस्था को .कुरआन ही से सन्दर्भित करते हैं। .कुरआन में ख़ुदा और सृष्टि से सम्बन्धित कहीं कहीं ऐसे इशारे हैं परन्तु .कुरआन सृष्टि को केवल नज़र का धोखा (दाम-ए-ख़याल) या मिथ्या क़रार नहीं देता और न ही इस्लाम से पूर्णतः वजूदी धारणाओं का समर्थन होता है। अतएव वजूदी सिद्धान्त का इस्लामी तौहीद (एकेश्वरवाद) से समरस करने के बाज़ सूफ़ियों की कोशिश के बावजूद जनसाधारण के स्तर पर या शेरो शाइरी में वजूदी ख़यालात ने जो रंग इख़्तियार किया वह हिन्दुस्तानी मानस के आत्मिक निष्कल से सम्बन्धी विचारों से मिलता जुलता है। अधिकांश मुस्लिम उलेमा को 'वहदतुल वजूद' पर यही आपत्ति रही है कि इसमें इस्लामी तौहीद की सूरत बदल जाती है। शेख़ अहमद सरहिन्दी मुजद्दिद अल्फ़ सानी के कथनानुसार क़ुरआन 'वहदतुल वजूद' की नहीं अपितु 'वहदतुश्शहूद' की शिक्षा देता है। इस दृष्टिकोण के अनुसार ज़ाते-बारी पूर्ण अपितु पूर्णतम है। उसके गुण भी सम्पूर्ण हैं। परन्तु सृष्टि चूँकि दोषपूर्ण है अतएव उसे गुणों की जलवागाह नहीं कहा जा सकता। सृष्टि गुणों की छाया (प्रतिबिम्ब) मात्र है और छाया और छायामात्र को कभी असल नहीं समझा जा सकता। अतएव सृष्टि को गुणों का प्रदर्शन मान लेने से भी उस का वास्तविक तौर पर ख़ुदा की ज़ात होना सिद्ध नहीं किया जा सकता। इसके विपरीत 'वहदतुल वजूद' के अनुसार पारमार्थिक सत्य सम्पूर्ण सृष्टि के कण कण में रचा बसा हुआ है। और सृष्टि उस परम सत्य से अलग कोई अस्तित्व नहीं रखती। 'वहदतुल वजूद' इस बात को तो मानता है कि निरपेक्ष सत्ता सृष्टि के कण कण में व्याप्त है। परन्तु इस बात पर ज़ोर देता है कि वह ब्रह्मांड से परे भी है, जिस प्रकार सूर्य, प्रकाश और ऊष्मा का स्रोत है, परन्तु इससे स्वयं उसके व्यक्तित्व में कोई दोष नहीं होता; उसी प्रकार सृष्टा अपने आप को सृष्टि के भीतर प्रकट तो करता है परन्तु सृष्टा के रूप में वह सृष्टि से पृथक है। 'वहदतुल वजूद' का यह सिद्धान्त 'हमा ओस्त' (सब कुछ वही है) के विपरीत 'हमा अज़ ओस्त' (सब कुछ उसी से है) कहलाता है।

'हमा ओस्त' और 'हमा अज़ ओस्त' के मध्य मूलभूत अन्तर यही है कि एक सृष्टि के वैविध्य को ही परम सत्य की छवि मानता है जबकि दूसरा उसे गुणों की छवि तो स्वीकार करता है परन्तु परम सत्य नहीं मानता है। प्रथम के अनुसार सृष्टि चूँकि परम सत्य के ऐक्य की छवि है इसलिए उसकी विविधता सत्य नहीं बल्कि मिथ्या या संवेदनाओं की माया है। इसके विपरीत 'हमा अज़ ओस्त' के अनुसार सृष्टि का कण कण क्योंकि ज़ाते बारी (ख़ुदा) की रचना है इसलिए सदृश्य जगत मिथ्या, झूठ या माया नहीं बल्कि ठोस सच्चाई है। सूफ़ीवाद का यह दूसरा सिद्धान्त वहदतुल वजूद के 'ग़ैर इस्लामी' रंग को समाप्त करने और सूफ़ीवाद को इस्लाम के

तौहीदे इस्लामी (एकेश्वरवाद) के अनुकूल बनाने के लिए बाद में अस्तित्व में आया। स्पष्ट है कि यह इस्लामी धार्मिक आध्यात्म की वह प्रतिक्रिया थी जिसका अपने आधार की सुरक्षा की आकांक्षा के अंतर्गत किसी भी धर्म में पैदा हो जाना नैसर्गिक है। 'वहदतुल वजूद' के सिद्धान्त को दार्शनिक आधारों पर स्थापित करने का काम ज्यादातर भारत में हुआ, क्योंकि वहदतुल वजूद के भारतीय विचारों से मिलते जुलते सिद्धान्त, इस्लाम में सबसे अधिक यहीं क्रियाशील हुए थे; परन्तु इसके यह सुधारात्मक प्रयास चूँकि एक ऐसी प्रवृत्ति के विरुद्ध था जो बुनियादी रूप में भारतीय-स्वभाव से गहरी साम्य रखती थी और साँझी संस्कृति की जड़ों तक उतर गयी थी, उसे पूरी सफलता प्राप्त नहीं हुई। परिणाम स्वरूप 'वहदतुल वजूद' का सिद्धान्त यथावत मज़हब, नैतिकता, विद्वता, योग्यता, काव्य एवं साहित्य इत्यादि हर क्षेत्र पर शताब्दियों तक छाया रहा।

मध्यकालीन हिन्दुस्तानी वातावरण की इन प्रवृत्तियों से उर्दू ग़ज़ल ने, जो सूफ़ीवाद की गोद में पली बढ़ी थी, गहरा प्रभाव स्वीकार किया और आत्मिक निष्कुलता के यह वहदतुल वजूदी विचार इस में तरह तरह से सम्मिलित हो गये। यह विचार चूँकि स्वयमेव काव्यमय हैं, अतः कविता एवं साहित्य में बहुत लोकप्रिय हुए। यहाँ तक कि उन्हें ग़ज़ल में एक स्थायी विषय का रूप प्राप्त हो गया। ग़ज़ल की भाषा और शब्दावली लक्षण एवं व्यंजना आधारित है, इसीलिए इसमें किसी तरह के वास्तविक विवरण एवं व्याख्या की गुंजाइश नहीं है। वह दार्शनिक विचारों को भी प्रभावों के तौर पर प्रस्तुत करती है। इसलिए उसमें भारतीय चिन्तन से मिलते जुलते वहदतुल वजूदी ख़यालात इस सीमा तक रंगारंग और विविधतापूर्ण रूप धारण कर गए हैं कि इस सिलसिले में ग़ज़ल की सटीक प्रवृत्तियों का पता चलाना अत्यधिक कठिन काम है। तथापि कई विचारों की पुनरावृत्ति और उनके सामान्यीकरण से यह सिद्ध होता है कि उर्दू ग़ज़ल का असल झुकाव 'वहदतुल वजूद' के उन्हीं विचारों की ओर रहा है जो अनेकता में एकता और विविधता में एकरूपता देखने की प्राचीन भारतीय आध्यात्मिक विशेषता से पूर्णरूपेण समरस हैं। उर्दू ग़ज़ल में इस प्रकार के अशआर इतनी अधिक संख्या में मिलते हैं कि यदि उन सबको संकलित किया जाए तो ग्रन्थ के ग्रन्थ तैयार हो जायें। यहाँ जान बूझ कर कम उदाहरण दिए गए हैं, परन्तु यह ध्यान रखा गया है कि ग़ज़ल के ऐतिहासिक क्रम की कोई महत्त्वपूर्ण कड़ी छूटने न पाये। इन अशआर के अध्ययन से पूर्ण रूप से यह अनुमान लगाया जा सकता है कि उर्दू ग़ज़ल की मूलभूत आध्यात्मिक प्रवृत्ति 'वहदतुल वजूद' की परिकल्पनाओं की ओर ही रही है जो बहुत कुछ वैदान्तिक विचारों से मिलती जुलती हैं :

मुहम्मद .कुली .कुतुब शाह

तुज अमोलक नूर ते रौशन जगत
इश्क़ झलकारां दिपाता मेरे ख़्वाब

———

जिधर देखूँ तू दिसे हुस्न तेरा मेरे नैयन
कि दिल चमन में तुम्हारा है बास जैसे चमन

वली

हर इक लबरेज़ है ख़ुम, तुझ मुहब्बत के असर सेती
हर इक साग़र तेरी नैनां सूँ है सरशार हर जानिब

———

इयाँ है हर तरफ़ आलम में, हुस्ने-बेहिजाब[1] उसका
बग़ैर अज़ दीदये-हैराँ[2] नहीं जग में निक़ाब उसका
हुआ है मुझ पे शम्ए-बज़्मे यक रंगी सूँ यू रौशन
कि हर ज़र्रे उपर ताबाँ है दायम आफ़ताब उसका
करे उश्शा.क़ कूँ ज्यूँ सूरते-दीवार हैरत सूँ
अगर पर्दे सूँ वा होवे जमाले-बेहिजाब[3] उसका
सजन ने यक नज़र देखा निगाहे-मस्त सूँ जिस कूँ
ख़राबाते-दोआलम[4] में सदा है वो ख़राब उसका

———

शाह आलम आफ़ताब

वाहिद है लाशरीक तू सानी तेरा कहाँ
आलिम है सब के हाल का तू ज़ाहिरो-निहाँ
ज़ाहिर में तो अगरचे नज़र आता है नहीं
देखा जो मैंने ग़ौर से तू है जहाँ तहाँ

———

हातिम

जुदा नईं सब सति तहक़ीक़ कर देखो
मिला है सब से और सब से नियारा है

सौदा

इस क़दर सादा ओ पुरकार कहीं देखा है
बेनमूद इतना नमूदार कहीं देखा है।

———

ख़त्म हैं नैरंगियाँ तुझ पर कि तेरे हुस्न से

इतनी बेरंगी पे किस किस रंग का जलवा हुआ

मीर

था मुस्तआर[5] हुस्न से, उसके जो नूर था
ख़ुरशीद में भी उस ही का ज़र्रा ज़हूर था
था वो तो रश्के-हूरे-बहिश्ती[6] हमीं में 'मीर'
समझे न हम तो फ़ह्म[7] का अपनी क़ुसूर था

———

आम है यार की तजल्ली 'मीर'
ख़ास मूसा व कोहे-तूर नहीं

———

जो ख़ूब देखो तो सारी वही हक़ीक़त है
छुपाना चेहरे का उश्शाक़ से तकल्लुफ़ था

———

गुलो रंगो बहार पर्दे हैं
हर इयाँ में है वो निहाँ टुक सोच

———

वजहे-बेगानगी नहीं मालूम
तुम जहाँ के हो वां के हम भी हैं

———

आँखें जो हों तो ऐन है मक़सूद हर जगह
बिज़्ज़ात है जहाँ में वो मौजूद हर जगह

———

जलवा है उसी का सब गुलशन में ज़माने के
गुल फूल को है उन ने पर्दा सा बना रखा

क़ाइम

जलवा किस जा पे नहीं उस बुते-हरजाई[8] का
ये परीशाँ-नज़री जुर्म है बीनाई[9] का

———

जुज़-ओ कुल[10] के फ़र्क़ पर मत जा टुक उस आतिश को देख
है जो तूदे में वही ज़र्रे सी चिन्गारी में है

दर्द

जग में आकर इधर उधर देखा
तू ही आया नज़र जिधर देखा

———

शख़्सो-अक्स उस आइने में जलवा फ़रमा हो गये
उसने देखा आपको हम उसमें पैदा हो गये

———

है ग़लत गर गुमान में कुछ है
तुझ सिवा भी जहान में कुछ है
दिल भी तेरा ही ढंग सीखा है
आन में कुछ है आन में कुछ है
इन दिनों कुछ अजब है मेरा हाल
देखता कुछ हूँ ध्यान में कुछ है

———

ढूंढे है तुझे तमाम आलम[11]
हर चन्द कि तू कहाँ नहीं है

———

मत अट्कियो तू इस में कि मशहूद[12] कौन है
हर मरतबे में देखियो मौजूद कौन है
दोनों जगह में मानिये-मौला है जलवा-गर
ग़ाफ़िल अयाज़ कौन है महमूद कौन है

असर

गर हम ही हम हैं आह तो हम हम कभू नहीं
और तू ही तू है सब कहीं तो हम कहां नहीं

नासिख़

किस क़दर, बूक़लमूँ[13]-जलवा है महबूब अपना
कोई भी उसकी तजल्ली नहीं तकरार के साथ

सनाउल्ला फ़िराक़

किस ज़ुल्फ़ का शैदा है मेरा दिल नहीं मालूम
किस चश्म का ज़ख़्मी है ये बिस्मिल नहीं मालूम
हर ग़ूँचे में बू है तेरी हर गुल में तेरा रंग
तिस पर भी तेरी शक्लो शमाइल नहीं मालूम

शाह नियाज़ बरेलवी

दीद अपने की थी उसे ख़्वाहिश
आपको हर तरह बना देखा

सूरते-गुल में खिलखिला के हंसा
शक्ले बुलबुल में चहचहा देखा
शम्मा होकर के और परवाना
आपको आप में जला देखा
करके दावा कहीं अनलहक़[14] का
बर सरेदार वो खिंचा देखा
था वो बरतर शुमा व मा[15] से नियाज़
फिर वही अब शुमा-व मा देखा

———

कहीं है बादशाहे तख़्तनशीं
कहीं कासा[16] लिये गदा देखा
कहीं आबिद बना कहीं ज़ाहिद
कहीं रिन्दों का पेशवा देखा
कहीं वो दर लिबासे-माशू.क़ाँ
बर सरे नाज़ और अदा देखा
कहीं आशिक़ 'नियाज़' की सूरत
सीना बिरियाँ व दिल जला देखा

आतिश

ख़्वाहां तेरे हर रंग में ऐ यार हमीं थे
यूसुफ़ था अगर तू तो ख़रीदार हमीं थे

———

नज़र आती हैं हर सू सूरतें ही सूरतें मुझको
कोई आईना-ख़ाना, कारख़ाना है ख़ुदाई का

———

हुस्ने-परी, इक जलवए-मस्ताना है उसका
हुश्यार वही है कि जो दीवाना है उसका
गुल आते हैं हस्ती में अदम से हमातन-गोश
बुलबुल का ये नाला नहीं अफ़साना है उसका
गिरियाँ है अगर शम्मा तो सर धुनता है शोला
मालूम हुआ सोख़्ता परवाना है उसका
वो याद है उसकी कि भुला दे दो जहाँ को
हालत को करे ग़ैर वो याराना है उसका
यूसु.फ नहीं जो हाथ लगे चन्द दिरम से

क़ीमत जो दो आलम की है बैआना है उसका
ये हाल हुआ उसके .फ़.क़ीरों से हुवेदा
आलूदए-दुनिया जो है बेगाना है उसका
शुकरानए-साक़ी-ए-अज़ल[17] करता है 'आतिश'
लबरेज़ मये-इश्.क़ से पैमाना है उसका

ज़ौक़

आप आईनए-हस्ती में है तू अपना हरीफ़
वर्ना याँ कौन था जो तेरे मुक़ाबिल होता

ज़.फ़र

शोला है वही, शम्मा वही, माह वही है
ख़ुर्शीद वही, नूरे-सहर-गाह वही है
यूसुफ़ है वही, वो ही जुलेख़ा, वही याक़ूब
किनआं है वही, मिस्त्र वही, चाह वही है

ग़ालिब

दह्र जुज़ जलवए-यकताइए-माशूक़ नहीं
हम कहाँ होते अगर हुस्न न होता ख़ुदबीं[18]

———

उसे कौन देख सकता कि यगाना है वो यकता
जो दुई की बू भी होती तो कहीं दो-चार होता

———

है तजल्ली तेरी सामाने-वजूद
ज़र्रा बेपरतवे-ख़ुर्शीद[19] नहीं

———

है रंगे-लालाओ-गुलो-नर्सरीं जुदा जुदा
हर रंग में बहार का इसबात चाहिए
सर पाये-ख़ुम पे चाहिए हंगामे-बेख़ुदी
रू सूए-क़िबला, वक़्ते-मुनाजात चाहिए
यानी बहसूबे गर्दिशे-पैमानए-सिफ़ात
आरि.फ़ हमेशा मस्ते-मये-ज़ात चाहिए

———

जब कि तुझ बिन नहीं कोई मौजूद
फिर ये हंगामा ऐ ख़ुदा क्या है
ये परी चेहरा लोग कैसे हैं

ग़मज़ओ-इशवओ-अदा क्या है
शिकने-ज़ुल्फ़े-अम्बरीं क्यों है
निगहे-चश्मे-सुर्मा सा क्या है
सब्ज़ा-ओ-गुल कहां से आये हैं
अब्र क्या चीज़ है हवा क्या है

———

अस्ले शहूदो-शाहिदो-मशहूद एक है
हैराँ हूँ फिर मुशाहिदा है किस हिसाब में

मुनीर शिकोहाबादी

कसरत गवाहे-वहदते परवरदिगार है
आदाद भी पुकार रहे हैं ख़ुदा है एक
शम्मो-चराग़ो-आइनाओ-बर्क़ो-मेहरो-माह
जलवे हैं लाख रंग के जलवानुमा है एक
वहदत से है मुराद वजूदो-शहूद में
तौहीद के मुबाहेसा से मुद्दआ है एक

अब्दुल अलीम 'आसी'

ख़िरामे-जलवा के नक़्शेक़दम थे लालाओ गुल
कुछ और इसके सिवा मौसमे-बहार न था

———

स्पष्ट है कि इन अशआर में बार बार इस सच्चाई पर ज़ोर दिया गया है कि असल सत्य वही परम हस्ती है। नामरूपेण जगत की अनेकता पारमार्थिक है या केवल स्वीकार्य, इसका मूल वही निरपेक्ष इकाई अर्थात ऐक्य है जो संसार के कण कण में क्रियाशील है। बाह्य एवं अन्तर, आदि एवं अन्तिम, दूर एवं निकट वो ही वो है। नामरूपेण जगत के जलवे रंगारंग क्यों न नज़र आएँ जबकि सबकी तह में वही निरपेक्ष सत्ता और ऐक्य क्रियाशील है। वैसे तो उर्दू ग़ज़ल में मोमिनों का आम तसव्वुरे ख़ुदा भी मिलता है। वह मुनाजात (दुआ) में भी विश्वास रखते हैं, इबादत में भी आस्था रखते हैं, लेकिन ग़ज़ल के शाइरों का अधिकतर झुकाव अस्तित्व की उस निरपेक्ष विचारधारा की ओर रहा है जो वजूदी फ़िक्र में मिलती है; और भारतीय मानस से समरस है। भारतीय मानस की इस विशेषता की ओर इंगित करते हुए हमने प्रथम अध्याय में कहा था कि वेदान्त से मिलते जुलते वहदतुल वजूदी ख़्यालात रखने के कारण हमारे परम्परागत स्वभाव में संकीर्णता और साम्प्रदायिकता के लिए कोई स्थान नहीं। सहनशीलता और विशालता की प्रवृत्तियाँ भारत जैसी एकात्मकता के पुष्पित करने वाली भूमि पर आरम्भ से ही मौजूद रही हैं। इस्लामी वजूदी विचारों में

भी मज़हब के बाह्य आचारों की अपेक्षा उसकी अंतरात्मा पर बल दिया जाता रहा है। यह अंतरात्मा, चूंकि धर्मों में समान है, अतएव सूफ़ीवाद के प्रभाव से हिन्दुस्तान में पारस्परिक भाईचारे और सहनशीलता की वह शक्तियाँ, जो यहाँ पहले से क्रियाशील थीं, अत्यधिक पुष्पित और पल्लवित हुईं, और भक्ति, एवं ऐसी कई दूसरी मिली जुली आध्यात्मिक विचारधाराएँ चल निकली जिन्होंने साँझी हिन्दुस्तानी तहज़ीब के लिए आधार का काम किया। उर्दू ग़ज़ल को यदि हिन्दुस्तान के इस सांस्कृतिक चित्र में देखने का प्रयास किया जाए तो उसमें अपने युग के इन सांस्कृतिक मूल्यों का दिल धड़कता हुआ दिखाई पड़ेगा। 'वहदतुल वजूद' के गहरे प्रभावों के कारण ग़ज़ल विभिन्न धर्मों के बाह्य आचारों और रीतियों के आधार पर उनमें किसी तरह का भेदभाव नहीं करती। जब समस्त वाह्य आचार मात्र दिखावा है, और उनमें वास्तव में एक ही सच्चाई क्रियाशील है तो धर्मों का वाह्य मतभेद भी निरर्थक है। 'वहदतुल वजूद' की विचारधारा में विश्वास रखने वाले को धर्मों का भेद आचार एवं रीतियों का भेद प्रतीत होता है अतएव अपनी शरीयत (आचार) को श्रेष्ठ समझते हुए भी एकेश्वरवादी (मुवह्हिद) दूसरे धर्मों को घृणा की दृष्टि से नहीं देखता; और न दूसरों के धार्मिक विश्वासों की ओर संकीर्णता एवं साम्प्रदायिकता का रवैया रखता है, अपितु भक्तिवाद के संत सूफ़ी कवियों की तरह वह उन लोगों के विरुद्ध आवाज़ उठाना अपना कर्तव्य समझता है जो धर्म के वाह्यचारों एवं आडम्बरों ही को वास्तविक धर्म समझ लेते हैं। उर्दू ग़ज़ल ने इस सन्दर्भ में आश्चर्यजनक साहस का प्रमाण दिया है और भक्त-कवियों के समान कहीं कहीं तो उसके कथन मूल मज़हब से टकरा भी गये हैं। ग़ज़ल के शाइरों ने मज़हब के उन तत्त्वों एवं आडम्बरों की सदैव भर्त्सना की है जो दिलों में द्वैष पैदा करते हैं और मुनष्य को मनुष्य से पृथक करते हैं। ग़ज़ल के शाइर संतों और भक्तों के समान निरपेक्ष-सत्य की उस ऐक्य पर बार बार बल देते हैं जो समस्त धर्मों का सार है। मुसलमान का 'अल्लाह' अथवा हिन्दू का ब्रह्म पृथक-पृथक नहीं है। मदरसा हो या दैर (मंदिर), काबा हो या बुतख़ाना हर जगह एक ही ऐक्य प्रकाशमय है। उर्दू ग़ज़ल के जो अशआर नीचे अंकित किये जा रहे हैं, पारम्परिक अथवा औपचारिक नहीं अपितु भारतीय स्वभाव की एक मूलभूत प्रवृत्ति का प्रतिनिधित्व करते हैं जो ग़ज़ल का बहुत ख़ास निशान रही है।

मुहम्मद .कुली

मैं न जानूँ काबा-ओ बुतख़ाना-ओ मैख़ाना कूं
देखिया हूँ हर कहाँ दिस्ता है तुझ मुख का सफ़ा

वली

गर हुआ है तालिबे आज़ादगी
बन्द मत हो सुब्हा-ओ जुन्नार[20] का
मसनदे-गुल मंज़िले शबनम हुई
देख रुतबा दीदए-बेदार का

सिराज दकनी

मशरबे-इश्क़ में हैं शैख़ो बरहमन यकसाँ
रिश्तए-सुब्हा-ओ जुन्नार[21] कोई क्या जाने

टेकचन्द 'बहार'

वही इक रेसमां[22] है जिसको हम तुम तार कहते हैं
कहीं तस्बीह का रिश्ता कहीं जुन्नार कहते हैं

———

अगर जलवा नहीं है कुफ्र का इस्लाम में ज़ाहिर
सुलेमानी के ख़त को देख, क्यूँ जुन्नार कहते हैं

आबरू

कोई तस्बीह और जुन्नार के झगड़े में मत बोलो
ये दोनों एक हैं दैरीना उनके बीच रिश्ता है

———

क्या शैख़ो क्या बरहमन जब आशिक़ी में आवे
तस्बी करे फ़रामुश जुन्नार भूल जावे

शाह हातिम

ये किस मज़हब में और मशरब में है हिन्दु मुसलमानों
ख़ुदा को छोड़ दिल में उल्फ़ते-दैरो-हरम[23] रखना

———

किसी हिन्दू मुसलमाँ ने ख़ुदा को
न काबे में न बुतख़ाने में देखा
काबाओ-दैर में 'हातिम' बख़ुदा ग़ैरे-ख़ुदा
कोई काफ़िर न कोई हमने मुसलमाँ देखा

———

क्या काबाओ दैरो क्या ख़राबात
तू ही था उधर जिधर गये हम

सौदा

जुज़ संग[24] क्या है दैरो हरम में जो सर झुके
सजदा किया है तुझको मैं पहचान हर कहीं

———

ख़्वाह काबे में तुझे ख़्वाह मैं बुतख़ाने में
इतना समझूं हूँ मेरे यार कहीं देखा है

———

बहकेगा तू सुन के सुख़ने-शेख़ो बरहमन
रहता है कोई दैर में और कोई हरम में

———

छोड़ा मैं कुफ़रो-दीं है फ़क़त यार से ग़रज़
तस्बीह से न काम न ज़ुन्नार से ग़रज़

मीर

गोश को होश से टुक खोल के सुन, शोरे-जहाँ
सबकी आवाज़ के पर्दे में सुख़न-साज़ है एक
चाहे जिस शक्ल से तिमसाल-सिफ़त इस में दर आ
आलम आईने के पर्दे में दरे-बाज़ है एक

———

राह सबको है ख़ुदा से जान अगर पहुँचा है तू
हों तरीक़े मुख़तलिफ़ कितने ही मंज़िल एक है

———

नग़मा ए इश्क़ से है सुब्हा ओ ज़ुन्नार मिले
एक आवाज़ पे दो साज़ के हैं तार मिले

———

मज़हब से मेरे क्या तुझे मेरा दयार और
मैं और यार और मेरा कारोबार और

———

किस को कहते हैं नहीं मैं जानता इस्लामो-कुफ़्र
दैर हो या काबा, मतलब मुझ को तेरे दर से है

———

मीर के दीनो-मज़हब को क्या पूछो हो तुम, उन ने तो
क़शक़ा[25] ख़ैंचा, दैर में बैठा, कब का तर्क इस्लाम किया
किस का काबा, कैसा क़िबला, कौन हरम है, क्या अहराम
कूचे के उसके बाशिंदों ने, सबको यहीं से सलाम किया

———

हम न कहते थे कि मत दैरो-हरम की राह चल
अब ये दावा हश्र तक शैख़ो-बरहमन में रहा

———

दर्द

शेख़ काबे हो के पहुँचा, हम कनिश्ते-दिल[26] में हो
दर्द मंज़िल एक थी टुक राह ही का फेर था

———

काबे को भी न जाइए, दैर को भी न कीजै मुँह
दिल में किसू के दर्द याँ होवे तो राह कीजिए

सोज़

असरार से काबे के ख़बर शेख़ जो रखता
बुतख़ाने से हर्गिज़ उसे इन्कार न होता

———

कुछ काबे से है काम न कुछ दैर से ग़रज़
सजदा किया है तुझको मैं पहचान हर कहीं

———

काबाओ दैर हमने जा देखा
अपना ही सब को आशना देखा

बेदार

ने बुतकदे से काम न मतलब हरम से था
महवे-ख़याले-यार रहे हम जहाँ रहे

ताबां

हम तो ताबाँ हुए हैं ला-मज़हब
मजहला[27] देख सबके मज़हब का

.कुदरतुल्लाह '.कुदरत'

एक ही पर्दे की गर समझो तो है ये सब अलाप
गर सदाए-बांग है या नग़मए-नाक़ूस है

.कुदरतुल्लाह क़ासिम

जहाँ में आन कर यारो ज़मीनो-आसमां देखा
वही आया नज़र हमको ग़रज़ हमने जहाँ देखा
हरम में ख़ानक़ाहे-शेख़ में दैरे-बिरहमन में
अज़ीज़ां सब ज़हूरे-नूरे-शम्मे-लामकाँ[28] देखा

वलीउल्लाह मुहिब

रहीमो-राम की सिमरन है शेख़ो-हिन्दू को
दिल उसके नाम की रटना रटे है क्या कीजै

आतिश

हम क्या कहें किसी से क्या है तरीक़ अपना
मज़हब नहीं है कोई मिल्लत नहीं है कोई

———

क़ैद मज़हब की नहीं हुस्न परस्तों के लिये
काफ़िरे-इश्क़ हूँ मैं कोई मेरा केश[29] नहीं

———

रिन्द-मशरब हूँ मुझको क्या होवे
मज़हबों में जो इख़्तिलाफ़ हुआ

———

क़फ्रो-इस्लाम की कुछ क़ैद नहीं ऐ 'आतिश'
शेख़ हो या कि बिरहमन हो पर इन्साँ होवे

ज़ौक़

कैसा मोमिन कैसा काफ़िर कौन है सूफ़ी कैसा रिन्द
बशर हैं सारे बन्दे हक़ के सारे झगड़े शर के हैं

ज़फ़र

मये-वहदत की हम को मस्ती है
बुतपरस्ती ख़ुदा परस्ती है

ग़ालिब

हम मुवह्हिद हैं हमारा केश है तर्के रसूम
मिल्लतें जब मिट गयीं अजज़ाए-ईमाँ हो गयीं

———

नहीं कुछ सुब्हाओ-जुन्नार के फन्दे में गीराई
वफ़ादारी में शेख़ो बिरहमन की आज़माइश है

———

दैरो-हरम आईनए-तकरारे-तमन्ना
आसूदगीए-शौक़ तराशे है पनाहें

———

वफ़ादारी बशर्ते उस्तवारी अस्ले ईमाँ है
मरे बुतख़ाने में तो काबे में गाड़ो बिरहमन को

———

ज़ुन्नार बाँध, सुबहाए-सद दाना तोड़ डाल
रहरौ चले है राह को हमवार देख कर

शिव प्रसाद 'वहबी'

एक ही जलवा, मियाने-दैरो-काबा है मगर
इत्तिफ़ाक़े-राय शेख़ो बिरहमन में क्यूँ नहीं

केसरा सिंह 'जहाँगीर'

दैरो हरम हैं शेख़ो बिरहमन के वास्ते
हम जिन को पूजते हैं वो पत्थर ही और हैं

प्यारे लाल 'आशोब'

अपना तो सर झुके हैं दोनों तरफ़ कि उसकी
तस्वीर बुतकदे में और है हरम में ख़ाका

माधो राम 'जौहर'

दैरो मस्जिद पे नहीं मौक़ूफ़ कुछ ऐ ग़ाफ़िलो
यार को सजदे से मतलब है कहीं सजदा किया

दयाशंकर 'नसीम'

दिल ब दिल आईना है दैरो-हरम
हक़ जो पूछो एक दर है दो तरफ़

जवाहर सिंह 'जौहर'

अस्ल मतलब एक है आगाह-नाआगाह[30] का
है अलक का तर्जुमा अरबी में लफ़्ज़ अल्लाह
क ।

किशन कुमार 'विक़ार'

मैं नहीं खाने का धोका काफ़िरो-दींदार का
भेद सब मुझ पर खुला है सुब्हाओ-ज़ुन्नार का

अमीर मीनाई

मशरबे-सुल्हे-कुल है ऐ ज़ाहिद
दैर भी इक हरम का साया है

दाग़

सरे-नियाज़ सलामत रहे पये-तस्लीम
नहीं तमीज़ हमें दैर क्या हरम क्या है

चन्दू लाल 'शादाँ'

मुवह्हिद[31] है तो यकताई से मत टल
न कह अपनी ज़ुबाँ से दूसरा है

———

पर्दए-चश्म उठा, दीदए-तहक़ीक़[32] से देख
जब यगाना वो हुआ कोई नहीं बेगाना

जलील

काबाओं दैर में दौड़ाते हो धोके देकर
क्या कहेंगे तुम्हें सब गिब्रो मुसलमां दिल में

साक़िब

तुम्हारा बोलबाला हर जगह है अल्लाह वालों में
यही हू हक़ हरम में है यही जप-तप शिवालों में

———

जब हर जगह एक ही रूहानी सच्चाई है और वाह्य एवं अन्तर, दूर एवं निकट, जहाँ तहाँ वही है, तो संसार जो हमारी आँखों के सामने उपस्थित है और जिसे हम अपनी इन्द्रियों से महसूस करते हैं उसकी असलियत क्या है?

इस्लाम के अनुसार ईश्वरीय अस्तित्व गुणोत्पादक है। वह गुणहीन ऐक्य अर्थात शून्य नहीं है, अपितु पूर्ण रूप से सृजनकर्ता है। ख़ुदा-ए-हक़ीक़ी जो कुछ सृजन करता है, वह यथार्थ है जिसकी गुणात्मक सच्चाई को इन दो वाक्यों से ज़ाहिर किया है। 'अल आन कमा कान' (वह अब भी वैसा ही है जैसा था) 'कुल्लो यौमिन फ़ी शान' (प्रत्येक क्षण वह नयी शान में है)। जगत में जो कुछ दृश्यमान है, 'मज़हर-ए-आयत-ए-इलाही' अर्थात अल्लाह की निशानियों को ज़ाहिर करने वाला है, वह उसकी सृजनात्मकता का प्रतीक है। संसार को मायाजाल या नज़र का धोखा क़रार देना इस्लाम के अनुसार ग़लत है।

जबकि वहदतुल वजूदी सूफ़ी विचारधारा उपरोक्त धारणा के विपरीत संसार को मिथ्या और असत्य घोषित करती है। 'वहदतुल वजूद' के अनुसार 'शहूद' और 'ज़हूर' सब ख़ुदा (ईश्वर) ही का है, अन्तर भी ईश्वर है, और प्रकट भी ईश्वर है। यथार्थ की गति प्रत्येक दिशा में प्याले के गर्दिश जैसी है और यथार्थ के गुण अलग से कुछ नहीं, अर्थात 'सिफ़ात' ही 'ज़ात' है, ज़ात (ईश्वर) को सिफ़ात (गुणों) से अलग मानना ही नज़र का धोखा है, सूफ़ीवाद हस्ती (यथार्थ) को बेअसल इसीलिए कहता है कि ख़ुदा से हटकर हस्ती का कोई वजूद नहीं इस एतबार से नामरूपेण जगत (हस्ती) एक स्वप्न मात्र है जब तक हम इस मायाजाल में गिरफ़्तार हैं, सारा संसार सच दिखाई देता है। वजूदी धारणा के अनुसार 'शाहिद' (देखने वाला) और 'शहूद' (जो दिखाई दे) में जो रिश्ता है वह भ्रममात्र है, यानी असल में 'शाहिद' व 'शहूद' व 'मशहूद' सब एक ही हैं। 'ख़ुदा-ए-मुतलक़' (निर्गुण ऐक्य) हर जगह जलवागर है वह ख़ुद ही अपना तमाशाई है। आलिम, मालूम और

इल्म (ज्ञानी, ज्ञान और ज्ञात) की निस्बत भी भ्रम मात्र है।

यह विचार वजूदी सूफ़ीवाद में आने से पूर्व वेदान्त और वेदान्त से प्रभावित विचार धाराओं में उपलब्ध थे। वेदान्त कहता है कि नामरूपेण जगत नाममात्र है। ब्रहम् ही 'वजूदे हक़ीक़ी' है, 'आलमे रंगो बू' ब्रह्म का प्रकाश है, सिवाय उसके कोई चीज़ अस्तित्व नहीं रखती है। 'मासिवा' यानी संसार जिसको हम मौजूद समझते हैं, माया यानी 'फ़रेबे हवास' है। 'सूरते आलम' महज़ नाम ही नाम है और हस्ती–ए–अशिया सिर्फ़ वहमे नज़र है (हरचन्द कि यह वेदान्त की झलक है लेकिन शब्दावली ग़ज़ल के शाइरों की है, और उसी के ज़रिए यहाँ बात रखी जा रही है)। शंकराचार्य के यहाँ शाम के अंधेरे में रास्ते में पड़ी रस्सी पर साँप का गुमान होता है। मनुष्य अपने ख़याल में बाग़ बनाता है, बाग़ीचे बनाता है लेकिन असलियत उसकी फ़रेब मात्र है। साँप या बाग़ का अस्तित्व गुमान भर है। ग़ज़ल के शाइर वेदान्तियों की तरह यह भी कहते हैं कि 'आलमे रंगो बू' की 'गुलशन आराई' इन्सानी ज़हन ही की कारफ़रमाई है। वेदान्त के अनुसार 'आलमे रंगो बू' सराब ही सराब (मृगमरीचिका) है, इन्सान का वजूद भी सराब है। वहम् के पर्दे पर जो नक़्शों निगार नज़र आते हैं वह सब 'सीमिया' या नज़रों का फ़रेब हैं, केवल ऐक्य सत्य है, बहुल सत्य नहीं। मनुष्य ने अपने अज्ञान और अविद्या (लाइल्मी) की वजह से इस नमूदे बेबूद' (अदृश्य दृश्य) को सत्य समझ लिया है।

ज़ाहिर है कि जगत को मिथ्या और बाह्य रिश्तों को एतबार भर क़रार देने में वेदान्ती विचारधारा और वजूदी सूफ़ी मान्यताओं में गहरा साम्य है। संसार को मिथ्या क़रार देने का यह दृष्टिकोण स्पष्टतः ग़ैर इस्लामी है। इसके बावजूद यह प्रवृत्तियाँ उर्दू ग़ज़ल में बड़े पैमाने पर क्रियाशील रही है। औरंगज़ेब के उत्तराधिकारियों के युग में जब उर्दू शाइरी बड़े पैमाने पर वजूद में आ रही थी, हिन्दुस्तान के राजनैतिक एवं आर्थिक असर से यह धारणाएँ यहाँ तक प्रश्रय पा चुकी थीं कि सम्पूर्ण समाज इनके रंग में रंगा हुआ था। उर्दू शाइर भी सिद्धान्ततः संसार की वास्तविकता के क़ायल नहीं थे, नीचे इस सन्दर्भ में जो उदाहरण प्रस्तुत किये जा रहे हैं, उनमें ग़ालिब की एक ग़ज़ल भी शामिल है, जिसमें जगत के वास्तविक और भ्रमित होने की कशमकश ख़ास तौर पर देखी जा सकती है। पहले दो अशआर में दृश्यमान जगत को वहम् नहीं 'तमाशा' कहा है। इससे संसार के साकार होने का संकेत होता है लेकिन तीसरे शेर में संसार को 'नमूदे बेबूद' (अर्थात ख़याल का फ़रेब कहा है) आख़िरी शेर में ईमान और कुफ़्र की कशमकश का ज़िक्र आया है। क्योंकि ईमान संसार के सत्य होने का तक़ाज़ा करता है मगर शाइर का अपना रूहानी एहसास संसार के सत्य पर ईमान नहीं लाता। ईमान और कुफ़्र के इस विरोधाभास और Dialectical कशमकश का एहसास मध्यकालीन उर्दू ग़ज़ल में हर क़दम पर मिलता है।

उर्दू ग़ज़ल का बड़ा हिस्सा हुस्नो इश्क़ की भावनाओं पर आधारित है। ग़ज़ल का जगत आरज़ुओं और उम्मीदों के सहारे आबाद है। यहाँ सरमस्त उमंगों या दिल का ख़ून कर देने वाली हसरतों का बसेरा है। हमारे शाइरों के यहाँ रिन्दी और हवसनाकी, आशिक़ी व रंगीनी, आला से आला और मामूली से मामूली ख़्वाहिशें मौजूद हैं, लेकिन इसके साथ साथ वह जगह-जगह 'अन्जुमने आरज़ू' से क़दम बाहर निकाल कर 'असरारे ज़ातो कायनात' यानी ऐश्वर्य सत्य एवम असत्य की गिरहें भी खोलने का प्रयास करते हैं, और अपनी रूहानी भावनाओं को उस ज़माने की तहज़ीबी धारणाओं के अनुसार 'आलमे रंगो बू' (नामरूपेण जगत) को 'फ़रेबे नज़र' या 'नैरंगे ख़याल' (ख़्याल का जादू/मिथ्या) क़रार देते नज़र आते हैं। नीचे के शेरों को ध्यानपूर्वक पढ़ने से अन्दाज़ा होगा कि अद्वैतवाद में यक़ीन रखने वाला कोई वेदान्ती भी इससे बढ़कर क्या कहेगा।

वली

यू बात आरिफ़ाँ[33] की सुनो दिल सूँ सालिकां[34]
दुनिया की ज़िन्दगी है यू वहमो-ख़याले महज़

आबरू

ज़िन्दगी है सराब की सी तरह
बाव-बन्दी हबाब[35] की सी तरह

हातिम

जिस कूँ हस्ती कहे हैं अहले-जहाँ
हम तो उसको अदम[36] समझते हैं

सौदा

पर्दे को तअय्युन[37] के दरे-दिल से उठा दे
खुलता है अभी पल में तिलिस्मात[38] जहाँ का

मीर

ग़फ़लत से है ग़ुरूर तुझे वर्ना है भी कुछ
याँ वो समाँ है जैसे कि देखे है कोई ख़्वाब

———

सैर की हमने हर कहीं प्यारे
फिर जो देखा तो कुछ नहीं प्यारे

———

मशहूर है आलम में तो क्या हैं भी कहीं हम
अलक़िस्सा न दरपै हो हमारे कि नहीं हम

———

वहम् जिस को मुहीत[39] समझा है
देखिए तो सराब[40] है वो भी

———

मस्ती में शराब की जो देखा
आलम ये तमाम ख़्वाब निकला
क़ुरबान, पियालये-मये नाब[41]
जिस से कि तेरा हिजाब निकला

———

ये तवह्हुम[42] का कारख़ाना है
याँ वही है जो एतबार किया

———

बूद[43] नक़्शो-निगार सा है कुछ
सूरत इक ऐतबार सा है कुछ
ये जो मोहलत जिसे कहे हैं उम्र
देखो तो इन्तज़ार सा है कुछ

क़ाइम

क़ाइम तू अपनी हस्ती न समझा कहाँ तलक
ऐ ख़ानमाँ ख़राब कोई ये भी होश था

दर्द

हैरान आईनावार[44] हैं हम
किस से या-रब दोचार हैं हम
पानी पर नक़्श कब है ऐसा
जैसे नापायेदार[45] हैं हम
जी भी पनपा कभू न अपना
इतने ज़ारो-निज़ार[46] हैं हम
कोई क्यूँ कर नज़र में लावे
रश्के-चश्मे-शरार[47] हैं हम
अज़ बस कि हैं महवे-लातअय्युन[48]
हर जा बेऐतबार हैं हम

———

मत जा तरो-ताज़गी पे इस की
आलम तो ख़याल का चमन है

———

वाए-नादानी कि वक़्ते-मर्ग ये साबित हुआ
ख़्वाब था जो कुछ कि देखा जो सुना अफ़साना था

असर

ने बर्क़[49] न शोला ने शरर हूँ
जो कहिए सो क़िस्सा मुख़्तसर हूँ
जूँ अक्स मेरा कहाँ ठिकाना
तेरे जलवे से जलवागर हूँ
ऐ नक़्शे-क़दम रहे फ़ना में
मैं तुझ से टुक एक पेशतर[50] हूँ

बेदार

इस हस्तिए-मौहूम पे ग़फ़लत में न खो उम्र
बेदार हो आगाह भरोसा नहीं दम का

मीर हसन

वहम में अपने थे बहोत कुछ लैक
ख़ूब देखा तो कुछ नहीं हैं हम
हमको नाकारा जान मत लैला
तेरे ही नाम के नगीं[51] हैं हम

नज़ीर

ज़िन्दगानी व मर्ग भी क्या हैं
एक मिस्ले-ख़याल, दीगर ख़्वाब
सब किताबों के खुल गये मानी
जब से देखी 'नज़ीर' दिल की किताब

मुसहफ़ी

सैरे-जहाँ से हम को ख़बर है भी और नहीं
इक वाहेमा सा पेशे-नज़र है भी और नहीं
देखें टुक आँख खोल के ग़ाफ़िल जो तू तो फिर
हस्ती तेरी ये रंगे-शरर है भी और नहीं

———

गर ग़ौर से देखिए तो हर्गिज़
मानी नहीं मासिवाए सूरत

आतिश

याद रखने की जगह है ये तिलिस्मे-हैरत
सुब्ह को देखते ही भूल गये शाम को हम

ज़फ़र

हो जिन्से-तुनक मायए-हस्ती के न ख़्वाहाँ
ये जिन्स ये बाज़ार ये गौहर ये दुकाँ हेच[52]
क्या देखें ज़फ़र ख़ानए-हस्ती का तमाशा
इस वहमकदे में है बजुज़ वह्मो-गुमाँ हेच

ग़ालिब

हस्ती के मत फ़रेब में आ जाइयो असद
आलम तमाम हलक़ए-दामे-ख़याल[53] है

———

हाँ खाइयो मत फ़रेबे-हस्ती
हर चन्द कहें कि है नहीं है

———

है ग़ैबे-ग़ैब जिसको समझते हैं हम शहूद
हैं ख़्वाब में हनूज़ जो जागे हैं ख़्वाब में

———

है मुश्तमिल नमूदो-सौर पर वजूदे-बहर
याँ क्या धरा है क़तरए मौजो-हबाब में

———

बाज़ीचये-अत्फ़ाल[54] है दुनिया मेरे आगे
होता है शबोरोज़ तमाशा मेरे आगे
इक खेल है औरंगे-सुलैमाँ मेरे नज़दीक
इक बात है एजाज़े-मसीहा मेरे आगे
जुज़ नाम नहीं सूरते आलम मुझे मन्ज़ूर
जुज़ वह्म नहीं हस्तिए-अशिया मेरे आगे
होता है निहाँ गर्द में सहरा मेरे होते
घिसता है जबीं ख़ाक पे दरिया मेरे आगे
ईमाँ मुझे रोके है तो खैंचे है मुझे कुफ़्र
काबा मेरे पीछे है कलीसा मेरे आगे

———

ग़रज़ यह कि नफ़्स (आत्मा-परमात्मा) असल सच्चाई है, दृश्य और देह एतबारी चीज़ें हैं। ग़ालिब कहते हैं, 'हर चन्द कहें कि है नहीं है' अर्थात दृश्यमान जगत स्वयं कोई वजूद नहीं रखता। नफ़्स के एहसासात और तसव्वुरात ने 'मौहूम'

(वह्म किया हुआ) को मौजूद की शक्ल दे दी है। ख़याल का यह चमन माया है; आत्मा जो असल के एतबार से ब्रह्म से सत्य का रिश्ता रखती है, माया में घिर गई है। संसार की जकड़न के सबब रूह को उस आन्तरिक रिश्ते का बोध नहीं रहा जो उसमें और 'ज़ाते बारी' (परमब्रह्म) में है। यह 'फ़ुक़दाने इल्म' (अविद्या) सांसारिक यथार्थ का एहसास पैदा कर देता है। ग़ज़ल के अकसर शाइर कहते हैं कि अज्ञान और जिहालत की इस क़ैद से छुटकारा पाने के लिए इन्सान को अपनी असलियत समझनी चाहिए। वेदान्त में यह आत्मज्ञान कहलाता है। सूफ़ीवाद के कथनानुसार भी कायनात 'सिफ़ात' की 'तजल्ली गाह' है (संसार ब्रह्म का प्रकाश है) और इसकी सच्चाई वही आलौलिक सारगमित परमात्मा है जो इन्सानी आत्मा की असल है। चुनाँचे इन्सान को सत्य के ज्ञान के लिए अपने ही अन्तःकरण में झाँकना चाहिए। इसकी पुष्टि इस हदीस से भी होती है। मन अरफ़ा नफ़्सा फ़क़द अरफ़ा रबा (जिसने अपने आपको पहचान लिया उसने रब को पहचान लिया) सूफ़ीवाद में इन्सान के दिल को उमूमन एक ऐसे दर्पण से उपमा दी जाती है जिसमें सत्य का जलवा देखा जा सकता है। ग़ज़ल का शाइर कहता है कि इन्सान को चाहिए कि ख़ुदा को अपने से बाहर न ढूँढे कि 'यह शीशा जो बग़ल में है उसी में तो परी है', ख़्वाजा मीर दर्द कहते हैं कि ज़ाहिर-परस्त ख़ुदा को अपने से परे ढूँढते हैं, अगर वह 'दीदा-ए-बीना' (देखने वाली आँख) से काम लें तो यहाँ हर 'पैराहन' (वस्त्र) में 'यूसुफ़' छुपा बैठा है। अगर 'ग़ाफ़िल' (अविद्या में घिरा हुआ व्यक्ति) भी अपने आन्तरिक में झाँक कर देखे तो मालूम होगा कि ख़ुदा ख़ुद उसके काशाने में जलवा फ़रमा है। ग़ज़लगो कहते हैं कि इन्सान ख़ुद 'मज़हरे आसारे बक़ा' (आलौकिक सत्य का प्रत्यक्ष) है अगर हवास की जकड़ से बुलन्द होकर वह अपनी सच्चाई को जानने की कोशिश करे तो उसपर 'मार्फ़त' (ज्ञान) का दरवाज़ा खुल जाए। तसव्वुफ़ में इसको 'इर्फ़ान नफ़्स' कहा है।

मुहम्मद क़ुली

जीव की आरसी में किन न देखिया तुमनाँ कूँ
उस का नानूँ न लेउ कोई लेना है ऊ नाम अबस

शाह कमाल

जिऊ में पिऊ निहाँ था मुझे मालूम न था
आशिकारा व अयाँ[55] था मुझे मालूम न था

वली

दिल को गर मर्तबा है दरपन का
मुफ़्त है देखना सिरीजन का

राजाराम दकनी

यार मुझमें है मुहीत होकर निहां[56]
मैं समझता हूँ कि अब तक दूर हूँ
राज़े-अनलहक़ हुस्न का पाया सो मैं
चढ़ के सूली इश्क़ की मंसूर हूँ
दरहक़ीक़त देख राजा राम मैं
गौहरे-असरार का गंजूर हूँ[57]

मीर

दैरो हरम से गुज़रे अब दिल है घर हमारा
है ख़त्म इस आबले[58] पर सैरो सफ़र हमारा

———

ग़ाफ़िल थे हम अहवाले-दिले-ख़स्ता से अपने
वो गंज[59] इसी कुंजे-ख़राबे में निहाँ था

———

आतिश बुलन्द दिल की न थी वर्ना ऐ कलीम
यक शोला बर्क़े-ख़िरमने-सद-कोहे-तूर था

———

तरीक़े-इश्क़ में है रहनुमा दिल
पयम्बर दिल है, क़िबला दिल, ख़ुदा दिल

———

ग़लत था आपसे ग़ाफ़िल गुज़रना
न समझे हम कि इस क़ालिब में तू था

———

जो सोचे टुक तो वो मतलूब हम ही निकले मीर
ख़राब फिरते थे जिसकी तलब में मुद्दत से

———

मीर उस बेनिशाँ को पाया जान
कुछ हमारा अगर सुराग़ मिले

———

सूरत पज़ीर हम बिन हर्गिज़ नहीं वो मानी
अहले-नज़र हमीं को मशहूद जानते हैं
अपनी ही सैर करने हम जलवागर हुए थे
इस राज़ को वलेकिन महदूद जानते हैं

———

पहुँचा जो आप को तो मैं पहुँचा ख़ुदा के तईं
मालूम अब हुआ कि बहुत मैं भी दूर था

दर्द

ग़ाफ़िल! तू किधर बहके है टुक दिल की ख़बर ले
शीशा जो बग़ल में है उसी में तो परी है

———

सुनते हैं यूँ कि आह तू हम ही में छुप रहा कहीं
अपनी तलाश में ग़रज़ हमको तेरा सुराग़ है

———

क़ासिद नहीं ये काम तेरा अपनी राह ले
उसका पयाम दिल के सिवा कौन ला सके

———

हिजाबे-रुख़े-यार[60] थे आप हम ही
खुली आँख जब कोई पर्दा न देखा

———

ढूँढते हैं आपसे उस को परे
शेख़ साहब छोड़ घर बाहर चले
हम न जाने पाये बाहर आप से
वो ही आड़े आ गया जीधर चले

———

ऐ बेख़बर! तू आपसे ग़ाफ़िल न बैठ रह
जूँ शोला याँ सफ़र है हमेशा वतन के बीच
तुझको नहीं है दीदए-बीना वगर्ना याँ
यूसुफ़ छुपा है आन के हर पैरहन के बीच

———

आईने की तर्ह ग़ाफ़िल खोल छाती के किवाड़
देख तो है कौन बारे तेरे काशाने के बीच

———

बरसों लगी थीं आँखें दरवाज़ए-हरम से
पर्दा उठा तो लड़ियाँ आँखें हमारी हम से

———

ज़ाहिर में तो हैं मगर नहीं हम

दरियाए-रवाँ न हों कहीं हम

हिदायतुल्लाह 'हिदायत'

यार हम में है 'हिदायत' जलवागर
जिस तरह हो गौहरे-यकता में आब
ये नहीं मालूम हर्गिज़ आब को
आब में दरिया है या दरिया में आब

सोज़

शेख़ काबे को क्या करूँ जाकर
दिल ही को ख़ानए-ख़ुदा देखा

मुसहफ़ी

क्या जाने कोई कि घर में बैठे
उस शेख़ से हम ने राह कर ली

आतिश

काबा-ओ-दैर में है किस के लिये दिल जाता
यार मिलता है तो पहलू ही में है मिल जाता

ज़फ़र

करें दिल की क्यूँ कर न हम पासदारी
कि हर दिल में हम तेरा घर देखते हैं

फ़ैज़ दकनी

करें हम किस की पूजा और चढ़ाएँ किस को चन्दन हम
सनम हम, दैर हम, बुतख़ाना हम, बुत हम, बिरहमन हम
दरो-दीवार हैं नज़रों में अपनी आईना-ख़ाना
किया करते हैं घर बैठे हुए आप अपना दरशन हम
कब उट्ठे हैं उठाने से किसी शेख़ो-बिरहमन के
दरे-दिलबर पे अपने मार कर बैठे हैं आसन हम
हुआ है 'फ़ैज़' मालूम एक मुद्दत में हमीं थे वो
जपा करते थे जिसके नाम की दिन रात सुमिरन हम

———

'मारिफ़त' (ज्ञान) एक रूहानी अनुभव है और आलौलिक सत्य का बोध हर क़िस्म की व्याख्या से हटकर है, इसका विश्लेषण नहीं किया जा सकता, न ही इसको समझाया जा सकता है, केवल इसको महसूस किया जा सकता है। हिन्दू धर्म और इस्लाम दोनों में 'मार्फ़त' के तसव्वुर में ज्यादा अन्तर नहीं, लेकिन जब इस रूहानी वारदात (अनुभव) का जो इन दोनों में मिलती जुलती है दार्शनिक शब्दावली

में विवरण करने की कोशिश की जाती है तो सत्य बोध के दो अलग अलग नज़रिए पैदा होते हैं।

उपनिषद के अनुसार आत्मा परमात्मा एक हैं। आत्मा में जो कुछ सत्य है आलौलिक सत्य की निस्बत से है। आत्मा का आदर्श है कि परमात्मा में लीन हो जाए। ज्यों ज्यों आत्मा को परमात्मा का बोध प्राप्त होगा आत्मा परमात्मा में लीन होती जाती है। जैसे जल का क़तरा दरिया में मिल जाता है यानी अहंकार (ख़ुदी) और अलैहदगी से हाथ उठाना ही असल ज्ञान है। ग़ज़ल की सूफ़ी शब्दावली में इसे 'तस्लीमे ख़ुदी' कहा है।

जबकि सूफ़ीवाद के विपरीत इसलाम में 'नफ़्से इन्फ़रादी' (रूह) इसी तरह हक़ीक़ी (वास्तविक) है जिस तरह ज़ाते बारी (अल्लाह)। मार्फ़त की राह में इन्सान की इंतहाई तरक़्क़ी यह है कि वह अपने रब (अल्लाह) से इस क़दर क़रीब हो जाए कि 'फ़स्ल' (जुदाई) का एहसास न रहे, मगर अल्लाह से हक़ीक़ी वस्ल यानी इत्तिहादे ज़ात (सम्पूर्ण लीन होना) इन्सान को हासिल नहीं हो सकता। इन्सान 'बन्दा' है यानी 'अब्द' जबकि ख़ुदा 'माबूद' है। 'अब्द' और 'माबूद' में दुई है, यह एक नहीं हो सकते। माबूद से क़रीब–तर होने से 'अब्द' की इंफ़रादियत (Individuality) घटती नहीं बल्कि दृढ़ (मज़बूत) होती है। चुनाँचे इस्लामी दृष्टिकोण से मार्फ़त का मतलब 'तस्लीमे ख़ुदी' (आत्मा का विलय) नहीं है, बल्कि 'इस्बाते ख़ुदी' (Self or Individual Ego) का मज़बूत होना है। जबकि सूफ़ी मत की 'वजूदी' धारणा में 'तस्लीमे ख़ुदी' की वही धारणा मिलती है जो वेदान्त में है। लेकिन बाद में सूफ़ी वजूदी धारणा से हटकर एक और विचारधारा पैदा हुई, जिसमें बक़ौल हज़रत मुजद्दीदे अल्फ़े सानी 'तस्लीमे ख़ुदी' मार्फ़त के रास्ते का केवल एक दरम्यानी मुक़ाम है आख़िरी मंज़िल 'अब्दीयत' है जिसमें ख़ुदा और कायनात या इन्सान यानी 'आबिद' और 'माबूद' की आपसी दुई दूर नहीं होती परन्तु पूरी तरह दृढ़ हो जाती है।

इससे ज़ाहिर है कि परम सत्य के बोध की जो व्याख्या दोनों मज़हबों में की गई है इसमें फ़र्क़ है। हिन्दुओं के यहाँ जो व्याख्या हक़ीक़ी है, इस्लाम उसे एतबार भर क़रार देता है और इस्लाम के निकट जो व्याख्या मुकम्मल है हिन्दू दर्शन उसे नातमाम कहता है।

'तस्लीमे ख़ुदी' और 'इस्बाते ख़ुदी' की एक दूसरे की विपरीत धारणाओं में से उर्दू ग़ज़ल का रचनात्मक और मानसिक झुकाव 'तस्लीमे ख़ुदी' की तरफ़ रहा है। 'तस्लीमे ख़ुदी' यानी नफ़्स या अहंकार को मिटा देने अर्थात आत्मा के परमात्मा में विलय के एहसास की यह प्रवृत्ति विशेषकर हिन्दुस्तान के वजूदी सूफ़ीवाद में ख़ूब ख़ूब प्रचलित रही है। 'ख़ुदी' का शब्द वजूदी सूफ़ियों के यहाँ इन्सान की उस

कैफ़ियत का नाम है जो सांसारिक यथार्थ के साथ वाबस्ता है। रोज़मर्रा के यथार्थ से वाबस्तगी सत्य से दूरी पैदा करती है। सूफ़ी इस अहंकारिक ख़ुदी को नज़र का फ़रेब (माया जाल) कहते है और ज़ोर देते हैं कि ख़ुदी को इस तरह मिटा देना ज़रूरी है ताकि ख़ुदा के अतिरिक्त कुछ नज़र न आए। ग़ज़ल के शाइरों की राह वजूदी सूफ़ियों की राह है। उनकी नज़र में सबसे बड़ा बुत इन्सान का अपना वजूद यानी ख़ुदी है जब तक इसको पाश पाश न किया जाए, सत्य बोध (कश्फ़े हक़) मुमकिन नहीं। इधर हिन्दुस्तानी अवचेतन का भी यही तक़ाज़ा रहा है कि सीमित ख़ुदी को फ़ना करके कायनात के 'सोज़ो साज़' से 'हमआहंग' किया जाए। मार्फ़ते हक़' (सत्य ज्ञान) का केवल यह ही एक रास्ता है। मुलाहिज़ा हो ग़ज़लगो शाइरों का रास्ता साफ़ साफ़ 'तस्लीमे ख़ुदी' (फ़नाए नफ़्स) का रास्ता है:

वली

ऐ दोस्ताँ बतंग हुआ हूँ मैं होश सूँ
पीतम का नानूँ ले के मुझे बेख़बर करो

———

ख़ुद फ़ना हो के ज़ात में मिलना
ये तमाशा हबाब[61] में देखा

———

मरने से पहले जो कि मरे इस जगत मनें
तस्वीर की नमित वो ख़ुदी सूँ निकल गये

———

देखा है यक निगह में हक़ीक़त के मुल्क कूँ
जब बेख़ुदी की राह में दिल ने सफ़र किया

सिराज

ऐ सिराज अपनी ख़ुदी[62] कूँ बेख़ूदी में महव कर
शग़ल जारी रख हर इक दम में 'हुवर्रहमान' का

हातिम

जब तलक है जुदा तो है क़तरा
बह्र में मिल गया तो दरिया है

———

मिसाले-बहर मौजें मारता है
किया है जिसने इस जग से किनारा

सौदा

हाय! पहुँचा न गया क़ैदे-ख़ुदी से उस तक
अपने ही दाम से छुटना मुझे दुश्वार हुआ

———

हस्ती अपनी है बीच में पर्दा
हम न होवें तो फिर हिजाब कहाँ

———

आलूदा कर न हस्ती से जामे को जिस्म के
हुशियार रह ये आरियती[63] है लिबास पास

———

एक थे हम वले न होते गर
अपना होना बीच में हाइल हुआ

दर्द

होवे तो दरमियान से अपने तईं उठाइए
बार नहीं है और कुछ सर ही वबाले-दोश है

———

बाहर न हो सकी तू क़ैदे-ख़ुदी से अपनी
ऐ अक़्ले-बेहक़ीक़त देखा शऊर[64] तेरा

———

काश ता शम्मा न होता गुज़रे-परवाना
तुम ने क्या क़हर किया बालो-परे-परवाना
एक ही जस्त में ली मंज़िले-मक़्सूद उसने
राहरौ रश्क की जा है सफ़रे परवाना

———

काम मर्दों के जो हैं सो वही कर जाते हैं
जान से अपनी जो कोई कि गुज़र जाते हैं

क़ाइम

अपने ही ये होने के सब उलझाव हैं वर्ना
इस राह में हमने तो कहीं दाम[65] न पाया

———

तर्क[66] कर अपना भी कि इस राह में
हर कोई शायाने-रिफ़ाक़त[67] नहीं

रासिख़

जब तुझे ख़ुद आपसे बेगानगी हो जायेगी
आशना तब तुझसे वो देर-आश्ना हो जायेगा

———

तुम्हारे आशना अब ख़ल्क़ से रखते हैं आमेज़िश
उन्हें तो आप से भी हमने बेगाना सदा पाया

———

पर्दा कब आसान रुए-दिलरुबा से उठ गया
तब उठा वां पर्दा जब मैं दरमियाँ से उठ गया

नियाज़ बरेलवी

अक़्ल के मदरसे से हो इश्क़ के मैकदे में आ
जामे-फ़ना व बेख़ुदी अब तो पिया जो हो सो हो
लाग की आग लग उठी पम्बा[68] तरह सा जल गया
रख़्ते-वजूदे-जानो-तन[69] कुछ न बचा जो हो सो हो
दुनिया के नेकोबद से काम हम को नियाज़ कुछ नहीं
आप से जो गुज़र गया फिर उसे क्या जो हो सो हो

मुसहफ़ी

कर अपने तईं गुम तो ज़रा दश्ते जुनूं में
शायद कि कोई आ के तुझे राह बता दे

———

उठ जाये अगर जिस्म का पर्दा नज़र आये
इस पर्दे में असरार हैं मस्तूर बहुत से

आतिश

नक़्शे-सूरत को मिटा कर आश्ना मानी का हो
क़तरा भी दरिया है जो दरिया में शामिल हो गया

———

हबाब आसा मैं दम भरता हूँ तेरी आशनाई का
निहायत ग़म है इस क़तरे को दरिया की जुदाई का
नज़र आती हैं हर सू सूरतें ही सूरतें मुझ को
कोई आईनाख़ाना कारख़ाना है ख़ुदाई का

ज़फ़र

दिया अपनी ख़ुदी को जो हमने उठा, वो जो पर्दा सा बीच में था न रहा
रहे पर्दे में अब न वो पर्दा-नशीं, कोई दूसरा उसके सिवा न रहा

———

ज़फ़र उससे छुट के जो जस्त की तो ये जाना हमने कि वाक़ई
फ़क़त एक क़ैद ख़ुदी की थी न क़फ़स था कोई न जाल था

ग़ालिब

अपनी हस्ती ही से हो जो कुछ हो
आगही गर नहीं ग़फ़लत ही सही

———

न था कुछ तो ख़ुदा था, कुछ न होता तो ख़ुदा होता
डुबोया मुझको होने ने, न होता मैं तो क्या होता

———

इशरते-क़तरा है दरिया में फ़ना हो जाना
दर्द का हद से गुज़रना है दवा हो जाना

———

नज़र में है हमारी जादये-राहे-फ़ना 'ग़ालिब'
कि ये शीराज़ा है आलम के अजज़ाए-परेशां का

अमरनाथ 'साहिर'

ऐ होश! अलविदाअ कि है बज़्मे-बेख़ुदी
अब मैं रहा न ज़ौक़े-तमाशा रहा मुझे
जब दरमियाँ से पर्दए-पिंदार[70] उठ गया
ज़र्रे में आफ़ताब नुमायाँ हुआ मुझे
जब नक़्शे-ग़ैर, सफ़हए-ख़ातिर[71] से मिट गया
हर अंजुमन में शाहिदे-यकता मिला मुझे

———

सूफ़ीवाद में व्यक्तिगत सीमित अहम को आमतौर पर पानी की बून्द (क़तरा) या बुलबुले (हबाब) से उपमा दी जाती है, इसी तरह आलौकिक सत्य या ब्रह्म को दरिया या सागर से। क़तरे का कमाल यह है कि दरिया में लीन हो जाये। इसी तरह इन्सानी ख़ुदी अहम का कमाल यह है कि वह फ़ना होकर 'ज़ाते मुतलक़' (परम ब्रह्म) में ज़म (लीन) हो जाये।

जब इन्सानी ख़ुदी फ़ना हो जाती है तो मासिवा (नामरूपी जगत) का एहसास बाक़ी नहीं रहता। हर तरफ़ परम सत्य की कार-फ़रमाई होती है। अर्थात मौजूद व मौहूम, मालूम व नामालूम, परम सत्य के सिवा सब मिट जाता है, हिन्दुस्तानी चेतना का सबसे आला मक़ाम 'तस्लीमे ख़ुदी' की यही कैफ़ियत है जहाँ कारक और क्रिया का फ़र्क़ बाक़ी न रहे। सदियों से भारतीय संस्कृति, काव्य और ललित कलाओं,

संगीत, नृत्य, चित्रकारिता सबका श्रेष्ठतम ध्यय रूहानी गुमशुदगी या सौन्दर्य 'कैफ़ो सुरूर' अर्थात रहस्य की उस कैफ़ियत को क़रार दिया गया है जहाँ सीमित अहम अनन्त की असीमता में गुम हो जाये।[72] भारतीय सौन्दर्य शास्त्र के विशेषज्ञ काव्य या कला को एक तरह का योग मानते हैं जिसका उद्देश्य अहम और ग़ैर अहम की दूरी को मिटा कर अनन्त का सौन्दर्यबोध पैदा करना है (आनन्द कुमार स्वामी: डांस ऑफ़ शिवा, पृ. 41) भारतीय कलाओं में सौन्दर्य-श्रेष्ठता की दलील यही है कि वह हमारी भावनाओं को उत्कृष्टता के उस बिन्दु तक ले जायें जहाँ सीमित अहम अपने से हाथ उठा ले। अर्थात ख़ुदी अपनी ही बनाई हुई क़ैद से बाहर निकल कर ग़ैर ख़ुद में इस तरह डूब जाये कि अनन्त का एहसास होने लगे। अभिनव गुप्त का कहना है कि सौन्दर्य बोध उस सूक्ष्म अनन्त दृष्टि का नाम है जहाँ सब मानसिक क्रियायें अवचेतन में समा जायें और परम आनंद का एहसास होने लगे।

इसके विपरीत इस्लामी जमालियात (सौन्दर्य बोध) उस अन्तर भावना का नाम है जो ख़ुद और बेख़ुद की दुई (द्वैत) को बरक़रार रखते हुए व्यक्तिगत अहम को सम्पूर्ण और सुदृढ़ बनाने का पैग़ाम दे। इसलिये कि ख़ुदा और बन्दा या अब्द और माबूद एक नहीं हो सकते। उर्दू में इक़बाल से पहले यह दार्शनिक धारणा और प्रवृत्ति नहीं थी। सदियों से उर्दू ग़ज़ल की शिखर भावना (चाहे ग़ज़ल आरिफ़ाना (आध्यात्मिक) हो या आशिक़ाना) उस जज़्ब व सरमस्ती या गुमशुदगी को समझा गया है जहाँ हवास का बाह्य फ़र्क़ मिट जाये और नज़र तमाम सीमाओं से गुज़र जाये, ये वो मन्ज़िल है जहाँ लौकिक और अलौकिक की भावना न रहे, या यूँ कहिये जहाँ क़तरा दरिया से हम-कनार होकर 'अनल-बहर' (मैं सागर हूँ) का दावा कर सके, या 'ज़र्रा' (कण) सहरा (रेगिस्तान) से हम-आग़ोश हो जाये। लेकिन इस रूहानी वारदात का विश्लेषण या व्याख्या शब्दों के माध्यम से मुमकिन नहीं। ग़ज़ल कहती है कि इसको केवल महसूस किया जा सकता है जैसे जन्म के अन्धे को धनक के सात रंग या सूर्योदय या सूर्यास्त के सौन्दर्य को समझाया नहीं जा सकता, वैसे ही इस अन्तर-बोध या अन्तर-ज्ञान की व्याख्या नहीं की जा सकती। इस बारे में ग़ज़ल के श्रेष्ठ कवि लगभग वही कहते हैं जो भारतीय चिन्तन-मनन की राह है कि तर्क-वितर्क से इसको बताया नहीं जा सकता। उपनिषद 'नेति' 'नेति' का संकेत करते हैं। ग़ज़ल भी अलंकारिक तौर पर यही कहती है कि जितने गुणों तक इन्सानी ज़हन पहुँच सकता है वो अलौकिक सत्य की व्याख्या पर पूरे नहीं उतरते। ब्रह्म को आनन्द या परम आनन्द कहना भी दरअसल संकेतमात्र ही है क्योंकि आनन्द भी दरअसल ब्रह्म नहीं बल्कि ब्रह्म की वह परिकल्पना है जो हमारा मानस कर सकता है।

मन्डूक्य उपनिषद का कथन है कि एक बार राजा विषकाली ने भावऋषि से

ब्रह्म यानि-परम सत्य की व्याख्या करने को कहा। ऋषि ने कुछ उत्तर न दिया। राजा ने अपना प्रश्न दुबारा, तिबारा दोहराया और कहा महाराज कुछ तो कहिये। ऋषि ने कहा मैं तो कह चुका, तुम ही नहीं समझ पाये। मौन ही तुम्हारे सवाल का जवाब है। शान्तम ब्रह्म! ग़ज़ल कहती है 'ज़ाते मुत्लक़' (परम ब्रह्म) 'ख़ामोशी-ए-अज़ल' (परम मौन) है। उसकी नौइयत (सत्यता) शब्दों के द्वारा नहीं समझाई जा सकती। यह 'हाल' (अन्तर-ज्ञान) का मुआमला है, 'क़ाल' (भाषा) का यहाँ दख़ल नहीं। मीर ने अक्सर शेरों में इन्तहाई बेख़ुदी को गहरी ख़ामोशी (मौन) या सुकून (शान्ति) से उपमा दी है। ग़ालिब ने भी कई जगह संकेत किया है कि सब कुछ मौन से ही आता है। मौन ही परम बोध है।

ज़ाते-मुत्लक़ (परम सत्य) दरअसल तर्क और व्याख्या का विषय बन ही नहीं सकता। ग़ज़ल के शाइरों का कथन है कि उसकी सूक्ष्म से सूक्ष्म परिकल्पना भी रूपकीय होगी। हक़ीक़ते-मुतलक़ हर किस्म के गुणों और सीमाओं से मावरा (परे) है। जो लोग मार्फ़त के रूहानी तजुर्बे की ताबीर (व्याख्या) करते हैं, उनकी मिसाल ऐसी है गोया अनदेखे ख़्वाब का अफ़साना सुना रहे हैं। यह बातनी तजुर्बा तो किसी-किसी का ही हो सकता है लेकिन जो इस कैफ़ियत से आगाह होते हैं उनका ये हाल होता है कि 'आँ-रा कि ख़बर शुद, ख़बरश बाज़ नेयामद' (वे जिनको ख़बर हो जाती है, फिर उनकी कोई ख़बर नहीं आती)।

सुनिये उर्दू के ग़ज़लगो क्या कहते हैं :

सिराज दकनी

ख़बरे-तहय्युरे-इश्क़[73] सुन न जुनूँ रहा न परी रही
न तो तू रहा न वो मैं रहा जो रही सो बेख़बरी रही
शहे-बेख़ुदी ने अता किया, मुझे अब लिबासे बरहनगी
न ख़िरद की बख़ियागरी रही न जुनूँ की परदादारी रही
चली सिम्ते-ग़ैब से क्या हवा कि चमन ज़हूर का जल गया
मगर एक शाख़े-निहाले-ग़म जिसे दिल कहो, सो हरी रही
वो अजब घड़ी थी मैं जिस घड़ी, लिया दर्स नुस्ख़ये इश्क़ का
कि किताब अक़्ल की ताक़ में जूँ धरी थी त्यूं ही धरी रही
किया ख़ाक आतिशे इश्क़ ने दिले-बेनवाए-'सिराज' कूं
न ख़तर रहा, न हज़र रहा, मगर एक बेख़तरी रही

हातिम

जब आप से गुज़र गये हम
फिर किसे कहें किधर गये हम

मीर

गली में उसकी गया सो गया न बोला फिर
मैं मीर मीर कर उसको बहोत पुकार रहा

———

बेख़ुदी ले गयी कहां हमको
देर से इन्तज़ार है अपना

———

मसकन जहाँ था दिलज़दा मिस्कीं का हम वहाँ
कल देर मीर मीर पुकारे नहीं है अब

———

बेखुदी पर न मीर की जाओ
तुमने देखा है और आलम में

———

उसे ढूँढते 'मीर' खोये गये
कोई देखे उस जूस्तजू की तरफ़

———

हुए हैं हवास और होशो-ख़िरद गुम
ख़बर कुछ तो आयी है उस बेख़बर तक

———

आरज़ू उस बुलन्दो-बाला की
क्या बला मेरे सिर पे लायी है
मर्गे-मजनूँ से अक़्ल गुम है मीर
क्या दिवाने ने मौत पायी है

———

आख़िर को उसकी राह में हम आप गुम हुए
मुद्दत में पायी यार की ये जूस्तजू की तर्ह

———

क्या रफ़्तगी से मेरी तुम गुफ़्तगू करो हो
खोया गया नहीं मैं ऐसा कि कोई पावे

दर्द

उड़े जाते हैं मगर शौक़ में अरबाबे-फ़ना
राह में वर्ना कहीं नक़्शे-कफ़े-पा होता

———

हस्ती ने तो टुक जगा दिया था
फिर खुलते ही आँख सो गये हम

न पूछो कुछ हमारे हिज्र की और वस्ल की बातें
चले थे ढूँढने जिसको सो वो है आप खो बैठे

क़ाइम

खोली थी चश्म दीद को तेरे प जूँ हबाब
अपने तईं मैं आप न आया नज़र कहीं

मीर हसन

न रहा गुल न ख़ार ही आख़िर
इक रहा हुस्ने-यार ही आख़िर

नियाज़ बरेलवी

तू ने अपना जलवा दिखाने को जो निक़ाब मुँह से उठा दिया
वहीं महवे हैरते बेख़ुदी मुझे आइना सा बना दिया
वो जो नक़्शे-पा की तरह रही थी नमूद अपने वजूद की
सो कशिशे-दामने नाज़ ने, उसे भी ज़मीं से मिटा दिया
करूँ क्या बयान मैं हम-नशीं असर उसके लुत्फ़े-निगाह का
कि तअय्युनात की क़ैद से मुझे एक दम में छुड़ा दिया
जभी जा के मकतबे-इश्क़ में सबक़े-मक़ामे-फ़ना लिया
जो लिखा पढ़ा था 'नियाज़' ने, सो वो साफ़ दिल से भुला दिया

मुसहफ़ी

क्या यार के दामन की ख़बर पूछो हो हम से
याँ हाथ से अपना ही गिरेबान गया था

आतिश

दिखला के जलवा आँखों ने इक शम्ए-नूर का
गुल कर दिया चिराग़ हमारे शऊर का

ज़ौक़

उसे हम ने बहोत ढूँढा न पाया
अगर पाया तो खोज अपना न पाया
वो अज़-ख़ुद-रफ़्ता हूँ जिस को ख़ुदी ने
ख़ुदाई में अगर ढूँढा न पाया
नज़ीर उसकी कहाँ आलम में ऐ 'ज़ौक़'
कहीं ऐसा न पायेगा न पाया

ज़फ़र

मेरी आँख बन्द थी जब तलक वो नज़र में नूरे जमाल था
खुली आँख तो न ख़बर रही कि वो ख़्वाब था कि ख़याल था

ग़ालिब

जामे हर ज़र्रा है सरशारे-तमन्ना मुझसे
किस का दिल हूँ कि दो आलम से लगाया है मुझे

———

न गुले-नग़मा हूँ न पर्दए-साज़
मैं हूँ अपनी शिकस्त की आवाज़

———

हम वहाँ हैं जहाँ से हम को भी
कुछ हमारी ख़बर नहीं आती

———

क़तए-सफ़र-हस्ती ओ आरामे-फ़ना हेच
रफ़्तार नहीं बेश्तर अज़ लग़ज़िशे-पा हेच

शेफ़्ता

राज़े-पोशीदा पूछिये किस से
बेख़बर है जो बाख़बर है कुछ

अब्दुल अलीम 'आसी'

वफ़ूरे-बेख़ुदीए-बज़्मे-मै न पूछो रात
कोई बजुज़ निगहे-यार होशियार न था

अमरनाथ 'साहिर'

पिया है मैकदए-इश्क़ में वो जामे-फ़ना
कि बेख़ुदी में न सूरत रही न नाम रहा

———

कैफ़े-मस्ताने-अज़ल कुफ़्र से आज़ाद नहीं
बेख़ुदी का है ये आलम कि ख़ुदा याद नहीं
इब्तिदा इश्क़ की इक हुस्न के जलवे से हुई
होश इतना है फ़क़त और मुझे याद नहीं

इस्माईल मेरठी

कैसी तलब कहाँ की तलब किसलिए तलब
हम हैं तो वो नहीं है जो वो है तो हम नहीं

———

ग़रज़ यह कि उर्दू ग़ज़ल आध्यात्मिक मूलभूत अनुभव की लाक्षणिक व्याख्या वहदतुल वजूद (अस्तित्व के कैवल्य), इरफ़ाने ज़ात (आत्म बोध), और 'तस्लीमे ख़ुदी' (व्यक्तिगत अहम को मिटा देना) की रूह से करती है। वह दृश्यमान जगत को वास्तविक नहीं मानती और यह निर्देशन करती है कि मानसिक रूह दृश्यमान जगत में घिर कर न रह जाये, अपितु अस्तित्व के कैवल्य पर ध्यान केन्द्रित करते हुए आत्मबोध को निस्सीम पूर्णतया या अलौकिक सत्य से एकाकार होने की ये वजूदी विचारधारा वेदान्ती चिन्तन से गहरा साम्य रखती है। अन्त में इस बात को दोहराने की ज़रूरत नहीं कि उर्दू ग़ज़ल में इन प्रवृतियों में से अधिकांश इस्लामी सूफ़ीवाद में मुसलमानों के हिन्दुस्तान आने से पहले वेदान्ती विचारों से मिलते जुलते वजूदी विचार, इस्लामी या ग़ैर-इस्लामी माध्यमों से (बावजूद इसके कि यह मूलभूत इस्लामी रूह के विपरीत थे) जड़ पकड़ चुके थे। इतना ज्ञात है कि उस ज़माने में भारतीय आध्यात्मिक ख़यालात भारत के उत्तर पश्चिमी क्षेत्रों में दूर-दूर तक फैले हुए थे। मुसलमानों के साथ जब ये विचार सूफ़ीवाद की वजूदी धारणा के साथ घुलमिल कर यहाँ आये तो चूंकि यह हिन्दुस्तानी मानस एवम अवचेतन से मुनासबत (लगाव) रखते थे, यहाँ बहुत लोकप्रिय हुए, और रफ़्ता रफ़्ता मानसिक जीवन के हर पक्ष पर छा गये। जैसे जैसे भक्ति आन्दोलन फैलता गया सूफ़ी विचारों और भक्ति की धारणाओं में साम्य भी बढ़ता गया, यहाँ तक कि इनकी घुली मिली प्रवृतियाँ लोक कविता और लोक कलाओं में अपनी झलक दिखलाने लगीं। यही ज़माना उर्दू ग़ज़ल के उभरने का था, चुनान्चे उर्दू ग़ज़ल का इनसे प्रभावित होना अवश्यमभावी था। उर्दू ग़ज़ल की ये प्रवृत्तियाँ चूँकि हिन्दुस्तानी आध्यात्मिक मूल्यों एवम अवचेतन से गहरा सम्बन्ध रखती थीं, ग़ज़ल के मिज़ाज का अनिवार्य हिस्सा बन गईं। हिन्दुस्तानी मानस की यह विशेषता है कि वह उन तत्त्वों को जो उससे साम्य न रखते हों, या तो निरस्त कर देता है या उनको थोड़ा बहुत बदल कर उन्हें अपने साथ एकाकार कर लेता है। सूफ़ीवाद की वजूदी प्रवृत्तियाँ चूँकि हिन्दुस्तानी मानस से गहरी रचनात्मक समानता रखती थीं और यहाँ के आम लोगों की मूलभूत आध्यात्मिक और मानसिक अपेक्षाओं को पूरा करती थीं इसलिए ग़ज़ल में गहरे तौर पर रच बस गईं; और इनके माध्यम से ग़ज़ल को हिन्दुस्तानी मिज़ाज का साथ देने का एक श्रेष्ठ अवसर हाथ आ गया। इन प्रवृत्तियों ने न केवल आला आध्यात्मिक मूल्यों के विकास में सहायता प्रदान की, अपितु पारस्परिक सौहार्द्र, सह अस्तित्व, एकीकरण और आपसी सम्बन्धों को भी बढ़ावा दिया और मिले जुले समाज की शिराज़ाबंदी में अर्थपूर्ण भूमिका निभाई।

उर्दू ग़ज़ल के सौंदर्यपरक एवं आध्यात्मिक पक्ष का विवेचन करने पश्चात अब हम बतायेंगे कि इसका कलात्मक पक्ष, हिन्दुस्तानी प्रकृति तथा स्थानीय वातावरण एवं रीतिरिवाज से प्रभावित होने का क्या प्रमाण देता है।

सन्दर्भ

1 अनावृत्त सौन्दर्य
2 आश्चर्य चकित नेत्र
3 अनावृत्त सौन्दर्य
4 दोनों लोकों की मधुशाला
5 माँगा हुआ
6 जन्नत की परी जैसा
7 समझ
8 बेवफ़ा माशूक़
9 दृष्टि–शक्ति
10 अंश एवं पूर्ण
11 दुनिया; संसार
12 प्रकट; स्पष्ट; उपस्थित
13 रंग बिरंगी; चित्र विचित्र
14 मैं हक़ हूँ; (अह्म ब्रह्म अस्मी)
15 तू और मैं
16. भीख का कटोरा
17. अनन्त के साक़ी का शुक्राना
18. स्वयं को देखने वाला
19. सूर्य के अक्स के बिना
20. तस्बीह और जनेऊ
21. तस्बीह और जनेऊ का रिश्ता (दोनों में धागा एक ही है)
22. डोरी; रस्सी
23. मन्दिर और मस्जिद
24. सिवाय पत्थर के
25. तिलक; टीका
26. दिल का मन्दिर
27. बखेड़ा
28. निर्गुण की शमा का नूर
29. धर्म
30. ज्ञानी अज्ञानी
31. एक ख़ुदा को मानने वाला
32. ज्ञान की आँख
33. ज्ञानी
34. भक्त
35. पानी के बुलबुले की तरह
36. नेस्ती

37. सगुण
38. मायाजाल
39. संसार; जगत
40. मृगमरीचिका
41. शराब के प्याले पर क़ुर्बान जाइये
42. माया
43. जगत
44. आईने की तरह
45. मिथ्या
46. कमज़ोर; दुर्बल
47. चिन्गारी की तरह
48. निर्गुण
49. बिजली; विद्युत
50. पहले
51. मोहर
52. झूठ; माया
53. माया जाल
54. बच्चों का खेल
55. ज़ाहिर; प्रकट
56. यार मुझी में छुपा हुआ है
57. रहस्य के मोतियों का ख़ज़ाना
58. पाँव का छाला
59. ख़ज़ाना
60. यार के जलवे का पर्दा
61. बुलबुला
62. अहम
63. उधार
64. तरीक़ा; समझ
65. जाल
66. छोड़ दे
67. दोस्ती के क़ाबिल
68. रूई
69. वजूद का सामान और जान व तन
70. अहम
71. दिल
72 संगीत की इस वृत्ति को सूफ़ियों ने भी स्वीकार किया है। भारत में संगीत की परम्परा अत्यधिक प्राचीन है। राग से तात्पर्य है रंग देना अथवा भाव को जगाना। सरस्वती

अथवा नारद की वीणा या कृष्ण की बांसुरी वास्तव में लक्षणा रूप हैं, अर्थात ऐश्वर्य उपासना के अनन्त गीत, जो भौतिक दोषों से युक्त मानवीय आत्मा को अपने उद्‌गम-स्थल की ओर लौट जाने का संदेश देते हैं। विष्णु पुराण में आया है कि संगीत, ब्रह्म का वह रूप है जो सुर और ताल में ढल कर हमारे सामने आता है। भारत में संगीत हज़ारों साल से सौन्दर्य की एक आध्यात्मिक परम्परा के रूप में प्रचलित रहा है जो भाव तथा अन्त:प्रज्ञा के सामन्जस्य से आध्यात्मिक यथार्थ की ओर जाने की राहों को खोल देता है। भारतीय परम्परा में भजन कीर्तन आदि शताब्दियों से उपासना का अंग रहे हैं। केवल इतना ही नहीं अपितु उपासना की कोई भी पद्धति, भारत में भजन कीर्तन के बिना सम्भव ही नहीं है। इस्लाम में मधुर स्वर-ध्वनियों से तो सहायता ली जाती रही है परन्तु वाद्य यन्त्रों को उपासना में शामिल नहीं किया गया है, सूफ़ियों में आध्यात्मिकता को जगाने के लिए 'समाअ' (क़व्वाली) चाहे वह स्वर लहरियों वाली हो चाहे वाद्य-यन्त्रों अर्थात 'चंग' और रुबाब, दफ़ और नै (बाँसुरी) वाली हो इन सबकी एक परम्परा रही है। अगरचे मूलत: भावोद्रेक के लिए संगीत से सहायता लेना इस्लामी धारणाओं के विरुद्ध है। अतएव 'समाअ' की शरई मान्यता एवं निषेध पर सूफ़ी दार्शनिकों और ग़ैर सूफ़ी उलेमा (विद्वानों) ने बहुत बहसें की हैं। कुछ सूफ़ी केवल सुर सम्बन्धी समाअ को स्वीकृति देते थे और कुछ वाद्य-यन्त्रों सहित प्रस्तुत किये जाने वाले समाअ में भी कोई बुराई नहीं समझते थे; क्योंकि इससे आध्यात्मिक भावनाएँ उत्पन्न करने में मदद मिलती है। हिन्दुस्तानी मानस, भावुक होने के कारण, संगीत से गहरा असर लेता है अतएव हिन्दुस्तान के सूफ़ियों में संगीत ने अत्यधिक रिवाज पाया। चिश्तिया सिलसिले के सूफ़ी सन्तों में अधिकतर, समाअ को जायज़ समझते थे; और आम ख़ानक़ाहों और तकियों में गर्मी-ए-महफ़िल का सबसे बड़ा कारण यही वादय-यन्त्र एवं क़व्वालियों की महफ़िलें होती थीं। हिन्दुस्तान के सूफ़ियों में से प्राय: ख़ुद भी संगीत-कला में माहिर हुए हैं। उर्दू शाइरों में से भी कई संगीत से गहरा सम्बन्ध रखते थे; और समाअ को निषिद्ध या हराम नहीं समझते थे। इस बारे में बहस को बहुत फ़ैलाया गया है, तथापि यह सत्य है कि क़व्वाली का चलन अरब और ईरान में नहीं था अपितु यह ख़ास हिन्दुस्तान की चीज़ है और सूफ़ी मुसलमानों में इसका चलन हुआ।

शेख़ बहाउद्दीन 'बाजन' (मृत्यु 1506 ई.) दकन के प्रसिद्ध सूफ़ी सन्तों में थे। संगीत में निष्णात थे। 'बाजन' उपनाम था (सम्भवत: संगीत में गहरी रुचि के कारण) उनके इस दोहरे से, जो 'उर्दू-ए-क़दीम' (पृष्ठ 46) में मिलता है, उस ज़माने के समाअ से सम्बन्धित सूफ़ियाना प्रवृत्तियों पर प्रकाश पड़ता है। वह दोहरा यह है :

यूँ बाजन बाजे रे असरार छाजे
मंडल मन में धमके रबाब रंग में झमके
सूफ़ी उन पर ठुमके
यूँ बाजन बाजे रे असरार छाजे

अब्दुल वली 'उज़लत' (वली के समकालीन) अपने ज़माने के संत माने जाते थे। उनकी पुस्तकों में एक पुस्तक 'रागमाला' भारतीय राग-रागिनियों के बारे में है जिसकी पांडुलिपि, इंडिया आफ़िस में सुरक्षित है। इब्राहीम आदिल शाह द्वितीय की पुस्तक

'नौरस' हिन्दुस्तानी संगीत पर अत्यधिक महत्त्वपूर्ण रचना मानी जाती है। डॉ. नज़ीर अहमद ने इसको सम्पादित करके प्रकाशित कर दिया है। ज़हूरी ने इसी पुस्तक के लिए वह महत्त्वपूर्ण भूमिका लिखी थी जो 'सह-नस्रे-ज़हूरी' के नाम से मशहूर है।

दकन में मशहूर शाइर क़ाज़ी महमूद 'बहरी' (उपनाम) की मसनवी 'बंगाब नामा' का दसवाँ जाम (दशम सर्ग) नग़मे की तारीफ़ में है। मसनवी 'मन लगन' में भी 'नग़मा और उसका असर' एक पृथक सर्ग है। बहरी के ये शेर मुलाहिज़ा हों :

जिन राग को दोस्त कर लिया है
तू बूझ ओ बेशक औलिया है
यो राग आ आग ही जलाये
यो राग ने बाग फाड़ खाये
इस राग सूँ जोश दर्द को है
होर ऊंछ ख़ारोश मर्द को है

ख़्वाजा मीर 'दर्द' के बारे में शाह अब्दुल अज़ीज़ का जो लतीफ़ा 'आबे-हयात' में उद्धत किया गया है, उससे ज्ञात होता है कि सूफ़ियाना महफ़िलों में वाद्य-यन्त्रों एवं संगीत का महत्त्व कितना बढ़ चुका था। 'दर्द' ख़ुद संगीत में अच्छी महारत रखते थे। 'आज़ाद' ने 'आबेहयात' में लिखा है कि बड़े-बड़े बाकमाल गवैये अपनी चीज़ें त्रुटि-शुद्धि के लिये उन्हें सुनाया करते थे। उनके यहाँ नियम था कि हर महीने की दूसरी और 24 को शहर के बड़े-बड़े कलावन्त, डोम, गवैय्ये और साहिबे कमाल कलाकार एकत्र होते थे और आध्यात्मिक चीज़ें गाते थे। उन्हीं का शेर है :

ऐ दर्द! इस जहान में आकर सदाये-ग़ैब
बे पर्दा होवे जिससे वो पर्दा है साज़ का

संगीत का शौक़ मीर 'असर' को भी था। रासिख़ अज़ीमाबादी की अधिसंख्य ग़ज़लें, संगीत से प्रभावित होकर कही गयी हैं। इस सिलसिले में 'आतिश' का ये शेर भी देखिए :

सूफ़ियों को वज्द में लाता है नग़मा साज़ का
शुब्हा हो जाता है पर्दे से तेरी आवाज़ का

ग़ालिब कहते हैं :

जाँ क्यूँ निकलने लगती है तन से दमे-समाअ
गर वो सदा समाई है चंगो-रबाब में

इसलिए कि आत्मा, प्रिय की ध्वनि का आकर्षण महसूस करती है और इधर से अलग होकर उधर मिल जाना चाहती है।

'समाअ' के बारे में हसरत मोहानी अपना दृष्टिकोण स्पष्ट करते हुए लिखते हैं, ''मेरे नज़दीक समाअ जायज़ है बल्कि सूफ़ी के लिए ज़रूरी, क्योंकि सैद्धान्तिक तर्कों से पृथक करके भी देखिए तो जिस क्रिया से आत्मा में जोश और दिल में ज़ौक़ो शौक़ पैदा हो उसे नाजायज़ घोषित करना किसी तरह इन्साफ़ नहीं है।'' (उर्दूए-मुअल्ला, 1904 जिल्द 2, पृष्ठ 25) अपने इसी दृष्टिकोण को उन्होंने एक मुसलसल ग़ज़ल में भी प्रस्तुत किया है :

आशिक़ाने-तरानाहाय-जमील
हैं जलालो-कमाले-अहले-समाअ
अहले-दिल का है एक ही मसलक
मसलके बेमिसाले-अहले-समाअ
कुश्तए-इश्क़ है हर इक उन में
रहमते-हक़ बहाले-अहले-समाअ
उनसे जो कुछ है सब मोहब्बत है
हाल हो या कि क़ाले-अहले-समाअ
ज़ाहिदों के पड़ेगा सर हसरत
इक न इक दिन वबाले-अहले-समाअ

73. इश्क़ की हैरानी

पंचम अध्याय

उर्दू ग़ज़ल का कलात्मक पक्ष

उर्दू ग़ज़ल का तहज़ीबी अध्ययन करते हुए अब तक यह दिखाने का प्रयास किया गया है कि इसके मूलभूत तसव्वुरात किस हद तक हिन्दुस्तानी मानस और मिज़ाज से हम आहंग हैं। जहाँ तक रूप सम्बन्धी ढाँचे का ताल्लुक़ है उसे फ़ारसी से ज्यों का त्यों लिया गया; और उसमें कोई बड़ा परिवर्तन नहीं हुआ। परन्तु स्थानीय प्रभावों को उस ने भी किसी हद तक स्वीकार[1] किया है। स्थानीय प्रभावों की क्रियाशीलता, पौराणिक एवं ऐतिहासिक चरित्रों, कहावतों, लोकोक्तियों, मुहावरों में विशेष रूप से, और उपमाओं और रूपकों में भी कहीं-कहीं देखी जा सकती है। यद्‌यपि अधिकतर उपमाओं वग़ैरह को ईरानी सरमाए से लिया गया। सब से पहले हम पौराणिक चरित्रों आदि को लेते हैं।

हिन्दुस्तानी तलमीहात

पौराणिक एवं ऐतिहासिक चरित्र (तलमीहात) अथवा मिथक अतीत की उन परम्पराओं का हिस्सा हैं जिनके अर्थ, हमारी समाजी सामूहिक समृति में अच्छी तरह रच बस गये हैं। शब्दों और पारिभाषिक शब्दों की तरह, यह भी भाषा का ज़रूरी अंश हैं। पौराणिक चरित्र, अधिकतर मिथकीय क़िस्से कहानियों, धार्मिक, ऐतिहासिक और अर्द्ध ऐतिहासिक घटनाओं, लोक परम्पराओं और काव्यों, महाकाव्यों, क्लासिकी अथवा प्राचीन नाटकों इत्यादि के खज़ाने से आते हैं इनका प्रयोग इंगित, लक्षण अथवा प्रतीक जैसा होता है। जिनकी सहायता से एक सम्पूर्ण घटना या सम्पूर्ण दृश्य, आँखों के सामने आ जाता है। इस दृष्टि से ये अलंकारशास्त्र के प्राणस्वरूप हैं। कम से कम शब्दों में अधिक से अधिक अर्थ अदा करने की जैसी क्षमता मिथकों में है; शब्दों की दूसरी किस्मों में नहीं होती है। उनकी यह अर्थवत्ता हमें पुनरावृत्ति और एकरूपता से बचाती है और भाषा तथा वर्णन का स्वाद एवं प्रभाव बढ़ा देती है। इनसे किसी विशेष भाषा के बोलने वालों के धार्मिक विश्वास, सांस्कृतिक मान्यताएँ, रीति रिवाज, परिस्थितियों एवं घटनाओं पर प्रकाश पड़ता है और उनकी सभ्यता के

क्रमिक विकास का दृश्य भी देखा जा सकता है।

मुसलमान जब शुरू-शुरू में उत्तरी भारत में आये तो विजेता जाति के रूप में उन्होंने अपनी जातीय श्रेष्ठता के भाव में हिन्दुस्तानी चीज़ों को अधिकतर मुँह नहीं लगाया था। शनैः शनैः यह दूरी तो शेष नहीं रही लेकिन कविता एवं साहित्य में पुरानी मान्यताएँ स्थापित होकर रह गयीं और बाद में उनका अनुसरण उर्दू में भी होता रहा। इस अनुसरण में मुसलमान और हिन्दू दोनों शरीक थे।

लेकिन कुछ मुद्दत के बाद स्थानीय प्रभावों के अन्तर्गत उर्दू कविता में कहीं-कहीं भारतीय मिथकों का वर्णन भी जगह पाने लगा। पहले यह दकनी शाइरी में पर्याप्त लोकप्रिय हुए; लेकिन बाद में देहलवी काल की ग़ज़ल में ईरानी प्रभावों के अधिक्य के कारण यह रंग कुछ विलीन सा हो गया। और फिर एक डेढ़ शताब्दी के बाद लखनवी शाइरी में इनकी झलक फिर साफ़-तौर पर दिखायी देने लगी। यह सुसंगत है कि उर्दू शाइरों ने भारतीय देवमाला को बहुत कम मुँह लगाया और वह भारतीय मिथकों का वर्णन ऐसी सहजता और विश्वास से नहीं करते जैसा कि अरबी अथवा ईरानी मिथकों का करते हैं। लेकिन यह भी सत्य है कि उर्दू ग़ज़ल इस सिलसिले में भारतीय प्रभावों से बिल्कुल ख़ाली भी नहीं। इसने जिस हद तक हो सका है स्थानीय मिथकों को स्वीकार किया और इसके स्पष्ट उदाहरण मिल जाते हैं।[2]

इस अध्याय में हम ग़ज़ल के अशआर की रौशनी में केवल उन भारतीय मिथकों पर विचार विमर्श करेंगे जो सामान्यतः प्रयुक्त होते रहे हैं। ऐसे मिथक दो भागों में विभक्त किये जा सकते हैं:-

(अ) साहित्यिक मिथक :- यह भारतीय देवमाला, हिन्दू धार्मिक परम्पराओं, विश्वासों, लोक कथाओं और कहानियों से लिये गये हैं।

(ब) लोक मिथक :- यह वह हिन्दुस्तानी कहावतें, लोकोक्तियाँ और मुहावरे हैं जो जनसधारण की बोल-चाल में प्रचलित हैं, और स्थानीय रिश्तों से उर्दू में आये।

साहित्यिक मिथक

श्री रामचन्द्र

वली

तब का मुश्ताक़ जी है लखमन सूँ
किशन सूँ जब कि रामरामी है।

वली

गरचे लछमन तेरा है राम वले
ऐ सनम! तू किसी का राम नहीं

सिराज

नैन रावन हैं अर्जुन बाल
पलकें, भँवें, धनक भीम की

नज़ीर अकबराबादी

अपने तो कोई हर्गिज़ आया न काम दाता
सच है 'नज़ीर' आख़िर अजगर के राम दाता

ज़ाहिर है इन अशआर में 'राम' अथवा 'रामचन्द्र' से तात्पर्य श्री रामचन्द्र हैं। उन्हें विष्णु का सातवां अवतार माना गया है। यह अयोध्या के राजा दशरथ के सबसे बड़े बेटे और उत्तराधिकारी थे। अत्यन्त रूपवान, युद्ध विद्या में निपुण, धनुर्विद्या एवं धुड़सवारी में दक्ष थे। राजा जनक की पुत्री सीता को उन्होंने शिव जी (परशुराम के आराध्य)[3] का धनुष तोड़ कर प्राप्त किया। राजा दशरथ अपने जीवन ही में रामचन्द्र का राज्याभिषेक कर देना चाहते थे, लेकिन सौतेली माँ के षड्यन्त्र से उन्हें चौदह वर्ष का वनवास लेना पड़ा। उनकी जीवन संगिनी सीता जी और अनुज लक्ष्मण उनके साथ जंगलों में वनवास को गये। इस अवधि के 13 वर्ष तो सुख-शांति से बीत गये। चौदहवें वर्ष में लंका के राजा रावण ने सीता जी का अपहरण किया, परिणामस्वरूप रामचन्द्र जी और रावण में युद्ध हुआ जिसमें रावण मारा गया।

चौदह वर्ष की अवधि समाप्त होने के बाद रामचन्द्र, लक्ष्मण और सीता जी के साथ अयोध्या वापस आये। इस अवधि में राजा दशरथ की मृत्यु हो चुकी थी। रामचन्द्र अयोध्या के राजा बने और न्याय प्रियता का ऐसा मापदंड स्थापित किया कि आज तक लोग 'रामराज्य' का गुणगान करते हैं।

रामचन्द्र जी के जीवन की समस्त घटनाओं का वर्णन, वाल्मीकि ने प्रसिद्ध धार्मिक पुस्तक रामायण में किया है। यह घटनाएँ किस सीमा तक ऐतिहासिक हैं, इस बारे में कुछ कहना कठिन है। शताब्दियों की धार्मिक परम्परायें वैसे भी कुछ न कुछ बदल जाती हैं; तथापि इतना स्पष्ट है कि रामचन्द्र जी का चरित्र प्रस्तुत करने से ऋषियों का उद्देश्य भारतीय आत्मा की नैतिक शक्तियों को स्थापित करना था। रामचन्द्र जी आज्ञाकारी, सदाचार, कर्तव्य-पालन, करुणा और सामाजिक न्याय जैसे गुणों के प्रतिरूप माने जाते हैं। उनकी वीरता और साहस भी आदर्शनीय स्थान रखते हैं। सत्यवादिता, सच्चाई और प्रतिज्ञा पालन में भी वह अद्वितीय हैं। विष्णु के इस अवतार से बुरी शक्तियों का समूल विनाश और अच्छाई एवं नेकी की शक्तियों की उन्नति हुई। राम के मनोरम और विराट व्यक्तित्व में 'शोला व शबनम' अर्थात कठोरता एवं कोमलता के समस्त गुण एकत्रित हो गये हैं।

उर्दू अशआर में राम का वर्णन, शाब्दिक लक्षणा और मुहावरों का आनन्द रखता है कुछ उदाहरण नीचे अंकित हैं। राम कहानी सुनना/सुनाना उर्दू में आम तौर पर

प्रचलित है पीड़ा और दु:ख/व्यथा अथवा विपत्ति की लम्बी कहानी के अर्थ में। राम-राम कहना (ख़ुदा ख़ुदा करना, शरण माँगना, परस्पर सलाम करना) राम दुहाई, रामरस, रामलीला, राम करना (अधीन करना) राम भजन, राम करे, राम की माया, रामनवमी, रामायण, यह सभी शब्द राम से सम्बन्धित हैं, जो उर्दू में पूरी तरह प्रयुक्त हैं :-

मीर

फ़ुर्सते-ख़्वाब नहीं ज़िक्रे-बुताँ में हम को
रात दिन राम कहानी सी कहा करते हैं

ज़ुर्रत

दर्दे-दिल उस बुते-बेदाद से कहिए तो कहे
जा के ये रामकहानी तू सुना और कहीं

आफ़ताबुद्दौला 'क़लक़'

ज़ाहिदों को इमाम कहने लगे
बिरहमन राम-राम कहने लगे

हाली

तू ने दिले ज़िन्दा जब से हम को छोड़ा
हम ने भी तेरी रामकहानी छोड़ी

हनुमान

हनुमान को रामायण में राजा सुग्रीव की वानरों और रीछों की सेना का सेनापति बताया गया है। यह वायु पुत्र हैं। अत्यधिक साहसी, वीर, वृहत शरीर धारी, शक्तिशाली और अनथक यात्रा करने वाले, रंग दहकते हुए ताम्बे की तरह लाल, और ऊँचाई पहाड़ के समान है। यह पग पग पर रावण के विरुद्ध रामचन्द्र जी की सहायता करते हैं। सीता जी को खोजने में सबसे पहले यही सफल होते हैं। रामचन्द्र जी का सन्देश और अंगूठी सीता जी तक पहुँचाते हैं। ये ही लंका को आग लगाते हैं और सेना को समुद्र पार ले जाने के लिए किंवदन्ति कन्याकुमारी से लंका तक पुल बनवाते हैं। युद्ध के बीच में जब लक्ष्मण को घाव लगता है तो हनुमान ही लंका से उड़कर हिमालय पर्वत जाते हैं और वहाँ से ऐसी बूटी लाते हैं जिससे लक्ष्मण स्वस्थ हो जाते हैं। तात्पर्य यह कि रामायण में हनुमान कर्त्तव्यपरायण और आज्ञाकारी साथी का आर्दश चरित्र बन कर सामने आते हैं।

भारतीय मिथकों में केवल दो देवता ऐसे विशेष हैं जो आर्यों से पहले की प्रकृति पूजा की याद दिलाते हैं। एक गणेश और दूसरा हनुमान। गणेश की आकृति हाथी की है और हनुमान की वानर की। दोनों, हिन्दू देवताओं के समूह में बड़ा ऊँचा

स्थान रखते हैं; और आज तक लोकप्रिय हैं। रामायण में जब हम हनुमान को रामचन्द्र के क़दमों पर झुका देखते हैं तो प्रतीत होता है कि जैसे स्थानीय विश्वास, आर्यों के नये धार्मिक सिद्धातों के आगे नतमस्तक हो कर एक नए मेलजोल को राह दे रहे हैं।

हनुमान शक्ति और बल के प्रतीक हैं। जनसाधारण में यह महाबली के नाम से प्रसिद्ध हैं। मंगल, हनुमान की पूजा का विशेष दिन समझा जाता है। हनुमान की मूर्तियाँ मन्दिरों में जगह-जगह पाई जाती हैं और अति-लोकप्रिय हैं। 'इन्शा' के इस शेर में शब्द 'महाबली' (हनुमान) को सामर्थ्य एवं अधिकार के रूपक के तौर पर बरता गया है।

क्यूँ कर क़दम न लूँ मैं, जाकर भरूँ न चौकी
रखिए जो आसरा तो ऐसे महाबली का

रावण

रावण को लंका के अत्याचारी एवं निरंकुश राजा के तौर पर दिखाया जाता है। भारी डील डौल, अत्यंत भयानक और आतंकमय, उसके बीस हाथ और दस सिर बताये जाते हैं। ऊँचाई मीनार की तरह, जब यह चलता तो ज़मीन काँपती, पहाड़ लरज़ते और हाथी सहम जाते थे। बड़े-बड़े देवता उसके अधीन और आज्ञापालक थे। धन का देवता कुबेर उसका कोषाध्यक्ष था। पानी का देवता वरुण उसका भिश्ती, हवा का देवता वायु उसका आज्ञाकारी, और आग का देवता अग्नि उसका रसोइया था। उसके महल सोने के थे, जिसके कारण 'सोने की लंका' आज तक प्रसिद्ध है। धन एवं अधिकार के नशे ने रावण को निर्दयी, अत्याचारी, अभिमानी और उच्छृंखल बना दिया था।

रावण की बहन सूर्पणखा ने एक दिन दैव योग से रामचन्द्र जी को देख लिया जब कि वह बनवास के दिन व्यतीत कर रहे थे। वह उनके प्रेमपाश में बन्ध गयी। लक्ष्मण को यह बात बुरी लगी और उसने रामचन्द्र जी के इशारे पर सूर्पणखा के नाक कान काट दिये। सूर्पणखा जली भुनी अपने भाई रावण के पास आयी और उसे रामचन्द्र जी के विरुद्ध भड़काया। इसके साथ-साथ उसने सीता जी के सौन्दर्य का चित्र कुछ इस प्रकार से खींचा कि रावण व्यथित हो उठा। स्थिति यहाँ तक पहुँची कि रावण ने धोखे और फ़रेब का जाल फैलाया और एक दिन रामचन्द्र जी की अनुपस्थिति में सीता जी को जंगल से उठा ले गया। इस प्रकार रावण ने अपनी मुसीबत ख़ुद मोल ले ली।

रामचन्द्र जी ने सीता जी को रावण की क़ैद से छुड़ाने के लिए लंका पर चढ़ाई की। यह युद्ध रामायण का केन्द्रीय विषय है। रामायण में रावण बुराई और रामचन्द्र जी अच्छाइयों, नेकी के प्रतीक हैं। अन्ततः अच्छाई का बोलबाला हुआ। रावण मारा

गया और सोने की लंका जल कर राख का ढेर हो गयी।

नीचे के शेरों में 'जोशिश' ने रावण के दस सिरों की ओर और 'मीर' ने 'आतिश-ए-इश्क़' में रावण के दर्दनाक अन्त की ओर इशारा किया है; जबकि 'रंगीन' ने "लंका से जो भी निकलता है बावन गज़ का" से लाभ उठाया है और 'जान साहब' ने रावण की जादूगरनियों को याद किया है। शेर देखिए :-

मीर

आतिशे-इश्क़ ने रावण को जला कर मारा
गर्चे लंका सा था उस देव का घर पानी में

जोशिश

वो ख़सम दें कि जो दस सिर का होवे जूँ रावन

रंगीन

है ये घर लंका, यहाँ है कौन बावन गज़ से कम
एक से एक आह बंदी की सहेली क़हर है

जान साहब

नाम क्या लंका में करती सामरी से मैं सिवा
मुझ सी जादूगरनियाँ होतीं अगर रावन के साथ

सौदा ने एक शेर में रावण की पराजय की ओर इशारा किया है, जबकि नज़ीर अकबराबादी ने पूरी देव माला बखानी है।

सौदा

देख मैदाँ में तुझ को रोज़ ब रोज़
मुँह पे रावन के फूल जाये बसन्त

नज़ीर अकबराबादी

हैं कहीं राम और कहीं लक्ष्मन
कहीं कछ मछ है और कहीं रावन

'फ़िराक़' ने अपने शेर में 'सीता के हरणे' और 'राम के बनबास' को अस्तित्व सम्बन्धी आतंक के विस्तृत अर्थ में प्रयुक्त किया है:

हर लिया है किसी ने सीता को
ज़िन्दगी है कि राम का बनबास

सुनहिरण

'यक़ीन' का एक शेर है -

ख़ुश आती कब है ऐसी ज़िन्दगी मुझ को यक़ीं लेकिन
मेरे इस दाम में फँसने का है वो सुनहिरन बाइस

यहाँ 'सुनहिरण' से तात्पर्य धोखे और फ़रेब का वो सुनहरा हिरण है जिसके

कारण रावण, सीता जी को बलपूर्वक उठा ले जाने में कामयाब हुआ था। मूल कथा यह है कि मारीच, रावण का एक कर्तव्यपालक, राक्षस था। सीता जी को उठा लाने के लिए रावण ने उसे जादू के बल से एक सुन्दर हिरण के रूप में परिवर्तित कर दिया और रामचन्द्र की के झोंपड़े के निकट उसे धूमने-फिरने के लिए छोड़ दिया। उस हिरण का रंग सोने जैसा था। सींग हीरे के, चेहरा मणि का और कान कमल के फूल मालूम होते थे। शरीर सूरज की किरणों का और इन्द्रधनुष के रंगों की तरह नयनाभिराम दिखाई देता था। सीता जी ने जैसे ही उस हिरण को देखा उसे जीवित अथवा मृत्य प्राप्त करने की इच्छा में व्यथित हो उठीं। रामचन्द्र जी को भी हिरण पसन्द आया और वह लक्ष्मण को सीता जी के पास रहने का निर्देश देकर स्वयं झोंपड़े से निकल गये।

हिरण छल एवं चमत्कार का रूप था, रामचन्द्र जी जितना उसका पीछा करते वह दूर होता जाता। कभी वह छलांगे मारता हुआ निकट आता और फिर पलक झपकते ही ओझल हो जाता। इस प्रयास में रामचन्द्र जी अपनी कुटिया से बहुत दूर निकल गये और थक कर एक पेड़ की छाँव में आराम करने लगे। अभी वे बैठे ही थे कि सुनहिरण पुनः प्रकट हुआ। इस बार रामचन्द्र जी ने ताक कर ऐसा वाण मारा कि हिरण ढेर हो गया। वाण लगते ही राक्षस मारीच अपने मूल रूप में प्रकट हुआ। छल का भेद खुल गया, लेकिन तुरन्त ही उसने एक और चाल चली और रामचन्द्र जी की आवाज़ से मिलती जुलती आवाज़ में ज़ोर-ज़ोर से 'हाय सीता'! 'हाय लक्ष्मण!' पुकारना आरंभ किया। सीता जी ये आवाज़ें सुन कर बहुत घबराईं और समझीं, हो न हो रामचन्द्र जी ही पर कोई विपत्ति आ पड़ी है। अतएव, लक्ष्मण को उनकी ख़बर लाने के लिए कहा। लक्ष्मण, सीता जी को अकेला छोड़ कर जाने को तैयार नहीं थे; लेकिन जब सीता जी कुपित होकर, कायरता और साहसहीनता का ताना देने लगीं तो लक्ष्मण को जाते ही बनी। उधर रावण अवसर की ताक में था। सीता जी को अकेला पाते ही उन्हें वह ज़बरदस्ती उठा ले जाने में सफल हो गया।

कृष्ण, राधा और गोपियाँ

इंशा

सांवले तन पे ग़ज़ब धज है बसन्ती शाल की
जी में है कह बैठिए अब जै कन्हैया लाल की
है ख़ाल[4] यूँ तुम्हारे चाहे-जक़न[5] के अन्दर
जस रूप हो कन्हैया आबे-जमन के अन्दर

वज़ीर

हुआ धूप में भी न कम हुस्ने-यार
कन्हैया बना वो जो संवला गया

जान साहब

तिल नहीं माँग में ज़नाख़ी[6] के
ये कन्हैया खड़ा है गोकुल में

अमानत

सांवले तन पे क़बा है जो तेरे भारी है
लाला कहता है चमन में कि ये गिरधारी है

नत्थन लाल 'बहजत'

काम है नन्दपिसर से 'बहजत'
और मख़लूक़ को क्या करते हैं

———

हम अज़ल से तालिबे दीदार 'बहजत' हैं भला
किस तरह होवे बिना देखे बुत-गोकुल के कल

ज़ाहिर है इन अशआर में कन्हैया या गिरधारी से तात्पर्य श्री कृष्ण हैं, जो विष्णु के आठवें अवतार माने गये हैं। हिन्दू अवतारों के समूह में श्रीकृष्ण, सामान्यत: अपने श्रृंगारिक चरित्र, साँवलेपन और बन्शी की धुन से पहचाने जाते हैं। ऊपर जो शेर पेश किये गये हैं उनमें श्रीकृष्ण के व्यक्तित्व के ये पहलू विशेष तौर पर उन्मुक्त हैं।

श्रीकृष्ण, वासुदेव एवं देवकी के पुत्र थे जिनका सम्बन्ध मथुरा के चन्द्रवंशी शासक से था; परन्तु उस युग में चन्द्रवंशियों की किसी त्रुटि के कारण, मथुरा का राज्य एक राक्षस कन्स के हाथ में आ गया। कन्स अत्यन्त निर्दयी और क्रूर संगदिल राजा था। प्रजा उससे अत्यधिक धृणा करती थी। कन्स के जुल्म व अत्याचार जब हद से बढ़ने लगे तो विद्वानों ने भविष्यवाणी की कि वासुदेव का आठवाँ पुत्र कन्स का नाश करेगा और मथुरा को उसके अत्याचारों से मुक्ति दिलायेगा।

कन्स ने जब यह ख़बर सुनी तो पूर्व योजना अनुसार वासुदेव और देवकी को कारागार में डाल दिया और सात वर्षों तक उन दोनों की जितनी सन्तानें हुई उन्हें पैदा होते ही एक के बाद एक अपने सामने मरवा दिया। आठवें साल श्रीकृष्ण पैदा हुए। उनके पैदा होते ही क़ैद की ज़न्जीरे ढीली पड़ गयीं और पहरेदार सो गये। वासुदेव ने ईश्वर के इशारे को समझा और रातों रात यमुना पार करके गोकुल गये और वहां के एक चरवाहे नन्दलाल की पुत्री से जो उसी रात पैदा हुई थी बाल कृष्ण को बदल आये। दूसरे दिन कन्स ने उस बच्ची को वासुदेव की सन्तान समझ कर मरवा दिया लेकिन श्रीकृष्ण गोकुल में नन्द के घर पूर्ण रूप से सुरक्षित पलते रहे। बाद में कन्स को जब इसकी सूचना मिली तो उसने कृष्ण को मरवाने में कोई कसर नहीं छोड़ी, लेकिन वह सफल नहीं हुआ। श्रीकृष्ण ने बड़े होकर कन्स का विनाश किया और मथुरा में पुनः न्याय एवं शान्ति का युग शुरू हुआ।

श्रीकृष्ण का सम्बन्ध भी बुराई और अच्छाई के उसी निरन्तर संघर्ष से है जिसकी एक झलक रामचन्द्र जी के वर्णन में ऊपर देखी जा चुकी है। भगवान विष्णु को गुणकारी शक्तियों और नेकी की विजय एवं अभिवृद्धि के लिए विभिन्न अवतार ग्रहण करके बार-बार संसार में प्रकट होना पड़ता है, श्रीकृष्ण, विष्णु के आठवें अवतार स्वीकार किये जाते हैं।

श्रीकृष्ण का व्यक्तित्व बहुमुखी प्रतिभा से सम्पन्न माना जाता है। वह अवतार के रूप में संसार से अत्याचार को समाप्त करते हैं और न्याय तथा शान्ति का संदेश लाते हैं। तथापि महाभारत में उनका चरित्र एक दार्शनिक का है। वह अर्जुन के सारथी बनते हैं और ज्ञान अथवा निष्काम और कर्म की वह शिक्षा देते हैं, जो गीता के रूप में हम तक पहुँची है। उनका एक रूप श्रृंगारिक नायक का भी है। सिर पर मोर मुकुट सजाये, पीताम्बर पहने, बन्शी को होंठों से लगाये हुए वह यमुना के किनारे, गोपियों के साथ, रासलीला में रंग-विलास करते हुए और गायें चराते दिखायी पड़ते हैं।

श्रीकृष्ण के व्यक्तित्व का यह विकास इतिहास और संस्कृति की आवश्यकताओं के अर्न्तगत उत्तरोत्तर हुआ होगा। उपनिषदों में कृष्ण का वर्णन नाममात्र ही मिलता है जबकि महाभारत में वह एक केन्द्रीय चरित्र बन कर सामने आते हैं और कर्म योग की शिक्षा देते हैं। चार-छः शताब्दियों के बाद पुराणों में उनके व्यक्तित्व का श्रृंगारिक पक्ष महत्व प्राप्त करने लगता है। यहाँ वह भक्ति (योग) की ऐसी आस्था प्रस्तुत करते हैं जिसके लिये भारत की आत्मा एक युग से तड़प रही थी। आगे चल कर कृष्ण भक्ति को अत्यधिक बल मिला। जब से वैष्णवों ने श्रीकृष्ण को भक्ति का विषय बना लिया तो श्रीकृष्ण की लोकप्रियता में आश्चर्यजनक रूप से वृद्धि होती गई।

श्रीकृष्ण के सांवलेपन से सन्देह होता है कि यह आर्येतर, किसी द्रविड़ देवता का उन्नत रूप हैं। वास्तविकता यह है कि कृष्ण का अवतार और दार्शनिक की परिकल्पना, आर्यों के मानस का चमत्कार है; परन्तु पाँचवीं शताब्दी ईस्वी तक जब द्रविड़ों की बड़ी संख्या हिन्दू धर्म मे रच बस चुकी थी, शनैः शनैः उनकी मानसिक और आध्यात्मिक अपेक्षाओं का साथ देने के लिए कृष्ण के व्यक्तित्व को अत्यधिक विस्तृत और आकर्षित बनाने की आवश्यकता महसूस हुई। कृष्ण के सौन्दर्यात्मक और श्रृंगारिक पहलू का विकास इसी ज़माने की बात मालूम होती है। इस परिकल्पना का आधार सम्भवतः प्राचीन राजपूतों के एक स्थानीय देवता पर, जिसे वह अपने पशुओं और गायों का संरक्षक समझ कर पूजते थे, रखी गयी होगी। गोविन्द, गोपाल, गोवर्धन और गिरधारी के नाम श्रीकृष्ण के व्यक्तित्व के इसी पक्ष अर्थात गाय की पवित्रता और खेती-बाड़ी करने वालों की तहज़ीब में गाय के महत्त्व को स्पष्ट करते हैं। तात्पर्य यह कि इस प्रकार से कृष्ण के व्यक्तित्व में महत्त्व और पूर्व

आर्य तत्त्वों के समन्वित रूप को सुदृढ़ कर दिया गया। श्रीकृष्ण की शृंगारिक परिकल्पना की सहायता से हिन्दू धर्म ने बाद में बौद्ध मत को पराजित करने और उसके समक्ष अपनी लोकप्रियता बढ़ाने में भी बहुत काम लिया।

कृष्ण-भक्ति में गोपियाँ मानो सत्य की राह पर चलने वाली दीवानी हैं और उनके हृदय, सत्य की आभा के दर्शन के लिए व्यथित एवं व्यग्र हैं। कृष्ण की बन्सी आलौकिक-संगीत की ध्वनि है; जो दिलों को अपनी ओर खींचती है और उन्हें सांसारिक सम्बन्धों से निस्पृह कर देती है। कृष्ण चरम अस्तित्व या पूर्णात्मा हैं। राधा मानव-आत्मा अथवा अन्तर्रात्मा की पुकार है। यमुना का तट जिस पर प्रेम का खेल खेला जाता है, मनुष्य का हृदय है। यमुना, वृन्दावन और ब्रज की भौगोलिक स्थिति कुछ भी सही, परन्तु कृष्ण के उपासक ये आस्था रखते हैं कि प्रेम व भक्ति का स्रोत इन्सान का हृदय है और उसकी गहराईयों में यह खेल निरन्तर खेला जाता रहेगा।

कृष्ण-भक्ति के इस रंग और रास की झलक उर्दू ग़ज़ल में भी मिलती है। इस सिलसिले में मुहम्मद .कुली .कुतुब शाह के ये शेर इस स्तर के हैं कि इनकी गहराई में जाकर प्रेम-रस और आनन्द को महसूस किया जा सकता है।

क़ुली क़ुतुबशाह

सकी सनेह के निहालाँ फूल खिले हैं
कि बास आनन्द की जमुना थे आई

(हे सखी! प्रेम के फूलों में बहार आयी है और यमुना-तट उनकी सुगन्ध से महक रहा है)

गले हाथ दे खेले नारियाँ सूँ खेले
जिसूं खेले पिऊ ऊ सरफ़राज़ है

(रस रंग के इस वातावरण मे पिया जिसक गले में बाहें डाल दे वही सरफ़राज़ है)

पिया सूँ खेली नेह ऐ बालपन सूँ
तो रस रंग सूँ ऊ गुड़ भरया मुन्ज भावे

(मुझे पिया से छुटपन से ही प्रेम है। यह रन्गीला साँवला मुझे सदैव भाता है।)

वली

किशन की गोपियाँ की नईं है ये नस्ल
रहीं सब गोपियाँ वो नक़्ल ये अस्ल

सौदा

नहीं है घर कोई ऐसा जहाँ उस को न देखा हो
कन्हैया से नहीं कुछ कम सनम मेरा वो हरजाई

इन्शा

राधिका को चैन क्या आवे कन्हैया जी बग़ैर

इंशा

है नूरे-बसर[7] मर्दुमके-दीदा[8] मे पिनहाँ[9], यूँ जैसे कन्हैया
सो अश्क के क़तरों से पड़ा खेले है झुरमुट, और आँखों मे पनघट

शोर

गोपियों का क्यूँ न होवे कुंज गलियों मे हुजूम
कूचा बन्दी कर रही है बाँसुरी वाले की गूँज

नज़ीर अकबराबादी ने कृष्ण जी का जो बखान किया है और उनके विभिन्न रूपों और गुणों का जो वर्णन नज़ीर के यहाँ मिलता है तथा जिस प्रगल्भता और प्रमत्ता से वह कृष्ण का गुणगान करते हैं वह देखने से सम्बंध रखता है। लेकिन यह सब नज़्मों की विधा का हिस्सा है (ग़ज़ल का नहीं)। यहाँ नमूने के रूप में केवल दो-तीन उदाहरण दिये जाते हैं। यह सच्चाई है कि कृष्ण जी पर उर्दू में पर्याप्त साहित्य मिलता है। यहाँ सब का वर्णन करना सम्भव नहीं। उर्दू में कृष्ण जी के बहुत से गुणकारी नामों को बरता गया है; जैसे गोपाल, मनोहर, घनश्याम, मनमोहन, मुरारी, बिहारी, नवलकिशोर, मुरलीधर, कुन्जबिहारी, गोपीनाथ, नन्दलाल, बनवारी इत्यादि। नज़ीर अकबराबादी के ये बन्द देखिए :

मैं क्या-क्या वस्फ़ कहूँ यारो उस श्याम बरन अवतारी के
श्री किशन, कन्हैया, मुरलीधर, मनमोहन, कुन्ज बिहारी के
गोपाल, मनोहर, सांवलिया, घनश्याम, अटल बनवारी के
नन्दलाल, दुलारे, सुन्दर छब, ब्रजचन्द, मुकुट झलकारी के

———

सब मिल के यारो कृष्ण मुरारी की बोलो जै
गोविन्द, छैल, कुन्ज बिहारी की बोलो जै
वो चोर, गोपीनाथ, बिहारी की बोली जै
तुम भी 'नज़ीर' कृष्ण बिहारी की बोलो जै

———

मोहन की बान्सुरी के मैं क्या-क्या कहूँ जतन
लय उसकी मोहनी है तो धुन उसकी चितहरन
उस बान्सुरी का आन के जिस जा हुआ बचन
क्या जल, पवन, 'नज़ीर' पखेरू व क्या हिरन
सब सुनने वाले कह उठे जै जै हरी हरी
ऐसी बजायी कृष्ण कन्हैया ने बान्सुरी

———

'मोहसिन' काकोरवी के नातिया क़सीदे में भी कृष्ण जी और गोपियों की ओर इशारा है :-

देखिए होगा श्री कृष्ण का दर्शन क्यूँकर
सीनए-तन्ग में, दिल गोपियों का है बेकल

'असर' लखनवी का यह आनन्द-मय शेर भी देखिए :

पलकें घनेरी गोपियों की टोह लिये हुए
राधा के झांकने का झरोका ग़ज़ब ग़ज़ब

बहुत से सूफ़ी संत कृष्ण जी से श्रद्धा रखने वाले बताये जाते है। कृष्ण जी के भक्तों में 'हसरत' मोहानी का नाम विशेष रूप से लिया जाता है। उन्होंने ग़ज़लों के विभिन्न अशआर में कृष्ण जी का गुणगान किया है। ख़्वाजा हसन निज़ामी ने तो कृष्ण जी पर अलग से एक भरपूर किताब लिखी है।

कृष्ण की बान्सुरी, भारतीय काव्य एवं साहित्य में बहुगुणी मिसाल का दर्जा रखती है। उर्दू ग़ज़ल में उसकी गूंज देखिए :

वली

तेरे बिन रात दिन फिरतियाँ हूँ बन बन किशन के मानिन्द
अपस के मुख उपर रख कर निगाह की बाँसली अंखियाँ

———

न हो क्यूँ शोर दिल की बान्सुली में
मलाहत का सलोना कान पहुँचा

(केवल बान्सुली और कान ही मे सम्बन्ध नहीं है, शोर, लावण्य और सलोना की लक्षणाएँ भी सुन्दर हैं)

छुपा हूँ मैं सदाये-बान्सुली में
कि ता जांऊ परी-रू की गली में
तेरे ग़म में दिले सूराख़ सूराख़
किया पैदा सदाये -बान्सुली कूँ

———

इन्शा

जावे वो सनम बिरिज को तो आप कन्हैया
झट सामने हो मुरली की धुन नज़्र पकड़ कर

मोहसिन

ऐ सनम! तू वो कन्हैया है बलायें लूँ अगर
बान्सुली की तर्ह नालों हों सरापा ऊँगलियाँ

दाग़

सूरे–महशर[10] को भी अब तो उस के मस्त
बान्सुरी की भनक समझते हैं

महाभारत, भीम और अर्जुन

'इन्शा' का शेर है –

महाभारत के क़िस्सों के सिवा याँ और तो कुछ भी
नहीं हम पास साहब गिज़ाफ़ो लाफ़[11] का जोड़ा

महाभारत की कथाएँ भारत के काव्य एवं साहित्य में बहुत प्रसिद्ध रही हैं। महाभारत एक महान महाकाव्य है। संसार भर के महाकाव्यों में यह सबसे बड़ा महाकाव्य है। जैसा कि ज्ञात है कि इसका विषय कौरवों और पांडवों का युद्ध है जिसका समय एक हज़ार या पन्द्रह सौ वर्ष ईसा–पूर्व बताया जाता है। लेकिन इसके पूरी तरह ऐतिहासिक होने के बारे में कुछ नहीं कहा जा सकता। वर्तमान रूप में महाभारत के रचयिता ऋषि व्यास हैं।

महाभारत के चरित्रों में सबसे अधिक महत्वपूर्ण हैं, श्रीकृष्ण, भीष्म पितामह, विदुर, दुर्योधन, युधिष्ठिर, भीम, अर्जुन, तथा कर्ण। इनमें से हर व्यक्ति एक विशेष प्रकार के जीवन और दृष्टिकोण का अनुसरणकर्ता है।

भीम, पांडव भाइयों में युधिष्ठिर से छोटा और अर्जुन से बड़ा है। यह हवा के देवता वायु का पुत्र है। दीर्धकाय, शक्तिशाली और भयंकर मुखाकृति वाला है। उसका शरीर फ़ौलाद से भी अधिक सख़्त है और आवाज़ बादल की तरह गरजदार। मुक्का मार कर हाथियों का मुँह फेर देता है; और पेड़ों को जड़ से उखाड़ फेंकता है। गदा उस का प्रमुख अस्त्र है। यह प्रचंड प्रवृति, तीव्र स्वभाव और पाषाण हृदय है लेकिन माँ और भाइयों पर जान छिड़कता है और उनके आदेश को धर्म समझता है।

अर्जुन महाभारत के नायक का स्थान रखता है। यह इंद्र का पुत्र है। उसे अत्यधिक सुन्दर और प्रभावशाली नवयुवक दिखाया गया है। साहस, वीरता और शौर्य में उसके समान कोई नहीं। इसके साथ–साथ यह कोमल हृदय और कल्पालु भी है। धनुर्विद्या एवं वीरता में अनुपम है। धनुर्विद्या से सम्बन्धित उसकी कई कहानियाँ प्रसिद्ध हैं। इसी धनुर्विधा के कारण उसने द्रौपदी को स्वयंवर में जीत लिया।

उर्दू ग़ज़ल का कलात्मक पक्ष :: 263

अर्जुन की वीरता एवं शौर्य को बड़े–बड़े देवताओं ने मान्यता दी है और कुछ ने तो उसे अपने विशेष अस्त्र–शस्त्र भी प्रदान किये; जिनकी सहायता से उसने महाभारत के युद्ध में अनेक कीर्तिमान स्थापित किये।

अर्जुन ने महाभारत के युद्ध में विरोधी पक्ष में अपने ही बन्धु–बान्धवों और सम्बन्धियों को देख कर युद्ध करने से इन्कार कर दिया था; परन्तु श्रीकृष्ण ने, जो

इस अवसर पर अर्जुन के सारथी थे, अर्जुन को कर्त्तव्य-परायणता और कर्म योग का ऐसा पाठ पढ़ाया कि अर्जुन के समस्त सन्देह दूर हो गये और वह युद्ध के लिए तैयार हो गया। अन्ततः विजयीश्री पांडवों के हाथ लगी। विजय के उल्लास में पांडवों ने अश्वमेध यज्ञ का आयोजन किया। यज्ञ के घोड़े की सुरक्षा अर्जुन को सौंपी गयी। उसने यात्रा के मध्य में कई राजाओं को पराजित किया और इस कर्त्तव्य को वीरता और साहस से पूरा किया।

निम्नांकित अशआर में अर्जुन के वर्णन से उसकी धनुर्विद्या अथवा शक्ति एवं प्रतिभा और भीम के वर्णन से उसकी वीरता एवं शौर्य की ओर संकेत है :

वली

जोधा जगत के क्यूँ न डरें तुझ सूँ ऐ सनम
तरकश में तुझ नयन के हैं अर्जुन के बान आज

सिराज

नैन रावन हैं अर्जुन बाल
पलकें, भंवें, धनक भीम की

सौदा

तरकश अलैंड, सीना आलम का छान मारा
मिज़गां[12] ने तेरे प्यारे, अर्जुन का बान मारा

शादां (चन्दू लाल)

आँख यूँ बैठ के ज़ालिम पसे-चिलमन मारे
तीर जैसे कि सफ़े-जंग में अर्जुन मारे

जान साहब

एक-एक नुक़ते पे मुए लड़ते हैं मर्दवे
महफ़िल मुशाइरों की अखाड़ा है भीम का[13]

महादेव

इन्शा का शेर है -

महादेव उतरे जो कैलाश से अपनी जटा खोले
तो शायद बन सके उस जोग के बैराग का जोड़ा

महादेव, अपनी खुली जटाओं, साधु-प्रकृति और सांसारिकता से विमुख जीवन के लिए प्रसिद्ध हैं। यह भारतीय त्रिमूर्ती के तीसरे देवता हैं। शेष दो देवता ब्रह्मा और विष्णु हैं। ब्रह्मा, ब्रह्मांड के रचयिता हैं। विष्णु उसके प्रबन्धकर्त्ता एवं संरक्षक हैं, और महादेव उसके विनाशक एवं संहारक हैं। उन्हें शंकर, शिव एवं महेश के नामों से भी याद किया जाता है। उनके नेत्र विशाल और रक्ताभ हैं। भूत प्रेत आदि उनके साथ रहते हैं। उनकी सवारी बैल है। उनके शरीर से साँप लिपटें रहते हैं। उनका रंग गोरा,

लेकिन गरदन गहरी नीली है। किंवदन्ती है कि उन्होंने समुद्र-मन्थन से प्राप्त सारे विष को पी लिया था, अतः इस कारण वह 'नीलकंठ' भी कहे जाते हैं। उनकी आँखें दो हैं लेकिन जब वह क्रोधित होते हैं और पीड़ा में आते हैं तो तीसरे नेत्र की ज्वाला से हर वस्तु जल कर राख हो जाती है। उनका यह रूप निहायत भयानक और दहशतनाक योगी का सा है। साँपों से गुथी हुई लम्बी-लम्बी जटाएँ, मस्तक पर दूज का चाँद और शरीर पर शेर की खाल है। गले में खोपड़ियों की माला है। इस रूप में वह भूतों और प्रेतों के साथ निर्जन और सुनसान स्थलों में विनाश और शक्ति का तांडव नृत्य करते रहते हैं। इसीलिये उनको 'नटराज' भी कहा जाता है। उनका स्थाई निवास कैलाश पर्वत (हिमालय) बताया गया है।

राजा दक्ष की पुत्री उमा का महादेव जी के साथ अनन्त प्रेम है। प्रसिद्ध है कि यह अपने पति के विषय में अपने पिता की साधारण सी चूक पर नाराज़ होकर सती हो गयीं। इसके बाद वह हिमालय के घर में पार्वती के नाम से पैदा हुईं और वर्षों की तपस्या के पश्चात् महादेव जी को पा सकीं। महादेव जी की बारात सांसारिक एवं सांसारिकता से विमुख जीवन का अद्‌भुत दृश्य उपस्थित करती है। इसमें राजाओं, दरबारियों और देवताओं से लेकर जन-साधारण एवं समस्त प्राणियों यानि साँप, बिच्छु, बन्दर, बैल और जानवर इत्यादि तक सब सम्मिलत होते हैं। 'फ़िराक़' के इस शेर में शिव की बारात से प्रेम की निरन्तरता एवं सार्वभौमिकता को प्रकट किया गया है :

दुनिया-दुनिया इश्क़ की दुनिया
क़ाफ़िला है या शिव की बरात

गणेश

गणेश, शिव जी (महादेव) और पार्वती के पुत्र हैं। उनको बुद्धि और ख़ुशबख़्ती का देवता माना जाता है। इसलिए प्रत्येक काम करने से पूर्व गणेश जी का नाम लेना शुभ समझा जाता है; और प्रत्येक पुस्तक के प्रारम्भ में उनका नाम लिखा जाता है। किसी भी काम को शुरू करने से पहले गणेश जी का नाम लेना शुभ समझा जाता है। 'नज़ीर' अकबराबादी का शेर है:

पहले नाँव गनेश का लीजै सीस नवाय
जा से कारज सिध हों सदा महूरत लाय

गणेश चतुर्थी पर गणेश जी की प्रतिमाएँ बनाने की सामान्य परम्परा है। विशेषकर महाराष्ट्र में इसकी बहुत मान्यता है। गणेश का शरीर छोटा और मोटा है और पेट बड़ा दिखाया जाता है। सिर हाथी का और शरीर मनुष्य का है, जिससे सम्बन्धित एक अलग किंवदन्ती है। सौदा के इस शेर में गणेश की महिमा का इशारा है :-

बिरहमन उसको तो गनेश देवता बोले
कहें हैं शेख़ हुआ काबए-रवाँ तामीर

काली

पार्वती, उमा अथवा गौरी, जिनका वर्णन अभी महादेव जी के सन्दर्भ में आया है, बहुमुखी व्यक्तित्व की धनी हैं। उनके गुण-सगुण दोनों तरह के बताये जाते हैं; और दोनों पहलू समान रूप से सम्मानजनक और लोकप्रिय हैं। शक्ति के रूप को काली के नाम से अभिहित किया जाता है और इसकी महिमा और गुणगान विस्तृत रूप से पूरे भारत में बखान की जाती है।

काली वास्तव में शिव की संहारक शक्तियों को क्रियान्वित करती है। बलि को स्वीकार करना और भैरों को पैरों में कुचलना देवी का सामान्य दृश्य है। उनका रूप भयंकर और रंग काला है। दाँत डरावने और नेत्र दहकते हुए अन्गारे के समान लाल हैं। काली की जिह्वा और हाथों से ख़ून टपकता रहता है। गले में मुंड-माला है और कन्धों से लिपटे हुए साँप फुंकार मारते रहते हैं। उत्तर पूर्वी भारत और पर्वतीय क्षेत्रों में काली की पूजा अत्यधिक लोकप्रिय है। क्रोध की दशा में उन्हें दुर्गा, भवानी, माता, काली, महाकाली, शक्ति, देवी, चंडी और कालिका इत्यादि कई नामों से भी पुकारा जाता है, लेकिन इससे यह न समझा जाये कि इन नामों एवं रूपों की अधिकता से प्रभाव अथवा विश्वास की कल्पना में कोई विध्न पड़ता है। भारतीय मानस विभिन्नता में एकता तलाश कर लेने में अभ्यस्त है। यह विभिन्न देवता, एक अस्तित्व अर्थात ईश्वर के एक ही उद्गम एवं श्रोत के धारे हैं; और विभिन्न देवियाँ, उनकी शक्तियाँ हैं। सृजन और विनाश की शक्तियों के सहयोग और सान्निध्य से ही ब्रह्मांड का अस्तित्व क्रियाशील है। यही कारण है कि शिव और काली एक अस्तित्व के दो रूप कहे जाते हैं। कई जगह तो शिव को केवल एक प्रतीक, एक इंगित और एक चिह्न के बतौर दर्शाया गया है। उनकी संहार एवं विध्वंस की शक्तियों का प्राकट्य काली ही हैं।

काली के भयंकर रूप और उनके क्रोध के कृत्यों का वर्णन शैवों के पुराणों और तन्त्र-विद्या की पुस्तकों में विशद रूप से मिलता है। उर्दू शाइरों ने अधिकतर, काली के वाह्य गुणों को लिया है। वह काली के मिथक से सामान्यत: काला रंग और विध्वंसात्मक, शक्ति का अर्थ ग्रहण करते हैं और उससे कई जगह अत्यधिक रोचक उपमायें पैदा करते हैं। देखिए ये शेर :

वली

मह जबीं[14] पे लगाये क्यूँ टीका
माह में काम क्या है देवी का

वज़ीर

ज़ुल्फ़ को काली बला कहते हैं ग़ैर
हम बलायें जो लिया करते हैं

———

रुख़ को क़ुरआन कहे, ज़ुल्फ़े सियह को काली
मक्र से शैख़, तो हीले से बिरहमन देखे

अमानत

कर दिया हुस्ने-सनम ने सुर्ख़रू, पेशे-हुनूद[15]
देखी जब ज़ुल्फ़े-सियह, काली का दर्शन हो गया

बहर लखनवी

तुर्रये हुस्न, उस सनम के सर पे ज़ेबा हो गया
ज़ुल्फ़ काली बन गयी, जूड़ा कन्हैया हो गया

बसीर

अबरू को जान काबा मुसलमाँ पढ़ें नमाज़
काली के ध्यान में भी जपें हिन्दु नामे-ज़ुल्फ़

सोहबत

(बख़शिश अली, नासिख़ के शिष्य)

ज़ुल्फ़े पेचाँ ये, हवा से नहीं झोंके लेती
कालिका खेलती है, ऐ महे-ताबाँ सिर पर

मोहसिन

हलक़ए-गेसू में है जलवा, रूख़े-गुलरंग का
या लिये है कालिका फूलों की डाली हाथ में

———

इस्लाम वाले मुस्हफ़े-रूख पर निसार हैं
काली समझ के होते हैं हिन्दु फ़िदाए-.ज़ुल्फ़

———

कौन कहता है ये बालों का है जूड़ा सिर पे
बुते-काफ़िर ने है काली को उठाया सिर पर

देबी प्रसाद 'बश्शाश'

दानिस्ता[16] छेड़ करते हैं ज़ुल्फ़े दोता से हम
आफ़त को मोल लेते हैं काली बला से हम

———

हिन्दु का क्या धरम जो न हो मुब्तिलाये[17]-ज़ुल्फ़

काली बलायें ले जो तेरी देख पाये ज़ुल्फ़

अमीर

डर के मेरी शबे-जुदाई से
कालिका राम-राम करती है

———

साँवली देख के मूरत किसी मतवाली की
हूँ मुसलमान, मगर बोल उठूँ जै काली की

इन्द्र और इन्द्र का अखाड़ा

नासिख़

कुश्ती लड़ते हैं हसीं से पहलवाने-इश्क़ हैं
हमको नासिख़, राजा इन्दर का अखाड़ा चाहिए

अमीर

ईद का दिन है, परीज़ाद हैं सारे घर में
राजा इन्दर का अखाड़ा है हमारे घर में

बनवारी लाल 'शोला'

सर खोले हुए करती हैं परियाँ मेरा मातम
इन्दर का अखाड़ा है, ये बैतुल-हुज़्न[18] अपना

ख़तीर देहलवी[19] (दाग़ तथा अमीर के समकालीन)

ख़वाब में तेरे ख़याल आते हैं परियाँ बन कर
रंग इन्दर के अखाड़े का जमा देते हैं

इन्द्र वैदिक देवताओं में अत्यन्त ऊँचा स्थान रखता है। यह हवा, बिजली, पानी, बादल, स्वर्ग और अप्सराओं का मालिक है। इन्द्र को विशालकाय और शक्तिशाली बताया गया है। उसका रंग कुन्दन जैसा, बाहें विशाल और रथ चमकदार है। यह अधिक खाने वाला, आराम-पसन्द, और विलासी बताया गया है।

इन्द्र लोक, इन्द्र के स्वर्ग को कहते हैं। कहा जाता है कि संसार के सन्मार्गी और उत्तम चरित्र वाले लोगों को उनकी मृत्यु के बाद इन्द्रलोक में रहने की अनुमति दी जाती है। यह अप्सराओं सुन्दरियों के रहने का स्थान है। यहाँ फूल इस शान से खिलते हैं कि पग-पग पर इन्द्रधनुष की छटा दिखाई देती है। बीच में ठंडे और मीठे पानी की नहरें बहती हैं जिन पर दोनों ओर फलों और फूलों के पेड़ झुके रहते हैं। सुन्दर और रमणीय अप्सराएँ यक्षिणियाँ इधर से उधर नाचती, कूदती और अठखेलियाँ करती फिरती हैं।

ऊपर के अशआर में इंद्र के अखाड़े के मिथक से तात्पर्य सुन्दरियों का समूह है। ग़ालिब के प्रशस्ति सम्बन्धी अशआर जो उन्होंने नवाब यूसुफ़ अली खाँ की प्रशन्सा

में लिखे थे उनमें भी यह इन्गित उपलब्ध है –

राजा इन्दर का जो अखाड़ा है
है वो बालाए-सतहे-चर्ख़े-बरीं[20]
वो नज़रगाहे-अहले-वहमो[21]-ख़याल
ये ज़िया बख़्श[22]-चश्मे-अहले-यक़ीं[23]

ऊषा

ऊषा सूर्योदय के पूर्व क्षितिज पर फैली हुई अरुणिमा को कहते हैं। ऊषा का प्रथम वर्णन ऋग्वेद में मिलता है। यह रूप और यौवन की देवी है। आकाश उस का पिता और रात्रि उसकी बहन है। सूर्य उस का आशिक़ है और सदैव उसका पीछा करता रहता है। सूर्य के प्रकट होते ही यह झेंप जाती है और भाग निकलती है। परन्तु सांयकाल जैसे ही सूर्य छिप जाता है यह अपनी बहार दिखाने लगती है। यह हर दिन पैदा होती है और सदैव नयी रहती है। प्रातः काल, शर्मीली दुल्हन की तरह यह आकाश के पूर्वी कोने का घूँघट सरकाती हुई धीरे-धीरे प्रकट होती है, यहाँ तक कि उसके अधरों और कपोलों की अरुणिमा से सारा क्षितिज चमकने लगता है। नायिका सुलभ चेष्टाओं और रमणीयता के सारे रूप इस पर ख़त्म होते हैं। सुनहरे घोड़े के जगमगाते रथ में सवार होकर जब यह सैर को निकलती है तो मनुष्य, समस्त प्राणियों एवं पक्षियों को निद्रा से जगाती जाती है तथापि प्रमादी एवं आलसी को यह मुँह नहीं लगाती।

ऊषा, आर्य सृजनात्मक कल्पना की पैदावार है। पुराणों से उसका कोई सम्बन्ध नहीं। वेदों ने इसे सब देवताओं से अधिक सुन्दर माना है और उसके गुणों एवं सुन्दरता की जी खोलकर प्रशन्सा की है।

ऊषा के मिथक से फ़िराक ने क्या रसमय अभिव्यक्ति प्रस्तुत की है; देखिये :

ये सीना कि संगीत पिछले पहर का
वो चेहरा कि ऊषा पशेमाँ पशेमाँ

उर्वशी और रम्भा

मुहम्मद .कुली

प्रेम की रम्भा उर्वशी हँस हँस
कलियाँ नेह की सब खिलाते हैं

(रम्भा और उर्वशी की तरह मेरा महबूब भी इश्क़ के खेल में चतुर है और बात बात पर हुस्नों इश्क़ के फूल बिखेरता है)

फ़ाइज़ देहलवी

चेरी हैं उसकी उर्बसी, रम्भा व राधिका
प्रभू ने फिर बनायी नहीं वैसी दूसरी

रंभा और उर्वशी दोनों इन्द्रलोक की प्रसिद्ध अप्सराएँ हैं। उर्वशी का वर्णन वेदों में भी आया है। राजा विक्रम (पुरूरवा) से उसके प्रेम की कथा बहुत प्रसिद्ध है जिस पर कालीदास ने भी 'विक्रमोर्वशीयम' 'महाकाव्य' लिखा है।

मदन (कामदेव)

कामदेव सुन्दरता एवं प्रेम का देवता है। यह ब्रह्मा का पुत्र है। ब्रह्मा ने जब ब्रह्मांड की रचना करना चाही तो काम स्वयं उनके हृदय में पैदा हो गया। इस लिए वेद ने अन्य समस्त देवताओं से उसे श्रेष्ठ माना है।

कामदेव एक रंगीन और सुन्दर नवयुवक है। उसके एक हाथ में धनुष और दूसरे में फूलों का तीर है। इस दृष्टि से वह इतालियों के क्यूपिड और यूनानियों के Eros के सदृश है। उसकी अत्यन्त रूपवती पत्नी 'रति' सदैव उसके साथ रहती है। पृथ्वी, पाताल और आकाश, उसकी पहुँच हर जगह है। जहाँ जहाँ यह जाता है, कोयल, मधुमक्खी, बसन्त और मलय पवन उसके लिये वातावरण तैयार करते हैं। उसके पताका का रंग लाल है और उस पर मछली का चिन्ह है। कामदेव का लक्ष्य मनुष्य का हृदय है और उसकी चोट की विशेषताएँ तीन हैं, पीड़ा, आकांक्षा और टीस। चूँकि उसका वार कभी ख़ाली नहीं जाता अत: उसे 'परादमन' भी कहते हैं। वह फूल बरसाने वाला 'केशव मेशव' भी कहलाता है। मदहोश और मतवाला बना देने के कारण उसे 'मदन' भी कहते हैं। मुहम्मद क़ुली क़ुतुब शाह ने अपने अशआर में उसे इसी नाम से याद किया है :-

मदन बान साँदे है पाकाँ थे छन्द सूँ
कि जीवाँ हिरन पर सरक ज़ुल्फ़ ख़ाली

(महबूब के कन्धे पर बिखरी हुई ज़ुल्फ़ देख कर दिल परेशान हुआ जाता है, मालूम होता है कामदेव का तीर निशाने पर बैठा है)

———

मदन मस्त ब दिल मस्त कुचन मस्त हुई मस्त
पवन मस्त, गगन मस्त, लगन मस्त, परी मस्त

(महबूब की मतवारी दृष्टि ने सारे संसार को मस्तो ख़राब कर दिया है, दीदा-व-दिल मस्त हो रहे हैं और कामदेव भी झूमता नज़र आता है)

फ़िराक का शेर है:-

क़दे-जमील है या कामदेव की है कमां
नज़र के फूल गुन्धे तीर करते हैं क्या वार

असर लखनवी

मध की कटोरियों में वो अमरित घुला हुआ
जिसका है कामदेव भी प्यासा ग़ज़ब ग़ज़ब

समुद्र मंथन

इंशा

नहाने वालों ने दरिया मथा याँ तक कि ये देखो
नमश की तरह उभर आये सरासर झाग पानी पर

नदी के मन्थन अथवा समुद्र मन्थन का मिथक पुराणों सें चला आ रहा है कहा जाता है कि एक बार ऋषि दुर्वासा ने राजा इन्द्र की एक अनुचित बात पर उन्हें शाप दे दिया जिससे इन्द्र के राज्य में विध्न पैदा हो गया, और दैत्यों तथा राक्षसों की शक्तियाँ देवताओं पर हावी हो गयीं। इस पर सभी देवता ब्रह्मा के समक्ष याचना करने गये। ब्रह्मा उन्हें अपने साथ लेकर विष्णु के पास गये। विष्णु उस समय क्षीर सागर में शेषनाग की शैया पर विश्राम कर रहे थे। उन्होंने परामर्श दिया कि क्षीर सागर का मथ कर उसमें से अमृत निकाला जाय। उसे पीकर देवता राक्षसों से युद्ध करें और उन्हें पराजित कर पुन: अपना राज्य स्थापित करें। अतएव वासुकि नाग को रस्सी और कैलाश पर्वत को मथानी बना कर समुद्र का मन्थन प्रारम्भ हुआ। कैलाश को सम्भालने के लिए विष्णु ने कछुए (कूर्मावतार) का रूप धारण किया और पहाड़ को अपनी पीठ पर जमा लिया। समुद्र को मथने के लिए अकेले देवता पर्याप्त नहीं थे, अत: दैत्यों को अमृत का लालच दिया गया और वह भी समुद्र बिलोने के काम में सम्मिलित हुए। इस मन्थन में समुद्र से सर्वप्रथम कामनाएँ पूर्ण करने वाली गाय 'सुरभि' (कामधेनु) निकली। देवताओं ने इसे शुभ लक्षण माना। इसके पश्चात 'वारुणी' मदिरा की देवी बाहर आई। तीसरी वस्तु 'पारिजात' अथवा कल्पवृक्ष था। इस स्वर्गिक वृक्ष की सुगन्ध से वातावरण महक उठा। उसके बाद कुछ अप्सराएँ निकलीं, उनमें से एक 'रम्भा' थी। पाँचवी वस्तु चन्द्रमा (शशि) था, जिसे महादेव जी ने अपने मस्तक पर सजा लिया। इसके पश्चात विष का एक घड़ा निकला, क्योंकि इससे पूरे ब्रह्मांड के नष्ट होने का ख़तरा था, अत: महादेव जी ने उसे ग़टा-ग़ट पी लिया, जिससे उनकी ग्रीवा नीली पड़ गयी। सातवीं वस्तु, अमृत का कलश (घड़ा) था जिसे धन्वन्तरि वैद्य अपने हाथों में लिये हुए बाहर आये। उसे देख कर देवता एवं दैत्य दोनों विचलित होने लगे कि इतने में लक्ष्मी जी प्रकट हुई। यह धन एवं वैभव की देवी हैं। समुद्र से निकलते ही वह देवताओं की पंक्ति में अपने पति विष्णु के पास चली गयीं। दैत्यों ने इसे अपना दुर्भाग्य समझा और क्रोध में आकर धन्वन्तरि के हाथों से अमृत का कलश छीन कर चलते बने। देवताओं ने अपनी मेहनत को यूँ बरबाद होते देखा तो बहुत सिटपिटाये। अत: अमृत प्राप्त करने के लिए विष्णु ने एक चाल चली और सुन्दरी का रूप धारण कर दैत्यों के बीच में जाकर उन्हें लुभाने लगे। दैत्य उस सुन्दरी के रूप से इतना प्रभावित हुए कि अमृत को भूल गये। विष्णु ने अवसर पाकर अमृत का कलश उठा लिया और देवताओं में

आकर उन्हें पिला दिया। अमृत पीकर सभी देवताओं ने मिल कर लक्ष्मी की पूजा अर्चना की और दैत्यों से युद्धरत हो गये। अन्ततः दैत्यों की पराजय हुई और देवताओं ने पुनः अपना ऐश्वर्य प्राप्त कर लिया। भारतीय मिथकों में समुद्र मथने अथवा समुद्र बिलोने और अमृत की कल्पना इसी परम्परा से चली है। ये अशआर देखें :

पाया न दिल बहाया हुआ सैले-अश्क से
मैं पन्जए-मिज़ह[23] से समुंदर बिलो चला

मीर

देके बोसा, उसने जब दुश्नाम[24] दी
मेरे हक़ में ज़हर अमृत हो गया

तस्नीम

सूरज, चाँद और उनके ग्रहण

हिन्दू, सुरुज कूँ, दूर सूं नित पुजते वले
हिंदूए जुल्फ़ की है बग़ल भीतर आफ़ताब[25]

'वली' के इस शेर में हिन्दुओं की सूर्योपासना को रूपक के रूप में प्रस्तुत किया गया है। सूर्य (सूरज) हिन्दुओं का एक महत्वपूर्ण देवता है। यह 'अदिति' का पुत्र है और प्रकाश एवं उष्मा का देने वाला है। उसका क़द ठिगना, आँखें रक्तिम और रंग मधु की तरह है। इसके हाथों से दो कमल पैदा होते दिखाये गये हैं। नाग और घोड़े इसका रथ जोतते हैं। विश्वकर्मा की पुत्री 'संजना' उसकी सह-धर्मिणी है।

आर्यों की सूर्योपासना ईरानियों के कुछ विश्वासों से मिलती जुलती है। सूर्य के वेश में भी यह समता दृष्टव्य है। सूर्य को ईरानी देवताओं की तरह नखशिख वस्त्रवृत बताया गया है। सूर्य के कानों में आभूषण, गले में हार और कमर में कटिबन्ध है। यह प्रसन्नता और वैभव का देवता माना गया है और उसकी पूजा का रिवाज, वेदों के युग से आज तक बराबर चला आ रहा है।

सूरज की तरह चन्द्रमा (सोम) भी हिन्दुओं का लोकप्रिय देवता है। उसने दक्ष की सत्ताइस पुत्रियों से विवाह किया। यही पुत्रियाँ नक्षत्र अर्थात चन्द्रमा की अवस्थाएँ कही जाती हैं। चन्द्रमा, वनस्पति का देवता बताया गया है। सूर्य की तरह चन्द्रमा की उपासना भी आम तौर की जाती है। ग्रहण के अवसर पर हिन्दू प्रार्थनाएँ करते हैं, व्रत रखते हैं और ब्राह्मणों अथवा ग़रीबों को भोजन कराते हैं और दान पुन करते हैं। 'हातिम' का शेर है-

ख़त निकले पे बोसा रुख़े-पुर-नूर का पाया
ख़ैरात बरहमन को मिली चाँद गहन से

ग्रहण छूटने पर हर्ष मनाया जाता है और ईश्वर के प्रति आभार व्यक्त किया

जाता है। 'सिराज' कहते हैं :-

अब तक़य्युद[26] नहीं सनम पर शुक्र
चाँद मेरा गहन सती छूटा

हिन्दू मिथकों में ग्रहण का उत्तरदायी राहु नाम का एक राक्षस है। इसका चन्द्रमा और सूर्य से पुराना बैर है। इस वैमनस्य का प्रारम्भ समुद्र-मन्थन की घटना जिसका वर्णन ऊपर हो चुका है, से होता है। विष्णु जब परम सुन्दरी का रूप धारण कर दैत्यों के यहाँ से अमृत चुरा लाये तो राहू को इसका ज्ञान हो गया। अमृत पीने के उद्देश से वह देवता का रूप धारण कर देवताओं की पंक्ति में जा बैठा। अमृत का प्याला जब उस तक पहुँचा तो 'सोम' (चाँद) और 'रवि' (सूरज) ने उसे पहचान लिया और विष्णु को बता दिया। विष्णु तलवार तेकर तुरन्त राहु की ओर लपके, लेकिन इसके पूर्व कि राहु का सिर तन से जुदा हो जाये, अमृत की एक बूँद उसके गले तक पहुँच गयी और उसका वध नहीं हो सका। तथापि उसके दो भाग हो गये। ऊपर का राहु और नीचे का केतु के नाम से प्रसिद्ध है। हिंदू ज्योतिष में यह दोनों राशियों के नाम हैं। राहु पूर्वी नक्षत्र मंडल और केतु पश्चिमी नक्षत्र मंडल में स्थित है।

राहु और केतु दोनों क्योंकि सूर्य और चन्द्रमा से आहत हैं, अतः यह उन दोनों से बदला लेने के लिए उनकी ओर अग्रसर होते रहते हैं। उन्हें इस प्रकार अपने निकट आते हुए देख कर सूर्य और चन्द्रमा कभी-कभी भयभीत हो जाते हैं और उनका रंग मारे भय के काला पड़ जाता है। मान्यता अनुसार यह ग्रहण का कारण है। हिन्दू, क्योंकि चन्द्रमा और सूर्य से श्रद्धा रखते हैं वह उनके कष्ट से छूटने के लिए प्रार्थना करते हैं और दान देते हैं, जिसका वर्णन ऊपर के अशआर में आया है।

मंगल और शनि

हिन्दू मिथकों में लगभग समस्त ग्रहों को देवता माना गया है। उनमें सात के नाम पर सप्ताह के सात दिनों के नाम हैं। मंगल और शनि, इन सब में विशेष रूप से उल्लेखनीय हैं।

मंगल (मिर्रीख़) का मुख, रक्तिम है और चार हाथ हैं। इसे मेष की सवारी पसन्द है। इस की ग्रीवा में रक्त-वर्ण का हार है, और इसका वस्त्र भी रक्त वर्ण का है। मान्यता अनुसार इसके प्रभाव में पैदा होने वाला व्यक्ति कभी प्रसन्न नहीं रहता। परन्तु यदि कुछ ऐसी वस्तुओं की बलि दी जाये जिन्हें मंगल पसन्द करता है तो उस के बुरे प्रभाव से बचा जा सकता है। 'अमानत' के निम्नांकित शेर में मंगल के नाम इसी दान पुन की ओर इशारा है :-

ताइरे-दिल[27] को मेरे कर सदक़े
बुते-बे-पीर आज मंगल है

शनि (ज़ुहल) के प्रभाव में पैदा होने वाला भी कष्टों में जीवन व्यतीत करता

है। शनि की सवारी, गिद्ध है। उसके चार हाथ हैं। उसका रंग काला और वस्त्र भी काला है। यह भी एक अशुभ ग्रह माना जाता है। 'सनीचर आना' अर्थात दुर्भाग्य आना आम मुहावरा है। यह शेर देखिए-

ग़ैर[28] हफ़्ता के दिन आया जो सफ़र से 'मारूफ़'
मैंने जाना कि बस अब मुझ पे सनीचर आया

ब्रह्मा की घड़ी

फ़ाइज़ देहलवी का शेर है :-

ऐ जान! शबे-हिजराँ, तेरी सख़्त बड़ी है
हर पल मगर इस निस की ब्रह्मा की घड़ी है

पुराणों में काल को युगों और कल्पों में विभाजित किया गया है। युग चार हैं जो इस प्रकार हैं :-

सतयुग	देवताओं के	4800 वर्ष
त्रेता युग ,,	,,	3600 वर्ष
द्वापर युग ,,	,,	2400 वर्ष
कल युग ,,	,,	12000 वर्ष

यह चारों युग मिला कर एक महायुग कहलाते हैं, जो देवताओं के 12000 वर्षों पर आधारित है। पृथ्वी का एक वर्ष देवताओं के एक दिन के बराबर है। इस गणना से महायुग हमारे (365 x 12000) 4380000 वर्षों के बराबर हुआ। ऐसे एक हज़ार महायुग मिल कर एक कल्प कहलाते हैं।

फ़ाइज़ देहलवी के उपर्युक्त अंकित शेर में प्रेमी के विरह की रात्रि (शबे-हिजरां) के एक पल को ब्रह्मा की एक घड़ी के बराबर बताया गया है। ब्रह्मा का एक दिन हमारे एक वर्ष अर्थात 365 दिनों के बराबर है। इस दृष्टि से ब्रह्मा का एक मिनट हमारे 365 मिनटों के बराबर हुआ। घड़ी 24 मिनट के अन्तराल को कहते हैं। तात्पर्य यह कि ब्रह्मा की एक घड़ी हमारे 24 x 365 = 8760 मिनटों अथवा 6 दिनों से कुछ अधिक ही हुई। जब 'शबे-हिजरां' का एक पल, ब्रह्मा की एक घड़ी अर्थात पृथ्वी के 6 दिनों से भी बड़ी हो तो शबे-हिजरां की तवालत (लम्बाई) की कोई सीमा ही नहीं। पल से तात्पर्य पलक झपकने का अन्तराल अर्थात एक सेकेन्ड है। रात बारह घंटों की होती है। इस दृष्टि से 'शबे-हिजराँ' के 12 x 60 x 60 = 43200 पल हुए। जब एक पल 6 दिनों के बराबर हो, जैसा कि ऊपर दिखाया गया है तो 43200 x 6 = 259200 पल, दिनों अर्थात 710 वर्षो के बराबर हुए 43200 x 6 / 365 = 710.13 स्पष्ट है कि 710 वर्षों जैसी लम्बी 'शबे-हिजराँ' (विरह-रात्रि) कितनी धैर्य एवं साहस चाहने वाली और उत्साह क्षय करने वाली होगी। शबे-फ़िराक (विरह-रात्रि) की लम्बाई के कष्ट का वर्णन करने के लिए इस से अधिक रुचिकर

पौराणिक बिम्ब क्या होगा।

गंगा

गंगा, हिन्दुओं की पवित्र नदी है। पुराणों के विश्वास के अनुसार गंगा 'हिमालय' की पुत्री है, और प्रारम्भ में यह स्वर्ग में प्रवाहित थी। कहा जाता है कि राजा सागर के साठ हज़ार पुत्र, कपिल देवता के क्रोध से जल कर ख़ाक (स्याह) हो गये। उनकी मुक्ति के लिए सागर के वंशज गंगा को स्वर्ग से पृथ्वी पर उतारने का प्रयास करते रहे; परन्तु सफलता प्राप्त नहीं हुई। अन्ततः राजा भागीरथ की घोर तपस्या के प्रभाव से ब्रह्मा जी ने गंगा को अनुमति दे दी कि वह पृथ्वी पर जा कर प्रवाहित हों परन्तु पृथ्वी इस उत्तरदायित्व को स्वीकार करने में असमर्थ थी। अतएव इस बारे में महादेव जी की सेवाएँ प्राप्त की गयीं। उन्होंने गंगा जी को अपनी जटाओं में उतारा और उसके तीक्ष्ण प्रवाह को कम करके उसके केवल एक भाग को पृथ्वी पर बहने दिया। गंगा से छूते ही राजा सागर के साठ हज़ार पुत्रों को मुक्ति मिल गयी और गंगा स्थायी रूप से पृथ्वी पर बहने लगी।

हिन्दुओं का विश्वास है कि गंगा जल में स्नान करने से पापों का नाश हो जाता है; और मुक्ति प्राप्त होती है। गंगा-तट पर बसे हुए तीर्थ स्थलों में काशी (बनारस) और हरिद्वार का महत्वपूर्ण स्थान है। 'ग़ालिब' ने मसनवी 'चिराग़े-दैर' में काशी को हिन्दुओं का काबा (काबऐ-नाक़ूसियाँ) और 'हर्षित-स्वर्ग' (बहिश्ते-ख़ुर्रम) कहा है, और उसकी जी भर के प्रशन्सा की है। काशी आ कर गंगा में स्नान करने को बहुत बड़ा पुण्य समझा जाता है। हिन्दुओं में मृत व्यक्ति की राख और अवशेषों को गंगा-जल में प्रवाहित करना एक आवश्यक प्रथा है।

उर्दू ग़ज़ल कवियों ने गंगा के मिथक को कई पहलुओं से बाँधा है। आम तौर पर इस मिथक से गंगा की पवित्रता की ओर इशारा है। गंगा से गंगा बहाना, गंगा नहाना, बहती गंगा में हाथ धोना, उल्टी गंगा बहना, गंगा की कसम खाना इत्यादि विभिन्न मुहावरे प्रचलित हैं। कुछ शेर ऐसे भी हैं जिनमें गंगा का वर्णन केवल एक नदी के रूप में आया है। यह अशआर देखिए-

(गंगा एक पवित्र स्थान के रूप में)

चन्द्र भान 'बरहमन'

बरहमन वास्ते अश्नान के फिरता है बगिया सूँ
न गंगा है न जमुना है न नद्दी है न नाला है

वली

कूचए-यार ऐन काशी है
जोगिए-दिल वहाँ का बासी है

———

ऐ सनम! तुझ जबीं उपर ये ख़ाल[29]
हिन्दुए हरदुवार बासी है

———

गंगा रवाँ किया हूँ अपस के नयन सती
आये सनम शताब[30] है रोज़े-निहान आज

———

ज़ुल्फ़ तेरी है मौज गंगा की
पास तिल उसके ज्यों सनासी है

मुसहफ़ी

तीरथ समझ उसको वो गर अश्नान को आवे
अश्कों ने बहाई है मेरे गंग ज़मीं पर

नासिख़

बताओ मांझियो तुमको क़सम है गंगा की
किधर वो खेल रहा है शिकार मछली का

अमानत

आहों का धुआँ है तर्फ़े-चश्मे-तर ऐ बुत!
गंगा पे ये मुर्दा किसी हिन्दू का जला है

गंगा उठाना, बहाना (मुहावरे के रूप में)

चाहे क़सम जो यार तो क्या-क्या उठाइए
क़ुरआन सर से आँख से गंगा उठाइए

.कुली .कुतुब शाह

गंगा उबलिया है मेरे नैन के अंझवाँ के बुंदाँ से
मुझे डर क्या तरावन हार दरिया का है तू वारिस

मुसहफ़ी

क़ातिल की आबे-तेग़[31] के ममनून हों न क्यूँ
हम घर में बैठे 'मुसहफ़ी' गंगा नहा चुके

दयाशंकर 'नसीम'

चाह अपनी मानता नहीं वो बेयक़ीं अगर
क़ुरआँ का जामा पहनिए गंगा उठाइए

सबा

उस बुत को एतबार किसी बात का नहीं
क़ुरआन सर पे रखिए न गंगा उठाइए

असीर

हम तो प्यासे रहे, मैं ग़ैर को दी पीरे-मुग़ाँ[32]
उल्टी इस शहर में बहती हुई गंगा देखी

'औज' (अब्दुल्ला ख़ाँ)

हैं मछलियाँ भवों की, चीने-पुर शिकन[33] के अन्दर
उल्टी है बहती गंगा मच्छी भवन के अन्दर

बहर

पछताये तुमसे आँख लड़ा कर हम ऐ बुतो!
गंगा बहाई अश्के-नदामत की आँख से

बाक़ी (महबूब नवाज़)

मुझको जो बुतो रुला रहे हो
उल्टी गंगा बहा रहे हो

दाग़

ग़म से कहीं निजात मिले चैन पायें हम
दिल ख़ून में नहाये तो गंगा नहायें हम

———

मुझी पे रखते हैं ग़ैर का इल्ज़ाम
उल्टी गंगा बहाई जाती है

हाली

खेतों को दे लो पानी अब बह रही है गंगा
कुछ कर लो यारों अब तो उठती जवानियाँ हैं

गंगा (नदी के रूप में)

शाह कमालुददीन

माजरा मेरे अश्के-जारी का
सैले-दरियाए-गंग[34] से पूछो

अमानत

है चश्मे-तर में इक बुते-महरू का शब को अक्स
क्या चाँदनी खिली हुई बालाये गंग है

फैज़ दकनी

हश्र तक भी नज़र आता नहीं उन का थमना
दोनों आँखें हैं मेरी हिज्र में गंगा-जमना

फ़िराक़

करवट से शबे-माह में बहती है ये गंगा
या हुस्न की बल खायी जबीं जाग रही है

नाग

वली

वली तुझ ज़ुल्फ़ की गर सेहरसाज़ी[35] का बयाँ बोले
चले पाताल सूँ बासुक सो पेचो-ताब सूँ उठ कर

मुसहफ़ी

देख कर चोटी को उसकी अहले-दानिश ने कहा
किस तरह बचते हैं काटे ऐसे काली नाग के

शोर (सर हेडरले)

न रखना हाथ काकुल पर न छूना इस बला को दिल
भरा है सिम्मे-क़ातिल[36] देखना उस नाग काली में

'वासुकी' और 'कालिया' जिनका वर्णन उपर्युक्त अंकित शेरों में हुआ है, भारतीय मिथकों के चार प्रसिद्धतम नागों में से हैं। शेष दो नागों के नाम 'तक्षक' और 'शेष' हैं। ये चारों पाताल में रहते हैं। शेषनाग इन सब में श्रेष्ठ है। विष्णु इस पर तकिया किये क्षीर सागर में तैरते रहते हैं और यह अपने हज़ार फनों से उन पर क्षत्र किये रहता है।

नाग विष्णु की संहारात्मक शक्तियों का चिन्ह है; परन्तु जब ये संहारक या उपद्रवी शक्तियाँ सीमा लाँघ जाती हैं तो विष्णु को उन्हें किसी भी दशा में सामान्य करना पड़ता है।

'कालिया' नाग के विषय में पुराणों में किन्वदन्ती है कि एक बार यह अपने प्राचीन निवास स्थान 'रमणीक द्वीप' छोड़ कर यमुना में रहने लगा। उसके विष के प्रभाव से दूर-दूर तक यमुना का जल विषाक्त और काला पड़ गया; और खौलने लगा। जो भी प्राणी, उस जल को पीता, मर जाता था। मथुरा के निवासी कालिया नाग की इस उपस्थिति से अत्यधिक कष्ट में थे। श्री कृष्ण उस समय बालक थे परन्तु कालिया नाग को यमुना से निकालने का उन्होंने दृढ़ संकल्प लिया और एक दिन अवसर पाकर गेन्द निकालने के बहाने यमुना में कूद गये। कालिया, कृष्ण को देखते ही अपनी सुरक्षा हेतु उठा और उन से भिड़ गया। यमुना-तट पर कृष्ण के सखा इस हृदय-विदारक दृश्य को देख कर चीत्कार करने लगे। उधर कृष्ण जी ने सम्पूर्ण-सृष्टि के बोझ से कालिया के सिर पर मर्दन प्रारम्भ किया। कालिया के फन विदीर्ण हो गये, दाँत टूट गये और जगह-जगह उसके शरीर से ख़ून बहने लगा; जिससे सारी यमुना लाल हो गयी। कालिया की पत्नियाँ यह हृदय-विदारक दृश्य देख कर काँप उठीं और अपने पति के अभयदान के लिए गिड़गिड़ाने लगी; परन्तु श्रीकृष्ण ने कालिया को केवल इस शर्त पर छोड़ा कि वह यमुना को छोड़ कर वापस

अपने पुराने निवास स्थान 'रमणीक द्वीप' चला जाये। ध्यान देने योग्य बिन्दु यह है कि कालिया को मारा नहीं अपितु अपनी निर्धारित सीमाओं के भीतर रहने को बाध्य किया गया। यह संहारक/उपद्रवी शक्तियों के पद की स्वीकृति है। जीवन का विकास नकारात्मक एवं सकारात्मक दोनों क्रियाओं और प्रतिक्रियाओं के बिना सम्भव नहीं।

उर्दू ग़ज़ल में कालिया नाग का मिथक सामान्यतः कालिया के वाह्य गुणों से सम्बन्धित है। अर्थात उसके दांत और काली आकृति की कल्पना सामने रहती है। नाग चूंकि विष्णु की प्रतिमूर्ति है, अतः उसकी पूजा का हिन्दुओं में सामान्य प्रचलन है। पुराणों में है कि नाग सामान्यतः समुद्रों, नदियों एवं झीलों के भीतरी भाग में हीरे और मणियों के महलों में रहते हैं। वह सीपियों, शंखों, मोतियों, मूंगों और समुद्र के अन्य बहुमूल्य ख़ज़ानों के रक्षक हैं। ऐसा कहा जाता है कि नाग के मस्तक में एक बहुमूल्य मणि होती है। नाग उन आत्माओं में से है जिनकी पूजा से सहस्त्रों मनोकामनाएँ पूरी होती हैं। दक्षिण भारत के अनेको वंश अपना वंश वृक्ष, पीढ़ियों से नाग राजकुमारों से मिलाते हैं; और उस पर विशेष रूप से गर्व करते हैं। नागल कावन की पूजा दक्षिण भारत में सामान्यतः होती है। पत्थरों पर नागों के चिह्न बना कर नदियों के किनारे पीपल और नीम के पेड़ों के नीचे या मन्दिरों के प्रांगण में उनकी पूजा की जाती है; और वर्ष में एक बार नाग पंचमी का महत्वपूर्ण त्यौहार धूमधाम से मनाया जाता है। जनपद सितारा में इन त्यौहारों पर सहस्त्रों साँप निकट के वन क्षेत्रों से जीवित पकड़ कर लाये जाते हैं। स्त्रियाँ उन्हें दूध, कुमकुम और फूल भेंट करती हैं। उन्हें लोटों और घड़ों इत्यादि में रख कर बैलगाड़ियों का जुलूस निकालते हैं। किसी खुले स्थान में मेला लगता है, जहाँ उन सर्पों की पूजा की जाती है। 'फ़ैज' दकनी ने नाग पंचमी के इसी मेले के वर्णन से अपने इन अशआर में रुचिकर यथार्थता प्रेषित की है–

बाहर कभू न हो सके क़िस्मत के पेच से
देखे जिधर, हज़ारों नज़र हमको आये साँप
है बज़्मे-शाइराना कि है नागपंचमी
मज़मूँ के बदले बाँध लिए शाइरों ने साँप

नागार्जुन, नागराज तथा नागपाल सामान्य नाम हैं। भारत के अन्य निवासियों की अपेक्षा मराठे नागों में अत्यधिक विश्वास रखते हैं। नाग उनका विशिष्ट चिह्न भी है। 'इन्शा' का यह शेर देखिये:

जुल्फे-पेचाँ ने तेरी खो दी है रौनक़ साँप की
मरहटों ने तोड़ डाली अपनी बैरक़ साँप की

नाग पूजा का सादृश्य आम है। 'ख़याल' लखनवी का शेर प्रस्तुत है :

अफ़शाँ जबीं पे दोश पे काकुल छटे हुए
तुर्फ़ा चिराग़ जलते हैं कालों के सामने

पाताल

'फ़िराक़' का शेर है–

भूले–भटकों में क्यूँ अक्सर मन्ज़िल से आती हैं सदायें
गड़ जाये पाताल में लेकिन गली–गली की ख़ाक न छाने

पाताल हिन्दू मिथकों में पृथ्वी के सबसे निचले स्तर को कहते हैं। पाताल सात हैं और यमराज की पहुँच से बाहर हैं। ये सातों पाताल, शेषनाग के सिर पर अवस्थित हैं, और नागों, अजगरों और नाग मछलियों इत्यादि के निवास–स्थल बताये जाते हैं।

चारखंड

नबी की ग़ुलामी में है क़ुतुब शाह
सिफ़त उसके है नानूँ की चार खंड

हिन्दू मिथकों के अनुसार लोक अर्थात जगत तीन हैं। प्रथम भौतिक लोक और द्वितीय आकाश लोक और तृतीय स्वर्ग। यह तीनों भौतिक लोक हैं। यहाँ की हर वस्तु नाशवान है। इनमें काम और अहंकार, मनुष्य को जीवन–मुत्यु के चक्र में बन्धनमय रखते हैं। इन तीनों लोकों को संयुक्त रूप से संसार कहते हैं। संसार से इतर चार खंड और हैं। यहाँ की हर वस्तु अमर है और काल तथा देश से इतर है। यहाँ केवल वही पहुँच सकता है, जो कैवल्य प्राप्त कर चुका हो। क़ुली–क़ुतुब शाह के उपर्युक्त शेर में चार खंड से उस पराभौतिक संसार की ओर इशारा किया है।

आवागमन

हिन्दुओं का विश्वास है कि जब तक मोक्ष न प्राप्त हो जाये मानव–आत्मा बार–बार जन्म लेती है। इसको 'तनासुख़'अथवा आवागमन कहते हैं। 'बहर' लखनवी का शेर है :

अगर आवागमन सच है तो ये दोनों जनम लेंगे
सियह–गूँ ज़ुल्फ़ साँपों में दिले–पुर–दाग़ मोरों में

अगिया बैताल, जयपाल

क्यूँ न अंगारे उछाले फिर वो 'इन्शा' रात को
है हमारी आह शागिर्द अगिया बैताल की

———

गर्द मेरी को न पहुँचे कभी हासिद हर चन्द
जोगी जयपाल बने सैकड़ों फ़रसंग उड़े

इंशा

'जैपाल' और 'अगिया बैताल' फ़र्ज़ी जोगियों के नाम हैं, जिनके बारे में

प्रसिद्ध है कि हवा में उड़ा करते थे। उनका वर्णन भारत की प्राचीन कथाओं में प्राय: आया है। ये शेर देखिये :

काँवरू देस में मत जाइयो ऐ साहिबे-फ़ौज
ज़ोरे-जादू से वहाँ होते हैं घोड़े पत्थर

इन्शा

काँवरू देस अर्थात कामरुप (आसाम), जहाँ का जादू प्रसिद्ध है।

लिया गर अक़्ल ने मुँह में दिले-बेताब का गुटका
तो जोगी जी धरा रह जायेगा सीमाब[37] का गुटका

इन्शा

गरचे वो पारे का गुटका तो न था जोगी जी रात
पर टुक इक साध के दम हम भी लबे-गंग उड़े

इन्शा

गुटका गोली को कहते हैं। पारे का गुटका भी हिन्दुस्तानी कथाओं की वस्तु है। प्रसिद्ध है कि इस गोली में विशेष प्रकार की औषधियाँ और कुश्ते मिलाये जाते हैं, और उसका करिश्मा यह होता है कि जो व्यक्ति उसको मुँह में दबा लेता है वह हवा में उड़ सकता है।

अलोप अन्जन

इन्शा

उसको ख़्वाहिश नहीं होती है अलोप अंजन की
बाँध कर सूत रहे-तारे-नज़र लेता है

बहर

सिंगार उसने किया है इसलिये आँखों से ओझल है
हमारे वास्ते गोया अलोप अन्जन वो काजल है

अलोप अन्जन एक प्रकार का सुरमा है, जिसको लगाने वाला स्वयं दूसरों को देख सकता है परन्तु उसे कोई देख नहीं सकता। यह मिथक भी प्राचीन भारतीय क़िस्से कहानियों और कथाओं में मिलता है।

जोगी

भारतवर्ष में सन्तों और साधुओं का एक वर्ग जोगी कहलाता है। जोगी, योग से है। यह लोग कठोर से कठोर तपस्या और अपने स्व को नियन्त्रित करते हुए सदैव ईश्वर-स्मरण में तल्लीन रहते हैं। जोग लेना मुहावरा है अर्थात संसार को त्याग देना और तपस्या में डूब जाना। इसी प्रकार, 'जोगी किसके मीत' लोकोक्ति भी प्रसिद्ध है। जोग-बिजोग, जोगिया भेस, जोगिया रंग, आदि सभी जोग से हैं। जोगिया रंग अर्थात गेरुआ रंग, भारतवर्ष में साधुओं, सन्तो और साधु सन्तों और रूहानियत का

रंग माना जाता है। निम्नांकित अशआर देखिए :

मीर तक़ी मीर

मुसाफ़िर से करता है कोई भी पीत
मसल सच है जोगी हुए किसके मीत

नासिख़

हो गया जोगी वो क़ातिल पर है ख़ूँरेज़ी वही
बदले मुन्दरों के पड़े रहते हैं चक्कर कान में

मीर हसन

पड़ा तुम पे ऐसा कहो क्या बिजोग
लिया वास्ते जिसके तुमने ये जोग

मीर हसन

चली बन के जोगन वो बाहर के तईं
दिखाती हुई चाल हर हर के तईं

मोहसिन काकोरवी

जोगिया भेस किये चर्ख़ लगाये है भबूत
या कि बैरागी है परबत पे बिछाये कम्बल

नल दमन, हीर राँझा और चन्द्रबदन व महियार

नल दमन

बहरी

'बहरी' को दखन यूँ है कि ज्यों नल को दमन है
पस नल कूँ है लाज़िम जो दमन छोड़ न जाना

इन्शा

राजा नल और दमन क्यूँ न हों सदक़े दोनों
खेले जिस बज़्म में माशूक़ से चौपड़ आशिक़

इन्शा

अगरचे ब्याह के दिन गोद में तो ले आया
न राजा नल से फिर आख़िर उठा दमन का बोझ

इन्शा

दरिया से नहा धोके ज्यूँ आख़िरे-शब काफ़िर
हाथों में लिये चौमुख पूजा को दमन निकले

हवस (शागिर्द मुसहफ़ी)

बाद इक उम्र के बारे फ़लके-कज-रौ[38] ने
नल को फिर अज़ सरे-नौ हुस्ने-दमन दिखलाया

गंगा प्रसाद 'औज' ('आतिश' के शिष्य)

नल इश्क़ की चौसर में हुआ औज से मग़लूब
वो हुस्न की शतरंज में जीते हैं दमन से

आफ़ताबुद्दौला 'क़लक़'

नल दमन का तो सुनिए अफ़साना
देखिए हाले-शम-ओ-परवाना

हसरत

ख़ूबरूई तेरी मशहूर हुई आलम में
लोग अफ़सानए अज़रा व दमन भूल गये

हीर राँझा

सिराज

मुश्ताक़ हूँ मैं तेरी फ़साहत का व-लेकिन
रांझा के नसीबों में कहां हीर की आवाज़

इन्शा

सुनाया रात को क़िस्सा जो हीर राँझे का
तो अह्ले-दर्द को पंजाबियों ने लूट लिया

बहर

सुनके मेरी सरगुज़श्त अहबाब ये कहने लगे
'बहर' का क़िस्सा भी अफ़साना है राँझे-हीर का

नज़ीर

मैं तो सफ़े-महशर में भी लूँगा तुझे पहचान
राँझा को न भूलेगा कभी हीर का नक़्शा

चन्द्र बदन व महियार

सिराज

रूहे-चन्दर बदन ऐ बुलहवस आज़ुर्दा न कर
ख़ूब नहीं तुरबते-महियार की सौगन्द न खा

नल दमन, हीर-राँझा और चन्द्र बदन व महियार का वर्णन, भारतीय कथाओं और क़िस्से कहानियों में आम है। इनका विस्तृत विवरण लेखक की पुस्तक 'हिन्दुस्तानी क़िस्सों से माख़ूज़ उर्दू मसनवियों' में देखा जा सकता है।

बाले मियाँ

'इन्शा' का शेर है :

यूँ चली अश्क़ों से चशमे-ख़ूँ-फ़िशां[39] की मेन्दनी
जैसे बहराइच चले बाले मियाँ की मेन्दनी

यह पूरी ग़ज़ल 'बाले मियाँ की मेन्दनी' के विषय में है। बाले मियाँ उपाधि है, सालार मसऊद ग़ाज़ी की, जो ग़ाज़ीमियाँ, सालार ग़ाज़ी और सालार मसऊद ग़ाज़ी भी कहे जाते हैं। ये 1024 में अजमेर में पैदा हुए। पिता का नाम सालार साहू पुत्र अताउल्ला ग़ाज़ी पुत्र ताहिर ग़ाज़ी पुत्र तय्यब ग़ाज़ी पुत्र मोहम्मद ग़ाज़ी है। यह सुल्तान महमूद के सेनापति थे। सुल्तान ने सालार साहू को अजमेर का हाकिम बनाया था। अपने पिता के स्वर्गारोहण के पश्चात मसऊद ग़ाज़ी उनके पद पर आसीन हुए और कई युद्धों में अपनी वीरता के जौहर दिखाये। परन्तु युवावस्था में ही 1042 हिजरी में एक युद्ध में शहीद हुए। बहराइच में उनके मज़ार पर प्रत्येक धर्म जाति के लोग श्रद्धा सुमन अर्पित करते हैं। बाले मियाँ के नाम पर छड़ियाँ भी खड़ी की जाती हैं और वह समूह जो बाले मियाँ के मज़ार पर ज्येष्ठ माह में प्रतिवर्ष लगने वाले मेले में जाता है, बाले मियाँ की मेन्दनी कहलाता है। ये लोग बाले मियाँ की छड़ी के साथ 'बाले मियाँ दम मदार' कहते जाते हैं। संयोग से उस दिन आँधी भी आती है। प्रसिद्ध है कि उस आंधी के साथ मकनादेव भी होता है। 'इन्शा' ने इस शेर में उस की ओर इशारा किया है :

दम मदार आ पहुँचे मकनादेव हो हज़रत जुनूँ
काँप उट्ठी जिनके आते ही जहाँ की मेन्दनी

'मुसहफ़ी' का ये शेर भी ध्यान देने योग्य है –

गये मदार की छड़ियों में साथ ग़ैर के और
तमाम साल ये दारो मदार हम से रहा

बाबा फ़रीद

बाबा फ़रीद हज़रत ख़्वाजा क़ुतबुद्दीन बख़्त्यार काकी के मुख्य प्रतिनिधि (ख़लीफ़ा) थे जिनका मज़ार पाकपटन में है। 'शकर गंज' अथवा 'गंजे-शकर' के लक़ब् से पुकारे जाते हैं और इस सम्बन्ध में कई किन्वदन्तियाँ प्रसिद्ध हैं। उन में सर्वश्रेष्ठ यह है कि बाल्य काल में उनकी माँ उन्हें नमाज़ का पाबन्द बनाने के लिए जानमाज़ के नीचे शकर की पुड़िया रख दिया करती थीं। यह भी कहा जाता है कि एक बार आपने किसी बन्जारे से जो शकर के लदे हुए बोरे लिये जा रहा था, पूछा कि यह क्या लिये जा रहा है, उसने सच्ची बात नहीं बताई और कहा कि 'बाबा, नमक' है। उन्होंने कहा 'अच्छा नमक ही होगा' और उनके चमत्कार से वह शकर नमक में परिवर्तित हो गयी। इत्यादि

उनका पूरा नाम फ़रीदुद्दीन मसऊदुलहक़ है। ये द्वितीय ख़लीफ़ा हज़रत उमर के वंशज हैं। उनके पिता हज़रत जमालुद्दीन, सुल्तान शहाबुद्दीन ग़ौरी के ज़माने में, काबुल से लाहौर आये, फिर कुछ दिनों क़सूर और मुल्तान में रह कर कोहनीवाल आये और यहीं निवास करने लगे। हज़रत फ़रीदुद्दीन का जन्म यहीं 1188 हिजरी

में हुआ।

हज़रत ख़्वाजा अलाउद्दीन साबिर और ख़्वाजा निज़ामुद्दीन औलिया महबूबे-इलाही उनके ख़लीफ़ों में विशेष स्थान रखते है; जिनसे हिन्दुस्तान में सूफ़ियों के 'चिश्तिया' सम्प्रदाय की बड़ी उन्नति हुई।

हज़रत फ़रीद के जीवन का अधिकांश भाग हाँस और अजोधन में व्यतीत हुआ। 'सियर-उल औलिया' और 'अख़बारूल अख़्यार' में इनके स्वर्गवास की तिथि 1267 हिजरी बतायी गयी है।

गन्जेशकर के सन्दर्भ में शादी-ब्याह की रस्मों में भी बाबा फ़रीद का पुड़ा मशहूर चीज़ है। इस का रूचिकर पहलू यह है कि इसमें शकर ही हो, और कोई दूसरी मिठाई विधान युक्त नहीं है। 'मज़मून' निम्नांकित शेर में शकर और बाबा फ़रीद में 'ज़िला' (अलंकार) है -

करें क्यूँ न शक्कर लबों को मुरीद
कि दादा हमारा है बाबा फ़रीद

मिथकीय कहावतें, लोकोक्तियाँ और मुहावरे

लोक-मिथक, अधिकतर बोल-चाल में प्रयुक्त होते हैं। उनसे कुछ भारतीय रीति-रिवाज से और कुछ यहाँ के लोकप्रिय विश्वासों एवं जनसम्बन्धी विश्वासों से सम्बन्धित हैं। कुछ का आधार छोटो-छोटी छद्म कथाओं पर है। यह मिथक, अधिकतर कहावतों, लोकोक्तियों और मुहावरों के रूप में मिलते हैं और इस आधार पर ऐसे मुहावरों को मिथकीय मुहावरे और ऐसी लोकोक्तियों को मिथकीय लोकोक्तियाँ कहा जा सकता है। पहले कुछ मिथकीय कहावतों के, उदाहरण प्रस्तुत हैं :

वली

क्यूँ कि हो सैरी हुस्न सूँ तेरे
धूप खाने सूँ पेट भरता नहीं

वली

सितम परवर सूँ दुःख कहना कटे पर लून लाना है
न कहियो सर उसे जो कटी न बूझे सर है या ककड़ी

अब्दुल वली 'उज़लत'

तिल मे दिल ले के यूँ मुकरते हो
इन से गोया तिलों मे तेल नहीं

आबरू

तुम अपनी बात के राजा हो प्यारे
कहे से तुम को होवै ज़िद सवाई[40]

सौदा

मुहब्बत के करूँ भुजबल की मैं तक़रीर क्या यारो
सितम परबत हो तो उसको उठा लेता है जूँ राई

सौदा

टाला ही था पहाड़ को फ़रहाद ने वले
आई को क्या करे जो वो सर से न टल सके

सौदा

न भूल ऐ आरसी गर यार से तुझको मुहब्बत है
भरोसा कुछ नहीं उसका ये मुँह देखे की उल्फ़त है

अहसन (मोहम्मद अहसन)

तेरे तिल सूँ मुझे नित मेंह का सौदा है ऐ ज़ालिम!
अजब नहीं अगर तेल निकसावे मेरे सर सूँ
(तेल और सरसों में रियायत है)

मीर

अजब नहीं है न जाने जो मीर चाह की रीत
सुना नहीं है मगर ये कि 'जोगी किस के मीत'

सोज़

नथ के मोती पुकारते हैं पड़े
मेरे आशिक़ का नाक में दम है

असर

असर ख़ाक हो गयी रही वही प मरोड़
रस्सी जल गयी प तो भी बल न गया

मुहसफ़ी

न खैंचे ख़ामए-मू ऐसी तिमसाल
कि वो है आशिक़ों की नाक का बाल

मुहसफ़ी

जहाँ शेख़जिउ रोज़ सजदा करे थे
वहाँ शेख़ सद्दू का इक थान निकला

इन्शा

ग़ुलाम तो हूँ मैं उन साहिबों की खड़पच का
सड़ी तो साहिबी उस पर चबूतरा गच का

इन्शा

सर मुँडाते ही सफ़ाई पे पड़े ये ओले
कि कुलाहे-नमदी बिकने लगी शाल के मोल

इन्शा

ईतर के घर मे तीतर सुब्हान तेरी .कुदरत
जो हेचो-पोच हों सो वे ऐसे मोहतरम हों

इन्शा

जुल्फ़ को उसकी मैंने जो सूँघा ख़ाल ये बोले होटों के
देखते क्या हैं आप अधर को याँ तो तिलों में तेल नहीं[41]

जुर्रत

रक़ीब अब उसके घर की राह मत मेरी तरह तू ले
चले गर चाल कौआ हँस की तो अपनी भी भूले

जुर्रत

बाल हैं बिखरे बन्द हैं टूटे कान में टेढ़ा बाला
'जुर्रत' हम पहचान गये कुछ दाल में काला काला

नज़ीर

ग़र्क़े-दरियाए-मोहब्बत की नहीं मिलती लाश
वर्ना डूबा हुआ निकले है सुना तीसरे दिन

आतिश

अबस करता है वाइज़ मेरे आगे ज़िक्र हूरों का
सुनी मैंने बहोत तिरिया चरित्तर की कहानी है

वज़ीर

यादे-मिज़गाँ में मेरी आँख लगी जाती है
लोग सच कहते हैं सूली पे भी नीन्द आती है

सहर

अहबाब की सोहबत से दिल अपना न उठेगा
टुकड़ी का कबूतर है अकेला न उठेगा

शहीदी

अब न सुन गर मैं करूँ तेरे तग़ाफ़ुल का गिला
बात क्या सुबह का भूला हुआ गर शाम आया

ज़ौक़

करे वहशत बयाँ चशमें-सुख़न गो इस को कहते हैं
ये सच कहते हैं सर चढ़ बोले जादू इस को कहते हैं

फ़ैज़ दकनी

पास हैं पर नज़र नहीं आते
आँख ओझल पहाड़ ओझल है

कन्हैया लाल आशिक़

बोला इन्कार से है क्या हासिल
हाथ कंगन को आरसी क्या है

दिल्ली में 'शीरीं' नाम की नगर-वधू के हज को जाने को अब्दुल्ला ख़ाँ 'औज' 'मोमिन' के समकालीन ने एक शेर में इस प्रकार प्रस्तुत किया :

अब्दुल्ला ख़ाँ 'औज'

बजा है शीरीं अगर छोड़ दिल्ली हज को चली
मसल है नौ सौ चूहे खा के बिल्ली हज को चली

———

उम्मीद है कब आरिफ़, नाले की रसाई की
ये बेल मंढे चढ़ती मालूम नहीं होती

.कुरबान अली 'सालिक'

होते हैं दूर के बस ढोल सुहाने वाइज़
ख़ुल्द में क्या है नहीं है जो मियाने-दिल्ली

हाली

वो निकले भानमती जो बनाते थे इकसीर
तमाशे देखे हैं ये हम ने बारहा ऐ शेख़

जलील

है मसल तिल ओट होता है पहाड़
आँख बाहम मिलते ही दिल मिल गया

आरज़ू लखनवी

सुख भी वही देता है दुःख भी फिर काहे का रोना है
ये तो है अपनी अपनी भावन जैसा मांगे वैसा पाये

फ़िराक़

ज़र्रा ज़र्रा धुल जायेगा दुनिया के वक़्त की रौ में
तू ने सुना है लून की पुतली चली थी सिंध की थाह लगाने

फ़िराक़

आँख के अन्धे गाँठ के पूरे
क्या कहना ऐसों के भाग

मिथकीय मुहावरे

मिथकीय मुहावरे उर्दू ग़ज़ल में इतनी अधिक संख्या में मिलते हैं कि उनके वर्णन के लिए एक ग्रन्थ चाहिए। नीचे ऐसे मुहावरों के केवल कुछ उदाहरण प्रस्तुत किये जाते हैं जिनसे यह अनुमान हो सके कि यह ग़ज़ल के प्रत्येक काल-खंड में प्रयुक्त होते रहे हैं :

शाकिर 'नाज़ी'

दे है दरिया उपर मुझे मच्छी
ला उतारा है मै उसे किस घाट

सौदा

बोसा माँगा मैं तो बोला वो कि सुब्हानल्लाह
मुँह लगाने से मेरे तुझ को भी ये भाग लगे

सोज़

एक आलम के हैं सीने प फफोले पड़ गये
कौन था जो मूँग छाती पर सभों की दल गया

सोज़

खैंच लाती है चमन में क्योंकि उस मग़रूर को
तूने क्या सरसों हथेली पर जमाई है बसन्त

सोज़

सुनते ही 'सोज़' की ख़बरे-मर्ग[42] खुश हुआ
कहने लगा कि पिंड तो छूटा भला हुआ

यक़ीं

ओले पड़ना न बेवजह समझो
आख़िरी दौर पर पड़े हैं ये पत्थर

क़मरूद्दीन 'मिन्नत'

ख़्वाने-करम पे तेरे है सेर एक आलम
हम बे-नसीब अब तक पापड़ ही बेलते हैं

मुसहफ़ी

जुम्बिशे-लब ने तेरी, मेरी ज़बाँ कर दी बन्द
तू ने कुछ पढ़ के अजब मुझ पे ये मन्तर मारा

मुसहफ़ी

हर शेर तेरा रूकशे-दीवाने-वली है
ऐ मुसहफ़ी! तू अपने नसीबों का बली है

ज़ुर्रत

पाँव पर हाथ मैं रख्खा तो कहा
कुछ बहोत करने तुम सुहाग लगे
दिल भी अब मुझ से दूर भागे है
उससे मिल कर उसे भी भाग लगे

इन्शा

टुक क़ैस को छोड़ छाड़ कर इश्क़
लिपटा मुझे पंजे झाड़ कर इश्क़

इंशा

आसिया आब की है चश्मे-तर अपनी, जिससे
रोज़ छाती पे मेरी मूंग दले जाते हैं

इंशा

मैं जो कहा कभी तो भला ऊके चूके मिल
बातों ही बातों में मुझे इतना न टाल तू

इंशा

छठी का दूध मुंह से एक चुल्लू भर निकल आवे
अभी जो टुक भी तेरे लाले-शक्कर-बार को मलिए

इंशा

अहले गहले फिरते हो साहब सैरे-चमन में और तुम्हें
अपने तड़पते ज़ख़्मी सब ख़ूँ में आग़श्ते[43] भूल गये

नज़ीर

फ़िदा जो दिल से है उन शोख़ सब्ज़ा रंगों पर
ये ज़ालिम उस की ही छाती पे मूँग दलते हैं

नज़ीर

सौ सौ तरह के मक्र बनाता हूँ इसलिए
शायद वो जुल में आन के मुझ को पुकार ले

नज़ीर

जब से हुए हैं वो लबे-जाँ-बख़्श जलवा गर
तब से तमाम नुस्ख़ए-ईसा का गुन गया

नज़ीर

वो चाँदनी में जो टुक सैर को निकलते हैं
तो मह[44] के तश्त[45] में घी के चराग़ जलते हैं

आतिश

आँखें मेरी करे जो मुनव्वर जमाले-यार
घी के चराग़ तूर के ऊपर जलाऊँ मैं

आतिश

थकें जो पाँव तो चल सर के बल न ठैर 'आतिश'
गुले-मुराद है मन्ज़िल में ख़ार राह में है

अमानत

बादे-फ़ना भी नेमते-दुनिया की चाट है
घी के चराग़ जलते हैं ज़ाहिद की गोर पर

अमानत

खेला करते हैं सदा टट्टी की ओट ऐ दिल शिकार
ताइरे-तस्वीर है नख़चीर[46] पुश्ते-आईना

अमानत

चम्बेली ज़र्द हर सू एक झोंके में खिलायी है
हथेली पर बहारे-बाग़ ने सरसों जमाई है

वज़ीर

तुम रहे बाम पे याँ लग गयीं आँखें छत से
रात गिनती रही हर एक कड़ी मेरी आँख

वज़ीर

मैं सब्ज़बख़्त दिल के तड़पने से रह गया
छाती पे मूँग दलने लगी आसियाए-दिल[47]

वज़ीर

ख़ुश्क दरिया हो गये मौक़ूफ़ रोना हो गया
ख़ाक है पानी कहाँ चौराहा चौका हो गया

वज़ीर

उस का ख़त देखते हैं जब सय्याद
तोते हाथों के उड़ा करते हैं

असीर

डूबते वक़्त तो, तिनके का सहारा हो जाये
देख लूँ नज़ा[48] में या ख़ालिक़े-अकबर पलकें

वाजिद अली शाह

जो हक़ के प्यारे हैं उन को तो है सुहाग सदा
वो खेलते हैं लंगोटी में अपनी फाग सदा

बर्क़

दुश्मने-जाँ मेरे आख़िर आह और नाले हुए
रफ़्ता-रफ़्ता अश्क भी आतिश के परकाले हुए

राजा दिग जगी सिंह

देख के लैला को ये मजनूँ ने ख़ुश होके कहा
दो घड़ी दम से तेरे जंगल में मंगल हो गया

आग़ा हसन 'आग़ा'

जो आँख मार के कुछ कहिए तो वो कहते हैं
ख़ुदा का क़हर पड़े जाये तेरी भाड़ में आँख

मोहम्मद ख़ुर्शीद 'क़ैसर'

आँखों में तालिबे-दीदार की सरसों फूली
डाल कर आया जो वो ज़र्द दुपट्टा सिर पर

ख़्वाजा मोहम्मद 'सौलत' (आतिश के शिष्य)

कोहे-ग़म मैंने उठाया है जो तनहा सिर पर
ऐड़ियों का मेरी पहुँचा है पसीना सिर पर

फ़ैज़ दकनी

सरे-रह गालियाँ खाते खड़े हो
ऐ मियाँ फ़ैज़ क्या चिकने घड़े हो[49]

फ़ैज़ दकनी

वो भी हैं साथ-साथ सहरा में
हम को जंगल में रोज़ मंगल है

अज्ञात

शाइरी खेल नहीं है जिसे लड़का खेले
हमने पचपन बरस इस फ़न में हैं पापड़ बेले

अब्दुल्ला ख़ाँ रामपुरी; तख़ल्लुस महशर व ख़ानम (ग़ालिब के शिष्य)

कहने सुनने में किसी के न तुम आना ख़ानम
आग पानी में लगाते हैं लगाने वाले

जवाहर सिंह 'जवाहर'

पहुँचा होंटों पे मिसी बन के सवादे-दीदा
देख लो कर गयी क्या धोकाधड़ी मेरी आँख

हुसामी

पड़ी आ के जानों पे ऐसी बन कि नशे सभों के हुए हिरन
जिसे देखता हूँ पड़ा हुआ ये गले में अश्कों का हार है

सज्जाद मिर्ज़ा (ग़ालिब के शिष्य)

उँगलियाँ शहर में उठती हैं जिधर जाता हूँ
और अभी दूर है आलम मेरी रुसवाई का

माह लक़ा बाई 'चन्दा'

टसवे बहा के हर घड़ी ज़ारी[50] नहीं है ख़ूब
ये राज़े-इश्क़ है इसे मशहूर मत करो

फ़िदवी लाहौरी

लाये थे सिर पे धर के किस इख़लास से हमें
ओझल बस आँख होते ही ऐ दोस्ताँ चले

मिन्नत

बस जफ़ा ज़ोर आज़माई हो चुकी
दिलबरों से हाथापाई हो चुकी

दाग़

ग़ैर की महफ़िल में मुझको मिस्ले-शम्अ
आठ आठ आँसू रुलाया आप ने

दाग़

खेले वो फ़ाक़ामस्त लंगोटी में क्यूं न फाग
होली में फाग खेलते हो तुम रक़ीब से

दाग़

हमारे क़त्ल का है मशविरा या और झगड़ा है
सुना है मुद्दई आपस में कुछ खिचड़ी पकाते हैं

दाग़

ऐ नजूमी आसमाँ पर भी तो बारह बुर्ज हैं
क्यूँ न सौदा अपनी क़िस्मत का भी बारह बाट हो

दाग़

इश्क़ की बाज़ी में दिल जीता मेरा
अब तो पौ बारे तुम्हारे हो गये[51]

जलील

आहो-फ़ुग़ाँ से बन गयी बुलबुल की जान पर
और गुल वो हैं कि जुन भी रेंगी न कान पर

रियाज़

दावत थी रक़ीब की मेरे घर
जूती में दाल क्या बटी है

फ़िराक़

मिट-मिट कर ये उभरना गोया तेरे बांयें हाथ का खेल
तेरी बात बड़ी ऐ दुनिया तेरी महिमा कौन बखाने

फ़िराक़

तर्के-मुहब्बत करने वालो कौन बड़ा जग जीत लिया
इश्क़ से पहले के दिन सोचो कौन बड़ा सुख होता है

उर्दू ग़ज़ल में प्रयुक्त होने वाले भारतीय मिथकों, मिथकीय कहावतों, लोकोक्तियों मसलों और मुहावरों की यह एक झलक है। इससे अनुमान होगा कि अरब और ईरान की परम्पराओं के गहरे प्रभाव के बावजूद उर्दू ग़ज़ल ने स्थानीय सांस्कृतिक तत्त्वों से भी पर्याप्त प्रभाव प्राप्त किया है। कहावतों, मिथकों एवं मुहावरों इत्यादि की इस बहस के बाद अब हम ग़ज़ल के रूपकों यानि 'तश्बीहों और इस्तेयारों' का वर्णन करेंगे।

भारतीय रूपक और उपमाएँ

मिथकों की तरह उर्दू ग़ज़ल की उपमाएँ और रूपक भी ईरानी और भारतीय दोनों ख़ज़ानों से लिये गये हैं। फ़ारसी शाइरी से प्राप्त अधिकांश रूपकों और उपमाओं का चलन अनुसरण एवं रिवाज के रूप में है। उर्दू को फ़ारसी का प्रतिद्वन्दी बनाने के लिये इन उपमाओं और रूपकों को हज़ारों-लाखों बार बाँधा गया है। यदि 'चाके-गरेबाँ' का विषय 'हाली' के अनुसार दो सौ पृष्ठों के एक संक्षिप्त संकलन में दो सौ बार प्रयुक्त हो सकता है तो अन्य प्रयुक्त होने वाली उपमाओं और रूपकों का अधिक प्रयोग आसानी से समझा जा सकता है। सामान्य सिद्धान्त है कि अत्यधिक प्रयोग से काव्यगत विशेषताओं के आनन्द एवं प्रभाव में न्यूनता आ जाती है, जब तक कि कोई शाइर अपनी रचनात्मक शक्ति और अलंकार-योजना से उन में नवीनता न पैदा करे। इसके विपरीत वह उपमाएँ जो भारतीय वातावरण से ली गयी हैं उनमें ताज़गी की संभावना अधिक है। तथापि सौंदर्य के लिये कलात्मक प्रयोग अवश्यम्भावी हैं; स्त्रोत चाहे कुछ भी हो। उर्दू ग़ज़ल में वातावरण के प्रभाव से भारतीय रूपकों और उपमाओं का प्रयोग हुआ तो है लेकिन कम। ऐसी उपमाएँ और रूपक अपने प्रयोग की दृष्टि से सात भागों में विभक्त किये जा सकते हैं।

1. वे रूपक और उपमाएँ जो भारतीय समाज से ग्रहण की गयी हैं
2. वे जो भारतीय वनस्पति से सम्बन्धित हैं
3. वे जो भारतीय प्राणी जगत, मवेशियों और पक्षिओं से सम्बन्धित हैं
4. वे जो भारतीय ॠतुओं से ग्रहण की गयी हैं
5. वे जिन में भारतीय नदियों का वर्णन मिलता है

6. वे जो भारत के नगरों, स्थलों और यहाँ की प्रसिद्ध वस्तुओं से ग्रहण की गयी हैं, और
7. वे जो, भारतीय संगीत से प्रभावित हैं।

1. वे उपमाएँ और रूपक जो भारतीय समाज से ग्रहण किये गये हैं :

आसानी से समझने के लिए इन के तीन भाग कर दिये गये हैं :

(क) वे उपमाएँ और रूपक जो हिन्दू त्यौहारों से ग्रहण किये गये हैं
(ख) वे जो हिन्दू धर्म, उसके प्राविधानों और परम्पराओं से लिये गये हैं
(ग) वे जो भारतीय समाज के दूसरे विभागों और परम्पराओं से लिये गये हैं।

(क) वे उपमाएँ इत्यादि जो हिन्दू त्योहारों से ग्रहण की गयी हैं

होली, दीवाली और बसन्त से उर्दू के ग़ज़लगो उतना ही परिचित हैं, जितने ईद या शबे बरात से। प्रियतमा (महबूब) के प्रकाशवान मुख को दीवाली के दीप से और प्रेमी (आशिक़) के रक्तिम आँसू, घाव और जिगर के ख़ून को होली के गुलाल से उपमा दी जाती है। लाल ओंठ (लबे-लाली) होली की पिचकारी हैं। महबूब का गुलनार चेहरा और रंगीन कलाइयाँ भी होली की याद दिलाती हैं। प्रेमी के पीत वर्ण का बसन्त रूपक है। माशूक़ को बसन्तीपोश कहा जाता है। माशूक़ के दरवाज़े पर जाँबाज़ों की भीड़ को एक शाइर ने दीवाली में जुआ खेलने वालों के जमघट से उपमा दी है; जो संसार से पृथक हार-जीत के खेल में मस्त है। उदाहरण इस प्रकार है-

वली

तेरी ज़ुल्फ़ाँ के हलक़े में रहे यूँ नक़्शे-रुख़-रौशन
कि जैसे हिन्द के भीतर लगें दीवा दिवाली में

आबरू

बैठे वो ज़र्दपोश झलक से बना बसन्त
दोनों तरफ़ से आज उठी जगमगा बसन्त

सौदा

बिरिज में है धूम होरी की वलेकिन तुझ वग़ैर
ये गुलाल उड़ता नहीं भड़के है अब तन मन में आग

ताबाँ

हमारे उस बसन्ती पोश के आने से मजलिस में
पड़ी है धूम 'ताबाँ' इस तरह गोया बसन्त आयी

ताबाँ

अश्के-ख़ूनीं से किया सुर्ख़ बदन का जामा
यार के हिज्र में जीते ही मनाई होली

मुसहफ़ी

शब जो होली की है मिलने को तेरे मुखड़े से जान
चाँद और तारे लिये फिरते हैं अफ़शाँ हाथ में

रासिख़ देहलवी

ईद के दिन वो ज़िबह करके मुझे
घर में होली मनाये बैठे हैं

ग़ालिब

है तमाशागाहे-सोज़े-ताज़ा हर इक अज़्वे-तन
जूँ चराग़ाने-दिवाली सफ़-ब सफ़-जलता हूँ मैं

सनाउल्ला 'फ़िराक़'

इस अदा नाज़ से आती है जो तू मजलिस में
क्या मेरे यार से सीखे है तू रफ़्तार, बसंत

नासिख़

हुजूम रखते हैं जाँ-बाज़ यूँ तेरे आगे
जुवारियों का दिवाली में जैसे जमघट हो[52]

नासिख़

रूए गुलरंग अगर हौज़ मैं हो अक्स-फ़िगन[53]
तौर फ़व्वारे में हो रंग की पिचकारी का

नासिख़

ग़म अगर मुझ को यूँही है उस बसन्ती पोश का
जिस्म तो क्या ज़र्द सब मेरा लहू हो जायेगा

आतिश

सुर्ख़ो-सपेद रंग से होता है आशिकार
वो जिस्मे-नाज़नीं है अबीरो-गुलाल का

करामत अली शहीदी

कहे है देख मेरे रंगे-ज़र्द को वो शोख़
'शहीद' आज तो तुम भी मना के आये बसन्त

अमानत

खेलते हैं नयी होली बुते-सफ़्फ़ाक[54] से हम
रंग है ख़ून का और ज़ख़्म की पिचकारी है

मोमिन

वाँ तू है ज़र्द पोश यहाँ मैं हूँ ज़र्द-रंग
वाँ तेरे घर बसंत है याँ मेरे घर बसन्त

वाजिद अली शाह 'अख़्तर'

रूए-सियह पे ग़ैर के ज़र्दी सी छा गयी
ग़ुस्से में ख़ूब बुक्का उड़ाया गुलाल का

इश्क़ी

होली में गुलाल उन पे पड़ा है ये न समझो
ख़ूने-दिले-इश्क़ी से ये गुलनार हैं पलकें

बहर

दिवाली उसने भरी[55] जान पूज बैठे हम
चिराग़े-गोर हमारा दिया है जमघट का

बर्क़

उस के हुजूर अबीर हुआ रंगे-यासमन
रंगत गुलों की बन गयी बुक्का गुलाल का

सुरूर शाकिराबादी (नासिख़ के शिष्य)

पिचकारियाँ हैं नूर की होली में ये कहूँ
गर देख लूँ, मैं उनकी रंगीली कलाइयाँ

बह्र

तासीर देखना लबे-रंगीने-यार की
होली का जैसे खेलते हैं हर गली में रंग

'इश्क़'

साल भर तक निगहे-बद से वो बुत हो महफ़ूज़
लोग होली से नज़र सब की जला लेते हैं

(ख) वो उपमाएँ और रूपक जो हिन्दू धर्म और धार्मिक परम्पराओं से ग्रहण की गयी हैं :

इसके अन्तर्गत जो उपमाएँ और रूपक मिलते हैं उनमें अधिकांशत: ये हैं, महबूब (प्रियतमा) की आँखें मन्दिर हैं और आशिक उन का पुजारी, जुल्फ़ें जैसे जनेऊ हैं, सरो का पेड़, जोगी समान है, जो एक पाँव पर खड़ा प्रेमिका की याद में डूबा हुआ है; इश्क़ के आँसू माला हैं, जिस पर वह महबूब के नाम का जाप करता है, केशराशि

के बीच से दिखायी देने वाले कपोल, अमावस की रात के चाँद की तरह हैं और दिल का दाग़, विरह की अग्नि के प्रज्वलन से मन्दिर का दीया प्रतीत होता है। ठोकरें खाते रहने से मस्तक पर जो निशान आया है, वह टीका सदृश गौरान्वित है। हृदय मिसाल है शंख की जो प्रियतमा को पाने के लिये धड़कन से फ़रियाद कर रहा है; और प्रियतमा का सुन्दर मुख पोथी के समान दर्शनीय है। उदाहरण इस प्रकार हैं।

.कुली .कुतुब शाह

बुत-ख़ाना नैन तेरे होर बुत नैन कियाँ पुतलियाँ
मुझ नैन हैं पुजारी पूजा अधान हमारा

वली

बरहमन तुझ मुख कूँ देखा पास हिन्दू ज़ुल्फ़ के
ज़ुल्फ़ के ताराँ कूं जनेऊ करके समझा बरहमन

वली

नयन देवल में यो पुतली है या काबे में असवद है
हिरन का है यो नाफ़ा या कंवल भीतर भंवर दिस्ता

वली

खड़ा है रास्ती के दम में यक पग पर सो ज्यों जोगी
तेरे क़द सूँ लगा है ध्यान सर्वे-जुएबारी का

वली

जब सूँ विर्दे-ज़बाँ है नामे-मोहन
अश्क ग़ल्ताँ हैं हाथ में माला

सिराज

रुख़सारे-यार हलक़ए-काकुल में है अयाँ
या चाँद है 'सिराज' अमावस की रात का

सिराज

तसव्वुर तुझ भवां का ऐ सनम सुमिरन हुआ मन का
सदा देवल की पूजा काम है हर इक बरहमन का

सिराज

इश्क़ के मठ में तसव्वुर उस ग़िज़ालाँ चश्म का
इश्क़ के बैरागियों को मिरिग छाला हो गया

सिराज

लगा कर राख जोगन हुई क़ुमरी बाग़ को तज कर
मगर कोई सरो क़द के वास्ते छोड़े है राज अपना[56]

नाजी

दुश्मन है दीं का ख़ाले-सियह मुख उपर तेरे
हिन्दू से क्या अजब है अगर काफ़िरी क़रे

मीर

गले में गेरुई कफ़नी है अब 'मीर'
तुम्हारी मीरज़ाई हो चुकी बस

मुसहफ़ी

अब तो आसन मार कर बैठे हैं वाँ मुमकिन नहीं
मिरिग छाला अपना कूए-दिलबराँ से उठ सके

इन्शा

ऐ आतिशे-फ़िराक़ मेरा बल बेसोज़े-दाग़
झलके है दिल में दूर से ज्यूँ दैर का चराग़

इन्शा

हासिल किया जो हमने क़दम-बोसे-पीरे-दैर
आई सदाए-इश्क़ दरे-सोमनात से

नासिख़

हो गया जोगी वो क़ातिल पर है ख़ूँरेज़ी वही
बदले मुन्दरों के पड़े रहते हैं चक्कर कान में

आतिश

हासिल किया है तूने सदक़े से इस क़दर ज़र
सोने के बुत बँधे हैं बाज़ूए-बरहमन पर

घनश्याम लाल आसी (शिष्य शाह नसीर)

जो दिल बदले कोई हम से तो हम शीशा बदलते हैं
नहीं हम औरतों की तरह से करवा बदलते हैं

बहर

अगर आवागमन सच है तो फिर दोनों जनम लेंगे
सियह गूँ ज़ुल्फ़ साँपों में दिले-पुर दाग़ मोरों में

बहर

ऐ बुतो हम भी तो जानें कि जनम लेते हैं
तुम में से कोई सनम जान हमारी हो जाये

सुन्दर लाल 'बिस्मिल' (शिष्य नासिख़)

ये नहीं नाक़ूस ऐ तिफ़्ले-बरहमन हाथ में

कर रहा है मुर्ग़े-दिल अपना ये शेवन हाथ में

जूया

पोथी हैं ऐ बुते-चालाक कि क़ुरआँ आरिज़
देखा करते हैं जो हिन्दू व मुसलमाँ आरिज़

मेहर

तसव्वुर उस सनम का है हमें काबे से क्या मतलब
चराग़ अपना ही दाग़े-दिल है जो मन्दिर में जलता है

जॉर्ज पेश 'शोर'

मुबारक तुम्हें डिप्टी साहब नवासी
कि पैदा हुई लक्शमी[57] ये मुकर्रर

फ़िराक़

पौ फटे वो रंग अपना सर ब सर बदलती है
देख रात की जोगन क्या भभूत मलती है

(ग) वे उपमाएँ और रूपक, जो धर्म और त्योहारों के अतिरिक्त अन्य सामाजिक क्षेत्रों से ग्रहण किये गये हैं :

प्रियतमा के मुख को जलेबी, चुम्बन को गुड़ और मोहन भोग तथा अधरों को बताशा कहा गया है। आँखों और पलकों को कटारी, छुरी, वाण और भाले से भी उपमा दी जाती है। महबूब का मुख कुन्दन है। मेहन्दी रचे हाथ (पंजाए-हिनाई), फुलझड़ी और अँगुलियों की पोरें, बोंडी और गन्डेरी हैं। आशिक का वीरान दिल उजड़ा हुआ नगर है और दिल का दाग़ शाह आलम का सिक्का है। ज़माने की गर्दिश (काल-चक्र) हिन्डोला है। आशिक़ कटी हुई पतन्ग है। माशूक़ सपेरा है; और उसके हाव-भाव (अन्दाज़े-दिलरुबाई) नट की कला हैं जो काम कर जाती हैं नज़र नहीं आती। ये शेर प्रस्तुत हैं :-

क़ुली क़ुतुब शाह

इस अधर अंगे 'मआनी' गुड़ के तईं मंगता खड़ा
मंगता होवे या बगालियाँ सूँ जवाब आलूद[58]

क़ुली क़ुतुब शाह

तेरे तिल हैं मेरे दिल कंठमाल के मोती सही
करता हूँ तस्बीह इस मोतियाँ का तुम आखो हदीस

क़ुली क़ुतुब शाह

तू नाजुकी सूँ जानो ना किस का भुला के दिल
पेशानी टीका लाये हैं सेन्दूर ज्यों सुरन्ज

वली

ऐ शकर लब क़न्द सूँ तुझ लब की बातॉं हैं लज़ीज़
हर्फ़े तेज़ उस के हैं जैसे हलवए-सेवहाँ लज़ीज़

वली

लिया है घेर तुझ ज़ुल्फ़ाँ ने तेरे कान का मोती
मगर ये हिन्द का लश्कर लगा है आ सितारे कूँ[59]

वली

ग़नीमे-ग़म किया है फ़ौजबन्दी इश्क़-बाज़ाँ पर
बजा है आज वो राजा अगर नौबत बजा निकले

वली

करता हूँ जाँ-सुपारी कत्थी हैं हाथ जिस के
करने कूँ दिल का चूना आता है पान खा कर

वली

देखे सूँ तुझ लबाँ के उपर रंगे-पान आज
चूना हुए हैं लाल रुख़ाँ के परान आज

वली

ग़मज़ाँ की फ़ौजाँ बाँध कर आये हैं रावत[60] नैन के
हर मू पलक के हाथ में उन के सो जूँ भाला हुआ

फ़ाइज़

लगायी है तेरे दर पर मलंगों की तरह धूनी
निकल पर्दे से टुक बाहर खड़ा हूँ मुन्तज़िर कब का

फ़ाइज़

गुल सीं मीठा है बोसा उस लब का
उस जलेबी में कनदो-शक्कर है

फ़ाइज़

भंवां तेरी शमशीरो ज़ुल्फ़ाँ कमन्द
पलक तेरी जैसे कटारी लगे

सौदा

ये किस के अब सफ़े-मिज़गाँ ने दिल को दी है शिकस्त
कि अश्क फिरते फिरे हैं बहेर[61] से दिल में

मीर

हो के उस के शरबती लब से जुदा
कुछ बताशा सा घुला जाता है जी

मीर

उस के गये पे दिल की ख़राबी न पूछिए
जैसे किसू का कोई नगर हो लुटा हुआ

सिराज

केसरी जामा बदन में उसके देख
दिल हमारा धूल धानी हो गया

सिराज

पुतली हमारी नैन झरोके में बैठ के
बेकल हो झाँकती है पियारा कब आयेगा

मुसहफ़ी

दाग़ों से मेरे बूए-अगर क्यूँ कि न आवे
मैं सोख़्ता हूँ उस के लिबासे-अगरी का[62]

मुसहफ़ी

उस नाज़नीं की बातें क्या प्यारी, प्यारियाँ हैं
आँखें हैं जिस की छुरियाँ ज़ुल्फ़ें कटारिया हैं

भूरे ख़ाँ 'आशुफ़्ता'

यूँ काँधे पे ज़ुल्फ़ें उसकी बल खाती हैं वक़्ते-ख़िराम
मारे-सियह को डाल गले में जैसे सँपेरे फिरते हैं

नज़ीर

क्या खेलता है नट की कला, आँखों आँखों में
दिल साफ़ ले गया है जो पूछा तो नट गया

नज़ीर

मैं हूँ पतंग काग़ज़ी, डोर है उसके हाथ में
चाहा इधर घटा लिया, चाहा उधर बढ़ा लिया

शेर अली 'अफ़सोस'

न लगा नेज़ा है न भाला है
तेरी पलकों ने मार डाला है

अमानत

रगे-रुख़सार का शोला जो भड़क जाता है
आतिशे-हुस्न पे कुन्दन सा दमक जाता है

नासिख़

रंग तो क्या, कट गये हैं देखने वालों के सर
तेग़ सी है चाल उस महबूब चौसर बाज़[63] की

सहर

जहाँ दस्ते-रंगीं को धोने लगे
हर अँगुली हुई फुलझड़ी हाथ में

शहीदी

तसर्रुफ़ से जुनूँ के बादे-मुर्दन भी रहा चमका
मेरा दाग़े-जिगर सिक्का है गोया शाह-आलम का

शहीदी

बेइख़्तियार जी में ये आता है तोड़ दूँ
पर हाय क्या करूँ कि है उसका पतंग दूर

सबा

गर्दिश से ज़माना कभी ख़ाली नहीं रहता
किस दिन तहो-बाला ये हिन्डोला नहीं होता

शऊर (शिष्य मुसहफ़ी)

बोसा बाज़ी रह गयी चौपड़[64] उलट दी ऐ शऊर
यार से तकरार पाँसे पे रही हर हाथ में

मेहर

पाजामा गुलबदन का पहन कर दिखाते हो
मारें कटारियाँ न सितमगार बन के पांव

मोहसिन (शिष्य वज़ीर)

वो कन्हैया है तू ऐ ज़ोहरा-जबीं गर मुँह लगाये
बाँसुली बन जाये हुक़्क़े की निगाली हाथ में

बहर

नौबत सुनी न सुब्हे-शबे-वस्ल यार की
टकरा के सिर को मर गये पहली टिकोर[65] पर

हिलाल

सिवा हैं बोन्डी से ऐ शक्करीं दहाँ पोरें
बनीं मिठाई हैं गोया गन्डेरियाँ पोरें

शफ़ीक़ (शिष्य क़लक़)

परतौ से उसकी माँग में सेन्दूर भर गया
सिर पे हिनाई रख्खा जो उस ने उठा के हाथ

साहिल (शिष्य रश्क)

दिन रात देखता हूँ जो गेसूए-यार को
काजल की तरह रहती है आँखों में शामे-ज़ुल्फ़

क़द्र

तलवार तोलते हुए शाना उतर गया
क्या तोला-माशा है मेरे जल्लाद का मिज़ाज

मुनीर

पच्चीसी[66] बहोत खेलते हो ग़ैर से ऐ जान
कौड़ी की न हो जाये कहीं बात तुम्हारी

मुनीर

आयी क़यामत आप की तक्कल[67] अगर लड़ी
क़िरतास-सुब्हे-हश्र है काग़ज़ पतंग का

अता हुसैन करीम (शिष्य तस्लीम लखनवी)

है फ़रोज़ाँ जो कंवल लालए-सहराई का
उर्स जंगल में है शायद किसी सौदाई का

मेहर

जुदा है नेमते-दुनिया से लज़्ज़त एक बोसे की
वो जोगी हो गया जिस ने ये मोहन भोग चखा है

असर

तू वो तूफ़ाने-क़हर है जूड़ा
गाँठ बिस की है ज़हर है जूड़ा

फ़िराक़

है हुस्न सदाबहार ऐ दिल
तो इश्क़ सदासुहाग भी है

2. वे उपमाएँ और रूपक जो भारतीय वनस्पतियों से ग्रहण किये गये हैं :

उर्दू के ग़ज़लगो हिन्दुस्तान के जंगल और पहाड़, फल-फूल इत्यादि की ओर से अधिकतर आँखें बन्द किये हुए हैं, अगरचः उन्होंने, ग़ज़ल की उपमाओं और रूपकों में उन से लाभ उठाया है, परन्तु बहुत कम। चेहरे को खिले हुए कमल से, सूरजमुखी से और सेवती के फूल से उपमा दी जाती है। महबूब के गाल नारंगी हैं और उसका यौवन उठती हुई कोंपल है। उसके वस्त्र की गंध पर केवड़े, केतकी और मोतिया की सुगन्ध का सन्देह होता है। नाक चम्पा-कली है, ज़ुल्फ़ें-बेल हैं और कद बूटा सा, या फूलों की लचकती डाली जैसा है। लज्जा के कारण उसे लाजवन्ती का फूल कहा जाता है। खिली हुई सरसों को देख कर आशिक को अपना पीला रंग याद आता है और टेसू के फूलों से आतिश-ए-इश्क़ हो जाती है।

क़ुली क़ुतुब शाह

सूरजमुख फूल पर फुलिए हैं अम्बर फूल कुंतल के
न पाये बू अजब फूर्ला सू मुश्कीं कैसी अचपल के

क़ुली क़ुतुब शाह

जोबन जैसे कमल ऊपर भौंर भटें हैं या वो
पहने बैठे हैं कुंडल कर जो देखिया ऐसी मालाँ के

वली

हुआ है रश्क चम्पे की कली सूँ
नज़र कर तुझ क़बाए-सन्दली कूँ

वली

मेरे वीराने दिल में ऐ परी रू
शिकार आकर करो ये कदली-बन है

वली

ऐ ज़ोहराजबीं किशन तेरे मुख की कली देख
गाता है हर इक सुब्ह में उठ रामकली[68] कूँ

वली

तेरे मुख का दिवाना हो चमन में
गया है फूल चम्पा भूल माली

वली

घनाले बाल बाले के बला की बेल हैं गोया
जनम आशिक़-कुशी करना सखी के खेल हैं गोया

वली

तुझ मुख का रंग देख कंवल जल में जल गये
तेरी निगाहे-गर्म सूँ गल गल पिघल गये

शाह हातिम

नशे में सु.र्ख़ हैं इस तर्ह से तेरी चश्म
गोया खिला है कंवल लाल लाल आँखों में

नाजी

रूए-रौशन की जो कोई याद में मशगूल है
मेह्र उसके रूबरू सूरजमुखी का फूल है

ताबाँ

आने की जब ख़बर मैं सुनता हूँ हर फ़स्ल की
टेसू की तरह आतिश लगती है मेरे तन में

सौदा

सब्ज़ी वस्मा की सियह गर न करे शेख़ की रीश
क्या तमाशा हो कि सोये का सा वो साग लगे

सौदा

सावन के बादलों की तरह से भरे हुए
ये नैन हैं कि जिनसे ये जंगल हरे हुए

मीर

इन गुलरूख़ों की क़ामत लहके है यूँ हवा में
जस रंग से लचकती फूलों की डालियाँ हैं

मीर

आलूदा ख़ूँ से नाख़ुन हैं शेर के हर इक सू
जंगल में चल बने तो फूला है ज़र्द ढाका[69]

मीर

सवादे-शहर में चल फूली ज़र्द सरसों है
हुआ है इश्क़ ही कुल ज़र्द क्या बहार है आज

यक़ीन

जब यक़ीं बेहतर नहीं है उससे जल मरने की तर्ह
क्या ही फूला है पलास और लग रही है बन को आग

ताबाँ

कट गया देख रंगे-बर्गे-कंवल
कफ़े-पाये-निगार की सूरत

मोहम्मद अमान निसार

ख़ूने-जिगर से मिज़गाँ यूँ सुर्ख़ हो रहे थे
जंगल में जैसे यारो फूला हुआ हो ढाका

शेर अली 'अफ़सोस'

आया है उस सबीह के चेहरे पे ये अर्क़
या सेवती के फूल पे छिड़का गुलाब है

मुसहफ़ी

तेरे नख़्ले-हुस्न की कोंपलें, अभी नाशगुफ़्ता हैं ऐ परी
जो नसीम आयी है उसने भी, उन्हें कुछ समझ के छुआ नहीं

मुसहफ़ी

नै गुल न यासमन के सदक़े
चम्पा से तेरे बदन के सदक़े

मुसहफ़ी

कल देखते ही हम उन्हें बेहोश हो गये
आँखों ने उस की हम को धतूरा खिला दिया

मुसहफ़ी

मैं हुस्ने-सन्दली का हूँ आशिक़ कि आये है
बू सेवती की उस गुले-नाजुकबदन के बीच

इन्शा

खैंचता है आपको दूर इस क़दर क्यूँ आफ़ताब
साया क्या सूरजमुखी का है किसी रुख़सार पर

इन्शा

बाग़े-जहाँ में फ़ितनए-महशर से कम नहीं
बालिश्त भर ज़मीं से जो बूटा बुलन्द है

इन्शा

आईने में अक्से-चश्मे-यार का आलम न पूछ
देख ले आतिश कंवल फूले हुए तालाब में

इन्शा

बाग़े-उम्मीद में यूँ है चमने-यास की बास
जूँ बहम होवे गुलाब और अनन्नास की बास

इन्शा

कल तुझ को देखते ही लजालो की तरह से
यकबारगी सिमट गयी उस अन्जुमन की बेल

इन्शा

नरगिस में, केतकी में न राबेल में कहीं
जो बास है रची हुई उस पैरहन के साथ
चम्पा में मोगरे में मदन बान में कहाँ
है नाजुकी की तह सी जो एक उस के तन के साथ

शाह आलम 'आफ़ताब'

सूरजमुखी किया है उस आफ़ताब-रू ने
ऊधर को दिल फिरे है जीधर को यार तू है

नज़ीर

सुर्ख़ गालों पे जो हम करते हैं उस गुल के निगाह
पड़ी नारंगियाँ टपके हैं हज़ारों दिलख़्वाह

नज़ीर

देख कर कुर्ती गले में सब्ज़धानी आप की
धान के भी खेत ने अब आन मानी आप की

अमानत

ज़र्द चेहरा है मेरा दीदए-पुर-आब के पास
खेत सरसों का है फूला हुआ तालाब के पास

अमानत

क़द जो बुटा सा तेरा सर्वे-रवाँ याद आया
ग़श पे ग़श मुझ को चमन में तहे-शमशाद आया

अमानत

किसी महबूब का बूटा सा क़द आँखों में फिरता है
चमन में देख कर ऐ दिल सूये-शमशाद क्या कीजै

मन्नूलाल 'सफ़ा' (शिष्य मीर)

शक्करो-तिल हैं तेरे लाले-लबो ख़ाले-सियह
उनके हमज़ायक़ा हो तिल शकरी का मुंह क्या

शाह नसीर

अक्से-शुआअ[70] नहीं ये बेल चम्बेली लिपटी है
सर्वे-चमन से किया है पैदा सर पे तुर्रा हार गले में

फ़ैज़ दकनी

बोटी-बोटी में उस की छल बल है
अभी उठती हुई वो कोंपल है

फ़ैज़ दकनी

उफ़ई-ए-काकुल[71] नज़र आते हैं लहराते हुए
क्या दिले-वीराँ हमारा केवड़े का बन हुआ

आतिश

ऊँचा हो लाख ताड़ से भी सरो चार हाथ
रुतबा बुलन्द है तेरे क़द का हज़ार हाथ

आतिश

हमेशा जोशे-गिरिया से रहा पानी में ऐ 'आतिश'
कभी ताज़ा न लेकिन अपने दिल का ये कंवल पाया

दोस्त अली 'ख़लील'(शिष्य आतिश)

गुले फ़िन्दक़ीं हैं ज़र्द हिना मोतिया के फूल
गुलदस्तए-जिनाँ[72] हैं तेरे ऐ निगार हाथ

मोहसिन

दें हुस्न के चमन में न क्यूँ कर बहार दाँत
कलियाँ हैं मोतिये की ये ऐ गुल-उज़ार दाँत

अब्बास (शिष्य वज़ीर)

कुम्हला गये लजालो के मानिन्द छूते ही
नाज़ुक हैं इस क़दर मेरे नाज़ुक बदन के पांव

अब्बास (शिष्य वज़ीर)

बूटा सा क़द वो गुलशने-आलम की है बहार
गुल बर्ग तर के हाथ हैं बर्गे-समन के पांव

असीर

शर्मे-हुस्न ऐसी है मैं हाथ लगाऊँ जो कभी
दामन उस गुल का सिमट जाये लजालो होकर

मेहर

उस दिल ने हम को आँखों से तूफ़ाँ दिखा दिया
क्या जानते थे हम कि समन्दर कंवल में है

शोर

हुआ है जिस्म अपना नातवाँ और चेहरा ज़र्द ऐसा
कि फूलों में भी सरसों की जो रंगत हो तो ऐसी हो

मुनीर

नीलोफ़र[73] आँख है मेरे दरियाए-हुस्न की
शबरंग मर्दुमक[74] नहीं भौंरा कंवल में है

बर्क़ देहलवी (शिष्य नासिख़)

जिस्मे-लतीफ़े-यार में ख़ुशबू दूल्हन की है
गुल से कहीं ज़ियादा कली पैरहन की है

ज़की (शिष्य रश्क)

क्यूँ कर न कहिए साँप चम्बेली का फिर इसे
ऐ जान तू जो फूलों में अपनी बसाये ज़ुल्फ़

अमीर

अभी उस नौनिहाल पर आलम
बाग़बाँ है निकलती कोंपल का

शौक़

सब्ज़ए-ख़त ने बढ़ा दी तेरे आरिज़ की बहार
था जो लाले का चमन खेत है इन धानों का

फ़िराक

साफ़ उफ़ुक़ महक उठा खिल उठा लहलहा उठा
जैसे खिला हुआ कंवल सुब्ह की ताज़गी तो देख

3. वे उपमाएँ और रूपक जो भारतीय पशुओं और पक्षिओं से सम्बन्धित हैं :

प्रियतमा की चाल मोर से मिलती जुलती है, यह हँस को लजाती है और हाथी की चाल की मस्ती की याद दिलाती है। पलकें भौंरे हैं जो मुख-कमल पर झुक गये हैं। जुल्फ़ें नागिनें हैं जो चन्दन बदन को लिपटी हुई हैं, शरीर के जल स्रोत पर प्यासी हैं या कुंडल मारे (जूड़े के रूप में) रूप-कोष (ख़ज़ानए-हुस्न) अर्थात प्रियतमा के चेहरे की रक्षक बनी बैठी हैं। आशिक़ चकोर है, माशूक़ चाँद और माशूक की माँग के मोती बगुलों की पंक्ति हैं जो बादलों भरे आकाश (जुल्फ़ें) पर उड़ने को उन्मुख दिखाई देती हैं। शेर देखिए :

क़ुली क़ुतुब शाह

तेरी नेह का मुंज को बिच्छू लड़िया
मेरे सब ही तन में बिस उसका चड़िया[75]

क़ुली क़ुतुब शाह

तुझ मुख कमल पे फिरता है भौंरा होकर अकास
दीवे पे जूँ पतंग फिरे बेख़बर अकास

क़ुली क़ुतुब शाह

लटकते जब चले सो धन सके हैं चाल हँस की काँ
बने बन फूल सब भरिए जो हँस कर बात बोली जूँ[76]

वली

चलने मने ऐ चंचल हाथी कूं लजावे तूँ
बेताब करे जग कूं जब नाज़ सूँ आवे तूँ

वली

ख़ुशबू बदन पे तेरी ज़ुल्फ़ाँ नहीं हैं चौंधर
काले भुजंग मिल कर घेरें दरख़्ते-सन्दल

वली

ये सियह ज़ुल्फ़ तुझ ज़नख़दाँ पर
नागिनी ज्यूँ कुँए पे प्यासी है

फ़ाइज़ देहलवी

तिरछी नज़राँ सूँ देखना हँस हँस
हूर से चाल तुझ पियारी है

फ़ाइज़ देहलवी

इन चकोरों से दूर रह ऐ चाँद
क़ौल उश्शाक़ का नमाज़ी है

सौदा

ख़याले-जुल्फ़ को तेरे निकलने दूँ ने मैं दिल से
ये काला है कि जब तोम्बी से निकला बन्द क्यूँ कर हो

सौदा

उस ज़ुल्फ़ को जब देखा मैं हाथ में सौदा के
बिफरे हुए हाथी की ज़ंजीर नज़र आयी

सौदा

खन्जन से तुझ नयन को तशबीह क्यूँ के दीजे
वो तो चुना करे है उन के सदा ममूले

यक़ीन

किसका मातम है 'यक़ीं' क्यूँ इस तरह रोता है अब्र
कूकती हैं कोयलें और शोर यूँ करते हैं मोर

असर

तेरे मुख़ड़े को यूँ तके है दिल
चाँद के जूँ रहे चकोर लगा

असर

नहीं ये ज़ुल्फ़ उड़िया नागन है
हर ख़मोपेच में जुदा मन[77] है

सिराज

तेरे देखे चकोरों की न हो क्यूँ आरज़ू हासिल
हुआ आलम में रोशन चाँद पूरा हुस्न के धन का

मुसहफ़ी

शम्सो-क़मर ने देख लिया क्या उस के गोरे मुखड़े को
कोठे पर दिन रात पड़े जो चील से यूँ मंडलाते हैं

आतिश

देखे जो तिल किसी की नाजुक कलाइयों के
भौंरों को मैने समझा शाख़े-गुले-समन पर

आतिश

जो छेड़ा गेसूए-अम्बरीं को तो साँप खेला फ़ुसूँ से गोया
लिया जो चश्मे-सियह का बोसा शिकार मैंने किया हिरन का

आतिश

किसी चश्मे-सियह का जब हुआ साबित मैं दिवाना
तो मुझ से मस्त हाथी की तरह जंगली हिरन बिगड़ा

नज़ीर

नागन है बनी जुल्फ़ की दिल क्योंकि न डर जाये
ये काट भी खावे जो किसी को तो मुकर जाये

फ़क़ीर मोहम्मद गोया

जुल्फ़ ने नक़्दे-दिल किये हैं जमा
अब तो ये साँप कोड़ियाला है

वज़ीर

दामे-काकुल में न मछली कफ़े-रंगीं की फँसे
हाथ यूँ रख के न बैठा करो जानाँ सर पर

अमानत

गर्मी गर्मी करके शब को बाँध ली बस उस ने जुल्फ़
क्या ही मंतर मार के मुँह हमने मोड़ा साँप का

अमानत

है यादे-जुल्फ़ में दिले-पुर-दाग़ मुन्तशिर[78]
काली घटा के शौक़ में खोले है मोर पर

अमानत

दीदए-तर में मेरे फिरती हैं जुल्फ़ें यार की
देख लो पानी में लहराता है जोड़ा साँप का

मुन्तज़िर (शिष्य मुसहफ़ी)

क़ुदरत ये ख़ुदा की है कि उस गोल बदन पर
बारीक कमर उस की है जूँ मोर की गर्दन

हिलाल (शिष्य रश्क)

ये चोटी टलती नहीं है जो काली नाग की तर्ह
बनी है गंजे-ज़रे-हुस्न क्या तुम्हारी पीठ

कौसर (शिष्य नासिख़)

उसके जूड़े को भला क्यूँ कर लगाऊँ हाथ मैं
साँप कुंडली मारे बैठा है वहाँ बालाए-सर

ज़की (शिष्य रश्क)

क्यूँ कर न कहिए साँप चम्बेली का फिर उसे
ऐ जान तू जो फूलों में अपनी बसाए ज़ुल्फ़

राम दया 'सुख़न' (शिष्य नासिख़)

आँखों को तेरी देख के भूले हैं चौकड़ी
उठते नहीं हैं देख ले ज़ालिम हिरन के पाँव

वक़ार (राजा किशन कुमार मुरादाबादी)

देख कर यार सिमटने लगे लट धारी साँप
हों दोपट्टे से जो बिखरे हुए बाहर गेसू

मग़मूम (लाला राम जस 'मग़मूम)

झूम कर बादल डराता है मुझे जू फ़ीले-मस्त
दिल का बचना साक़िया इस वक़्त तेरे हाथ है

जलाल

दमे-रफ़्तार उलझते ज़ुल्फ़ में मोती के झाले हैं
तुम्हारे गेसूओं के सांप अब तो कौड़ियाले हैं

हाफ़िज़ सहारनपुरी

उस ज़ुल्फ़ की नागन से सँपेरा भी है नाचार
पाता है जड़ी बूटी तो मन्तर नहीं पाता

हाफ़िज़ सहारनपुरी

बहोत सँपेरे मरे जिस के सूँघ जाने से
समझ न ज़ुल्फ़े-सियह उस को है वो काला नाग

(4) वे उपमाएँ और रूपक जो भारतीय मौसमों से सम्बन्धित हैं :

इस विषय में अधिकतर उपमाएँ बरसात की घटाओं और वर्षा (बादो-बाराँ) तथा सावन की झड़ी से सम्बन्धित हैं। देखिए:

सौदा

सावन के बादलों की तरह से भरे हुए
ये नैन वो हैं जिन से कि जंगल हरे हुए

सौदा

है ज़ोफ़[79] से यूं नाला तेरा रोने में 'सौदा'
सावन में पपीहे की हो जूँ टेर हवा पर

मीर

तेरी ज़ुल्फ़े-सियह की याद में आँसू झमकते हैं
अन्धेरी रात है बरसात है जूगनू चमकते हैं

यक़ीन

अब्र जैसे मस्त को शोरिश में लावे दिल के बीच
मच गयी इक बार उन बालों के खुल जाने में धूम

सिराज

घटा ग़म अश्क पानी आह बिजली
बरसता है अजब बरसात तुम बिन

मुसहफ़ी

कम होवे न आशिक़ का कभी अश्क का बाराँ[80]
मुमकिन ही नहीं खोले ये सावन की झड़ी आँख

मुसहफ़ी

न सावन करे फिर बरसने का दावा
जो ये दीदए-तर कभी तार बाँधे

जुर्रत

अश्क सावन की सी झड़ियाँ वो लगाते हैं कि आह
अपने हमसाये के होते नहीं परनाले ख़ुश्क

जुर्रत

याद कर वो हुस्ने-सब्ज़ और अंखड़ियाँ मतवालियाँ
काटते रो-रो के हैं सावन की रातें कालियाँ

शाह नसीर

आलम तो देख बिखरी हुई ज़ुल्फ़े-यार का
रखता है लुत्फ़ अब्र से पड़ना फुवार का

नासिख़

बरसात पे मौक़ूफ़ अगर बादाकशी है
कहिए तो लगा दे अभी सावन की झड़ी आँख

आतिश

होता है आहे-सर्द से यूँ अपने दिल में दर्द
पुरवा हवा में दुखती है जैसे बशर की चोट

वाजिद अली शाह 'अख़्तर'

बदली में जो वो बर्क़ चमक जाता है आ के
फ़िल्फ़ौर[81] लगा देती है सावन की झड़ी आँख

अमानत

ऐ फ़लक! मोहताज हम मैकश नहीं बरसात के
लग गयी जिस दम झड़ी अश्कों की सावन हो गया

अमानत

हलचल मेरे अश्कों की ज़माने में पड़ी है
झाले हैं न भादों के न सावन की झड़ी है

क़लक़

सेन्दूर उस की माँग में देता है यूँ बहार
जैसे धनक निकलता है अब्रे-सियाह में

मोमिन

बस कि मैं सारे बरस रोता रहा ग़म में तेरे
जेठ और बैसाख का भी चाँद सावन हो गया

सहर

दीदए-तर की सफ़ेदी व सियाही से खुला
दोनों आँखें हैं मेरी भादों के दिन सावन की रात

सहर

ख़स के बंगले तक अगर आशिक़े-गिरियाँ[82] पहुँचे
ऐन गर्मी में दिखावे तुम्हें बरसात का लुत्फ़

अज्ञात

अरक़-आलूद[83] गर्दन ज़ेरे-काकुल[84] यूं दमकती है
अन्धेरी रात है बरसात है बिजली चमकती है

सुल्तान

खुल जाती अभी चश्मे-फ़लक देखे जो आंसू
ख़ातिर में कहाँ लाती है सावन की झड़ी आँख

मुनीर

मज़ा बरसात का चाहो तो इन आँखों में आ बैठो
सपेदी भी सियाही भी शफ़क़ भी अब्रे-बाराँ भी

तालिब (शिष्य मुनीर)

तेरी मिस्सी के तसव्वुर में रवाँ हैं ऐसी
देख ले छायी है सावन की घटा आँखों में

हाली

वस्ल के हो-हो के सामाँ रह गये
मेंह न बरसा और घटा छायी बहोत

(5) वे उपमाएँ और रूपक जिन में भारतीय नदियों का वर्णन मिलता है :

मीर

वो दिन गये कि आँखें दरिया सी बहतियाँ थीं
सूखा पड़ा है अब तो मुद्दत से ये दोआबा

फ़िदवी

या ख़ुदा मीर की आँखों को दोआबा कर दे
और बीनी[85] का ये आलम हो कि तिरबेनी[86] हो

बक़ा

सैलाब से आँखों के रहते हैं ख़राबे में
टुकड़े जो मेरे दिल के बसते हैं दोआबे में

शाह कमालुद्दीन हुसैन कमाल

माजरा मेरे अश्के-जारी का
सैले-दरियाए-गंग से पूछो

मेहर

रखते हैं तेहरी कम तुई अंगरखों में हसीन
या उतर आयी हैं तिरबेनी में परियाँ ता कमर

देवी परसाद 'सहर'

धार में जमना के आलम है छुरे की धार का
घाट मथुरा का नहीं ये घाट है तलवार का

इश्क़ी

हलक़े बालों के भँवर क़तरे पसीने के हबाब
मछलियों को है मुहैय्या लुत्फ़े-दरिया आब में

फ़िराक

बेलंगर है प्रेम की कश्ती
रूप भी है चढ़ता दरिया सा

(6) वे उपमाएँ और रूपक जो भारतीय शहरों, स्थलों और यहाँ की प्रसिद्ध वस्तुओं से सम्बन्धित हैं :

इनमें अधिकतर रुचिकर एवं प्रभावशाली ये हैं। 'कूचाए-यार कश्मीर और काशी है। महबूब की निगाह का जादू सेहरे-बंगाला है, 'दिले-सख़्त, बीजापुर का गुड़ है', 'दहन मच्छी भवन है', लावण्य की दृष्टि से (साँवलेपन के कारण) महबूब सांभर की खान है' और उसके कपोल की बहार शामे-अवध और सुब्हे-बनारस को

लज्जित करती है। रोते रहने के कारण आशिक़ का चेहरा सैलाब की याद दिलाता है, और रोती हुई आँख (दीदए-गिरियाँ) नहर, और दिले-ख़राब, गोया दिल्ली शहर के समान है।

वली

वली के दिल को यूँ होती है राहत तुझ गली भीतर
कि ज्यूँ होती है ख़ातिर मुन्शरेह[87] कश्मीर के देखे

वली

इन अन्खाँ होर ज़ुल्फ़ का अज़बस कि देखा है तिलिस्म
शेर तेरा ऐ वली! यू सेहर बंगाले का है

वली

आज तुझ ग़म सूँ है वली गिरियाँ
देख जल पूर का तमाशा है

वली

करूँ क्यूँ संग दिल के दिल कूँ तस्ख़ीर[88]
ज़बरदस्ती में बीजापूर का गुड़ है

वली

कुचए-यार ऐन कासी है
जोगी-ए-दिल वहाँ का बासी है
ऐ सनम! तुझ जबीं उपर ये ख़ाल
हिन्दुए-हरिदुवार बासी है

वली

सेह्न जादू में तूझ नयन सा नहीं
सब फिरा देख शहर-बंगाला

वली

हुआ है दंग बंगाला तेरी नरगिस के जादू सूँ
मुअत्तर है सवादे-हिन्द तेरी ज़ुल्फ़ की बू सूँ

वली

वली तेरी गली को देख बोला
यही है हिन्द और कश्मीरो-काबुल

वली

कामरु देस है तेरा कूचा
नईं ग़लत है यो शहरे-बंगाला

मीर

दिल्ली के न थे कूचे औराक़े-मुसव्वर थे
जो शक्ल नज़र आयी तस्वीर नज़र आयी

मीर

दिल व दिल्ली गर्चे हैं दोनों ख़राब
प कुछ लुत्फ़ उजड़े नगर में भी हैं

वली

दीदए-गिरियाँ हमारा नहर है
दिल ख़राबा जैसे दिल्ली शहर है

यक़ीन

महे-रुख़सार का उस के जहाँ हो ज़िक्र तो जैसे
लगे है चाँदनी चौक इस तरह बाज़ार लग जावै

नज़ीर अकबराबादी

उस के रंगे-सब्ज़ की है चीन में धूम
क्यूँ न हो आख़िर को हिन्दुस्तान है

मुसहफ़ी

तख़्तए-आबे-चमन क्यूँ न नज़र आये सपाट
याद आये मुझे जिस दम वो निगनबोद[89] का घाट

इन्शा

लहरें लेता है पड़ा मच्छी भवन आईने में
चूम ले तू ही भला अपना दहन आईने में

नासिख़

तीन तिरबेनी तो दो आँखें मेरी
अब इलाहाबाद भी पंजाब है

आतिश

माशूक़ भी कोई नज़र आता है तो ठंडा
औक़ात बसर होती है कश्मीर में मेरी

ग़ालिब

'मीर' के शेर का अहवाल कहूँ क्या ग़ालिब
जिस का दीवान कम अज़ गुलशने-कश्मीर नहीं

ग़ालिब

बैठा है जो कि साया-ए-दीवारे-यार में
फ़रमाँरवाए-किश्वरे-हिन्दोस्तान है

सहर

अल्लाह के घर में भी मैं घूरुँगा बुतों को
तहसीन की मस्जिद[90] से मुसल्ला न उठेगा

मेहर

रोता हूँ बनारस के तसव्वुर में शबोरोज़
ऐ हिन्दुओं! देखो ये है दरियाए-बनारस

मेहर

कहाँ का गाव-नर बंगाला कैसा है ख़बर तुम को
हमारे दिल पे करते हैं असर जादू बनारस के

वज़ीर

दरगाह ख़्वाजा की है ये रौज़ा वज़ीर का
आ फ़ातिहे को लखनऊ अजमेर हो गया

नत्थन लाल 'बहजत'

गर मिलावे कोई उस काने-मलाहत से मुझे
बख़्श दूँ लाहौर का मुल्क उस को मैं साम्बर समेत

शोर

क्या-क्या ही लहरें उठती हैं दिल में हमारे आज
मौक़ा मिले तो जा रहें मछली भवन के पास

फ़ना

हो ख़जिल शामे-अवध और बनारस की सहर
कभी देखे जो वो गेसू वो बहारे-आरिज़[91]

राजा बिशन कुमार 'वफ़ा'

रहा क़ब्ज़े में हर इक तीरे-क़ामत
कमाँ अजमेर में मेरी चढ़ा की

(7) वे उपमाएँ और रूपक जो भारतीय संगीत से ग्रहण किये गये हैं:

उर्दू के प्राचीन शाइरों में से अधिकांश या तो ख़ानकाह से सम्बद्ध थे या दरबार से सम्बद्ध थे। दोनों जगहों पर भारतीय संगीत की चर्चा आम थी। क़व्वाली की महफ़िलों मे शामिल होने वाले लोग भारतीय वाद्यों और रागों से अपरिचित नहीं थे और सुल्तानों, अमीरों और रईसों के दरबार तो उस समय ज़माने में भारतीय के संरक्षण के महत्वपूर्ण केन्द्र थे। उर्दू के कुछ ग़ज़लगो शाइर स्वयं भी संगीत के रसिया थे; और इस कला में अत्यधिक कौशल रखते थे।

ख़्वाजा मीर दर्द के वर्णन में मोहम्मद हुसैन 'आज़ाद' ने लिखा है 'संगीत में अच्छी महारत (निपुणता) थी। बड़े बड़े महारथी गायक अपनी गायकी की त्रुटियाँ सुधार के लिए सुनाते थे। राग एक प्रभाव डालने वाली चीज़ है जो हृदय को ओज और आत्मा को उत्थान देता है। इस कारण सूफ़ियों के अधिकांश वर्गों ने संगीत को भी उपासना (इबादत) में शामिल किया है। अतएव यह व्यवहार में था कि हर महीने की दूसरी और 24वीं तिथि को शहर के बड़े-बड़े कलावन्त, डोम, गवैय्ये और गान विद्या में निपुण और सहृदय लोग एकत्र होते थे और आध्यात्म से सम्बन्धित चीज़ें गाते थे।'' (आबे-हयात पृ. 186) कलन्दर बख़्श जुर्रत के बारे में लिखा है कि वह काव्य एवं ज्योतिष में तो पारँगत थे ही, संगीत में भी कुशलता प्राप्त थी और सितार ख़ूब बजाते थे। नवाब मुहब्बत ख़ाँ 'मुहब्बत' और इंशा अल्लाह ख़ाँ के साथ उनकी महफ़िलें ख़ूब जमती थीं (आबे-हयात पृ. 234) यही हाल इन्शा का भी था। 'आबे-हयात में उल्लेख है कि ''ऐसी नैसर्गिक प्रतिभा और उच्च मानसिक क्षमता वाला आदमी, भारत में कम पैदा हुआ होगा; चंचलता इस सीमा तक कि पारे की तरह कहीं पर ठहराव नहीं था।'' इस के साथ ही यह भी लिखा है कि किशोरावस्था में जब विद्यार्थी थे लेकिन साथ ही गाने का शौक भी था। सितार भी बजाते थे। शेख़ इब्राहीम ज़ौक को यद्यपि बहुत चढ़ाया है लेकिन संगीत का वर्णन करने में किन्चित संकोच किया है कि प्रारम्भ में संगीत में रुचि रही और बहुत कुछ प्राप्त किया।'' (आबे-हयात, पृ. 452)

ग़ज़ल की विधा पर उस्ताद शाइरों की संगीत में गहरी रुचि का प्रभाव अवश्य पड़ा है। ग़ज़लें अमीर ख़ुसरो के समय से गायी जाती थीं, अन्तिम मुग़लों और विशेषकर मोहम्मद शाह रंगीले के समय में उर्दू ग़ज़ल भारतीय संगीत का अंग बन गयी। क़व्वाली तो विशेषकर भारत की अपनी चीज़ है। अतएव इसका एक पक्ष यह है कि ग़ज़ल की शाइरी के रूपकों एवं उपमाओं में जगह-जगह भारतीय संगीत (मौसीक़ी) की झनकार सुनाई दे जाती है। कुछ उदाहरण प्रस्तुत हैं :

वली

दिल को शादी है क्यूँ न बाजे आज
हर तरफ़ जग में ताल और मंडल

वली

पी कूँ देखा नहीं हूँ इस नौबत
दिल मेरा इस सबब सूँ झाँझ में है

नाजी

वज़ीफ़ा रागनी के सुर में ज़ाहिद कुफ़्र है मत पढ़
नहीं तस्बीह तेरे हाथ में ये राग माला है

दर्द

ख़ल्क़ में हैं पर जुदा सब ख़ल्क़ से रहते हैं हम
ताल की गिन्ती से बाहर जिस तरह रूपक में
स म

क़ुदरतुल्ला 'क़ुदरत'

एक ही पर्दे की गर समझो तो है ये सब अलाप
गर सदाये-बांग है वर नग़मए-नाक़ूस है

मुसहफ़ी

हर एक अश्क को मिज़गाँ से ये इलाक़ा है
कि जूँ सितार की खूँटी से तार बाँध दिया

मुसहफ़ी

मर गया मैं तो गिटकिरी ऐसी
तू ने ऐ बुलबुले-सहर ली है

इन्शा

हिचकियाँ ले है इस तरह बते-मै[92]
जिस तरह गिटकिरी में तान फिरे

नासिख़

अश्के-ख़ुनीं रंगे नाला राग है
वाह क्या ख़ुशरंग अब का फाग है

नासिख़

गिटकिरी है गले में काफ़िर के
देखिए जब है तान होंटों पर

मोमिन

उस ग़ैरते-नाहीद[93] की हर तान है दीपक
शोला सा लपक जाये है आवाज़ तो देखो

हाफ़िज़ सहारनपूरी

मुग़न्नियाने-मोहब्बत[94] का राग-रंग है और
न 'माल कोस' न 'हिन्डोल' ने 'सिरी ने भाग'

शोर

समोताल का वो मज़ा उस में था
कि बैजू हो सुन कर उसे बावरा

हाली

सुर थे वही और ताल वही पर रागनी कुछ बेवक़्त सी थी

ग़ुल तो बहोत यारों ने मचाया पर गये अकसर मान हमें

फ़िराक़

ये तेरा शोला-ए-आवाज़ है कि दीपक राग
क़रीबो दूर चिराग़ आज हो गये रौशन

फ़िराक़

ये तेरा जिस्म है या रागनी है आ के खड़ी
कि आज तक तो न देखा था ये बदन का रचाव

फ़िराक़

आते ही जल उठे चिराग़
रूप है तेरा दीपक राग

फ़िराक़

निगाहो-गोश की पुरकैफ़ तश्नगी को न पूछ
इक अधखिली सी कली अधसुना सा राग है तू

फ़िराक़

ये यादे-यार की कैफ़ियतें ये हिज्र की रात
सुकूते-नीम-शबी[95] ने उठा लिया है सितार

फ़िराक़

फ़िज़ा को जैसे कोई राग चीरता जाये
तेरी निगाह दिलों में यूँ ही उतर आयी

उर्दू भाषा की 'उर्दूईयत' या उर्दूपन

ग़ज़ल में भारतीय तत्त्वों की बहस समाप्त करने से पूर्व कुछ शब्द उर्दू ग़ज़ल के लबो लहजे के बारे में। भाषायी दृष्टिकोण से उर्दू शौरसेनी अपभ्रंश की उत्तराधिकारिणी देसी बोलियों से पैदा हुई है। दकन जाकर उसने वहाँ की स्थानीय परम्पराओं का गहरा प्रभाव स्वीकार किया, जिस कारण उसका लबो लहजा बहुत कुछ परिवर्तित हो गया। परन्तु उर्दू का यह ढंग उत्तरी भारत के 'फ़सीहाने-फ़ारसी' (फ़ारसी भाषा में निष्णात विद्व-समाज) को पसन्द नहीं था। शाह सादुल्ला 'गुलशन' के निर्देश पर 'वली' के रेख़्ता की न्यूनताओं और दकनीयत को कम किया और उसे फ़ारसी के ढंग एवं रीति से परिचित कराया। इस से पूर्व उत्तरी भारत में उर्दू शेर की आधारशिला, सामान्यत: हिन्दी कवीश्वरों पर रखी जाती थी; और छन्द के अतिरिक्त शेष रुजहान 'हिन्दवी'[96] होता था। हातिम, मज़हर, मीर और सौदा की ग़ज़ल से यह रीति रिवाज और परम्पराएँ समाप्त हो गयीं; और 'उर्दूए-मुअल्ला' के नाम से एक उत्कृष्ट स्तरीय भाषा अस्तित्व में आने लगी। मीर ने उर्दू शेर में हिन्दी और फ़ारसी दोनों के

हद से अधिक प्रयोग को समान रूप से दोषमय माना और हिन्दी तथा फ़ारसी के सुन्दर समन्वय की ओर ध्यान आकर्षित किया; एवं ख़ुद भी उसको बरत के दिखाया। लिखते हैं :-

'चहारुम आं कि तरकीबाते-फ़ारसी मी आरंद। अकसर तरकीब कि मुनासिबे-ज़बाने-रेख़्ता मी उफ़तन्द, आँ जाइज़ अस्त व ई रा ग़ैरे-शाइर न मी दानद। व तरकीबे कि नामानूसे- रेख़्ता मी बाशद, आँ मायूब अस्त। व दानिस्तन नीज़ मौकूफ़ बसलीक़ए शाइरी अस्त। व मख़्तार फ़क़ीरहम हमीं हस्त अगर तरकीबे- फ़ारसी, मुवाफ़िक़े गुफ़्तगूए रेख़्ता बुवद मुज़ाइक़ा नदारद।[97]

'मज़हर जाने-जानाँ' ने आरम्भ में सन्तुलित और मध्यम मार्ग नहीं अपनाया था। सौदा ने उनकी हज्व (विधा जिसमें किसी की निन्दा की जाती है) की।[98] तात्पर्य यह कि फ़ारसी और हिन्दी के दो भिन्न मार्गों में मध्य सम्पर्क और संतुलन की एक नई राह निकाली गयी जो शनैः शनैः लोकप्रिय होती गई। इसी कारण मीर और सौदा के युग के शाइरों को इस संतुलित भाषा की सफ़ाई और सौन्दर्य पर सही तौर पर गर्व था। 'मीर' अपनी भाषा को 'हिन्दी' भी कहते थे :

ना जाने लोग कहते हैं किस को सुरूरे-क़ल्ब[99]
आया नहीं ये लफ़्ज़ तो 'हिन्दी' ज़बाँ के बीच

हातिम कहते हैं :

हिन्द की गुफ़्तगू अनोखी है
चर्ब है सब ऊपर यहाँ की ज़बां

हातिम का एक और शेर है :

रात दिन जारी है आलम में मेरा फ़ैज़े-सुख़न
गो कि हूँ मोहताज पर हातिम हूँ हिन्दुस्ताँ के बीच

सौदा ने फ़रमाया :

कहे था रेख़्ता कहने को ऐब नादाँ भी
सो यूँ कहा कि मैं दाना हुनर लगा कहने
बसाने-महर[100] ये रौशन है सारे आलम पर
जहाँ में जैसे कि मैं शेर-तर लगा कहने
सुख़न को रेख़्ते के पूछे था कोई सौदा
पसन्द ख़ातिरे-दिलहा हुआ ये फ़न मुझसे
कब उसको गोश करे था जहाँ में अहले-कमाल
ये संगरेज़ा हुआ है दुरे-अदन[101] मुझसे

और ख़ुदाए-सुख़न मीर ने तो निःसंदेह इसे निहायत आला बुलन्दी पर पहुँचा दिया :

दिल किस तरह न खैंचें अशआर रेख़्ते के
बेहतर किया है मैंने इस ऐब को हुनर से

'मीर' और 'सौदा' के बाद से उर्दू में यह हमेशा के लिये परम्परा स्थापित हो गयी। फ़ारसी के अधिक्य की आलोचना की जाने लगी और लोग फ़ारसी की अपेक्षा उर्दू में शेर कहने को प्राथमिकता देने लगे। इस प्रकार एक नया शेरी मुहावरा निर्मित होने लगा। मोहम्मद हुसैन आज़ाद ने सौदा के सन्दर्भ में बड़ी सुन्दरता से ये बहस उठायी है। यह उद्धरण किन्चित लम्बा है लेकिन आज भी ध्यानपूर्वक पढ़ने की अपेक्षा करता है -

> "जिन व्यक्तियों ने उर्दू भाषा को स्वच्छ और पवित्र किया उनमें मिर्ज़ा (सौदा) का स्थान प्रथम है। उन्होंने फ़ारसी मुहावरों को भाषा में खपा कर ऐसा एक किया है जैसे रसायन विज्ञान का विशेषज्ञ एक तत्त्व को दूसरे तत्त्व में मिश्रित कर तीसरा तत्त्व उत्पन्न कर देता है कि किसी तेज़ाब से उस का जोड़ खुल नहीं सकता। उन्होंने हिन्दी भाषा (अर्थात उर्दू) को फ़ारसी मुहावरों और रूपकों से अत्यधिक बल प्रदान किया, और उनमें से अधिकांश रिवाज में आ गये।
>
> यह उनकी नैसर्गिक प्रतिभा का फल था जिसकी सुकुमारता से दो भाषाएँ संस्कारित होकर तीसरी भाषा बन गयी और उसे ऐसी सामान्य लोकप्रियता प्राप्त हो गयी कि भविष्य के लिए वही हिन्दोस्तान की ज़बान बन गई। जिसने हाकिमों के दरबारों और विद्या के ख़ज़ानों पर अधिकार प्राप्त किया। उसी के कारण हमारी भाषा गुण सम्पन्न होकर और सुन्दरता और कौशल्य का पदक लेकर सुसंस्कृत भाषाओं के दरबार में प्रतिष्ठा की कुर्सी पर बैठ गई। हिन्दोस्तान वालों को सदैव उनकी महानता के सामने विनत भाव से नत-मस्तक होना चाहिए... मिर्ज़ा (सौदा) ने कहीं कहीं नवीनतम शब्द-योजना की है -
>
> लबो-लहजा तेरा सा हैगा कब ख़ूबाने-आलम में
> ग़लत इल्ज़ाम है जग में कि सब मिसरी की डलियाँ हैं
> कल तू मस्त है इस कैफ़ियत से था कि आते दैर से
> भर नज़र जो मदरसा देखा, सो वो मैख़ाना था
> साके-सीमीं[102] को तेरे देख के गोरी गोरी
> शम्मा मजलिस में हुई जाती है थोड़ी थोड़ी
> अपने काबे की बुज़ुर्गी[103] शेख़! जो चाहे सो कर
> अज़ रूए-तारीख़[104] तो बेश[105] अज़ सनमख़ाना[106] नहीं।
>
> मिर्ज़ा सौदा प्रायः हिन्दी के विषय और शब्द बड़ी सुकुमारता से

प्रयोग कर हिन्दोस्तान की भाषा की वास्तविकता का हक़ अदा करते थे। इस प्रसंग में उनके साथ सैय्यद इन्शा भी सम्मिलत हैं। अतएव वह फ़रमाते हैं :

तरकश अलेंड सीना आलम का छान मारा
मिज़गाँ ने तेरे प्यारे अर्जुन का बान मारा
मुहब्बत के करूँ भुजबल की मैं तारीफ़ क्या यारो
सितम परबत हो तो उसको उठा लेता है जूँ राई
नहीं है घर कोई ऐसा जहाँ उसको न देखा हो
कन्हैया से नहीं कुछ कम सनम मेरा वो हरजाई
सावन के बादलों की तरह से भरे हुए
ये नैन हैं कि जिनसे ये जंगल हरे हुए
ऐ दिल ये किस से बिगड़ी कि आती है फ़ौजे-अश्क
लख़्ते जिगर की लाश को आगे धरे हुए

मिर्ज़ा सौदा स्वयं के शब्दों को तराशते थे और इस कौशल से तराशते थे कि जनसाधारण एवं विशिष्ट वर्ग में यह शब्द लोकप्रिय हो जाते थे। आसिफुद्दौला की प्रशन्सा में उन्होंने एक प्रशस्ति (क़सीदा) कही है जिसके कुछ शेर लिखता हूँ। हिन्दी विषयों के साथ शब्दों के सुन्दर संयोजन और तराश को देखें :

तेरे साये तले है तो वो महन्त
पश्शा[107] कर जाये देवो दद[108] से लड़न्त
नाम सुन पीले-कोह[109] पैकर के
बह चलें जूए-शीर[110] होकर दन्त
सेहरे-सौलत[111] के सामने तेरे
सामरी भूल जाये अपनी पढ़न्त
तेरी हैबत से नुह फ़लक के तले
काँपती है ज़मीं के बीच गड़न्त
तकले की तर्ह बल निकल जावे
तेरे आगे जो वो करे अकड़न्त
देख मैदाँ में उस को रोज़े-नबर्द[112]
मुँह पे रावन के फूल जाये बसन्त
तकतके-पा अगर सुने तेरे
दाब कर दुम खिसक चले हनुवन्त
आवे बिलफ़र्ज़ सामने तेरे

रोज़-ए-हैजा[113] के सूर या सावन्त
तन का उन के ज़िरह[114] में हो यूं हाल
मुर्ग़ की दाम में हो जो फड़कन्त

इसी प्रकार शेष अशआर हैं, मुर्ग़ की फड़कन्त, जल कर भसमंत, तीर की कमान से सरकन्त, ज़मीन में खुदन्त, घोड़े की कड़कन्त और डपटन्त, जूदन्त (प्रतिद्वन्द्वी), दुबकन्त (डर का दुबकना), रूबाह (लोमड़ी) शेर को समझती है क्या पशमन्त[115], निचन्त (निश्चित), रुपयों की बिखरन्त, तारों की छिटकन्त, लिपटन्त, पढ़न्त, खटन्त इत्यादि।

बहारे-सुख़न के (काव्य-संकलन) फूल चुनने वालो (गुलचीनो)! वह एक ज़माना था कि हिंदी भाषा की ज़मीन पर जहाँ दोहरों का सब्ज़ा उगा हुआ था वहाँ फ़ारसी का बीजारोपण हुआ। उसी समय फ़ारसी के छन्दों में शेर कहना और इधर के मुहावरों को उधर लेना और फ़ारसी विषयों को हिंदी लिबास पहनाना ही बड़ा उत्कर्ष था। उस अन्वेषक (सौदा) ने अपनी नैसर्गिक प्रतिभा और भाषा शक्ति से अलंकारों और फ़ारसी शब्द-योजना और अछूते विषयों को उस में खपाया और ऐसी विशेषता पैदा की कि श्लेष और अनुप्रास इत्यादि शब्दालंकार जो हिन्दी दोहरों के आधार थे, वह बीते ज़माने की चीज़ बन गये।

उस समय काव्य-धरा पर एक ही आफ़त तो न थी इधर तो वर्णित कठिनाइयाँ, उधर पुराने शब्दों का एक जंगल, जिसका काटना दुष्कर, अतएव कुछ ऐसे व्यक्ति आये कि कुछ क्यारियाँ तराश कर बीज डाल गये। उनके बाद वालों ने जंगल को काटा, पेड़ों को छाँटा, हिन्दी के पुष्पोद्यान को सजाया। अर्थात काल-क्रम के अनुसार संशोधन की प्रक्रिया चलती रही और भविष्य में भी चलती रहेगी''

(आबे-हयात पृ. 158 से 163)

इस परिवर्तन में उस युग के तमाम शाइरों ने कमोबेश भाग लिया। 'क़ाइम' और 'मुसहफ़ी' के ये अशआर देखिए :

'क़ाइम जो कहे हैं फ़ारसी यार
उस से तो ये रेख़ता है बेहतर

'क़ाइम' मैं ग़ज़ल तौर किया रेख़्ता वर्ना
इक बात लचर सी बज़बाने-दकनी थी

'मुसहफ़ी' फ़ारसी को ताक़ पे रख
अब है अशआरे-हिन्दवी का रिवाज

मुसहफ़ी ने एक अन्य जगह पर फ़ारसी की अपेक्षा उर्दू के आर्कषण को इस प्रकार स्वीकार किया है:

क्या करूँ अहले-सफ़ाहाँ की भी ख़ातिर है ज़रूर
और मुझे हिन्दी-फ़सीहाँ की भी ख़ातिर है ज़रूर

'मीर' और 'सौदा' से 'मुसहफ़ी' और 'इन्शा' के समय तक उर्दू का उर्दूपन (उर्दूईयत) पर्याप्त रूप से निखर आती है। यद्यपि इन्शा के हाथों यह किंचित खिलवाड़ का शिकार होती है। वहीं नज़ीर अकबराबादी इसके अदबी रंग को सहज 'हिन्दुस्तानी' रंग देते हैं।

सम्मिश्रण के सौन्दर्य और एकीकरण के उत्कर्ष का दृढ़ आधार, मीर और सौदा तथा उनके समकालीनों ने रख दिया था। इसके बाद 'जुर्रत', 'मुसहफ़ी', 'इन्शा', 'अमानत', 'आतिश' और 'नासिख़' जैसे अनेक उस्ताद शाइरों की आकाश गंगा है, जिस में ग़ालिब की भाषा की ताजमहल जैसी सुन्दरता और आकर्षण भी है, और 'ज़ौक', 'ज़फ़र' और 'दाग' की ठेठ उर्दूइयत और मुहावरा बन्दी भी है। इन मूर्धन्य उस्ताद शाइरों के बाद उर्दू का संयुक्त-सौन्दर्य और भाषाई संतुलन चमत्कार की सीमा तक पहुँच जाता है। 'ज़ौक़' और 'दाग़' के यहाँ उर्दू काव्यात्मक प्रदर्शन की दृष्टि से अपनी वाक्-शक्ति पर पूर्ण रूप से क़ुदरत पा लेती है; और उसमें एक अनोखे आत्म-विश्वास की भव्यता झलकने लगती है।

कहते हैं उसे ज़बाने-उर्दू
जिसमें न हो रंग फ़ारसी का

दाग़

'हाली', लबो-लहजे की इस उर्दूईत को जीवन्त रखते हैं और थोड़ा इसे और कोमल बना देते हैं। लखनवी शाइरी में शब्दाडम्बर के अन्तर्गत फ़ारसी शब्द-संयोजन का जो यांत्रिक प्रयोग हुआ था, 'शाद' और 'आरज़ू' की शब्दावली उसके विरुद्ध एक नैसर्गिक प्रतिक्रया के रूप में प्रकट हुई। 'आरज़ू' की विशुद्ध उर्दू, 'ज़ौक' और 'दाग़' की उर्दू से भिन्न है। यह बोली-ठोली की ओर अपेक्षाकृत अधिक झुक गयी है। 'शाद' ने 'मीर' से लाभ उठाया। 'मीर' के लबो-लहज़े (शैली) को अपनाने की प्रवृत्ति बाद की ग़ज़ल में आम रही। तात्पर्य यह, कि फ़ारसी और हिन्दी के शिष्ट सामन्जस्य से उर्दू-ए-मुअल्ला' की जो धारा 'मीर' और 'सौदा' के ज़माने से प्रवाहित होना प्रारम्भ हुई थी वह साधारण से परिवर्तनों के साथ आज तक गतिशील है :

सौदा

वे सूरतें इलाही किस देस बस्तियाँ हैं
अब देखने को जिन के आँखें तरसतियाँ हैं

बरसात का तो मौसम कब का निकल गया, पर
मिज़गाँ की ये घटाएँ अब तक बरसतियाँ हैं
क़ीमत में उनकी गो हम दो जग को दे चुके हैं
उस यार की निगाहें तिस पर भी सस्तियाँ हैं

सौदा

नावक ने तेरे सैद न छोड़ा ज़माने में
तड़फे है मुर्ग़े-क़िबला-नुमा आशियाने में

मीर

दिल वो नगर नहीं कि फिर आबाद हो सके
पछताओगे सुनो हो ये बस्ती उजाड़ के

मीर

चलते हो तो चमन को चलिए कहते हैं कि बहाराँ है
पात हरे हैं फूल खिले हैं कम कम बादो-बाराँ है

मीर

मौसम है निकले शाख़ों से पत्ते हरे-हरे
पौधे चमन में फूलों से देखे भरे-भरे
आगे किसू के क्या करें दस्ते-तमा दराज़
वो हाथ सो गया है सिरहने धरे-धरे
गुलशन में आग लग रही थी रंगे-गुल से मीर
बुलबुल पुकारी देख के साहब परे-परे

मीर

उलटी हो गयीं सब तदबीरें कुछ न दवा ने काम किया
देखा इस बीमारिए-दिल ने आख़िर काम तमाम किया

मीर

सब्र कहाँ जो तुमको कहिए लग के गले से सो जाओ
बोलो न बोलो बैठो न बैठो खड़े खड़े टुक हो जाओ

मीर

गुल ने हज़ार रंग सुख़न सर किया वले
दिल से गईं न बातें तेरी प्यारी प्यारियाँ

मीर

दिल की कुछ तक़सीर नहीं है आँखें उससे लग पड़ियाँ
मार रखा सो उनसे मुझको किस ज़ालिम से जा लड़ियाँ

मीर

दिल तड़पे हैं जान धुले है हाल जिगर का क्या होगा
मजनूँ मजनूँ लोग कहे हैं मजनूँ क्या हम सा होगा

मीर

कहते न थे कि मत कुढ़ा कर
दिल हो न गया गुदाज़ तेरा

मीर

जी डहा जाये है सहर से आह
रात गुज़रेगी किस ख़राबी से

मीर

आसमाँ शायद वरे कुछ आ गया
रात से क्या क्या रूका जाता है जी

मीर

रुख़सार उस के हाय रे जब देखते हैं हम
आता है जी में आँखों को उनमें गड़ोइए

मीर

नहीं विस्वास जी गँवाने के
हाय रे ज़ौक़ दिल लगाने के

मीर

उलझाव पड़ गया जो हमें उसके इश्क़ में
दिल सा अज़ीज़ जान का जंजाल हो गया

मीर

मुहब्बत ने शायद कि दी दिल को आग
धुआँ सा है कुछ इस नगर की तरफ़

भूरे खाँ आशुफ़ता के ये शेर देखिए :

जामे-गदाई हाथ में ले नित साँज सवेरे फिरते हैं
शम्सो-क़मर ये दोनों भिकारी हुस्न के तेरे फिरते हैं
पंडित पूछो हाथ दिखाओ फ़ाल खुलाओ कोई पहर
दिन जो हों बरगश्ता अपने किस के फेरे फिरते हैं
यूँ काँधे पर ज़ुल्फ़ें उसकी बल खाती हैं वक़्ते-ख़िराम
मारे-सियह को डाल गले में जैसे सपेरे फिरते हैं
जोग लिया 'आशुफ़्ता' हमने देख लटक उन ज़ुल्फ़ों की
गलियों-गलियों हाल परेशाँ बाल बिखेरे फिरते हैं

दर्द

न वो नालों की शोरिश है न आहों की है वो धूनी
हुआ क्या दर्द को प्यारे गली क्यूँ आज है सूनी
जला कर देख नामे को हक़ीक़त गर नहीं पढ़ता
मुहब्बत के शरारों ने ये छाती जिस तरह भूनी
तपिश को दिल की मैं जाना था ये आँसू बुझा देंगे
वले ये आग तो पानी से भड़की और भी दूनी

मुसहफ़ी

अज़ बस कि चश्मे-तर ने बहारें निकालियाँ
मिज़गाँ हैं अश्के-सुर्ख़ से फूलों की डालियाँ

———

अज़ बस तेरी अदायें मुझको कुढ़ातियाँ हैं
जब देखता हूँ तुझ को आँखें भर आतियाँ हैं

———

रहने दो मेरे सीने में पैकाँ को न छेड़ो
अज़ बहरे-ख़ुदा नावके-जानाँ को न छेड़ो

मुसहफ़ी

हाय उसका हुमक कर उठ जाना
जैसे बिजली चमक कर उठ जाना
क़हर है ये कि मेरे पहलू से
अन्दक-अन्दक सरक कर उठ जाना

इन्शा ने भाषा के साथ ख़ासी खिलवाड़ की; लेकिन उनकी कुछ ग़ज़लों में ठेठ उर्दू अपने पूरे ठाठ पर मिलती है। यहाँ ऐसी ग़ज़लों के सिर्फ़ मतले (प्रथम शेर) उद्धृत किये जाते हैं :

इन्शा

ले उन्होंने जो ये फूलों की छड़ी डाली तोड़
मैंने भी आपकी दो लड़ की लड़ी डाली तोड़

इन्शा

फबन, अकड़, छब, निगाह, सजधज, जमाल, तर्ज़े-ख़िराम, आठों
न होवें उस बुत के गर पुजारी तो क्यूँ हो मेले का नाम, 'आठों'

इन्शा

बोले, तू अपने सर्वे-ख़िरामाँ को ताड़ बाँध
गर, क़स्दे-बोसा होवे, तो गिर्द उसके पाड़ बाँध

इन्शा

परछाई अपनी चाल की टुक मुँह को मोड़ देख
गर्दन की ये लचक, ये कमर की मरोड़ देख

इन्शा

आती थी एक हूर, मुझे देख हट गयी
दाँतों के बीच दाब ज़बाँ चट पलट गयी

इन्शा

भभूका रूप सज धज, क़हर आफ़त चुलबुलाहट है
झमकड़ा नूर का मुखड़ा ग़ज़ब उस की सजावट है

इन्शा

दो चार सुन के तेरे सुख़न हम कड़े कड़े
उठते हैं कोई दर पे तेरे जो अड़े अड़े

इन्शा

अजीब लुत्फ़ कुछ आपस की छेड़ छाड़ में है
कहाँ मिलाप में वो बात जो बिगाड़ में है

जुर्रत

इक तरफ़ मोर मुंडेरों पे करें क्या-क्या शोर
इक तरफ़ अब्र में बगुलों की क़तार आये नज़र
होवे अतराफ़ से घनघोर घटा घिर आयी
कौंद बिजली की हो और पड़ती फुहार आये नज़र

मुहब्बत ख़ाँ 'मुहब्बत'

तुर्श-रू हो तुमने दीं क्या कड़वी-कड़वी गालियाँ
हम ने जूँ शहदो-शकर किस-किस मज़े से खालियाँ
टुक दिखा दे चाँद सा मुखड़ा कि फ़ुरक़त मे तेरी
मार डालेंगी मुहब्बत को ये रातें कालियाँ

आतिश

तेरी ज़ुल्फ़ों ने बल खाया तो होता
ज़रा सुम्बुल को लहराया तो होता
कहे जाते वो सुनते या न सुनते
ज़बाँ पर हाले-दिल आया तो होता

'ज़ौक' की शाइरी, उर्दू के ठेठ ठाठ का सर्वोत्कृष्ट उदाहरण है। फ़िराक़ गोरखपुरी इससे बहस करते हुए लिखते हैं –

''उर्दूईयत जितनी हमें 'ज़ौक' के यहाँ मिलती है, उतनी ज़ौक से पहले किसी

शाइर में नहीं मिलती और जितने विषयों पर शेर कहने में उर्दू के उर्दूपन या उसकी उर्दूईयत को ज़ौक ने स्पष्ट किया, उतने विषयों पर 'दाग़' भी उस अन्दाज़ से अशआर नहीं कह सके... 'ज़ौक' की उर्दू में चमकी हुई, बनी ठनी हुई, तराशी ख़राशी हुई सामान्यता है। 'ज़ौक', भाषा की दृष्टि से 'उमूमीयत-ज़दा हरगिज़ नहीं, बल्कि उमूमीयत ज़बान-ज़दह' होकर चमक गई है।''

ये अशआर प्रस्तुत हैं :

ज़ौक़

हम से ज़ाहिरो-पिनही जो उस ग़ारत गर के झगड़े हैं
दिल से दिल के झगड़े हैं नज़रों से नज़र के झगड़े हैं

ज़ौक़

रिन्दे-ख़राबे-हाल को ज़ाहिद ने छेड़ तू
तुझ को पराई क्या पड़ी अपनी निबेड़ तू

ज़ौक़

वो दिल को चुरा कर जो लगे आँख चुराने
यारों का गया उन पे भरम और ज़ियादा

ज़ौक़

ख़त बढ़ा, काकुल बढ़ी, ज़ुल्फ़ें बढ़ीं, गेसू बढ़े
हुस्न की सरकार में जितने बढ़े हिन्दू बढ़े

ज़ौक़

लायी हयात, आये, क़ज़ा ले चली, चले
अपनी ख़ुशी न आये, न अपनी ख़ुशी चले

ज़ौक़

उज़्र आने में भी है, पास बुलाते भी नहीं
बाइसे-तर्के मुलाक़ात बताते भी नहीं

दाग़

ख़ूब परदा है कि चिलमन से लगे बैठे हैं
साफ छिपते भी नहीं सामने आते भी नहीं

दाग़

ख़ातिर से या लिहाज़ से मैं मान तो गया
झूटी क़सम से आप का ईमान तो गया

दाग़

अब दिल है मुक़ाम बेकसी का
यूँ घर न तबाह हो किसी का

गुलशन में तेरे लबों ने गोया
रस चूस लिया कली-कली का
इतनी ही तो बस कमी है तुम में
कहना नहीं मानते किसी का
कहते हैं उसे ज़बाने-उर्दू
जिसमें न हो रंग फ़ारसी का

'हाली' ने 'मुकद्दमे' में ''सादगी'' पर बल देते हुए हिन्दी के कोमल और मधुर शब्दों को अपनाने की ओर ध्यान दिलाया था। इस क्रम में उन्होंने ग़ज़ल में आम बोलचाल के कुछ शब्द भी सम्मिलत किये जो बाद में लोकप्रिय हुए। उदाहरण प्रस्तुत है:

हाली

तू नहीं होता, तो रहता है उचाट
दिल को ये कैसी लगा दी तू ने चाट
मिल्लतें रस्तों के हैं सब हेर फेर
सब जहाज़ों का है लंगर एक घाट
बर्क़ मंडलाती है अब किस चीज़ पर
टिड्डियाँ कब की गयीं खेती को चाट
तेग़ में बुर्रिश ये ऐ हाली! नहीं
जिस क़दर तेरी ज़बां करती है काट
चुटकियाँ सी दिल में ये लेता है कौन
शेर तो ज़ाहिर में हैं तेरे सपाट

इस प्रसंग में जलील के शेर प्रस्तुत हैं:

जलील

झूमती आज जो मतवाली घटा आयी है
याद क्या-क्या तेरी मस्ताना अदा आयी है
फूँके देती है मुझे याद मेरे साक़ी की
आग बरसाती धुआँधार घटा आयी है

शाद अज़ीमाबादी

रुत फिरी, सारी हरी डालों में फूटी कोंपले - हो गये फूल भी फल
एक ये उजड़ा हुआ दिल है कि न फूला न फला - और सूखा ही किया
काली काली वो घटाएँ वो पपीहों की पुकार - धीमी-धीमी वो फुहार
अब के सावन भी हमारा यूँ ही रोने में कटा - क्या कहें चुप के सिवा
बैन भरी हाय वो आँखें तेरी काली काली - बे-पिये मतवाली

सांवला रंग नमक रेज़, जराहाते-जफ़ा-उफ़! – कहाँ ध्यान गया
आँखें रोई हुई आवाज़ है भर्राई हुई – बातें घबराई हुई
इस से तो और किसी भेद का मिलता है पता – 'शाद' क़समें तु न खा

आरज़ू लखनवी

'आरज़ू' लखनवी, विशुद्ध उर्दू के बहुत बड़े समर्थक थे। उनकी शाइरी का विशिष्ट रंग ही यह है। बोल-चाल के और हिन्दी के आम शब्दों को उन्होंने ग़ज़ल में इस तरह खपाया है कि उसकी सुकुमारता पर कोई आंच नहीं आयी है। देखिए ये शेर :

हो गयीं क्यारियाँ हरी जैसे कि रुत पलट चली
कौन ये मुस्कुरा दिया हँसने लगी कली कली
तारों को देखते हैं सब और ये देखता हूँ मैं
आयी कहाँ से ये चमक किस की है ये झलाझली
दिन की भी आस है यहाँ रात की मक्र-चाँदनी
कितनी रुतें पलट गयीं डाल कभी न ये फली
चाह के साथ जिसकी थाह पायी है और न पाओगे
एक है दूसरे की आड़ दोनों में यूं घुली-मिली
उस के लिये कि 'आरज़ू' हँसता हुआ था साथ-साथ
ढूंड थका हूँ बन के बन छान फिरा गली-गली

ख़ालिस उर्दू या उर्दू का ठेठ ठाठ अपने स्थान पर सब सही, लेकिन गहरी नज़र से देखा जाये तो उर्दू सहस्त्र-रूप-धारिणी मूर्त्ति (बुते-हज़ार-शेवह) है। उसके कई रूप, कई शानें और कई करिश्में हैं और हर करिश्मा दिल के दामन को रवींचता है कि 'जा ईंजा अस्त'। 'मीर' व 'मोमिन' भी उर्दू के, और ज़ौक़ व 'ज़फ़र', 'दाग़' और 'आरज़ू' भी उर्दू के और सबसे बढ़ कर, यह कि ग़ालिब भी उर्दू के, इन सबके यहाँ ख़ुदाये-सुख़न मीर का भाषाई सामंजस्य और सौन्दर्य-सृजन तथा अर्थवत्ता अपने उत्कर्ष पर मिलती है। भाषा में विशुद्धता (ख़ालिसपन) केवल एक आदर्श कल्पना है। घटना (event) आदर्श (ideal) से भिन्न हो सकती है। कविता का यथार्थ तो इन्द्र धनुष के रंगों की तरह वह भाषाई सामंजस्य है जिसने उर्दू को हिन्द-आर्याई भाषाओं का ताजमहल बना दिया। सच तो यह है कि कविता में भाषा की भाषा-शास्त्रीयता स्वयं में कोई यथार्थ नहीं रखती। मूल वस्तु उसकी वह सृजनात्मकता है, जो जादू का असर पैदा करती है और भाषा-शास्त्रीयता की किसी भी सम्भावित अथवा पूर्व-निर्धारित संरचना को पिघला कर क्या से क्या कर देती है। उर्दू को अपनी इस सृजनात्मक उर्दूईयत पर जितना भी गर्व हो कम है। निष्कर्ष यह कि उर्दू न तो हिन्दी है और न फ़ारसी। उर्दू, उर्दू है और हिन्द-आर्याई भाषाओं का उत्कृष्ट

पुष्ट और उच्च स्तरीय साहित्यिक एवं सौन्दर्यात्मक रूप, जो भाषाई सामन्जस्य तथा सन्तुलन के वैविध्यपूर्ण स्तरों पर आधारित है।

इस सारी यात्रा में हमने देखा कि उर्दू ग़ज़ल स्थानीय वातावरण और हिन्दुस्तानी तहज़ीब से गहरे तौर पर प्रभावित रही है। यद्यपि इस का ढाँचा ईरानी है, लेकिन अपने नखशिख की लावण्यता से यह फ़ारसी ग़ज़ल से अलग पहचानी जाती है। इसकी सांस्कृतिक फ़िज़ा संयुक्त संस्कृति या गंगाा-जमनी तहज़ीब से प्रेरित है जिसे शताब्दियों के मेल-जोल ने निर्मित किया है। यह सांस्कृतिक फ़िज़ा ईरान व तूरान से कुछ लक्षणाएँ एवं व्यंजनाएँ ग्रहण करती है, लेकिन यह मूलतः स्थानीय है और भारत ही के जलवायु, यहाँ के मानस एवं प्रकृति तथा सामाजिक और सांस्कृतिक विशेषताओं को परिलक्षित करती है।

ग़ज़ल की लाक्षणिकता एवं व्यंजनात्मकता, इस का खो जाने और कुछ पा जाने का अन्दाज़, इसका सुकुमार और लाक्षणिक वातावरण तथा आध्यात्मिक अनुभूति, भारतीय मानसिक स्थिति से गहरा तादात्म्य रखती है। इसकी प्रभावोत्पादक रसवत्ता, इसका प्रेम सम्बन्धी दृष्टिकोण (तसव्वुरे-इश्क़) और सौन्दर्यानुभूति, भारतीय-स्वभाव से प्रभावित है और इसके सौन्दर्यपरक तथा आध्यात्मिक अपेक्षाओं को पूरा करने का साहस रखती है। इसके अरितरिक्त चिन्तन के स्तर पर भारतीय ललित कलाओं तथा कविता एवं साहित्य की तरह उर्दू ग़ज़ल भी जीवन के एक श्रोत, एक ऊर्जा (जौहर) और एक मूलभूत एकत्य को मान्यता देती है। वह हर तरह की संकीर्णता और वैमनस्य के विरुद्ध है, और उस परम्परा की सम्वाहक है, जिसमें सूफ़ीवाद और भक्ति का तत्त्व (जौहर) घुल मिल कर एक हो गया है, और मानव-प्रेम, भाईचारे, एकता और प्यार-मोहब्बत का सबको जोड़ने वाला सबक़ देता है। इसकी नज़र में जीवन उन रूपों और वाह्य वस्तुओं से, जिनका साक्षात्कार इंद्रियों के माध्यम से होता है, कहीं अधिक विस्तृत और महानतम है। इस महानतम जीवन का बोध रोज़मर्रा की सीमित विशिष्टताओं से बुलन्द होकर ही सम्भव है। इस दृष्टि से देखें तो रशीद अहमद सिद्दीक़ी का यह कथन किसी अतिशयोक्ति पर आधारित दिखायी नहीं देता :

''ग़ज़ल उर्दू शाइरी की आबरू है। हमारी तहज़ीब ग़ज़ल में और ग़ज़ल हमारी तहज़ीब में ढली है, और दोनों को दिशा और गति एक दूसरे से हासिल हुई है।''

सन्दर्भ

1. उर्दू अरुज़ (पिंगल शास्त्र) के बारे में भी साधारणतः विचार यही है कि इसे फ़ारसी से ज्यों का त्यों ले लिया गया, लेकिन विशेषज्ञ जानते हैं कि उर्दू- भाषा की भारत आर्यायी प्रकृति, विशेष भारत आर्याई-ध्वन्यात्मक तन्त्र, बल और स्वर-तरंगों (Intonation)

के दृष्टिगत अरुज़ में भी कुछ परिवर्तन हुए। कुछ अरबी मूलाधारित बहरों छन्द का उर्दू में प्रचलित होना, कुछ का अप्रत्यक्ष रूप में प्रचलन में न आना, ज़िहाफ़ात (दीर्घ स्वरों को छोटा या बड़ा करना) कि वसूलों में बड़े पैमाने पर परिवर्तन, तथा मीर के भारतीय छन्द (बहर) की अत्यधिक लोकप्रियता, इन सबका गहरा रिश्ता, स्थानीय प्रभावों एवं अपेक्षाओं से है। इस महत्वपूर्ण तकनीकी विषय पर अभी उर्दू छन्द शास्त्र के विशेषज्ञों ने पूरी तवज्जोह नहीं की। इसके अतिरिक्त यह कि गीत, बारहमासा और दोहा वगैरह उत्तर भारतीय आँचलिक भाषाओं की विधाओं से उर्दू में आए लेकिन उनका छन्द-शास्त्रीय ढाँचा उर्दू ही का रहा। दोहा ब्रज एवं अवधी छन्द के सिद्धान्तों पर स्थापित है लेकिन कुछ विशिष्ट उर्दू दोहा रचनाकारों के यहाँ अप्रत्यक्ष रूप से मात्राओं में परिवर्त्तन हुए। इन सभी प्रश्नों को अभी तक उर्दू में सांस्कृतिक और कलात्मक दृष्टि से पूर्णरूपेण देखा ही नहीं गया जो ज़रूरी है।

2. इस सिलसिले में लेखक की पुस्तक 'हिन्दुस्तानी किस्सों से माख़ूज़ उर्दू मसनवियाँ', भी दृष्टि में रहे; क्योंकि मसनवियों के क़िस्से कहानियों में हिन्दुस्तानी मिथकों की ख़ासी बहुतायत है।
3. परशुराम विष्णु के छठे अवतार थे। यह ब्राह्मणों के रक्षक और क्षत्रियों के दुश्मन थे।
4. तिल
5. चिबुक, ठुड्डी
6. छिनाल औरत
7. दृष्टि का प्रकाश
8. आँख की पुतली
9. छिपा हुआ
10. क़यामत का नाद
11. गप-शप, मिथ्यावाद
12. पलकें
13. भीम अर्थात, योद्धा, वीर, लेकिन लखनऊ में एक स्थान का नाम अखाड़ा भीम है जिससे श्लेष स्पष्ट है।
14. चाँद जैसा माथा
15. हिन्दुओं के समक्ष
16. जानबूझ कर
17. आशिक़
18. दुःखों से भरा हुआ घर
19. गुलदस्ता, सिराजे-सुख़न, दिसम्बर 1894 पृ. 13
20. आकाश के ऊपर
21. भ्रम और कल्पना वालों का दृष्टि स्थल
22. विश्वास वालों की आँखों का आलोक
23. पलकों का पन्जा
24. गाली

25. सूरज
26. क़ैद
27. हृदय का पक्षी
28. दुश्मन
29. गाल पर तिल
30. जल्दी
31. तलवार की चमक
32. साक़ी
33. माथे के बल
34. गंगा का बहाव
35. जादूगरी
36. ख़तरनाक ज़हर
37. पारा
38. टेढ़ी चाल चलने वाला आसमान
39. ख़ून के आँसू बहाती आँख
40. सवाई मान सिंह, महाराजा जयपुर, अपने समय के हठी प्रसिद्ध थे।
41. तिल और तेल में तो रियायत है ही, अधर (यहाँ इधर) और होंठों में भी रियायत देखने योग्य है।
42. मृत्यु का समाचार
43. ख़ून में डूबे हुए; लथ-पथ
44. चन्द्रमा
45. थाल
46. शिकार
47. हृदय की चक्की
48. प्राण निकलते समय
49. डॉ. ज़ोर का कथन है कि ये शेर 'फ़ैज़' का नहीं, उनके विरोधियों ने उनके नाम से मशहूर कर दिया था। फ़ैज़े-सुखन, पृ. 32
50. रोना
51. अधिक मिसालों के लिये देखिए 'मुहावराते-दाग़'।
52. दीवाली की रात, लक्ष्मी पूजा को हिन्दू आवश्यक मानते हैं। लक्ष्मी धन एवं वैभव की अधिष्ठात्री हैं। सोने चाँदी की पूजा होती है, जूआ खेला जाता है, रुपया पैसा हाथ बदलता है। दीवाली की रात, जूआ खेलना ज़रूरी समझते हैं।
53. छाया डाल रहा है।
54. निर्दयी प्रिया
55. दीवाली की रात घर के एक कोने में रंगोली बनायी जाती है और वहां दीवाली अर्थात लक्ष्मी की पूजा होती है।
56. सरो और क़ुमरी, फ़ारसी कविता के विषय हैं– 1. क़ुमरी (एक पक्षी) के रंग से तात्पर्य,

उसका राख जैसा होना है और सरो (एक प्रकार का वृक्ष) से उसके प्रेम के कारण उसे जोगन कहा है। ईरानी और भारतीय विषयों के समन्वय से उपमा का सौन्दर्य बढ़ गया है।

57. थामस हैडरली, मेरठ के रईस की प्रशस्ति में एक क़त्आ (दीवाने शोर, पन्चम पृ. 234) हिन्दुओं में बेटी के जन्म पर कहा जाता है कि लक्ष्मी आयी है, अर्थात हर बेटी, अपना भाग्य, साथ लाती है, लक्ष्मी रूपक है, शुभ और वैभव का।

58. 'मआनी', कुली कुतुब शाह का उपनाम। शेर का अर्थ यह है कि आशिक़, तुम्हारे गुड़ जैसे मीठे होंठ के एक चुम्बन का भिखारी है। हो सके तो मनोकामना पूरी करो अन्यथा गाली ही से जवाब दे दो (क्योंकि महबूब की गाली चुम्बन से कम मीठी नहीं)।

59. यहाँ शब्द 'सितारे' में श्लेष है। जुल्फ़ों को हिन्दुस्तान की फ़ौज से उपमा दी है और सितारा, मोती के सदृश है, परन्तु सितारे से तात्पर्य महाराष्ट्र का क्षेत्र सितारा भी है। यह शिवा जी का वतन था।

60. वीर, राजपूत

61. सेना के पीछे-पीछे चलने वाले नौकर-चाकर, इस भाग में सेनानियों की पत्नियाँ, हर प्रकार के दुकानदार आदि सम्मिलित होते थे।

62. अगर की सुगन्ध को, हिन्दू पवित्र मानते हैं, और पूजा, पाठ, आरती और हवन के समय उसे जलाना आवश्यक समझा जाता है।

63. चौसर खेलने वाला

64. चौपड़ और चौसर एक ही खेल का नाम है।

65. चोट, धक्का

66. चौसर के एक खेल का नाम है जो पांसों के स्थान पर सात कौड़ियों से खेला जाता है। शतरन्ज की तरह इसे भी बिसात पर गोटों से खेलते हैं लेकिन इसका दाँव, कौड़ियाँ फेकने से निकलता है, मोहरों के चलने से नहीं। चूँकि इसके हर ओर 24 खाने और बीच में एक सबसे बड़ा ख़ाना होता है अत: इसे पच्चीसी कहते हैं।

67. एक प्रकार की पतंग, जिसके दो काप होते हैं, इसका सिर तिक्का, और पेटा, तीतरी के समान होता है।

68. एक रागिनी

69. ढाक के फूल, जो लाल होते हैं, जिनसे सारा जंगल लाल दिखायी देता है।

70. किरण की छाया

71. काला साँप, जुल्फ़ का काला साँप

72. जन्नत का गुलदस्ता

73. कमल का फूल

74. आँख की पुतली

75. प्रेम की व्यथा को बिच्छू के डंक से उपमा दी गई है।

76. प्रियतमा ने मटक कर चलने की ये अदा, हँस से कब सीखी है। प्रियतमा हँस कर बात करती है तो मानों फूल झड़ते हैं।

77. मणि

78. बिखरा हुआ
79. कमज़ोरी
80. बारिश
81. तत्काल
82. रोता हुआ प्रेमी
83. पसीने से भरी हुई
84. केश राशि के नीचे
85. नाक
86. त्रिवेणी (गंगा, यमुना और सरस्वती का संगम, तीन नदियों के मिलने का स्थान) और तर-बीनी (बहती हुई नाक) में श्लेष है। यह शेर बतौर बद-दुआ है। अर्थात ए ख़ुदा मीर की आँखें दुआबे की तरह आँसुओं से तर रहें और नाक त्रिवेणी की तरह बहती रहे।
87. ख़ुश; खुलने वाला
88. विजय प्राप्त करना
89. निगमबोध घाट
90. तहसीन की मस्जिद, चौक लखनऊ की मशहूर मस्जिद
91. गाल
92. शराब की सुराही
93. शुक्र नक्षत्र की लज्जा
94. प्रेम के गायकों का
95. आधी रात की नीरवता
96. शेरुलहिन्द, पृ. 421, महमूद शीरानी ने 'पंजाब में उर्दू' में लिखा है कि प्रारम्भ में उर्दू के कुछ शाइर हिन्दी छन्द बरतते थे।
97. निकातुश्शुअरा, पृ. 179 (अर्थात, ''चौथी बात यह है कि फ़ारसी-शब्द विन्यास प्रयोग करें। जो फ़ारसी शब्द रेख़्ता (उर्दू) में खप सकते हों, उनका प्रयोग जायज़ है। और इस बात को कवि ही समझ सकता है। फ़ारसी तराकीब जो अजनबी हों, उसको रेख़्ता में लाना मुनासिब नहीं। यह सब सलीक़ा-ए-शाइरी पर आधारित है। मुझ फ़क़ीर (मीर) का तरीक़ा यह है कि फ़ारसी तरकीब जो रेख़्ता (उर्दू/हिन्दी) बोलचाल के मुताबिक़ है, केवल शेर में लाना उचित है।'')
98. मज़हर का शेर फ़ारसी और रेख़्ते के बीच...
99. हृदय का हर्ष
100. सूरज की तरह
101. अदन का मोती
102. चाँदी जैसी पिन्डली
103. बड़ाई, महत्त्वता
104. ऐतिहासिक दृष्टि से
105. अधिक
106. बुतख़ाना

107. मच्छर
108. हिंसक पशु
109. पहाड़ जैसे शरीर वाला हाथी
110. दूध की नहर
111. पक्का जादू
112. लड़ाई के दिन
113. जंग के दिन
114. कवच
115. मामूली, तुच्छ चीज़

सन्दर्भ ग्रन्थ सूची

क. भारतीय/हिन्दुस्तानी संस्कृति का विकास

Ancient and Medieval Architecture of India. Havel, E.B.
London 1915, Pp. 230.

Classical Dictionary of Hindu Mythology. Dowson, John.
London 1950, Pp. 410.

Customs, Manners and Ceremonials of India. Dubois, Abbe, J.A.
London 1953, Pp. 741

Dances of India. Kay Ambrose.
London 1950, Pp. 96.

Dance of Shiva. Coomarswamy, A.
Bombay 1948, Pp. 196.

Epics, Myths and Legends of India. Thomas, P.
Bombay , 5th ed. Pp. 146.

Essentials of Indian Philosophy. Hiriyanna, M.
London 1956, Pp. 216.

Gita (Bhagvad). Radhakrishnan, S.
London 1948, Pp. 388.

Gita (Essays on). Aurobindo Ghosh.
Calcutta 1937, Pp. 380.

Gita Rahasya. V. I & II. Tilak, Bal Ganga Dhar.
Bombay 1948.

Heart of Hinduism. Radhakrishnan, S.
Madras 1936. Pp. 151.

Heritage of India. Max Muller, Friedrich.
Calcutta 1951. Pp. 148.

Hinduism and Buddhism. Coomarswamy, A.
New York 1946. Pp. 86.

Hindu Holidays and Ceremonials. Gupta, B.A.
Calcutta 1919.

Hindu Mysticism according to the Upanishads. Mahendar Nath Sircar.
London 1934.

Hindu Mythology, Vedic and Puranic. Wilkins, W.J.
London 1882. Pp. 141.

Hindu Religion, Customs and Manners. Thomas, P.
Bombay 1956. Pp. 166.

Hindu View of Life. Radhakrishnan, S.
London 1954. Pp. 133.

History of Philosophy, Eastern and Western. Radhakrishnan, S.
London 1952.

Ideal of Indian Art. Havel, E.B.
London 1911. Pp. 188.

Indian Aesthetics. Kanti Chandra Pandey.
Banaras 1950. Pp. 485.

Indian Heritage. Humayun Kabir.
Bombay 1955. Pp. 170.

Indian Myths and Legends. Mackenzie, Donald, A.
London Pp. 463.

Influence of Islam on Indian Culture. Tara Chand.
Allahabad 1946. Pp. 327.

Indian Philosophy. Radhakrishnan, S.
London 1929. Pp. 738 (Vol. I).
London 1931. Pp. 807 (Vol. II).

Music of India. Popley, H.A.
Calcutta 1950.

Mythology of All Races, Indian and Iranian, Vol. VI. Keith, A.B. and Carnoy, A.J. Boston 1917.

Myths and Symbols in Indian Art & Civilisation. Zimmer, Heinrich.
New York 1953. Pp. 248.

Mystic Philosophy of the Upanishads. Sris Chandra Sen.
Lucknow 1937.

Philosophies of India. Zimmer, Heinrich.
New York 1951. Pp. 687.

Philosophy of Upanishads. Radhakrishnan, S.
London 1924. Pp. 143.

Principal Upanishads. Radhakrishnan, S.
London 1953. Pp. 958.

Religion and Philosophy of the Veda and Upanishads. Keith, Arthus Berriedale.
London 1925. Pp. 683.

Standard Dictionary of Folklore, Vol. I & II.
New York 1950. Pp. 531/1196.

Vision of India. Sisirkumar Mitra.
New York 1949. Pp. 336.

अंग्रेज़ी अहद में हिन्दुस्तान के तमद्दुन की तारीख़, अब्दुल्लाह युसूफ़ अली,
इलाहाबाद 1936, पृ. 415

बज़्मे आख़िर, फ़ैज़ुद्दीन, दानिश महल देहली 1945 (चतुर्थ प्रकाशन), पृ. 126

भगवत गीता (संस्कृत), स्वामी समभ्रानन्द
श्री रामकृष्ण आश्रम, बम्बई 1953, पृ. 375

तमद्दुने हिन्द (ली बान गस्ताव) उर्दू अनुवाद, सैयद अली बिलग्रामी,
प्रकाशक शम्सी आगरा 1913, पृ. 531

राजपूत और मुग़ल ज़न व शो की मआशरत, मक़बूल अहमद समदानी, इलाहाबाद 1947, पृ. 412

क़रुने वुस्ता में हिन्दुस्तानी तहज़ीब, गौरी शंकर हीरा चन्द ओझा,
उर्दू अनुवाद प्रेमचन्द, इलाहाबाद 1939, पृ. 238

क़ौमी तहज़ीब का मसला, डॉ. सैयद आबिद हुसैन, अलीगढ़ 1955, पृ. 335

मआशरती हालाते हिन्द, अब्दुल्लाह युसूफ़ अली, इलाहाबाद 1928, पृ. 114

हिन्दू त्योहारों की दिलचस्प असलियत, राम प्रसाद माथुर, लखनऊ 1942, पृ. 316

हिन्दुस्तान का क़दीम तमद्दुन, बेनी प्रसाद, उर्दू अनुवाद असग़र हुसैन, इलाहाबाद 1950, पृ. 72

हिन्दुस्तानी तमद्दुन, ईश्वर अटोपा, हैदराबाद 1943, पृ. 340

हिन्दुस्तानी समाजियात, डॉ. जाफ़र हुसैन, अलीगढ़ 1955, पृ. 363

हिन्दुस्तानी क़ौमियत और क़ौमी तहज़ीब, डॉ. सैयद आबिद हुसैन, भाग : एक से तीन

मक्तबा जामिया लिमिटेड देहली 1946

मुत्तहदा हिन्दुस्तानी क़ौमियत, डॉ. सैयद महमूद, बम्बई 1947, पृ. 70

ख. इस्लामी तहज़ीब

अख़बारुल अख़यार (क़लमी) अब्दुल हक़ मुहद्दिस देहलवी,

निशान 26/931 फ़, मक्तूबा 1138 हि., कुतुबख़ाना अन्जुमन तरक़्क़ी उर्दू हिन्द, अलीगढ़

अलग़ज़ाली, शिब्ली नोमानी, रहमानी प्रेस, देहली 1925 (द्वितीय संस्करण), पृ. 128

अलफ़ुर्क़ान (बरेली), मुजद्दिद अल्फ़ सानी नम्बर, संकलन मुहम्मद मन्ज़ूर नोमानी, 1357 हि.

अलक़ौलुल जमील फ़ी बयान सिवा-अस्सबील (उर्दू तर्जुमा), तसव्वुफ़ के आदाबो अशग़ाल, मुहम्मद सरवर, लाहौर 1946, पृ. 165

बज़्मे सूफ़िया, सबाहुद्दीन अब्दुर्रहमान, आज़मगढ़ 1949, पृ. 520

तारीख़े तसव्वुफ़े इस्लाम, डॉ. मुहम्मद मुस्तफ़ा हिल्मी (उर्दू अनुवाद रईस अहमद जाफ़री), किताब मन्ज़िल लाहौर 1950, पृ. 333

तारीख़े मशाइख़े चिश्त, ख़लीक़ अहमद निज़ामी, देहली 1953, पृ. 778

तसव्वुफ़े-इस्लाम, अब्दुल माजिद दरियाबादी, आज़मगढ़ 1946 (तृतीय संस्करण), पृ. 234

तहज़ीबे-इस्लामी, बार टोल्ड, अनुवाद वज़ारत अली, अन्जुमन तरक़्क़ी उर्दू देहली 1943, पृ. 142

हुज्जतुल इस्लाम, अकबर शाह ख़ान, नजीबाबाद (यू.पी.), तृतीय संस्करण, पृ. 182

हदीक़तुल औलिया, ग़ुलाम सरवर, नवलकिशोर कानपुर 1899, पृ. 164

रूदे-कौसर, मुहम्मद इकराम, लाहौर, पृ. 400, आबे-कौसर, पृ. 224, मौजे कौसर, पृ. 416

शैख़ मुजद्दिद का नज़रिया-ए तौहीद, बुरहान अहमद फ़ारुक़ी, लाहौर, पृ. 120

सिराते-मुस्तक़ीम, असदुर्रहमान, देहली 1355 हि., पृ. 100

तरीक़ुल हिज्रतीन बाबुस्सआदतीन अज़ इब्ने जोज़ी
(उर्दू अनुवाद) इस्लामी तसव्वुफ़, अब्दुर्रहीम, लाहौर, पृ. 160

अरबों का तमद्दुन, डॉ. जोज़फ़ हेल, उर्दू अनुवाद नज़ीर नियाज़ी, देहली 1927, पृ. 194

अवारिफ़ुल मुआरिफ़ (उर्दू अनुवाद) अबुल हसन, नवलकिशोर लखनऊ 1926, पृ. 684

फ़लसफ़ा-ए-अजम, मुहम्मद इक़बाल, संकलन मीर हसनुद्दीन, हैदराबाद 1946, चतुर्थ संस्करण, पृ. 247

क़ुरआनुल हकीम मअ तर्जुमा अज़ फ़तह मुहम्मद ख़ान, ताज कम्पनी लाहौर, पृ. 982

क़ुरान और तसव्वुफ़, वलीउद्दीन, देहली 1948, पृ. 180

कशफ़ुल महजूब (उर्दू अनुवाद), मुहम्मद हुसैन, लाहौर, पृ. 488

कलमाते तैयबात, संकलन मुहम्मद फ़ज़्लुर्रहमान, प्रकाशक मुजतबाई, देहली 1891, पृ. 308

कीमियाए सआदत, इमाम ग़ज़ाली, प्रकाशक मुजतबाई शाहदरा 1278 हि., पृ. 567

मक़ाला दर मसला-ए वहदतुल वजूद,

(यके अज़ फ़स्ले मख़तूता बजानिब अलग़रबी फ़ी हल मुश्किलात अश्शैख़ मुहिउद्दीन अलअरबी), ब तर्तीब व तस्हीह डॉ. मुहम्मद अहमद सिद्दीक़ी, इलाहाबाद यूनिवर्सिटी 1954, पृ. 32

लमआत, शाह वलीउल्लाह देहलवी (उर्दू अनुवाद) मुहम्मद सरवर, लाहौर 1946, पृ. 267

Idea of Personality in Sufism. Nicholson, Reynold A.
London 1923. Pp. 77.

Introduction to the History of Sufism. Arberry, Arthur J.
London 1942. Pp. 84.

Medieval Islam. Grunebaum, G.E. Von.
Chicago 1953.

Muhammadan Festivals. Grunebaum, G.E. Von.
New York 1951. Pp. 107.

Persian Mystics. Smith, Margaret.
London 1932.

Reconstruction of Religious Thought in Islam, Mohd. Iqbal.
Lahore 1944 (reprint). Pp. 202.

Spirit of Islam. Ameer Ali.
London 1946.

Studies in Early Mysticism in Near and Middle East. Smith, Margaret.
London 1931.

Studies in Islamic Mysticism. Nicholson, R.A.
London 1921.

Sufism. Arberry, A.J.
London 1950.

ग. तारीख़े हिन्द

Annals and Antiquities of Rajasthan. Todd, James.
New York 1914.

Elliot & Dowson's History of India as Told by its own Historians, Vol.II.
Aligarh 1952. Pp. 102/855.

Glimpses of Medieval Indian Culture. Yusuf Husain.
Bombay 1957. Pp. 161.

History of Khiljis. K.S. Lal.
Allahabad 1950. Pp. 416.

India. Rawlinson, H.G.
London 1952, Pp. 454 (4th Ed.).

India Through the Ages. Sircar, Jadu Nath.
Calcutta 1951. Pp. 99.

Khazainul Fatuh, Amir Khusrau. ed. by Mohd. Habib.
Bombay 1931. Pp. 131.

Later Mughals, Vol. I & II. Irvine, William.
Calcutta 1922. Pp. 392/432.

उर्दू में एक नादिर रोज़नामचा (यादगारे मज़हर), मज़हर अली सन्देलवी, संकलन नूरुल हसन हाशमी, लखनऊ 1954, पृ. 207

अफ़साना पद्मिनी, मुहम्मद एहतेशामुद्दीन, देहली 1939, पृ. 148

उमराए हुनूद, मुहम्मद सईद अहमद मारहरवी, औरंगाबाद 1932, पृ. 561

बोस्ताने अवध, दुर्गा प्रसाद, अहमदी प्रकाशन, लखनऊ 1892, पृ. 284

तारीख़े अवध, भाग 5, मुहम्मद नजमुल ग़नी, नवल किशोर लखनऊ 1919, पृ. 302

तारीख़े फ़रिश्ता, नवल किशोर लखनऊ 1874, पृ. 420

जाने–आलम, अब्दुल हलीम शरर, लाहौर 1951, पृ. 192

देहली बारहवीं सदी में, नवाब जुलक़द्र दरगाह क़ुली ख़ान सालार जंग ख़ाने दौराँ,

संकलन मुज़फ़्फ़र हुसैन, ताज प्रेस हैदराबाद, पृ. 82/16/66

ज़िक्रे मीर, मीर तक़ी मीर, संकलन मौलवी अब्दुल हक़

अन्जुमन तरक़्क़ी उर्दू औरंगाबाद 1928, पृ. 153

अरब व हिन्द के तअल्लुक़ात, सैयद सुलैमान नदवी, इलाहाबाद 1930, पृ. 402

क़ैसरुत्तवारीख़ (तारीख़े अवध) भाग 2, कमालुद्दीन हैदर,

नवल किशोर लखनऊ 1896, पृ. 470

गुज़श्ता लखनऊ, अब्दुल हलीम शरर, लखनऊ 1957 (द्वितीय संस्करण), पृ. 412

महल ख़ानाए शाही (वाजिद अली शाह अख़्तर) उर्दू अनुवाद फ़िदा अली ख़ंजर,

नामी प्रेस लखनऊ 1924, तृतीय संस्करण, पृ. 160

मुसलमानों का रौशन मुस्तक़बिल, तुफ़ैल अहमद, देहली 1945, पाँचवाँ संस्करण, पृ. 720

वाक़िआते दारुलहुकूमत देहली, बशीरुद्दीन अहमद, भाग एक, आगरा 1919, 1040

भाग दो, आगरा 1919, 876

वक़ाए आलम शाही, कुंवर प्रेम किशोर फ़िराक़ी, संकलन इम्तियाज़ अली अरशी, रामपुर 1949, पृ. 232

(घ) तज़किरे/तारीख़ें

आबे हयात, मुहम्मद हुसैन आज़ाद, लाहौर 1950 (पन्द्रहवाँ संस्करण) पृ. 540

अदबियाते फ़ारसी में हिन्दुओं का हिस्सा, डॉ. सैयद अब्दुल्लाह, देहली 1942, पृ. 367

उर्दूए क़दीम, शम्सुल्लाह क़ादरी, नवल किशोर लखनऊ 1935, पृ. 155

उर्दू की इब्तिदाई नश्वो नुमा में सूफ़ियाए कराम का काम, डॉ. अब्दुल हक़,

अलीगढ़ 1957 (द्वितीय संस्करण), पृ. 80

उर्दू की नसरी दास्तानें, डॉ. ज्ञान चन्द जैन, कराची 1954, पृ. 609

उर्दू मसनवी का इर्तिक़ा, अब्दुल क़ादिर सरवरी, हैदराबाद 1940, पृ. 143

पंजाब में उर्दू, महमूद शीरानी, लाहौर 1949 (द्वितीय संस्करण), पृ. 400

तराजिम उलमाए हदीसे हिन्द, भाग एक, सम्पादक अबू यहया इमाम ख़ाँ नौशहरौली

जैयद बर्क़ी प्रेस देहली 1356 हि.

तज़किरा आबे बक़ा, अब्दुर्रऊफ़ इशरत लखनवी, लखनऊ 1918, पृ. 240

तज़किरा आसारुश्शोअराए हुनूद (भाग दो), देबी प्रसाद बश्शाश, 1299 हि. पृ. 148

तज़किरातुश्शोअरा (खंड एक, दो, चार, पाँच), संकलन हसरत मोहानी, अलीगढ़ 1915

तज़किरातुन्निसा, दुर्गा प्रसाद नादिर, अकमलुल मताबे, देहली 1884, पृ. 192

तज़किरा औराक़े गुल, ज़मीर अहमद हाशमी, रामपुर 1944, पृ. 367

तज़किरा अहले देहली, सर सैयद अहमद ख़ान, बतस्हीह व तहशिया क़ाज़ी अहमद मियाँ अख़्तर जूनागढ़ी, कराची 1955, पृ. 194

तज़किरा बहारिस्ताने सुख़न, मुद्रक नवल किशोर 1884, पृ. 230

तज़किरा बेजिगर क़लमी अक्स मम्लूका, मालिक राम

तज़किरा चमनिस्ताने शोअरा, लक्ष्मी नारायण शफ़ीक़, औरंगाबाद, पृ. 565

तज़किरा ख़ुमख़ाना-ए जावेद, सम्पादन लाला श्रीराम

भाग 1 लाहौर	1908	पृ. 689
भाग 2 लाहौर	1911	पृ. 564
भाग 3 लाहौर	1912	पृ. 651
भाग 4 लाहौर	1926	पृ. 524
भाग 5 लाहौर	1940	पृ. 604

तज़किरा ख़न्दा-ए गुल, अब्दुल बारी आसी, लखनऊ 1929, पृ. 480

तज़किरा दस्तूरुल फ़साहत, अहमद अली यकता, संकलन इम्तियाज़ अली अरशी, रामपुर 1943, पृ. 151/117

तज़किरा दीवाने जहाने हिन्द, बेनी नारायण, ब्रिटिश म्यूज़ियम, अक्स मम्लूका देहली यूनिवर्सिटी

तज़किरा रियाज़ुल फ़ुसहा, मुसहफ़ी, संकलन मौलवी अब्दुल हक़, औरंगाबाद 1934, पृ. 378

तज़किरा रेख़्ता गोयान, फ़तह अली हुसैनी गरदेज़ी, संकलन मौलवी अब्दुल हक़

औरंगाबाद 1933, पृ. 168

तज़किरा रेख़ती, तमकीन काज़मी, हैदराबाद 1930, पृ. 93

तज़किरा सुख़ने शोअरा, नस्साख़ (अब्दुल ग़फ़ूर), प्रकाशन नवल किशोर लखनऊ 1291 हि., पृ. 582

तज़किरा सरापा सुख़न, मोहसिन अली मोहसिन, प्रकाशन नवल किशोर 1277 हि., पृ. 402

तज़किरा शोअराए उर्दू, मीर हसन, संकलन मुहम्मद हबीबुर्रहमान शेरवानी, देहली 1940 (नवीन प्रकाशन), पृ. 208

तज़किरा शमीमे सुख़न, अब्दुल हई सफ़ा, नवल किशोर लखनऊ 1885, पृ. 52

तज़किरा शोरिश, बोडलियन लाइब्रेरी ऑक्सफ़ोर्ड, अक्स मम्लूका देहली विश्वविद्यालय

तज़किरा सुबहे गुलशन, संकलन अली हसन ख़ाँ, प्रकाशन फ़ैज़ शाहजहानी भोपाल, 1295 हि., पृ. 646

तज़किरा इश्क़ी, बोडलियन लाइब्रेरी ऑक्सफ़ोर्ड, अक्स मम्लूका देहली विश्वविद्यालय

तज़किरा उम्दतुल मुन्तख़बा, (सरवर) इंडिया आफ़िस, अक्स मम्लूका देहली विश्वविद्यालय

तज़किरा अय्यारुश्शोअरा, ख़ूब चन्द ज़का, इंडिया ऑफ़िस, मम्लूका देहली विश्वविद्यालय

तज़किरा कामिलान-ए रामपुर, अहमद अली शौक़, देहली 1929, पृ. 560

तज़किरा करीमुद्दीन, मम्लूका मालिक राम, नाक़िसुल अव्वल

तज़किरा गुले अजायब, असद अली तमन्ना, औरंगाबाद 1936, पृ. 166

तज़किरा गुलज़ारे इब्राहीम और गुलशने हिन्द, अली इब्राहीम ख़ाँ ख़लील और मिर्ज़ा अली लुत्फ़, संकलन डॉ. मुहिउद्दीन क़ादरी ज़ोर, अलीगढ़ 1933, पृ. 296

तज़किरा गुलिस्ताने सुख़न, क़ादिर बख़्श साबिर, ब-इस्लाह इमाम बख़्श सहबाई,

प्रकाशन नवल किशोर लखनऊ 1271 हि., पृ. 494

तज़किरा गुलशने बेख़ार, मुस्तफ़ा ख़ान शेफ़्ता, प्रकाशन नवल किशोर लखनऊ 1874, पृ. 272

तज़किरा गुलशने गुफ़्तार, ख़्वाजा हमीद औरंगाबादी, संकलन सैयद अहमद

हैदराबाद 1339 फ़, पृ. 74

तज़किरा मजमूआ-ए नग़्ज़, क़ुदरतुल्लाह क़ासिम, संकलन महमूद शीरानी, लाहौर 1933, पृ. 456

तज़किरा महबूबुज़्ज़मन, भाग एक और दो, प्रकाशन रहमानी हैदराबाद 1329 हि., पृ. 1224

तज़किरा मख़ज़ने शोअरा, नुरुद्दीन हुसैन ख़ान रिज़वी फ़ायक़, देहली 1933, पृ. 120

तज़किरा मख़ज़ने निकात, क़यामुद्दीन क़ायम, संकलन मौलवी अब्दुल हक़, औरंगाबाद 1929, पृ. 79

तज़किरा मशाहीरे काकोरी, मुहम्मद अली काकोरवी, लखनऊ 1927, पृ. 512

तज़किरा निकातुश्शोअरा, मीर तक़ी मीर, संकलन अब्दुल हक़, औरंगाबाद 1935 (द्वितीय संस्करण), पृ. 189

तज़किरा हिन्दू शोअरा, इशरत लखनवी, लखनऊ 1931, पृ. 160

तज़किरा-ए हिन्दी, मुसहफ़ी, अन्जुमन तरक़्क़ी उर्दू औरंगाबाद 1932, पृ. 283

तलामज़ा-ए ग़ालिब, मालिक राम, देहली 1958, पृ. 314

जुर्अत का अहद और इश्क़िया शाइरी, डॉ. अबुल्लैस सिद्दीक़ी, लाहौर 1952, पृ. 144

जवाहरे सुख़न, भाग एक, दो, तीन, चार, संकलन मुहम्मद मुबीन कैफ़ी चिरैयाकोटी,

इलाहाबाद 1932/1935, पृ. 415/840
हाली मुहिब्बे वतन, डॉ. ज़ाकिर हुसैन, देहली 1943, पृ. 48
दाग़, नूरुल्लाह नूरी, हैदराबाद 1355 हि., पृ. 208
दास्ताने तारीख़े उर्दू, हामिद हसन क़ादरी, आगरा 1941, पृ. 852
दकन में उर्दू, नसीरुद्दीन हाशमी, हैदराबाद 1936 (तीसरा संस्करण), पृ. 568
देहली का दबिस्ताने शाइरी, डॉ. नुरुलहसन हाशमी, कराची 1949, पृ. 398
ज़िक्रे ग़ालिब, मालिक राम, मक्तबा जामिया देहली (द्वितीय संस्करण) 1950, पृ. 232
रासिख़ अज़ीमाबादी, हमीद अज़ीमाबादी, पटना, पृ. 96
रूहे अनीस, संकलन मसूद हसन रिज़वी अदीब, लखनऊ 1956, द्वितीय संस्करण, पृ. 276
सौदा, शैख़ चाँद, औरंगाबाद 1936, पृ. 367
सरगुज़श्ते हातिम, डा. मुहिउद्दीन क़ादरी ज़ोर, हैदराबाद दकन 1944, पृ. 128
शेरुलअजम (भाग पाँच), शिब्ली, इलाहाबाद 1918, पृ. 248
शेरुल हिन्द, अब्दुस्सलाम नदवी, प्रकाशन मुआरिफ़ आज़मगढ़ 1949, पृ. 445/पृ. 559
शौक़ (तज़किरा–ए शौक़), अताउल्लाह पालवी, लाहौर 1956, पृ. 391
शौक़ लखनवी, डॉ. ख़्वाजा अहमद फ़ारुक़ी, लखनऊ 1950, पृ. 88
काशिफ़ुल हक़ायक़, सैयद इमदाद इमाम असर, भाग एक एवं दो,
लाहौर 1956 (द्वितीय प्रकाशन) पृ. 420/544
गुले राना अज़ अब्दुल हई, प्रकाशन मुआरिफ़ आज़मगढ़ 1340 हि., पृ. 546
लखनऊ का दबिस्ताने शाइरी, अबुल्लैस सिद्दीक़ी, लाहौर 1955, (द्वितीय प्रकाशन), पृ. 886
मसनवियात, अमीर अहमद अलवी, यूसुफ़ी बर्क़ी प्रेस लखनऊ 1936, पृ. 120
मजालिसे रंगीन, सआदत यार ख़ाँ रंगीन, संकलन मसूद हसन रिज़वी अदीब, लखनऊ 1929, पृ. 72
मुहम्मद हुसैन आज़ाद, जहाँ बानो बेगम, हैदराबाद 1940, पृ. 200
(मरहूम) देहली कालेज, अब्दुल हक़, अन्जुमन तरक़्क़ी उर्दू देहली 1945, पृ. 174

मुसहफ़ी और उनका कलाम, मुहम्मद अबुल्लैस सिद्दीक़ी, लाहौर 1950, पृ. 240

मलिक मुहम्मद जाइसी, कल्बे मुसतफ़ा, अन्जुमन तरक़्क़ी उर्दू देहली 1941, पृ. 207

मियाँ दाद ख़ाँ सैयाह और उनका कलाम, डॉ. ज़हीरुद्दीन मदनी, बम्बई 1957, पृ. 96

मयख़ाना-ए दर्द, नासिर नज़ीर फ़िराक़ देहलवी, जैयद बर्क़ी प्रेस देहली 1344 हि., पृ. 246

मीर तक़ी मीर, डॉ. ख़्वाजा अहमद फ़ारुक़ी, अलीगढ़ 1954, पृ. 632

मीर हसन और ख़ानदान के दूसरे शोअरा, महमूद फ़ारुक़ी, लाहौर 1956, पृ. 304

नुसरती, संकलन मौलवी अब्दुल हक़, अन्जुमन तरक़्क़ी उर्दू नई देहली, पृ. 337

वली गुजराती, डा. ज़हीरुद्दीन मदनी, बम्बई 1950, पृ. 156

यादे चकबस्त, संकलन आनन्द नारायण मुल्ला, इलाहाबाद 1926, पृ. 171

यादगारे बर्क़, तालिब देहलवी, देहली 1945, पृ. 464

यादगारे शोअरा, संकलन तुफ़ैल अहमद, इलाहाबाद 1943, पृ. 231

European and Indo European Poets of Urdu. Saxena, Ram Babu.
Lucknow 1941. Pp. 318/407.

Ghalib. S.A. Latif (2nd Edn.).
Hyderabad 1929. Pp. 104.

Literary History of the Arabs, Nicholson, Reynold A.
London 1953. Pp. 506.

Literary History of Persia (in four volumes). Browne, Ed. G.
London 1919.

(च) दीवान और कुल्लियात

दीवाने आबरू (मुंतख़ब आबरू), असग़र अली आबरू शागिर्द असीर व मुसहफ़ी, प्रकाशन मुहम्मदी टौंक 1888, पृ. 168

दीवाने आज़ाद (कप्तान एलेगज़ांडर हेडरले), प्रकाशन अहमदी आगरा 1863

दीवाने असर संकलन मौलवी अब्दुल हक़, अलीगढ़ 1930, पृ. 78

दीवाने असीर (मुज़फ़्फ़र अली), गुलिस्ताने सुख़न, प्रकाशन अलवी अली बख़्श लखनऊ 1271 हि. पृ. 541

दीवाने अश्क (मीर अली हसन), 1293 हि., पृ. 182

दीवाने अश्क सानी, मुसम्मा ब-मेयारे नज़्म, प्रकाशन सैयदी 1311 हि. पृ. 320

दीवाने अमानत (आग़ा हसन), रौशन लाल प्रेस लखनऊ 1320 हि.

दीवाने बहर, प्रकाशन मुस्तफ़ाई लखनऊ 1285 हि., पृ. 284

दीवाने बेदार, संकलन मुहम्मद हुसैन महवी सिद्दीक़ी, 1935, पृ. 178/45

दीवाने ताबाँ, संकलन मौलवी अब्दुल हक़, अन्जुमन तरक़्क़ी उर्दू देहली 1935, पृ. 279

दीवाने तुराब अली काकोरवी, नवलकिशोर लखनऊ, पृ. 343

दीवाने तस्लीम (अमीरुल्लाह), प्रकाशन नामी लखनऊ 1321 हि.

दीवाने सनाउल्लाह फ़िराक़ (क़लमी), कुतुबख़ाना-ए अन्जुमन तरक़्क़ी उर्दू अलीगढ़, पृ. 474/29

पूर्व 1199 हि. औराक़ 64, अव्वल व आख़िर नाक़िस (ख़राब)

दीवाने जलील, प्रकाशन यूसुफ़ी लखनऊ, पृ. 98

दीवाने जोशिश, संकलन क़ाज़ी अब्दुल वदूद, अंजुमन तरक़्क़ी-ए उर्दू हिन्द देहली 1941, पृ. 272/116

दीवाने हातिम अली बेग मेहर, मत्बा इलाही बख़्श, 1287 हि., पृ. 516

दवावैने दाग़ अनवारुलमताबे लखनऊ 1922, (आफ़ताबे दाग़), पृ. 106, गुलज़ारे दाग़, पृ. 316

महताबे दाग़, पृ. 316, यादगारे दाग़, पृ. 256, संकलन अहसन मारहरवी, प्रकाशन लाहौर, (1323 हि.)

दीवाने दर्द, संकलन मुईनुद्दीन शाहजहाँपुरी, प्रकाशन निज़ामी बदायूँ 1923, पृ. 92

दीवान ज़ादा (क़लमी) शाह हातिम, कुतुबख़ाना ख़ुदाबख़्श, पटना, पृ. 359, 1188 हि.,

औराक़ 210 (लेखक का निजी नुस्ख़ा)

दीवाने ज़ौक़, संकलन मुहम्मद हुसैन आज़ाद, लाहौर, पृ. 350

दीवाने राजा (गुल रियाज़ राजा), बलवान सिंह वाली-ए काशी, प्रकाशन अज़ीमुल अख़बार

आगरा, 1271 हि., पृ. 267

दीवाने रश्क (अली औसत) क़लमी, कुतुबख़ाना अन्जुमन तरक़्क़ी उर्दू अलीगढ़,

पृ. 509/64, मक्तूबा 1227 हि. औराक़ 128

दीवाने रौनक़, प्यारे लाल रौनक़ शागिर्द रासिख़ देहलवी,

इम्पेरियल बुक डिपो प्रेस कटरा मशरूअ देहली, 1320 हि., पृ. 238

दीवाने सहर, अमान अली (रियाज़ सहर), प्रकाशन कारनामा लखनऊ 1279 हि., पृ. 196

दीवाने सहर (देबी प्रसाद सहर), प्रकाशन नवलकिशोर कानपुर 1894, पृ. 120/44

दीवाने सोज़ (सैयद मीर सोज़) क़लमी, कुतुबख़ाना अन्जुमन तरक़्क़ी उर्दू हिन्द अलीगढ़, पृ. 477/32, क़ब्ल 1213 हि., पृ. 145

दीवाने शाह तुराब काकोरवी, प्रकाशन नवलकिशोर कानपुर 1892, पृ. 350

दीवाने शोर (द्वितीय) जार्ज पेश शोर, प्रकाशन मुमताजुल मताबे मेरठ 1878 हि., पृ. 228

दीवाने शोर (तृतीय) प्रकाशन मुहिब्बे किश्वरे हिन्द मेरठ 1884, पृ. 232

दीवाने शोर (चतुर्थ) प्रकाशन पुलिस प्रेस मेरठ 1889, पृ. 260

दीवाने शहीदी करामत अली (क़लमी) कुतुबख़ाना रज़ाईया रामपुर 1290 हि., पृ. 887

दीवाने शीरीं (नवाब शाहजहाँ बेगम वालिया भोपाल), प्रकाशन निज़ामी कानपुर 1288 हि., पृ. 192

दीवाने शेफ़ता (मुस्तफ़ा ख़ाँ), लाहौर 1954, पृ. 257

दीवाने आसी (तोता राम आसी), प्रकाशन अलवी 1271 हि. (द्वितीय संस्करण) पृ. 221

दीवाने आसी, नग़मा-ए तरब (ब्रज बाशी लाल), विक्टोरिया प्रेस बदायूँ 1888, पृ. 104

दीवाने ग़ालिब, संकलन मालिक राम, देहली 1957, पृ. 359

दीवाने फ़ाइज़ देहलवी, संकलन मसूद हसन रिज़्वी अदीब,

अंजुमन तरक़्क़ी उर्दू देहली 1946, पृ. 242

दीवाने फ़ुग़ाँ, संकलन सैयद सबाहुद्दीन अब्दुर्रहमान, कराची 1950, पृ. 211

दीवाने फ़िलहाल (अब्दुल क़ादिर दकनी मुरीद सैयद शाह क़ुदरत)

(क़लमी) सन किताबत 1224 हि. पृ. 28 निशाने कुल्लियात व दवावीन 512/27

अन्जुमन तरक़्क़ी उर्दू अलीगढ़

दीवाने क़ाइम चाँदपुरी (क़लमी) कुतुबख़ाना रज़ाईया रामपुर, 373

सन किताबत 1256, पृ. 195

दीवाने गोया (फ़क़ीर मुहम्मद), तोहफ़ा हिन्द प्रेस देहली 1322 हि., पृ. 80

दीवाने गोया (फ़क़ीर मुहम्मद), नवलकिशोर कानपुर 1888, पृ. 103

दीवाने मुसहफ़ी प्रथम (क़लमी) कुतुबख़ाना रज़ाईया रामपुर, 406, सन किताबत 1211 हि., पृ. 85

निशान 411, सन किताबत 1245 हि., पृ. 348, नीज़ निशान 412-415

दीवाने मुसहफ़ी द्वितीय (क़लमी), सने किताबत 1211 हि., पृ. 109, कुतुख़ाना रज़ाईया रामपुर, 408, नीज़ निशान 416

दीवाने मुसहफ़ी चतुर्थ (क़लमी) कुतुबख़ाना रज़ाईया रामपुर, 409

सने किताबत 1211 हि., पृ. 98, नीज़ निशान 417

दीवाने मुसहफ़ी षष्ठ (क़लमी) कुतुबख़ाना रज़ाईया रामपुर, 413, पृ. 177, नीज़ निशान 418

(मुसहफ़ी) मजमूआ-ए क़सायद (क़लमी) कुतुबख़ाना रज़ाईया रामपुर, 414, पृ. 131

दीवाने मुसहफ़ी (आयाते मुसहफ़ी) संकलन मुहज़्ज़ब लखनवी 1953, पृ. 160

दीवाने मलिक दकनी (क़लमी) कुतुबख़ाना अन्जुमन तरक़्क़ी उर्दू अलीगढ़, दवावीन व कुल्लियात 512/72, सने तसनीफ़ तक़रीबन 1280 हि., पृ. 68

दवावीन मुनीर शिकोहाबादी

प्रथम दीवान (मुन्तख़बुल आलम) प्रकाशन सईदी रामपुर 1264 हि., पृ. 332
द्वितीय दीवान (तनवीरुल अशआर)
तृतीय दीवान (नज़्मे मुनीर) प्रकाशन समरे हिन्द लखनऊ 1879, पृ. 478

दीवाने मीर हसन, नवलकिशोर लखनऊ 1912, पृ. 144

दीवाने नासिख़ प्रथम व द्वितीय, नवलकिशोर लखनऊ 1872, पृ. 244

दीवाने नज़ीर अकबराबादी, संकलन फ़रहतुल्लाह बेग, देहली 1942, पृ. 37/172

दीवाने नूर (शागिर्द जुर्रात) क़लमी, नुस्ख़ा-ए अन्जुमन तरक़्क़ी उर्दू अलीगढ़, 527/82, पृ. 27

दीवाने नियाज़ बरेलवी (नियाज़ अहमद), प्रकाशन नवलकिशोर लखनऊ 1937 (बारहवाँ) पृ. 60

दीवाने वहशत, शागिर्द जाफ़र अली हसरत (क़लमी), नुस्ख़ा-ए अन्जुमन तरक़्क़ी उर्दू अलीगढ़, 523/78, पृ. 242

दीवाने वज़ीर (दफ़तरे फ़साहत) अव्वल व आख़िर नाक़िस (ख़राब)

दीवाने वली संकलन नुरुलहसन हाशमी,

अन्जुमन प्रेस पाकिस्तान कराची 1954 (तृतीय संस्करण), पृ. 54/328

दीवाने यक़ीन, संकलन फ़रहतुल्लाह बेग, अलीगढ़ 1930, पृ. 64

कुल्लियाते आतिश, नवलकिशोर लखनऊ 1888, पृ. 255

कुल्लियाते अख़्तर (वाजिद अली शाह), कुतुबख़ाना रज़ाईया रामपुर, लखनऊ 1278 हि., पृ. 990

कुल्लियाते इलाही बख़्श मारूफ़ (क़लमी), कुतुबख़ाना अन्जुमन तरक़्क़ी उर्दू अलीगढ़, 476/31

कलामे इंशा, संकलन मिर्ज़ा मुहम्मद असकरी, हिन्दुस्तानी एकेडमी इलाहाबाद 1952, पृ. 448

कुल्लियाते बहरी (क़ाज़ी महमूद), संकलन डा. मुहम्मद हफ़ीज़ सैयद, नवलकिशोर लखनऊ 1938, पृ. 312

कुल्लियाते जुर्अत, प्रकाशन कारनामा-ए लखनऊ 1883

कुल्लियाते ज़की (मेहदी अली ख़ाँ), नवलकिशोर, पृ. 354

कुल्लियाते ज़टल नारनोली (क़लमी), कुतुबख़ाना रज़ाईया रामपुर, 756, पृ. 46

कुल्लियाते सिराज दकनी, संकलन अब्दुल क़ादिर सरवरी, हैदराबाद 1938, पृ. 674

कुल्लियाते सौदा, भाग एक व दो, संकलन आसी, प्रकाशन नवलकिशोर लखनऊ 1932, पृ. 460 और 450

कुल्लियाते ज़फ़र (बहादुर शाह), प्रकाशन नवलकिशोर लखनऊ 1918, पृ. 244/196/198/394

कुल्लियाते क़ासिम (क़ुदरतुल्लाह ख़ाँ देहलवी) क़लमी अन्जुमन तरक़्क़ी उर्दू अलीगढ़, 505/60

कुल्लियाते मुहम्मद क़ुली कुतुब शाह, संकलन डॉ. ज़ोर, हैदराबाद 1940, पृ. 1068

कुल्लियाते मोमिन, प्रकाशन नवलकिशोर कानपुर 1284 हि., पृ. 458

कुल्लियाते मीर तक़ी मीर, संकलन अब्दुल बारी आसी, नवलकिशोर लखनऊ 1941, पृ. 27/976/68

कुल्लियाते नज़ीर अकबराबादी, संकलन अब्दुल बारी आसी, नवलकिशोर लखनऊ

तृतीय संस्करण 1951, पृ. 104/959

मजमूआ "अम्बा नामा", सैयद मुहम्मद अब्दुल बाक़ी, मासूमुल मताबे लखनऊ 1933, पृ. 20

मरासी बख़्शी उलमुल्क राजा उल्फ़त राय बहादुर (क़लमी), 1888 अन्जुमन तरक़्क़ी उर्दू अलीगढ़, 669/10

मरासी-ए ख़लीक़ (क़लमी) अन्जुमन तरक़्क़ी उर्दू अलीगढ़, 678/19, पृ. 28, किताबत 1236 हि. से पूर्व

मरासी मिर्ज़ा बीजापुरी (क़लमी) प्रथम व अन्तिम नाक़िस (ख़राब), पृ. 38, किताबत 1082 हि. से पूर्व (निशान 672/14)

मरासी मीर ज़मीर, प्रकाशन नवलकिशोर लखनऊ 1898, पृ. 372

मुसद्दसे बेनज़ीर, यार अली जान साहब, संकलन असर रामपुरी, रामपुर 1950, पृ. 32/130

नादिराते शाही (कलामे शाह आलम सानी), संकलन इम्तियाज़ अली अरशी, रामपुर 1944, पृ. 327

नोट: बहुत सी किताबें जिनका विस्तृत विवरण सन्दर्भ में है या जिनकी बढ़ोतरी सन्दर्भ में बाद को की गई, वह यहाँ शामिल नहीं।

❑ ❑ ❑

णाणं पयासयं

वीर नि. सं. 2470

भारतीय ज्ञानपीठ

ई. सन् 1944

ज्ञान गरिमा के
70 वर्ष

भारतीय
ज्ञानपीठ